两种世界秩序迎头相撞：1793 年，中国皇帝准备迎接英国使节。

中国 19 世纪末首席外交官李鸿章。

1938 年，毛泽东对军队发表讲话。

1957 年，中国、苏联和东欧国家领导人在莫斯科召开各国共产党会议。

1958 年 8 月中苏关系紧张时，毛泽东接待了苏联领导人尼基塔 · 赫鲁晓夫。

1954 年 10 月，中国总理周恩来和印度总理贾瓦哈拉尔·尼赫鲁在北京。

1962 年，印度军队在巡逻：印度与中国对喜马拉雅山麓的领土争议导致了一场边界冲突。

周恩来与本书作者在北京：中美经历 20 多年的对抗之后，我们的使命是探索合作的途径。

周恩来与本书作者在北京：1971 年作者秘密访华期间，周恩来将当代意识形态热忱与中国长期外交传统完美结合。

1971 年 10 月访问北京时，本书作者与助手温斯顿·洛德在磋商《上海公报》文本期间稍事放松。

1972 年 2 月， 理 查德 · 尼克松总统抵达北京机场。

1972 年，毛泽东和尼克松。

1975 年 12 月，杰拉尔德 · 福特总统与刚刚恢复职务的邓小平会谈。唐闻生担任翻译。

1979 年 1 月，邓小平和吉米 · 卡特总统在华盛顿特区。

1979年3月，财政部长迈克·布鲁门撒尔与美驻华大使馆副馆长芮效俭共同将美国驻北京联络处改为驻华大使馆。

1979年邓小平访美，观看骑公牛表演。

20世纪80年代，邓小平与本书作者在一起。邓小平的改革举措打开了经济惊人增长的大门。

1984 年 4 月，罗纳德·里根总统及夫人南希·里根参观西安兵马俑。

1997年6月30日，英国国旗在香港最后一次降落，英国总督彭定康接过国旗。

20世纪80年代，江泽民主席与本书作者在一起。

2000年，比尔·克林顿总统签署法案，授予中国“最惠国”贸易地位。

1997 年在华盛顿特区，江泽民与本书作者共享轻松一刻。

2008 年 8 月，中国国家主席胡锦涛和夫人刘永清为出席北京奥运会的贵宾举行欢迎宴会。(新华社记者 樊如钧　摄)

2003 年 11 月，中国国家主席胡锦涛在北京接见本书作者。

2011 年 1 月，中国国家主席胡锦涛在美国华盛顿与本书作者交谈。（新华社记者 谢环驰　摄）

2009 年 11 月，巴拉克 · 奥巴马总统对中国进行国事访问时参观故宫。

Henry Kissinger
On China

论中国

[美] 亨利·基辛格 著

胡利平 林 华
杨韵琴 朱敬文 译

中信出版集团 · CHINACITICPRESS · 北京

图书在版编目（CIP）数据

论中国/（美）基辛格著；胡利平等译．—2 版．--北京：中信出版社，2015.7（2024.4 重印）
书名原文：On China
ISBN 978–7–5086–5190–3
I. ①论… II. ①基… ②胡… III. ①外交史–研究–中国–现代 ② 中美关系–史料 IV. ①D829 ② 822.27
中国版本图书馆 CIP 数据核字（2015）第 103646 号

论中国

著　　者：[美] 亨利 · 基辛格
译　　者：胡利平　林　华　杨韵琴　朱敬文
策划推广：中信出版社（China CITIC Press）
出版发行：中信出版集团股份有限公司（北京市朝阳区东三环北路 27 号嘉铭中心 邮编 100020）
（CITIC Publishing Group）
承 印 者：北京通州皇家印刷厂

开　　本：880mm×1230mm　1/32　　插　　页：8
印　　张：19.75　　字　　数：339 千字
版　　次：2015 年 7 月第 2 版　　印　　次：2024 年 4 月第 63 次印刷
京权图字：01–2010–1968
书　　号：ISBN 978–7–5086–5190–3
定　　价：88.00 元

服务热线：400–600–8099
投稿邮箱：author@citicpub.com

目 录

出版十周年序

50年前我首次访华时，对周恩来总理说："很多来过中国的人都认为，中国是一个美丽而又神秘的国度。"周恩来告诉我："等你了解了中国后，就不会觉得它神秘了。"半个世纪的研究、访问和会谈验证了周恩来的这句话。

然而一个悖论是，最初的模糊变得清晰时，巨大的谜团又显露出新的复杂因素。中美关系一向如此。

中国与欧洲以及从欧洲分化出来的美国在世界秩序观念上存在差异，其根源之一是各自面临的生存威胁的不同起源。中国在5 000年的历史中始终是亚洲的最大实体，它面临的挑战常常源自内部而不是外部。王朝多亡于内战而不是亡于外侵，兵戈多起于内乱而不是起于边祸。因此，中国更侧重预防国家分裂，确保主权和稳定，而不多虑周边邻国的图谋。

与中国截然相反，欧洲是由一批实力和势力强大的国家构成的。这始终是欧洲政治沿革和战略演变的根本特征。当年西班牙和德国的经济状况引起了英国的注意，因为两国的经济预示了日后两国的海军能力。法国竭力维持中欧的分裂，因为一个统一的中欧或许会让法国俯首称臣。不仅如此，一国领导人需要了解另一国国内正在孕育萌生哪些新思想。无论一国是奉行民族至上、劳动者至上还是君主至上，抨击或宣扬这一原则都会对他国国内架构的合法性产生影响。因此，欧洲大国会仔细留意邻国的行动和思想。

华盛顿与北京之间的分歧常常源于双方历史和观念的差异。中国从主权和稳定的角度审视诸如人权这样的问题，而美国则从袭自欧洲和启蒙运动的普世价值角度诠释这些问题。中国坚信，“中央王国”的传统文化和政治举世无双，因此它的内政不容外人说三道四。美国则认为，国际法则——“普世的”和“客观的”法则——应适用于所有国家，无论国家大小或历史短长。中国以历史为准绳，美国以法律为准绳。

本书出版以来，以上分歧以及两国公众舆论的分野进一步加深 。中国人越来越认为美国处心积虑地要遏制它，美国人越来越把中国视为第二次世界大战后美国一手构建的国际体系的反对者。双方的信念逐渐造成随后的现实。美国为加强自己在亚洲的地位采取的任何行动，都被中国视为是针对自己的。与此同时，中国采取的任何步骤，凡是美国不赞成的，都被美国视为是对世界秩序的挑战。于是，美国和中国沿着一条冲突道路走下去。我在本书后记中曾对此做过阐述并发出了警示。

然而，美中之间的冲突并不是命中注定的，也不是双方乐见的。在核武器和高科技时代，美中两国兵戎相见的代价与战胜果实的大小完全不在一个量级上。与此同时，当今世界面临着一些不可避免的共同战略目标，比如缓解气候变化、防止核扩散、管理人工智能的演变。后者也许是自印刷媒体问世以来人类认知面临的最大挑战。

外交政策是可能的艺术。10 年前，我对在美国和中国之间建立“战略互信”的可能性进行了思考。这也许依然是一个长远的愿望，但现在就应着手为两国的战略互信奠定基础。对各自核心利益的共同理解和持续的对话构成了这一基础。2022 年 11 月，美中两国元首在印度尼西亚巴厘岛的会晤朝着这一目标迈出了建设性一步。关心美中关系的美国人和中国人应为实现这一目标而努力。

序

在将近40年前的今天，我有幸受理查德·尼克松总统委托访问北京，与这个国家重新建立联系。中国在亚洲历史上居于核心地位，而20多年来美国与其一直没有高层接触。美国打开中国大门的动机是为了走出越南战争的阵痛和冷战的不祥阴影，给美国人民展现一个和平前景。当时的中国虽然在严格意义上仍是苏联的盟国，但为了抵御来自莫斯科的进攻威胁，北京也在寻求回旋空间。

此后我先后访问中国达50多次。如同几百年来前往中国的众多访客一样，我日益钦佩中国人民，钦佩他们的坚韧不拔、含蓄缜密、家庭意识和他们展现出的中华文化。与此同时，我终生都在从一个美国人的视角反思如何缔造和平。我很幸运，能够同时以高级官员、信使和学者的身份探寻这两条思路。

本书部分依据与中国领导人的谈话，试图解释中国人对战争与和平、国际秩序等问题的理性思考，以及这种思考与美国人更为实用的、就事论事的思维方式的关系。两国由于在历史和文化上的差异，有时会得出迥异的结论。我并非总是认同中国人的观点，读者亦然。但我们有必要了解这些观点，因为中国将在 21 世纪的世界中发挥重大作用。

自从我首次访华之后，中国已经成为一个经济超级大国和塑造全球政治秩序的重要力量。美国赢得了冷战，中美关系成为争取世界和平与全球福祉的核心要素。

尽管两国的出发点迥异，八位美国总统和四代中国领导人在处理微妙的双边关系时却显示了惊人的连贯性。双方始终尽力维护这一实质性的合作关系，使之不受历史纠葛和各自国内考虑的干扰。

这是一段复杂的历程，因为中国和美国都认为自己代表独特的价值观。美国的例外主义是传经布道式的，认为美国有义务向世界的每个角落传播其价值观。中国的例外主义是文化性的，中国不试图改变他国的信仰，不对海外推行本国的现行体制。但它是中央帝国的传承者，根据其他国家与中国文化和政治形态的亲疏程度将它们划分为不同层次的“进贡国”。换言之，这是一种文化上的普世观。

本书主要讲述了自从 1949 年中华人民共和国成立后中美两国领导人之间的相互交往。无论是在政府任职期间还是离开政府之后，我一直保存着与四代中国领导人的谈话记录，这是我写作本书的第一手资料。

如果不仰赖同事和朋友的辛勤努力和大力协助，我不可能写出这本书。

斯凯勒·斯考滕是一个不可或缺的助手。8 年前，耶鲁大学教授约翰·加迪斯把他这位得意门生推荐给我，我与斯凯勒就此相识。开始这个项目时，我让他请两个月假，暂时放下他的律师事务所工作。他答应了，并在整个过程中付出了大量精力和时间，直到一年后善始善终地完成这件事。斯凯勒承担了大量的基础研究工作，帮助我翻译了中文文献，深入揣摩了一些微妙语句的含义，还不知疲倦地帮我编辑和校对。我从未遇到过如此优秀的研究助手，也很少有人能出其右。

在我 10 年来的所有活动中，斯特凡妮·荣格–莫特都与我并肩工作，实在是我的大幸。她是棒球比赛中被称为全能选手的人，既做研究，又从事编辑工作，还是我与出版商之间的主要联系人。她帮助协调录入工作，并在交稿期限临近时毫无保留地鼎力相助。她的魅力和外交技巧使她的贡献更显重要。

我的老友哈里·埃文斯 30 年前编辑了《白宫岁月》，这次又不负重托，审阅了本书的全部书稿，就全书的文字和结构提出了许多极好的建议。

特里莎·阿曼泰亚和乔迪·威廉斯一遍又一遍地录入文稿，牺牲了许多夜晚和周末，在最后时限之前完成了任务。他们的激情、高效和慧眼至关重要。

前驻华大使、著名中国问题学者芮效俭，打开中国大门时的同事、后来的驻华大使温斯顿·洛德和我的遗嘱保管人迪克·菲茨阅读过部分章节，并做出了睿智的评论。乔恩·范登·霍伊维尔对书中几章的研究工作提供了帮助。

与企鹅出版社合作是一段令人愉快的经历。安·戈多夫随叫随到，眼光独到，从不添乱，让人乐于与之相处。布鲁斯·吉福德、诺伊琳·卢卡斯和托里·克洛斯熟练地指导了本书的编辑加工。弗雷德·蔡斯最后对书稿进行了细致高效的文字校对，以交付排版。劳拉·斯蒂克尼是本书的责任编辑，她年轻得简直可以做我的孙女，但丝毫不畏惧我这个作者。她毫无保留地对我的政治观点发表看法，我甚至有些盼望看到页边空白处她一贯锐利，偶尔甚至是尖刻的评论。她孜孜不倦，感觉敏锐，给我帮了大忙。

对所有这些人，我深为感激。

我所引用的政府文件都已经解密一段时间了。我尤其感谢伍德罗·威尔逊国际学者中心“冷战国际史项目”允许我使用俄罗斯和中国文件解密档案的大量章节。卡特图书馆慷慨地让我使用卡特总统时期美中领导人的许多谈话记录，里根图书馆也从他们的档案中提供了大量有用的文件。

毋庸讳言，本书的瑕疵都应归咎于我本人。

半个世纪以来，我的妻子南希为写作时孤独的作者（至少本作者是这样）提供了坚定的精神支持和智力支持。她阅读了多数章节，并提供了无数重要的建议。

谨将《论中国》献给安妮特与奥斯卡·德拉伦塔。在他们位于蓬塔卡纳的家中，我开始撰写本书，并在那里收笔。他们的热情好客是我们友谊的体现，这份友谊为我的生活增添了快乐与内涵。

亨利·A·基辛格

2011 年 1 月于纽约

前言

1962年10月，中国革命领袖毛泽东召集一批高级军政领导人到北京开会。距首都2 000英里外的中国西部，在气候恶劣、人迹罕至的喜马拉雅山脉地带，中印两国军队在双方有争议的边界线两边互相对峙。争议起源于对历史的不同解释：印度坚称英国统治下划定的边界有效，而中国坚持以当年中华帝国的疆界为准。在此之前，印度沿自己认定的边界一侧建立哨所，中国则包围了印度的阵地。解决领土争端的谈判以搁浅告终。

毛泽东决定打破僵局。他追溯历史，借鉴了他正打算破除的中国古典传统。毛泽东告诉手下的军政领导人，历史上中国和印度打过“一次半”仗，北京可以从中汲取经验。第一次中印战争发生在1 300多年前的唐朝（公元618~907年），中国出兵支援印度王国打击非法作乱的敌手。中国出手干预后，中印两国之间开始了长达数百年繁荣的宗教交流和经济交流。用毛泽东的话说，这场战争给人的启迪是，中国和印度并非注定是宿敌。两国仍可以长期和平相处，但为了做到这一点，中国不得不使用武力“敲打”印度，迫其回到“谈判桌上来”。在毛泽东的脑海里，那“半次仗”发生在700年后。当时的蒙古统治者帖木儿攻陷了德里。（毛泽东认为，由于蒙古和中国当时同属一个政治实体，所以这是“半次”中印战争。）帖木儿大获全胜，然而他的大军进入印度后屠杀了10万多名俘虏。这一次毛泽东叮嘱中国军队要做到“有理有节”。[1]

毛泽东召见共产党高级领导人——正是他们领导着矢言要重塑国际秩序、与封建历史决裂的新中国——然而在座的人中没有一人质疑过距今久远的历史先例与中国当前的战略需求是否相干。根据毛泽东阐述的方针，中国开始制订进攻计划。几周之后，中国基本上按照毛泽东的设想发起突然袭击，给予印度的阵地致命打击，然后旋即撤回到战前的实际控制线，甚至还退还了缴获的印军重武器装备。

难以想象，除了中国还有哪一个国家的现代领导人会借用千年之前战役的战略方针做出一项牵动全国的决定。同样难以想象，他确信他的同事能够领悟他借鉴历史事件的深意。然而中国是独一无二的，没有哪个国家享有如此悠久的连绵不断的文明，抑或与其古老的战略和政治韬略的历史及传统如此一脉相承。

其他社会，包括美国，都声称自己的价值观和体制普世适用。然而，唯有中国在历史长河的变迁中始终视自己为世界的中心，并使四周邻国默认这一观点。从公元前 3 世纪中国崛起为一个统一的强国到 1911 年清王朝的覆亡，中国一直占据着历史悠久的东亚国际体系的中心地位。中国的皇帝高踞一个涵盖宇内的政治等级体制的顶峰（而且得到大多数邻国的认可），其他国家的君主在理论上都是他的诸侯。中国的语言、文化和政治体制是文明的标志。哪怕是地区性的竞争对手和外来征服者也分别在不同程度上吸收了中华文明，作为自己合法性的标志（常常是走向被中国同化的第一步）。

虽然中国历经劫难，有时政治衰微长达数百年之久，但中国传统的宇宙观始终没有泯灭。即使在贫弱分裂时期，它的中心地位仍然是检验地区合法性的试金石。中外枭雄竞相逐鹿中国，一俟统一或征服它后，即从中国的首都号令天下，对中国乃宇内之中心这一前提从未有过任何异议。其他国家或以族裔、或以地理特征命名，而中国称自己为中国——“中土王国”或“中央之国”。[2] 若要了解 20 世纪的中国外交或 21 世纪中国的世界角色，必须首先对中国的历史有一个基本的认识，即使可能有过于简单化之虞。

| 第一章 |

中国的独特性

一个社会或国家常认为自己将亘古永存，并对自己起源的传说倍加珍视。中华文明的一个特点是，它似乎没有起点。中华文明不是作为一个传统意义上的民族国家，而是作为一种永恒的自然现象在历史上出现。黄帝被很多中国人尊崇为开天辟地的第一位帝王。根据这一传说，当时中国似乎已经存在。上古传说中的黄帝出现时，当时的中华文明陷入混乱。各路诸侯相互攻伐，鱼肉百姓。统治者大权旁落，无力维持社会秩序。这位英雄招募军队，平定天下，被百姓拥戴为帝。[1]

黄帝于是作为中华始祖流传于世。然而根据有关黄帝的古代传说，他重建了而不是创建了一个帝国。早在黄帝之前，就已经有了中国。在历史意识中，中国是一个只需复原，而无须创建的既有国家。中国历史的这一悖论同样体现在古代圣贤孔子身上。孔子被视为中华文化的“始祖”，尽管孔子强调说，他没有任何创新，只不过是想重振大同的理念。大同理念曾盛行于黄金时代，然而在孔子所处的政治乱世已不复存在。

19 世纪的一位传教士和旅行家凯吕斯 · 古伯察在思考中国起源这一悖论时评论道：

> 中华文明源远流长，虽欲穷其渊源而不可得。中国人早期的生活状况邈无痕迹，此乃中国的一大特点。研究一国历史时，我们习惯于先确定一个清楚的起点，然后借助流传下来的历史文献、历史传统及重大历史事件，一步步地追溯文明的衍变过程，从其起源到发展，再到壮大，直至衰亡（通常情况下）。中国人则不同，无论何时，他们似乎永远处于和今天相同的发展阶段。历史文献验证了这一观点。[2]

在距今 3 000 多年的商代中国有书写文字时，古埃及正处于鼎盛时期。希腊辉煌的城邦尚未兴起。罗马帝国的建立还是 1 000 年以后的事。而今天有十多亿人仍在使用直接从商代延续下来的书写体系，今天的中国人可以看懂孔子时代的碑文。当代中国，无论书籍还是会话中，依然饱含从古代文化典籍中汲取的养分，例如关于战争策略和宫廷权谋的警句格言。

同时，中国历史上战乱频仍，中央政府几度荡然无存，天下大乱。然而仿佛受一条亘古不变的自然法则的左右，中央政权每次垮台，都会被重建。每个历史阶段，都有一个志在统一的人物站出来，基本上沿袭黄帝的做法，征服敌手，再次一统中国（有时是开拓疆土）。《三国演义》是一部写于 14 世纪的长篇历史小说，数百年来深受中国人喜爱（包括毛泽东，据说他年轻时沉迷于此书）。该书卷首的一段话脍炙人口："话说天下大势，分久必合，合久必分。"[3] 中国的每一次分裂都被视为不正常的暂时现象。每次改朝换代后，新朝均沿袭前朝的治国手法，再次恢复连续性。中华文化的精髓历经战祸考验，终得以延续。

公元前 221 年中国的统一意义深远，此前的朝代延续了近千年。随着分封的诸侯从自治渐渐走向独立，周朝逐渐解体，陷入了长达 250 年的动乱，史称战国时期（公元前 475~公元前 221 年），相当于西方从 1648 年的《威斯特伐利亚和约》签订到第二次世界大战结束这段时期。其间，欧洲诸国根据均势理论互相争夺霸权。自公元前 221 年起，中国维系了大一统帝国的理想，然而分裂与统一的循环周而复始，有时一个周期长达数百年。

国家四分五裂时期，地方豪强混战不止。毛泽东曾说，三国时期（公元 220~280 年）[4]，中国人口从 5 000 万减至 1 000 万，而 20 世纪两次世界大战中的交战各方打得同样惨烈。

古代中国疆域最大的时期，文化势力圈覆盖整个亚洲大陆，远非欧洲国家可比。中国语言与文化以及皇帝的敕谕行及所有疆土，从北部绵延至西伯利亚的草原和森林，到南部的热带雨林和层层梯田的水乡；东部港湾密布、运河交织、渔村点点，西部有戈壁荒漠及终年冰雪的喜马拉雅山。疆土辽阔的中国加深了自成一体的观念：皇帝威加海内，“君临天下”，或者说“天下一统”。

中国的强盛时期

中华文明绵延数千年，中国却从未主动与其他幅员一样辽阔、历史同样悠久的国家或文明打过交道。正如毛泽东日后所说，中国当时知道有一个印度，但历史上印度往往分裂为诸多王国。中印两大文明通过丝绸之路交易商品，传播佛教思想，然而几乎难以逾越的喜马拉雅山脉和青藏高原阻隔了两国之间更密切的交往。中亚无垠的荒漠隔断了中国文化与波斯和巴比伦近东文化的交流，更不要说罗马帝国了。中国与他国之间时有商队往来，但作为一个社会，中国似乎不需要与同样幅员辽阔、文化发达的社会接触。尽管当时的中国和日本具有同样的文化内核及政治制度，但却彼此相轻，它们处理彼此关系的方法就是减少往来，几百年一直如此。欧洲地处中国人所称的“西洋”，距离中国更为遥远。正如 1793 年中国皇帝对一位英国使者所说，既然是西洋，中国文化自然鞭长莫及。

在宋朝（公元 960~1279 年），中国的航海技术即居世界之首，其舰队本可以将中国带入一个探险和征服的时代。然而中国没有攫取海外殖民地，对大海另一边的诸国并无探知的兴趣。[5] 中国也没有提出过跋涉重洋向未开化之地推行儒家学说或佛教的理论。元朝蒙古人曾凭借宋朝遗留的舰队及其经验丰富的船长两次试图到达日本，每次均因天气恶劣——日本人所谓的神风——无功而返[6]。尽管远征日本是可行的，然而元朝灭亡后，中国再未作过尝试。没有一位中国当政者提出过中国应控制日本列岛的理由。

但公元 1405~1433 年明代初期，中国开始了历史上最壮观、最神秘的航海之旅。郑和统率技术上最先进的“宝船”舰队出洋，远至爪哇、印度、非洲之角和霍尔木兹海峡。郑和下西洋时，欧洲的探险时代尚未开始。中国的舰队拥有似乎难以超越的技术优势，无论舰船尺寸、技术水平还是舰船数量，均令西班牙的无敌舰队（尚是 150 年以后的事）相形见绌。

时至今日，历史学家对郑和下西洋的确切目的依然存在争论。郑和是探险时代的一位杰出人士。他是回族人，幼年入宫，历史上很难找到有类似经历的人。航海期间，郑和每到一地，便宣示中国当朝皇帝的德威，厚赠遇到的君主，邀请他们或亲赴中国，或派遣使者访华，让他们通过行叩头礼的方式认可自己在以中国为中心的世界秩序中的位置，承认皇帝的至尊地位。然而，除了举行庄重的仪典炫示中国的伟大外，郑和对开疆拓土似乎并没有多少兴趣。他带回国的不过是礼物，即“贡品”。除了为天朝扬威这一抽象成果外，郑和没有为中国攫取领土或资源，充其量不过是较早地运用中国的“软实力”[7]，为中国的商人创造了良好条件。

1433 年，郑和的航海活动突然结束，当时正值中国北部边患再起。新皇帝下令解散舰队，销毁郑和的航海记录，此后中国人再没有下过西洋。虽然中国的商人继续沿着郑和昔日航行过的海路往来穿梭，但中国的航海能力却日益衰微，以至于中国南部沿海地区面临海盗侵扰时，明朝的统治者竟想强迫沿海居民向内陆迁移 10 英里。中国的航海史就这样成了一片生了锈的合页。就在西方对航海兴趣日浓之时，有能力称雄海上的中国却自愿放弃了航海事业。

中国的光荣孤立在人类历史上独一无二，酝酿了一种独特的中国自我意识。中国的精英阶层逐渐习惯于认为，中国举世无双，不仅是世界诸文明中的"一个伟大文明"，更是文明的化身。1850 年，一位英国翻译家写道：

> 一个聪慧的欧洲人，如果习惯于思考一些国家的优势和不足，只要提出几个问题，即便不掌握什么数据，也可对一个他此前并不了解的国家的人民有一个大致不错的认识。但若以为这一点也适用于中国，则大谬不然。对外国的排斥加上本国的封闭导致中国人根本没有比较的机会，这可悲地禁锢了他们的思想，使中国人完全无力挣脱自己的生存环境，评判任何事情皆套用中国的传统观念。[8]

对周边的朝鲜、越南、泰国和缅甸等国，中国当然有所闻。但在中国人心目中，中国乃世界中心，是为“中国”，其他国家皆是中国文化的变种。中国人认为，吸收了中国文化、向中国朝贡的其他小国构成了宇宙的自然秩序。中国与周边国家的疆界与其说是政治和领土的分界线，不如说是文化差异的分水岭。中国文化的辐射圈涵盖整个东亚。美国政治学家白鲁恂（Lucian Pye）有一句名言：近代中国依然是“一个自诩为民族国家的文明社会”。[9]

支撑传统中国这一世界秩序的妄自尊大的观念一直延续到近代。迟至1863年，中国的皇帝（他本人即是200年前征服了中国的“异族”——满族王族的一员）致函林肯，告之中国致力于保持与美国的友好关系。他在信函中自高自大地称：“朕承天命，抚有四海，视中国和异邦同为一家，彼此无异也。”[10]发此函时，中国已经输掉了与西方列强的两场战争——西方列强正忙于在中国领土上划分势力范围。这位中国皇帝似乎认为，这些灾难与其他蛮夷的入侵没有二致，最终也会败给中国人的坚韧不拔和优越的文化。

纵观历史长河，中国人的这种观点并非臆想。汉族人代代向外扩展疆界，从最初起源的黄河流域逐渐将四邻吸引过来，形成一批不同程度上受中国文化影响的社会。中国的科学技术成就不逊于西欧诸国、印度和阿拉伯各国，而且往往有过之而无不及。[11]

中国不仅在人口和疆土上远远超过欧洲诸国，而且直到产业革命前，仍远比它们富饶。一套运河体系把江河湖泊与人口中心连接起来。数百年来，中国一直是世界上生产率最高的经济体和人口最密集的贸易地区。[12] 由于中国基本上自给自足，其他地区对它的辽阔和富饶只有粗浅的了解。过去的 2 000 年里，有 1 800 年中国在世界国内生产总值中所占的比例都要超过任何一个欧洲国家。直至 1820 年，中国在世界国内生产总值的比例仍大于 30%，超过了西欧、东欧和美国国内生产总值的总和。[13]

中国的活力和繁华令近代初期接触过中国的西方观察家瞠目。法国传教士、著名汉学家杜赫德在 1736 年撰写的一篇文章中描述了去过中国的西方人的惊愕：

> 各省地方特产丰饶，加之假河道及运河运载货物之便利，帝国的国内贸易总是一派繁荣……中国内地贸易量之大，即使把全欧洲的贸易加在一起，也难与之相比。各省犹如诸多邦国，彼此互通有无。[14]

30 年后，法国政治经济学家弗朗索瓦·魁奈写道：

> 毋庸置疑，这是世界上已知的最美丽、人口最密集、最繁华的王国。中华帝国不亚于一个统一在同一王朝之下的欧洲。[15]

中国与外国人通商，偶尔也会采纳国外的思想和技术。但中国人一般认为，无论奇珍异宝还是知识学问，中国都应有尽有。由于各国渴望与中国通商，中国的精英阶层不把通商看作普通的经济交换，而称之为“朝贡”，以示他国承认中国的至尊地位。这种观点并非尽是妄语。

儒家学说

几乎所有帝国都是凭借武力建立的，然而没有一个能够靠武力延续下去。若要长久统治世界，必须化武力为义务。否则统治者会为了维护统治耗尽精力，却无力塑造未来，而塑造未来才是政治家追求的终极目标。压迫若能让位于共识，帝国即可得以延续。

中国就是一例。中国统一的方式以及周期性的分裂与统一有时极其残酷，中国历史上不乏血腥的叛乱和暴虐的皇帝。1 000 年来中国得以延续至今，主要靠的是中国平民百姓和士大夫信奉的一整套价值观，而不是靠历代皇帝的镇压。

中国文化的一大特点是，中国人的价值观在本质上是世俗的。当强调禅定和内心平和的佛教开始出现在印度文化中时，犹太教先知，以及后来的基督教和伊斯兰教先知则宣扬人死后还有来世的“一神教”。中国没有产生过西方意义上的宗教，中国人的世界是自己创造的。虽然中国人称自己的价值观具有普世意义，但仍源于本国。

中国社会占统治地位的价值观源自一位古代哲学家的教诲，后人称其为“孔夫子”或“孔子”。孔子（公元前551~公元前479年）是春秋时期（公元前770~公元前476年）末期人。当时政治动荡，诸侯混战，随后进入了战国时期（公元前475~公元前221年）。统治中国的周朝日益衰微，无力管辖争夺权力的各方诸侯，任凭贪婪和暴力肆虐。大一统的天下再度陷入混乱。

孔子和马基雅维利一样，在自己国家游走四方，希冀能受到当时互相争斗的某个诸侯的重用。然而孔子又和马基雅维利不同，他更注重社会和谐，而不是玩弄权术。孔子的核心思想是施仁政，重礼教，行孝悌。或许他未能向潜在的雇主提出一条称强称霸的捷径，终其一生也没有实现目标，未能找到一位诸侯以推行自己的主张。中国继续一步步滑向政权的崩溃和战乱。[16]

然而，由孔子弟子记载下的孔子教诲却流传于世。待到杀戮结束、中国再次统一的汉朝（公元前206~公元220年）时，儒家思想被奉为官方哲学，记载孔子言行的《论语》和其后的经史典籍构成了儒家经典，有点像是中国的《圣经》和《宪法》的混合体。熟谙儒家经典成了入朝做官——通过科举选拔出士大夫官吏，他们肩负维护庞大帝国和谐之责——的首要条件。

身处乱世，孔子提出的对策是施行正义的和谐社会之

"道"。孔子称，远古的黄金时代曾实现过这种正义与和谐。在信仰上，人类最重要的使命，就是挽救这一岌岌可危的合理秩序。信仰的目的不是启示或解脱，而是耐心地恢复已被遗忘的克己美德。[17]在一个儒家学说主导的社会里，好学是一个人显达的关键。因此孔子教诲道：

> 好仁不好学，其蔽也愚；好知不好学，其蔽也荡；好信不好学，其蔽也贼；好直不好学，其蔽也绞；好勇不好学，其蔽也乱；好刚不好学，其蔽也狂。[18]

孔子倡导一个等级制社会，认为一个人的首要义务是"恪守本分"。儒家秩序激励人们走治国平天下的道路。孔子与一神论宗教的先知不同，他绝口不谈人类如何获得个人救赎。孔子主张通过个人修养获得国家的救赎。孔子思想着眼于现世，肯定的是一种社会守则，而不是来世的救赎。

皇帝位于中国等级秩序之巅，在这一点上，西方社会没有可比性。皇帝集社会秩序的宗教信条和世俗说教于一身，既是政治统治者，又代表了一种形而上的观念。就其政治作用而言，皇帝被视为人类至高无上的君主，凌驾于世界政治层级之上。这反映了中国等级森严的儒家社会结构。中国的礼仪坚持以叩首的方式承认皇帝的主宰地位，即行三跪九叩大礼。

皇帝扮演的第二个抽象角色是他作为"天子"的地位，调和天、地、人之间的关系。皇帝的这一角色暗示，他本人负有道德上的义务。皇帝施仁政，主仪典，严刑律，系天下万物“和谐”于一身。一旦皇帝荒淫无道，天朝即陷入混乱。哪怕是自然灾害，也有可能意味着天下失和。当政的朝廷会为此丧失赖以治天下的“天命”，叛乱蜂起，直至改朝换代，重新恢复天下大同。[19]

国际关系观念：公正还是平等？

恰如中国没有宏大的天主教堂一样，中国也没有诸如布伦海姆宫这样的贵族宫殿，从未产生过政治上有权有势的贵族，诸如修建了布伦海姆宫的马尔伯勒公爵。欧洲进入近代社会时，政治乱象纷呈，既有独立的王公贵族，又有自治的城邦；既有与国家政权分庭抗礼的罗马天主教廷，又有渴望建立一个自治的公民社会的新教徒。中国则不然，步入近代社会时，此前 1 000 多年已经形成了一整套成熟的帝国官僚体制，通过科举选拔官员，其统治权力渗透到社会经济的各个角落。

因此，中国眼中的世界秩序与在西方生根的制度大相径庭。近代西方的国际关系观念产生于 16~17 世纪。当时欧洲的中世纪制度解体，产生了一批实力不相上下的国家。罗马天主教也分裂成为形形色色的教派。均势外交不是一种选择，而是必然结果。没有一国足够强大，从而可以把自己的意愿强加给他国，也没有哪一种宗教具有足够的权威，从而能畅行天下。各国主权平等和法律平等的概念成为国际法和外交的基础。

中国与西方形成鲜明对比，它从未长期地与另一国在平等的基础上交往过。原因很简单，中国从未遇到过与中国文化类似或大如中国的社会。中国皇帝君临天下被视为自然法则，体现了天命。对中国皇帝而言，天命不一定意味着与邻国人民敌对——不敌对最好。和美国一样，中国认为自己发挥了一种特殊作用，但它从未宣扬过美国式的普世观并借此在世界各地传播自己的一套价值观，而是仅把注意力放在驾驭近邻的蛮夷上。中国的目标是让诸如朝鲜的藩属承认自己的特殊地位，以换取通商权利等好处。至于中国人知之甚少的远方夷人，如欧洲人，中国虽以礼相待，但始终保持着一种居高临下的疏远。他们几乎没有兴趣让外夷皈依中国文化。1372 年，明朝开国皇帝表达了这一观点："诸蛮夷酋长来朝，涉履山海，动经数万里……'朝贡无论疏数，厚往而薄来可也'。"[20]

中国的皇帝认为，试图对不幸远离中国的国家施加影响是不现实的。在中国，例外论体现为中国不对外输出观念，而是欢迎他人前来学习。毗邻诸国只要向中国朝贡即承认其宗主国地位，就可以通过与中国和中华文明的交往受益，不肯这样做的都属未开化之列。归顺皇帝，施行帝国礼仪乃其文化内核。[21]帝国强盛时，中国文化圈随之延伸，天下一统为一个由占人口大多数的汉族及众多少数民族组成的多民族实体。

在中国官方记载中，外国使者觐见皇帝不是为了谈判或谈国事，而是“前来领受圣上的文明教化”。皇帝也从不与其他国家元首会晤，皇帝接见他们则体现了对“远涉来客推恩加礼”。使者奉上贡品表明他们对皇帝俯首称臣。中国朝廷向外国派遣的使者不是外交官，而是来自天朝的御使。

中国政府的组织形式反映了一种等级制的世界秩序。中国通过礼部处理与进贡国（如朝鲜、泰国和越南）的关系，暗喻与进贡国的外交不过是天下大同这一更大的抽象使命的一个方面。至于北面和西面未曾汉化的游牧部落，中国通过理藩院与之打交道。理藩院是一个类似署理海外殖民地的机构，专事赐赠属国国王封号，以免起边祸。[22]

输掉了与西方列强的两场战争后，1861 年，迫于 19 世纪西方入侵的压力，中国建立了一个类似于外交部的机构，负责处理对外事务。它被视为一个临时的应急性机构，待眼下危机消除后即行解散。这一新机构故意设在原铁钱局公所旧址——一处不起眼的老宅。用清朝重要政治家恭亲王的话说，设在此处是为了“暗寓不得比于旧有各衙门，以存轩轾中外之意”。[23]

中国历史上并非没有出现过欧洲国与国之间那种政治与外交观念，然而这些观念只是在国家分裂时期作为一种反传统的思想存在于中国。似乎冥冥之中有一种规律，中国终将从分裂回归天下一统，新的朝代将再次重建以中国为中心的地位。

作为一个帝国，中国答应给予邻国人民公正，但不是平等，并根据每一国人民受中国文化影响的深浅以及对中国礼仪的尊重程度，分别示以怀柔。

在国际交往中，中国人给人留下的深刻印象不是其宫廷盛典，而是深远的战略眼光和谋略。中国的漫长边界频频变更，历史上居住在边界上的“劣等”人实际上无论装备上还是机动性上多胜过中国人。中国的北部和西部是半游牧部落，满族人、蒙古族人、维吾尔族人、藏族人，外加后来日益对外扩张的沙俄帝国。这些部落的骑兵轻而易举即可沿着漫长的边界对中国的农耕内地发动袭击，而中国为了报复出动的远征军则面临地形险恶、供应线漫长等重重困难。在中国的南部和东部，当地人名义上归属于中国，但历来尚武好斗，且各有自己的民族特征。其中越南人最有韧性，他们坚决拒绝承认中国人高人一等，并声称能打败中国人。

中国无力征服四周所有的邻国，其人口主要由固守乡土的农民组成。统治阶层的精英不是靠作战英勇封官，而是靠熟谙儒家经典和精通书墨升官，例如精于书法和诗歌。四邻部族每一个都对中国构成极大威胁，倘若它们联合起来，中国将难以应付。历史学家赖德懋（拉铁摩尔）写道：“夷蛮入侵因而构成了对中国的永久威胁……任何一个无后顾之忧，又可绕过其他蛮夷的夷国，尽可放心大胆地入侵中国。”[24] 天朝的自大和地大物博，后来反倒害了自己，招来了四面八方的敌人。

在西方人的脑海里，长城是中国的主要象征，而长城也恰是中国根本弱点的体现，它在抵御外敌方面几乎没起什么作用。中国的政治家靠的是运用丰富的外交和经济手段，诱使中国潜在的外国敌手与它结成比较容易驾驭的关系。最理想的目标不是征服（虽然中国偶尔也对外大举用兵，而且是先发制人），而是遏制入侵，避免夷人结盟。

以允许通商为诱饵，加上高超的政治手腕，中国笼络邻国人民遵守以中国为中心的准则，同时制造一种皇帝威严的印象，以抑制潜在的入侵者试探中国的实力。其目的不是为了降服蛮夷，而是“羁縻”。对不肯归顺的蛮夷，中国会利用他们之间的矛盾，“以夷制夷”，必要时“以夷伐夷”。[25] 明朝的一位官员对居住在中国东北地区，构成对中国潜在威胁的部族有如下描述：

> 蛮夷之间不合则弱，弱则易驭治。倘若分而居之，众夷彼此互不往来，对朝廷尤恭。至于夷酋，吾可厚此薄彼，任其自残。此乃一政治方略：“蛮夷互斗，有利中华。”[26]

这种体系的目标基本上是防御性的，即防止他人在中国边疆结成同盟。治夷方针在中国官员的思维中根深蒂固，以致19世纪大批欧洲“蛮夷”抵达中国沿海地带时，中国官员讲述眼前威胁所用的语言与前朝官员如出一辙：要“以夷制夷”，直到他们受到安抚。初次遭受英国人袭击时，中国人采用了传统的战略，引入其他欧洲国家，令其彼此争斗，而后加以利用。

在追求这些目标时，中国朝廷采用的手段非常实际，或贿赂蛮夷，或利用汉族人口优势“稀释”蛮夷；战败时，中国则俯首称臣，作为汉化蛮夷的先声，例如元朝和清朝之初。中国朝廷常常采用变相的绥靖手法，但给它蒙上了一层面纱，表现为复杂的礼仪形式。中国的统治阶层于是可以声称，他们这样做是为了秉持中国仁厚至尊的姿态。为此，汉朝的一位大臣建议用“五饵”之策对付位于中国西北部的铁骑匈奴部落。他写道：

> 赐之盛服车乘以坏其目；赐之盛食珍味以坏其口；赐之音乐、妇人以坏其耳；赐之高堂、邃宇、府库、奴婢以坏其腹；于来降者，上以召幸之，相娱乐，亲酌而手食之，以坏其心：此五饵也。[27]

中国强盛时，其外交体现为在意识形态上捍卫帝国权力的合理性；衰微时，外交则用来掩盖其弱点，帮助中国利用彼此争斗的各种势力。

同后起的其他区域性国家相比，中国是一个自足的帝国，对扩张领土并不热衷。东汉（公元25~220年）的一位学者何休写道：“王者不治夷狄，录戎来者不拒，去者不返也。”[28]中国的治疆目标是离间驯服周边国家，而不是直接占领。

中国人讲求实际，这一点突出体现在对待征服者的态度上。当异族君主赢得战争时，中国的官僚阶层会随之归顺，同时又游说征服者，他们刚刚征服的中国疆土幅员辽阔，文化独特，只能以中国人的方式、中国的语言和现有的中国官僚机构来统治。征服者一代代逐渐被同化到他们当初试图控制的秩序中。最终，他们的老家，即发动侵略的起始点，成了中国的一部分。征服者自己开始追求传统的中国国家利益——征服者反被征服。[29]

中国人的实力政策与《孙子兵法》

中国人是实力政策的出色实践者，其战略思想与西方流行的战略与外交政策截然不同。在漫长的动荡历史中，中国的统治者认识到，不是所有的问题都能得到解决，过分强调对具体事件的完全驾驭有可能会打乱大同世界的平衡。潜在的敌人比比皆是，帝国永远不可能享有绝对安宁。如果中国注定只能有相对安宁，它同样暗含相对的不安宁——为此需要对中国的十几个邻国有一个基本的了解。它们的历史和追求的目标与中国迥异。在陷于冲突中时，中国绝少会孤注一掷，而依靠多年形成的战略思想更符合他们的风格。西方传统推崇决战决胜，强调英雄壮举，而中国的理念强调巧用计谋及迂回策略，耐心累积相对优势。

中西方的这一对比反映在两种文明中流行的棋类上。中国流传最久的棋是围棋，它含有战略包围的意思。棋盘上横竖各19条线，对弈开始时棋盘上空无一子。对弈双方各有180枚子可用，子与子没有差别。两位棋手轮流在棋盘任何一点上落子，占据有利地形，同时设法包围吃掉对方的子。棋手在棋盘各处同时展开厮杀。棋盘上每落下一子，对弈双方的实力对比就略有消长，双方都在实施自己的战略计划，并同时应对对手的棋。一场势均力敌的比赛结束时，棋盘上双方的地盘犬牙交错，一方常常仅占有微弱的优势。对于一个外行人，从棋盘上并不总能看出哪一方是赢家。[30]

而国际象棋的目标是全胜，目的是把对手将死，即把对方的王或后逼入绝境，令其走投无路。绝大多数的国际象棋比赛靠消耗对方实力或偶尔靠一着妙手取胜。唯一的另一种可能是双方握手言和，即双方均无希望取胜。

如果说国际象棋是决战决胜，围棋则是持久战。国际象棋棋手的目标是大获全胜，围棋棋手的目标是积小胜。下国际象棋，棋盘上双方的实力一目了然，所有棋子均已摆在棋盘上。围棋棋手不仅要计算棋盘上的子，还要考虑到对手的后势。下国际象棋能让人掌握克劳塞维茨的“重心”和“关键点”等概念，因为开局后双方即在中盘展开争夺，而下围棋学到的是“战略包围”的艺术。国际象棋高手寻求通过一系列的正面交

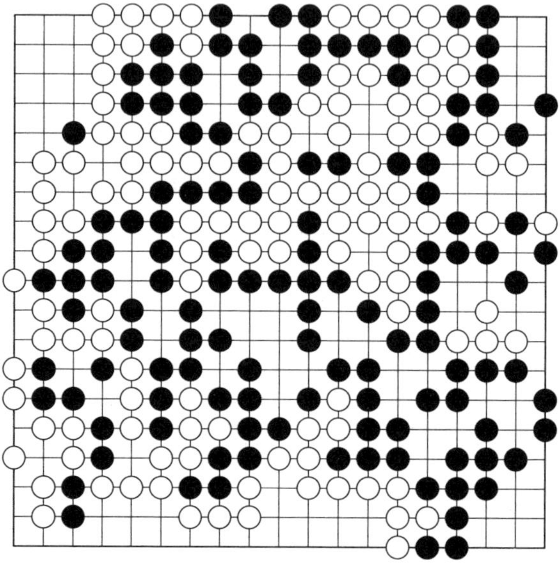

围棋棋盘图

两位专业围棋棋手下完的一盘棋，黑棋小胜。
引自来永庆《以中国围棋剖析“势”的战略概念》。
（美国陆军战争学院战略研究所，2004）

锋吃掉对手的棋子，而围棋高手在棋盘上占“空”，逐渐消磨对手棋子的战略潜力。下国际象棋练就目标专一，下围棋则培养战略灵活性。

同样，中国独具一格的军事理论也与西方截然不同。它产生于中国的春秋战乱时期，当时诸侯混战，百姓涂炭。面对残酷的战争（同样为了赢得战争），中国的思想家提出了一种战略思想，强调取胜以攻心为上，避免直接交战。

代表这一传统的最著名人物是孙武（尊称“孙子”），《孙子兵法》一书的作者。有趣的是，没人确知他到底是谁。从古至今，学者对《孙子兵法》作者的身世及该书的写作年代争执不下。该书记载了一个叫孙武之人的言行。根据他弟子的记载，孙武是中国春秋时期的一位军事家，游走列国。一些中国学者，包括后来的西方学者，都怀疑是否真有一位孙武，或即使确有其人，《孙子兵法》是否确实出自他的手笔。[31]

《孙子兵法》为文言文，介乎诗歌体与散文体之间。该书问世已两千余年，然而这部含有对战略、外交和战争深刻认识的兵法在今天依然是一部军事思想经典。20 世纪中国内战时期，毛泽东出神入化地运用了《孙子兵法》的法则。越南战争时期，胡志明和武元甲先后对法国及美国运用了孙子的迂回和心理战原理。（孙子在西方还获得了另一个头衔——近代商业管理大师）。即使在今天，《孙子兵法》一书读起来依然没有丝毫过时感，令人颇感孙子思想之深邃。孙子为此跻身世界最杰出的战略思想家行列。甚至可以说，美国在亚洲的几场战争中受挫，一个重要原因就是违背了孙子的规诫。

孙子与西方战略学家的根本区别在于，孙子强调心理和政治因素，而不是只谈军事。欧洲著名的军事理论家克劳塞维茨和约米尼认为，战略自成一体，独立于政治。即使是克劳塞维茨的名言“战争是政治通过另一种手段的继续”，也暗示一旦开战，政治家即进入了一个崭新的阶段。

孙子则合二为一。西方战略家思考如何在关键点上集结优势兵力，而孙子研究如何在政治和心理上取得优势地位，从而确保胜利。西方战略家通过打胜仗检验自己的理论，孙子则通过不战而胜检验自己的理论。

孙子对战争的理解和论述既没有欧洲一些战争论著中的激情，也不颂扬个人英雄主义。《孙子兵法》冷静的特点反映在卷首：

> 兵者，国之大事，死生之地，存亡之道，不可不察也。[32]

由于战争后果严重，慎重乃第一要义：

> 主不可以怒而兴师，将不可以愠而致战。合于利而动，不合于利而止。怒可以复喜，愠可以复悦，亡国不可以复存，死者不可以复生。故明主慎之，良将警之。此安国全军之道也。[33]

政治家在什么事情上应该谨慎行事呢？孙子认为，胜利不仅仅是军队打胜仗，而是实现发动战争时设定的目标。上策不是在战场上与敌人硬拼，而是折其士气，或是调动敌人，使其陷入不利境地，以断其退路。战争复杂残酷，因而知己至关重要。战略于是演变为一场心理上的较量：

> 不战而屈人之兵，善之善者也。故上兵伐谋，其次

伐交，其次伐兵，其下攻城。攻城之法，为不得已。

故善用兵者，屈人之兵而非战也，拔人之城而非攻也，毁人之国而非久也……[34]

最理想的情况是指挥官拥有绝对优势，从而完全可以避免交战。其次是深思熟虑，并在后勤、外交和心理上做了充分准备后，给敌人致命一击。孙子告诫道：

夫未战而庙算胜者，得算多也；未战而庙算不胜者，得算少也。[35]

由于“伐谋”和“伐交”涉及心理因素和对事物的认识，孙子非常重视用计和使用假情报。他告诫道：

故能而示之不能，用而示之不用，近而示之远，远而示之近。[36]

对一位信奉孙子思想的部队指挥官来说，通过迷惑敌人或用计间接取胜，比倚仗优势兵力取胜更人道（且不说更经济）。《孙子兵法》告诫指挥官，要诱使敌人跟着自己走，或是将其逼入绝境，迫使其全军或举国投降。

也许孙子最重要的深邃思想是，在一次军事或战略的较量中，一切因素互为影响：气候、地形、外交、情报、供应和后勤、力量对比、历史观，以及出其不意和士气等无形因素。无论哪个因素，都会牵一发而动全身，造成军事形势和相对优势的微小变化——没有孤立的事件。

因此，一位战略家的任务不是分析具体形势，而是弄清这一形势与它形成的外部条件之间的关系。没有一种局面是一成不变的。任何现象都是暂时的，都在不断发生变化。战略家必须洞悉变化的走向，为己所用。孙子用“势”这个词表达这一特征，而西方没有类似的概念。[37]在军事上，“势”指战略发展趋势和演变的形势中蕴含的“潜能”，即“各种因素之特定组合及其发展趋势中蕴含的巨大能量”[38]。在《孙子兵法》一书中，“势”指力量强弱及总体趋势的不断变化。

孙子认为，善用势的战略家恰如水沿山坡顺势而下，毫不费力就能找到一条最快、最容易的路线。一位成功的指挥官会耐心等待，而不是急于交战，以避开敌人的锋芒。他仔细观察战略形势的变化并加以引导。他研究敌人的备战状况及士气，积蓄己方力量，利用敌人心理上的弱点，直至出现打击敌人薄弱环节的有利战机。于是他出其不意，神速调兵遣将，沿着阻力最小的道路“顺势而下”。仔细寻找战机以及精心准备，为他奠定了优势地位。[39]《孙子兵法》论述的不是如何征服领土，而是如何在心理上压倒敌人。这也是当年越南民主共和国与美国打仗的战法（不过越南民主共和国把心理战的胜利也转化为实际的领土征服）。

通常，中国的政治家把战略形势看作全局的一部分：善恶、远近、强弱、过去与未来皆互相关联。西方人认为，历史是走向近代化的过程，是战胜邪恶与落后的过程。而中国人的历史观强调的是衰落与复兴的周期，在这一过程中，人可以认识自然与世界，却不能完全主宰，最佳结果是与之融为一体。战略与治国方略成为与对手“互斗互存”的手段，目的是化强敌为弱敌，同时加强自己一方的势，或者说战略态势。[40]

当然，“以计取胜”虽是理想结果，却不易实现。从古至今，中国不乏残酷的战事，多在本国，偶尔也在国外。一旦爆发战争，例如秦统一中国、三国时期的战争、对太平天国运动的镇压以及 20 世纪的那场内战，生灵涂炭，惨烈程度不亚于欧洲的世界大战。最残酷的战事源于中国内部体系的崩溃，换言之，体现为一国内部的一种调整。对中国而言，国内稳定和抵御日益逼近的外国入侵同等重要。

中国古代圣贤认为，世界永远不可征服，明君只能希冀顺应世界潮流。没有可供移民的新大陆，天涯海角也没有人等待人类救赎。中国是片福地，中国人在这块乐土上生息繁衍。从理论上讲，中国文化或许可以惠及周边邻国。然而漂洋过海迫使异族人皈依中国文化，对中国人没有荣耀可言，天朝礼仪因而无法向遥远的异域传播。

这也许是中国遗弃航海传统的深层含义。19 世纪 20 年代，德国哲学家黑格尔在论及他的历史哲学时，谈到中国人习惯于把东边浩瀚的太平洋视为寸草不生的荒漠。他指出，中国人极少漂洋过海，而是固守其辽阔的陆地板块。陆地把人束缚在“数不清的依附关系上”，而海洋却促使人“跳出狭隘思维和行动的禁锢”:“亚洲国家宏大的政治结构缺乏挣脱陆地束缚、走向海洋的能力，尽管它们自己濒临大海，比如中国。在它们眼里，海洋意味着极限，意味着陆地的终结。它们从未用积极的眼光审视过海洋。”西方人则漂洋过海，把贸易触角伸向全世界，到处传播其价值观。黑格尔认为，在此意义上，困于陆地的中国——其实中国曾是世界上头号航海大国——“与历史发展的大趋势失之交臂”。[41]

中国挟其独特的传统和千年养成的优越感步入近代。这个独特的帝国声称它的文化和体制适用于四海，却不屑于去改变异族的宗教信仰；它是世界上最富饶的国家，却对与外国通商和技术革新漠不关心；它文化发达，却受制于一个对西方探险时代的来临一无所知的政治统治集团；它在辽阔的疆土上建立了一套政治体系，却对即将威胁其生存的技术文化大潮茫然无知。

| 第二章 |

叩头问题和鸦片战争

18 世纪结束时，中华帝国达到极盛。1644 年，女真部落起兵东北，横扫中国后建立清朝，其后中国发展成为军事强国。清朝挟满蒙两族的军事实力，辅以汉族的文化和发达的官僚机构，开始向北部和西部扩张领土，在蒙古、西藏和今天的新疆腹地建立了中国的势力范围。当时的中国称雄亚洲，可与地球上的任何帝国抗衡。[1]

然而，清朝的鼎盛点也是它的命运转折点。中国的富庶和辽阔疆土吸引了西方帝国及其贸易公司的目光，而它们的活动范围远远超出了传统中国秩序的疆界和观念。有史以来，中国首次遭遇不再寻求取代中国朝廷，并称自己承天启命的“蛮夷”。他们提出一种全新的世界秩序观，从而取代以中国为中心的秩序（进行自由贸易而不是朝贡，向中国京城派驻外交使团），且首次采用一种不再让中国称其他国家的国君为“夷”，不再要求他国效忠中国皇帝的外交制度。

中国的封建士大夫集团浑然不知，这些外国社会发明了新的产业和科学方法，几百年来第一次，也许是有史以来第一次领先于中国。借助蒸汽机、铁路、新的工业制造方法以及资本积累，西方的生产力飞速发展。骨子里浸透了征服欲的西方列强踏入传统的中国势力范围，认为中国自称君临欧亚荒诞不经。他们决心把自己的国际交往标准强加给中国，必要时不惜一战。由此爆发的冲突挑战了中国对世界的根本看法。一个世纪后，即便是在中国振兴后的时代，昔日的创伤仍未愈合。

自 17 世纪起，中国政府已经注意到，东南沿海一带的欧洲商人日益增多。在中国人眼里，这些欧洲人与帝国边疆地带的夷人无甚区别，也许只有一点除外，即欧洲人尤其缺乏教化。中国官方称这些“西洋蛮夷”为“贡使”或“夷商”，偶尔允许外国人前往北京。倘若他们获准觐见皇帝，则需行叩头礼，即三跪九叩的大礼。

外国使者入境中国的口岸和前往北京的路线均受到严格限制。与中国的通商是季节性的，仅限于广州一地，且管制甚严。每年冬天，外国商人必须启程回国。他们不得进入中国内地，种种规章制度专为限制他们的活动范围而定。教授外国人中文，或向他们出售中国历史文化书籍均属犯法。与外国商人的交往只能通过当地的特许行商。[2]

自由贸易、外国使馆、主权平等（欧洲人此时在几乎世界各地已享受的起码权利）的概念，在中国均闻所未闻。中国只默许对俄国区别对待。俄国迅猛东扩，沙皇的领地已经与清朝在新疆、蒙古和满洲的疆土接壤，构成了对中国莫大的威胁。1715年，清朝允许莫斯科在北京设立一个东正教传教士团，日后，该团实际上成了一个变相的使馆。一个多世纪以来，这是在中国唯一的一个此类外国传教士团。

在清廷的眼里，中国与西欧诸国商人的有限往来反映了朝廷的怀柔。中国人认为，允许外国人与中国通商——尤其是西洋蛮夷嗜好的茶叶、丝绸、漆器和药材——彰显了天子的仁厚。欧洲与中国隔山阻海，绝无依照朝鲜和越南的例子汉化的可能。

最初，欧洲人同意在中国的朝贡体系中扮演朝贡者，欧洲人被称为“蛮夷”，他们从事的贸易被称为“进贡”。然而随着西方列强国力愈强，信念愈坚，这种局面再也无法持续下去。

马嘎尔尼使团

英国人（中国的一些史籍称其为“红毛蛮夷”）尤其反感中国的世界秩序观。作为西方首屈一指的商业大国和航海大国，英国对中国在其世界秩序中分配给它的位置极为气恼。英国人指出，中国的军队仍然主要使用弓箭，海军形同虚设。英国商人对广州的特许中国行商变本加厉的“勒索”极为不满。但中国规定，一切与西方的贸易必须经过这些行商，而英国商人希望能打入东南沿海以外中国其他地区的市场。

英国人试图改变现状的首次重大尝试，是 1793~1794 年派遣马嘎尔尼勋爵使华。这是欧洲为改变当时中西方交往方式所做的一次最著名、最友善和最不“炫耀武力”的努力，目标是取得通商贸易和外交的利益。但这次访问最终一无所获。

马嘎尔尼使团值得深究。马嘎尔尼的日记讲述了中国人对自己地位的看法，以及西方人和中国人对外交看法的巨大差异。马嘎尔尼是一位杰出的政府官员，有多年的国际交往经验，而且对“东方”外交有深入的了解。马嘎尔尼有深厚的文化造诣，曾作为特使出使圣彼得堡的叶卡捷琳娜宫廷，历时 3 年。其间，他与俄国谈判达成了一项友好通商条约。返国后他写了一本介绍俄国历史文化的书，获得好评，其后又被东印度公司委任为马德拉斯邦的总督。在同辈人里，由马嘎尔尼出马开辟与另一个文明世界的外交往来，当之无愧。

对当时任何一位受过教育的英国人来说，马嘎尔尼使华的目标都会显得极为有限——尤其是同英国新近征服的中国庞大的邻国印度相比。内政大臣亨利·邓达斯把给马嘎尔尼的训令概括为：“设法与一国人民，或许是地球上最杰出的一国人民，建立自由往来的关系。”使华的首要目的是，在北京和伦敦互设使馆，争取中国开放沿海更多的通商口岸。关于后一点，邓达斯指示马嘎尔尼要对禁止英国商人参与“公平的市场竞争”（在奉行儒家学说的中国找不到类似概念）的“令人沮丧”和“武断的”广州通商规则予以注意。邓达斯强调，马嘎尔尼应申明对中国领土没有野心，但他的这一保证注定会被接待国视为一种侮辱，因为它暗示英国有领土野心。[3]

英国政府以平等的口吻致函中国朝廷。英国统治集团成员可能觉得，这样做给予了一个非西方国家不寻常的尊严，而中国却将其视为桀骜不驯、傲慢无礼之举。邓达斯指令马嘎尔尼，“一有机会”，马上向中国朝廷强调指出，国王乔治三世认为马嘎尔尼一行出使的是“世界上文化最灿烂、最古老，人口最众多的国家，以求考察其闻名的政府机构，促进该朝廷与英国之间毫无保留的友好交往并从中受益”。邓达斯指示马嘎尔尼遵守“该朝廷的一切礼仪，但不得损害英国君王的荣誉，或是有损于他本人的尊严，以致危及谈判的成功”。邓达斯强调说，马嘎尔尼“不应让细枝末节阻碍访华成功可能会带来的重大利益”。[4]

为了取得更大成果，马嘎尔尼使华携带了大量显示英国科学和产业实力的产品。马嘎尔尼的随行人员包括一位外科医生、一位机械师、一位冶金学家、一位钟表匠、一位数学仪器制造师，以及计划每天晚上演奏的“5位德国乐师”（他们的演奏属于这次访问比较成功的一项）。马嘎尔尼献给皇帝的礼物包括一些显示与英国通商会给中国带来莫大好处的产品，其中有四轮马车、镶满钻石的手表、英国瓷器（清朝官员赞许地注意到，其效仿了中国的艺术风格），还有出自雷诺兹之手的国王和王后的肖像。马嘎尔尼甚至还带来了一个放了气的热气球，打算让使团的成员乘坐它在北京做一次示范飞行。

马嘎尔尼使团的所有具体目标全部落空，因为双方的观点简直相差十万八千里。马嘎尔尼本想显示工业化的好处，可中国皇帝却把他的礼物视为贡品。英国特使本来期待接待他的中国官员认识到，中国还没有技术文明的进步，从而需要同英国建立一种特殊的开放通商关系，改变自己。中国却认为英国人傲慢无知，谋求天子给予特殊礼遇。中国依旧奉行重农方针，不断增长的人口使粮食生产更为紧迫。中国的士大夫官吏对工业化的要素——蒸汽机、信贷和资本、私有财产及公共教育等一无所知。

马嘎尔尼一行乘船沿中国海岸线一路北上，前往北京东北方向的热河夏季行宫，船上满载丰富的礼物和美味佳肴。然而船上插有一面旗，上面用中文写着“英吉利贡使”。马嘎尔尼依照邓达斯的指令，决定对此“不做任何表示，待条件许可时再提出该问题”。[5] 使团临近北京时，负责接待马嘎尔尼一行的中国大臣开始与英国人谈判，双方观点的巨大分歧随之凸显。争执点在于马嘎尔尼是对皇帝叩头，还是依照他坚持的立场，按英国习惯单膝下跪。

马嘎尔尼在日记中写道，中国人拐弯抹角地提出了这个问题，首先就“不同国家流行的不同服饰”发表了一番评论。中国官员得出的结论是，中国人的服饰更合理，因为身着中国服饰的人更容易行叩头大礼。他们说，无论何人觐见皇帝，都需要行三跪九叩礼。英国使者见皇帝前只是去掉扣在膝盖上的累赘金属扣和吊袜带不是更方便些吗？马嘎尔尼反驳道，如果他对皇帝行他对本国君王所行的礼，皇帝很可能会予以理解。[6]

对“叩头问题的讨论”时断时续地又持续了几周。中国官员提出，马嘎尔尼要么叩头，要么空手而归。马嘎尔尼一再抗争，最终双方同意，马嘎尔尼可以按欧洲礼节单膝下跪。这是马嘎尔尼获胜的唯一一次。（至少就他实际所为而言是这样。中国的官方记载称，马嘎尔尼见到皇帝后对其威严不胜惶恐，自行下跪叩头。）[7]

所有这一切均是围绕着繁缛的中国礼仪发生的，而这些礼仪都在委婉地拒绝他提出的要求。一举一动，都牵扯到礼仪，且每种礼仪都反映了天意，不可更改，马嘎尔尼简直无法与对方开始谈判。同时，他满怀尊敬而又惴惴不安地注意到中国庞大的官僚机构的高效率，揣测着“与我们相关的一切事情，我们吐露的每一个字，都被详尽地记录下来，呈送给上面”。[8]

马嘎尔尼吃惊地发现，欧洲的技术奇迹并没有给接待他的中国官员留下什么印象。他和随行人员展示架在炮架上的加农炮时，“陪同我们的人装出一副不屑的样子，称这些玩意儿中国不稀罕”。[9] 至于马嘎尔尼带来的望远镜、四轮马车和热气球，中国人一概嗤之以鼻。

一个半月后，特使仍在等待皇帝召见。在此期间，酒宴舞乐不断，双方继续讨论马嘎尔尼一行如蒙皇帝召见应遵守的适当礼仪。一天凌晨 4 点，马嘎尔尼被召到一个“华丽的大帐篷”里，等候召见。时隔不久，皇帝乘龙辇前呼后拥地来到帐篷前。中国人仪典之宏大令马嘎尔尼惊叹不已：“仪式自始至终庄严肃穆，好似庆祝某种神秘的宗教。”[10] 皇帝赐给马嘎尔尼及其随行礼物后，“又将自己桌子上的几道菜赐予我们”，随后礼节性地“亲手给我们每个人斟了一杯温酒，我们随即在皇帝面前一饮而尽”。[11]（皇帝亲自斟酒属当年汉朝对待蛮夷的五饵计策之一。[12]）

次日，马嘎尔尼一行参加了皇帝的生日庆典，皇帝看戏时终于召马嘎尔尼到身边。马嘎尔尼以为，现在可以谈他此次出访的使命了。没想到皇帝又赐给他礼物，一箱珠宝。据马嘎尔尼记载，还有“一本皇帝亲手撰写，夹有皇帝绣像的小书，希望我把这些礼物作为友谊的象征带给英国国王。他告诉我，这个珠宝盒乃皇室珍藏之物，距今已有 800 年”。[13]

体现圣上仁厚的礼物赐给马嘎尔尼后，中国官员建议，鉴于寒冬临近，他该动身回国了。马嘎尔尼抗议说，双方尚未就他奉命前来商谈的问题“展开谈判”，“他的使命不过刚刚开始”。马嘎尔尼强调说，乔治国王希望能允许他作为英国的使节常驻中国京师。

1793 年 10 月 3 日一早，一位中国官员唤醒马嘎尔尼，让他穿戴好官服后赶至紫禁城，等待皇帝对他的请求做出答复。等了几个小时后，他被人领上殿，来到一把外表为丝制的坐榻前。椅子上没有坐着皇帝，而是放了一封皇帝致乔治国王的信。中国官员对信下跪叩头，马嘎尔尼只对信行了单膝下跪礼。最后皇帝的上谕以隆重的仪式送到了马嘎尔尼的房间，这封信便成了英国外交史上最屈辱的信函之一。

敕谕首先表彰了乔治国王向中国派遣贡使显示的“恭顺”：

> 咨尔国王远在重洋，倾心向化，特遣使恭赍表章。

随后皇帝拒绝了马嘎尔尼提出的所有实质性的要求，包括允许马嘎尔尼作为一名外交官居住于京城：

> 至尔国王表内恳请派一尔国之人住居天朝，照管尔国买卖一节，此则与天朝体制不合，断不可行……（他）在京居住不归本国，又不可听其往来，常通信息，实为无益之事。

敕谕随后称，让中国派一名使节常驻伦敦则更为荒谬：

> 设天朝欲差人常驻尔国，亦岂尔国所能遵行？况西洋诸国甚多，非止尔一国。若俱似尔国王恳请派人留京，岂能一一听许？是此事断难准行。

皇帝认为，乔治国王派马嘎尔尼使华也许是为了观习教化，然而这同样不可行。

> 若云仰慕天朝，欲其观习教化，则天朝自有天朝礼法，与尔国各不相同。尔国所留之人即能习学，尔国自有风俗制度，亦断不能效法中国，即学会亦属无用。

至于马嘎尔尼提到的英中通商的诸多好处，天朝已经降恩于英国人，允许他们“多年在广州自由经商”，任何其他要求“断无道理”。至于中国与英国通商的好处，马嘎尔尼的意思完全被误解了：

> 奇珍异宝，并不贵重。尔国王此次赍进各物，念其诚心远献，特谕该管衙门收纳……种种贵重之物，梯航毕集，无所不有。尔之正使等所亲见。[14]

有鉴于此，两国现有的贸易绝无可能扩大。英国没有中国所需的物品，中国也已依天朝定制给予了英国人所有能给予的物品。

既然继续留京难有作为，马嘎尔尼决定取道广州回国。整理行装期间，马嘎尔尼注意到，皇帝一口回绝了英方所有提议后，中国官员对他的照顾更殷勤了。马嘎尔尼不禁揣测，皇帝是否改变了主意，并向中方打听。然而，中国已经给足了他外交礼遇。既然蛮夷使者听不懂弦外之音，天朝又下了一道近乎威胁的敕谕：皇帝向乔治国王保证，他知道“尔岛国远在重洋，与世隔绝”，而中国首都“乃寰内四海之中心……凡我藩属国臣民，在京城开业经商之事，未曾有也”。敕谕结尾处皇帝告诫说：

> 朕已详述实情与尔，尔等亦应体恤朕意，永矢恭顺，以保尔邦得享太平之福。[15]

对西方列强的贪婪显然一无所知的皇帝是在玩火，但他本人并不知晓。马嘎尔尼离开中国时对中国的印象是一个不祥之兆：

> 两艘英国军舰足以对付帝国全部的海军力量……无须个把月，即可摧毁沿海的所有航运，令靠捕鱼为生的沿海省份居民陷入饥荒。[16]

当年中国的对外交往方式无论在今天看来多么盛气凌人，我们都不应忘记，过去几百年里，这一方式曾行之有效地组织和维持了一个主要的国际秩序。在马嘎尔尼生活的年代，中国与外国通商的好处远非那么明显。鉴于中国的国内生产总值仍然大致是英国的 7 倍，我们也许可以理解为什么中华帝国认为，英国有求于中国，而非中国有求于英国。[17]

毋庸置疑，清廷对自己接待这一夷人使团时显示出的圆滑自鸣得意。此后 20 年，英国再没有派使来华。然而暂停使华的原因不是中国人外交手腕的高明，而是令欧洲国家大伤元气的拿破仑战争。1816年，拿破仑刚被撵下台不久，阿美士德勋爵率领的一个英国使团即出现在中国沿海。这一次，双方就礼仪的争执演变成了英国特使与中国官员之间肢体上的推搡。中国人坚持要阿美士德称皇帝“天下共主”。因阿美士德拒绝向皇帝行叩头礼，中国人立即打发他回家，并责令英国的这位前枢密院顾问官“恭习教化”。与此同时，英国亦无须再派使节“以证明尔国实乃吾藩属”。[18]

1834年，英国外交大臣巴麦尊子爵又向中国派了一个使团，试图彻底打开局面。巴麦尊不是一个熟悉清朝礼仪的人，他派遣了一位苏格兰海军军官内皮尔使华，而且对他发出了自相矛盾的指令，既要他“遵守中国的法度及习俗”，同时又要他向清廷提出：两国建立外交关系，在北京设使馆，开放更多的沿海口岸并允许与日本进行自由贸易。[19]

内皮尔抵达广州后，与当地总督互不相让，对方都拒绝接受对方的信函，理由是与官阶如此低的人打交道有失自己的尊严。此时，当地政府已经给内皮尔起了一个中文名字，叫他律劳卑，意思是“辛劳卑微之人”。内皮尔雇用了广州的一位通译，在广州城四处张贴挑衅性的告示。老天爷最终帮中国人解决了蛮夷制造的这个令他们头痛的难题。内皮尔和他的通译双双染上疟疾，高烧不退，最后撒手人寰。然而内皮尔死之前，特别注意到了香港。他看出，这一人口稀少的岛屿是一个天然良港。

中国人尽可因为再次迫使桀骜不驯的蛮夷让步沾沾自喜，但这是英国人最后一次忍气吞声地被拒绝，此后英国人提出的要求一年比一年严苛。法国历史学家阿兰·佩雷菲特概括了马嘎尔尼使团出使中国后英国国内的反应："如果中国继续关闭大门，那就只好用大炮把它轰开。"[20] 近代国际体制是以英美制度为基础的，中国施展的一切外交手腕和断然拒绝不过是推迟了与这一体制不可避免的冲突。这一冲突将给中国民众带来有史以来在社会、思想和道德上最难承受的深重苦难。

两种世界秩序的冲突：鸦片战争

崛起的西方工业大国显然不甘长久地接受一个称它们为"朝贡蛮夷"，或将通商限于广州一地并严加限制的外交机制。中国方面，虽然愿意对逐"利"（"利"在儒家思想中有不仁义的含义）的西方商人稍作让步，但听说西方来使称中国或许不过是众多国家中的一国，或中国今后必须每天与居住京城的蛮夷使节打交道，他们惊恐不已。

在现代人的眼里，西方来使最初提出的要求按照西方的标准衡量谈不上蛮横无理。自由贸易，正常外交往来以及设立驻外使馆等目标不会触动现代人的敏感神经，而且是惯常的外交方式。然而中英两国最终爆发冲突的导因，却是西方侵扰中国的一个更为可耻的因素：要求不受限制地向中国输出鸦片。

19世纪中叶，英国国内不限制鸦片，而中国禁止鸦片——虽然吸食鸦片的中国人已越来越多。英属印度当时是世界罂粟的种植中心，英美商人勾结中国走私贩子大肆走私鸦片，鸦片成了打入中国市场的极少数产品之一。英国闻名世界的制成品在中国被视为要么奇技异巧，要么质量低劣。西方开明舆论对鸦片贸易感到尴尬，然而商人却不肯放弃利润丰厚的鸦片贸易。

清廷讨论过对鸦片解禁但控制其销售，然而最终还是决定禁烟，彻底取缔鸦片贸易。1839年，朝廷派遣一位练达的官员林则徐前往广州查禁鸦片，迫使西方商人遵守中国政府的禁烟令。身为儒家士大夫，林则徐以处理棘手的蛮夷问题的手法处理禁烟问题：喻之以害，晓之以理。他抵达广州后，要求西方商馆交出所有鸦片销毁，西方人不予理睬。林则徐于是将所有外国人，包括同鸦片贸易无关的人，封锁在工厂内不准出入，宣布只有他们交出违禁鸦片，方可放行。

随后林则徐致函维多利亚女王，在中国礼仪许可的范围内，以尊敬的口吻表彰女王的前任英王向中国进贡时表现出的“恭顺”。林则徐此函的要旨是吁请女王躬亲销毁英属印度领土上的鸦片一事：

> 惟所辖印度地方，如孟啊啦、曼哒啦萨、孟买、叭哒拏默拏、嘛尔洼数处，连山栽种，开池制造……臭秽上

达，天怒神恫。贵国王诚能于此等处拔尽根株，尽锄其地，改种五谷。有敢再图种造者，重治其罪。[21]

虽然林则徐的言辞中显露出中国的妄自尊大，但他的请求合情合理：

譬如别国人到英国贸易，尚须遵英国法度，况天朝乎？……该国夷商欲图长久贸易，必当懔遵宪典，将鸦片永断来源……

王其诘奸除慝，以保乂尔有邦，益昭恭顺之忱，共享太平之福，幸甚，幸甚！接到此文之后，即将杜绝鸦片缘由，速行移覆，切勿诿延。[22]

林则徐高估了中国的力量，对外国人下了最后通牒，威胁切断中国产品的对外输出。他以为西方蛮夷没有中国的产品难以存活："中国若靳其利而不恤其害，则夷人何以为生？"外国报复不足虑："而外来之物，皆不过以供玩好，可有可无。"[23]

林则徐的这封书函，维多利亚女王似乎从未收到。与此同时，英国舆论大肆渲染林则徐围困英国在广州的商馆一事，声称这是对英国不可接受的公开侮辱。鼓吹"对华贸易"的游说集团吁请议会对华宣战。巴麦尊致函北京，提出"满足英国要求，补偿中国当局对居住于广州的英国国民造成的伤害以及对大不列颠国王的侮辱"，永久性割让"一个乃至数个面积足够大，且位置适中的中国沿海岛屿”，作为英国贸易集散地。[24]

巴麦尊在其信中承认，根据中国法律，鸦片乃是“违禁物品”。然而他却玩弄法律条文为鸦片贸易辩护，称根据西方法律条文，中国的禁烟令因腐败官员的暗自纵容而失效。巴麦尊的狡辩不可能令人信服，但他决心挑起事端，绝不因此却步。鉴于问题的“急迫性和严重性”，加之英中两国之间路途遥遥，英国政府令一支舰队立即“封锁中国主要口岸”，扣押“遇到的所有中国船只”，攫取“几块对英国有油水的中国领土”，直到伦敦满意为止。[25] 鸦片战争爆发了。

最初中国人认为，英国入侵纯属空口恫吓。一名官员上奏皇帝称，中国和英国相隔遥远，英国人势必难有作为：“英夷乃一渺小可憎之族，惟恃其船坚炮利耳。然远道而来，必无新鲜食品接济。兵卒既无粮草，一败即士气顿挫，惶然不知所措。”[26] 英国人为了炫耀武力，封锁了珠江口并占领了宁波对面的几个岛屿。即使到了这时，林则徐仍然激愤地致函维多利亚女王：

> 尔等海外蛮夷气焰日张，竟敢辱慢我大清帝国。不从速“洗心革面”，改弦易辙，更待何时？尔等若能俯仰天朝，诚心归顺，或可洗清旧日罪孽。[27]

中国几百年的上国地位造成了天朝对现实的一种扭曲认识，自高自大带来的是不可避免的受辱。英国兵舰迅速绕过中国沿海的防御工事，封锁了中国的主要口岸。接待过马嘎尔尼的中国官员不屑一顾的大炮显示了残酷的威力。

直隶（涵盖京城及周边数省的行政区域）总督琦善奉旨同一支驶到天津的英国舰队交涉时，意识到中国防御的薄弱。他看出，中国人无力对付英国兵舰上的火炮："无风无潮，顺水逆水，皆能飞渡……炮位之下设有石磨盘，中具机轴，只须转移磨盘，炮即随其所向。"琦善看到，中国的大炮都是明朝遗留下来的，且"盖缘历任率皆文臣，笔下虽佳，武备未谙"。[28] 琦善得出结论，广州城无法抵御英国的海军力量，于是改为安抚英夷。他向英国人保证，中英在广州的纠纷纯系误会造成，并不代表圣上的"大公至正之意"，中国官员将"秉公查办"。但此前英国舰队"须返回南方"，在那里等候中国钦差大臣。琦善的这一手居然奏效了，英国舰队驶回南方口岸，受到威胁的中国北方城市得以幸免于战火。[29]

因为退兵有功，琦善又被派到广州取代林则徐，再次办理对夷事务。皇帝似乎并不了解英国巨大的技术优势，训令琦善与英国代表谈判时拖延时日，等待中国调兵遣将。皇上朱批：待谈判久拖不决，夷人疲顿之时，汝等可突然袭之，将其降服。[30] 林则徐因招致蛮夷用兵遭到废黜，被流放到遥远的中国西部边陲。被放逐的林则徐一路思考西方武器的优势并拟写了密折，建议中国发展自己的先进武器。[31]

琦善到广州上任后，形势变得更加严峻。英国人提出割地赔款的要求。他们当初南下是为了提出的要求得到满足，绝不会因为中国人的拖延战术而缓兵。英军炮轰了沿海的几个港口城市后，琦善与他的英国谈判对手义律谈判签署了《穿鼻草约》，给予英国在香港的特殊权利，赔偿英国600万美元，并许诺今后中英两国官员平等交往（对英人免用通常用于蛮夷的礼仪）。

这一交易遭到中英两国政府的拒绝，双方政府都认为草约条文是对自己的侮辱。中国皇帝因琦善越职擅权，对蛮夷让步过多，将琦善锁拿归案，处以极刑（后改判流放）。代表英方谈判的义律下场没有琦善这么惨，但巴麦尊严词训斥他所得太少，并抱怨说："谈判自始至终，你似乎都把我给你的训令视为废纸。"香港"是一座贫瘠岛屿，岛上人烟稀少"。义律对华过于迁就，既没有争得更有价值的领土，又没有提出更苛刻的条件。[32]

巴麦尊任命了一位新特使璞鼎查，并训令他采取更强硬的立场，因为"女王陛下的政府不能允许在大不列颠与中国的交往中，中国人的无理方式凌驾于人类其他地方的合理方式"。[33]璞鼎查抵达中国后，挟英军优势，封锁了更多的港口并切断了大运河及长江下游的航运。英军兵临古都南京，准备攻城，中国人这才开始求和。

耆英办外交：抚夷

璞鼎查又遇到了一位新的中国谈判对手——耆英。他是仍在做着自大梦的清廷先后派出的第三位官员，来办理这桩几无可能办成的夷务。耆英对付英夷的办法也是中国战败后惯用的战略：硬顶或外交交涉均失效时，再曲意奉迎，以求耗垮蛮夷。在英国兵舰阴影的威胁下，耆英认为，朝廷大臣应再次采用历代中国统治集团屡试不爽的方法：通过拖延、推诿和适当施与小恩小惠，一可抚平蛮夷，二又为中国最终战胜外夷袭击争取了时间。

耆英竭力与“夷目”璞鼎查结交私谊，赠予璞鼎查厚礼，称其为挚友——“因地密特”（耆英特别把“挚友”的英文词intimate音译出来）。为了显示两人的深厚友谊，耆英甚至提议互赠夫人的肖像。更有甚者，他还表示想收养璞鼎查的儿子为义子（始终住在英国，但改名为弗雷德里克·耆英·璞鼎查）。[34]

在一份奇特的奏折中，耆英解释了洋人与天朝打交道时，对中国人的殷勤好客感到茫然。耆英讲述了他试图安抚英夷的办法：“此等化外之人，于称谓体裁，味然莫觉，若执公文之格式，与之权衡高低，即使舌敝唇焦，仍未免袖如充耳。”[35]

耆英盛情款待璞鼎查及其家眷主要是为了达到一个战略目的，中国人的热忱其实是精明算计的结果，诚信被当作一种武器；至于中国人是否真心实意并不重要。耆英继而说：

> 固在格之以诚，尤须驭之以术，有可使由不可使知者，有示以不疑方可消其反侧者，有加以款接方可生其欣感者，并有付之包荒不必深与计较方能于事有济者。[36]

西方绝对优势兵力与清朝的心理较量的结果是，耆英与璞鼎查谈判缔结了两项条约：《南京条约》和《虎门条约》。中国在这两项条约中做出的让步超过了《穿鼻草约》。这是两个屈辱的条约，但在当时的军事形势下，英国人本可以提出更苛刻的条件。条约规定中国赔偿 600 万美元，割让香港，开放沿海 5 个“条约口岸”，准许西方人在此居住并与中国人通商。以朝廷控制与夷商的贸易，仅限特许商人在广州一地经商为特点的“公行制度”从此名存实亡。除广州外，宁波、上海、厦门和福州又被增设为条约口岸。英国人获准向各条约口岸派驻领事，并可绕过北京的朝廷直接与当地官员谈判交涉。

英国人还获得了对在中国条约口岸居住的本国臣民行使管辖权的权利。从具体实施的角度看，这意味着外国鸦片商今后只服从本国的法律和规章，而不必受中国管辖。当时，这一“治外法权”原则在条约各项条款中属于争议较小的一条，然而日后却被视为对中国主权最严重的侵犯。由于当时中国对欧洲的主权概念茫然无知，治外法权在中国成了帝国式微的象征，而不是西方人违反了一条中国法律准则的象征。由此造成的皇权衰微在中国境内引发了一连串的起义。

19 世纪的一位英国翻译家托马斯 · 梅多斯评论说：中国人最初大多没有意识到鸦片战争的长期后果，仅把朝廷做出的让步看作融合并最终降服蛮夷的一贯策略。他推论道："在大多数中国人眼里，刚打完的这场战争不过是一个蛮夷部落的一次闹事而已。这些蛮夷依仗船坚，袭击占领了沿海地区的一些地方，甚至还控制了大运河沿岸的一处要地，迫使皇上做出一些让步。"[37]

然而西方列强不是那么容易安抚的，中国的妥协让步只会招致西方提出更多的要求。中国最初以为两项条约只是暂时做出的让步，没想到由此开了一个头，导致清廷渐渐丧失了大部分对本国商业和外交政策的控制权。中国与英国缔约后，美国总统泰勒马上遣使来华，以求美国得到类似的好处。这是日后"门户开放"政策的先声。法国也与中国谈判缔结了一项内容大致相同的条约。上述各国都在条约里加上一条"最惠国"条款，规定中国今后给予其他国家的任何好处，也必须给予该签署国。

上述条约是中国在外国武力胁迫的阴影下签署的一系列"不平等条约"的第一批，因此理所当然地在中国历史上臭名昭著。当时，争执最激烈的一点是条约中规定的"地位平等"条款。此前，中国一直坚持淀积在其民族特征中以朝贡制度为代表的中国至尊地位。如今，它遇到了一个不惜使用武力将本国从中国的“进贡国”名单上除名，并证明自己与天朝主权平等的外国强权。

两国的统治者都知道，争端的重大意义远远超出礼仪或鸦片问题。清廷愿意用钱和通商许可安抚贪婪的夷人。然而蛮夷在天朝享有政治平等的原则一旦建立，将会撼动中国的整个世界秩序，朝廷有可能会丧失天命。巴麦尊在给英国谈判者的公文中，把中国赔偿的数额看作一种象征意义，但严斥他们默认了对英国不敬的中国公文，字里行间仍透出“中国乃是上国”，或影射获胜的英国依然是吁恳皇帝天恩的进贡者的意思。[38] 最终，巴麦尊的意见占了上风，《南京条约》里面加了一项条款，明确保证中英两国官员今后“往来，必当平行照会”。中国的记载（至少是外国人能看到的记载）不再称英国人“恳请”中国当局，或“不胜惶恐遵命”。[39]

天朝开始认识到中国军事上技不如人，但仍未找到解决这一问题的合适对策。起初，中国采用了传统的治夷手段。在漫长的历史长河中，中国也曾被打败过，中国的统治者采用的是上一章讲过的五饵之策。在他们眼里，入侵者的一个共同特点是渴望分享中华文化，希望在中国土地上定居，享受其文明。因此，中国可以用耆英提出的手段逐渐将其驯化，最终融入中国人的生活。

然而入侵的欧洲国家并没有这种愿望，也不满足于追求有限目标。它们自认为是更先进的社会，追求的目标是掠夺中国，攫取经济利益，而不是归化中国文化。因此，它们提出什么样的要求取决于自己的财力和胃口。靠结交私谊不可能扭转乾坤，因为入侵者不是中国的邻国，而是远隔重洋的异邦。他们只追求自己的利益，对耆英式对策的隐晦婉转风格浑然不觉。

仅仅 10 年，中国从辉煌中跌落，沦为殖民势力争夺的目标。中国夹在两个时代和两种不同的国际关系概念中间，努力探寻一种新身份，尤其是设法协调标志其伟大的种种价值观与技术和商业之间的矛盾，而中国的安全系于后者。

| 第三章 |

由盛转衰

随着 19 世纪的推进，中国人传统的自我形象备受冲击。鸦片战争前，外交和国际贸易对于中国来说不过是承认它上国地位的形式。自鸦片战争起，中国进入了一个国内动荡不安的时期。与此同时，它遇到三大外来挑战，其中任何一个都足以颠覆一个王朝。威胁来自四面八方，其表现形式均为中国所鲜见。

欧洲的西方列强漂洋过海，来到中国。它们对中国的威胁倒不是攻城略地，而主要限于在中国沿海地区掠取经济利益，要求中国开放通商口岸和自由传教的权利。矛盾的是，中国人感到了一种威胁，而欧洲人认为这根本算不上是征服。列强们还不想取代现有的清朝政府，而是要迫使中国接受一个本质上与中国人的世界秩序格格不入的全新的世界秩序。

在中国的北面和西面，军事上强大、奉行扩张主义的俄国对中国辽阔的内地垂涎三尺。短期内中国尚可用白银换取俄国的合作，然而俄国根本不承认本国领土与接壤的中国领土之间的疆界。俄国和昔日的征服者不同，它没有成为中国文化的一部分。俄国侵蚀的领土，中华帝国永远也拿不回来了。

然而无论西方列强还是俄国，均无意取代清廷，代行天命。它们最终认识到，清廷覆亡不符合它们的利益。而日本的意识就不一样了。中国的古老体制和以中国为中心的世界秩序的延续无关它的利益，因而日本不仅图谋侵占中国的大片国土，还想取代北京成为新的东亚国际秩序的中心。

今日的中国人把随后接踵而来的侵略和压迫看作不堪回首的百年屈辱史的一部分。直到中国再次统一到民族解放的社会主义制度下，这一屈辱历史才告结束。中国人的这段苦难艰危岁月同时又是一个佐证，显示了中国人具有非凡的能力，足以战胜对于其他国家而言或许会被压垮的重重劫难。

外国军队在中国大地上横冲直撞，胁迫中国接受屈辱的条件。与此同时，天朝始终坚持它的中央政府地位，继续行使对中国大部分地区的管辖。中国人对入侵者的看法千百年来一成不变，视其为一种讨厌的麻烦，然而，这种麻烦却打断了亘古不变的中国人的生活节奏。京城的朝廷之所以尚能泰然处之，是因为外国人的侵略主要发生在中国的边远地带，而且入侵者来华是为了通商，因此中国辽阔的内地太平无事符合侵略者的利益。北京政府也因此有了一定的回旋空间。侵略者对中国的一切勒索必须通过与朝廷谈判，因而，中国可以挑动入侵者互相争斗。

处于逆境的中国政治家巧用策略，避免了一场更大的灾难。从均势的角度看，考虑到双方力量对比的客观事实，中国几乎没有可能作为一个统一的大陆国家存活下来。然而，中国虽然历经战乱，又遭到一波又一波的殖民侵略和国内剧变的冲击，但中国作为万邦之上国的信念始终如一。靠着这种信念，中国经过自己的奋斗最终战胜了困难。中国的政治家在一个痛苦而且往往是屈辱的过程中，最终保住了濒于崩溃的中国式世界秩序遗留下的道义遗产和领土遗产。

也许最令人惊叹的是，中国人几乎完全靠传统的方式做到了这一点。清朝统治集团中的一批人在用文言文写成的奏折中雄辩地阐述了西方诸国、俄国和崛起的日本对中国的威胁，提出中国亟须“自强”并加强本国技术能力。然而中国的封建士大夫阶层和思想保守的平民百姓对他们的建议疑虑重重，不少人把引进外文书籍和西方技术视为对中国国粹和社会秩序的威胁。经过一番激烈的争斗，占上风的一派得出结论，效仿西方实现近代化无异于彻底西化，而中国没有理由遗弃举世无双的中华遗产。结果中国虽然身处帝国扩张的时代，却没有在全国创办近代军工业，因而未能从中受益，而只是零零星星地吸收了外国的部分金融和政治创新成果。

为了度过这场风暴，中国依赖的不是技术或军事实力，而是极具中国传统的两个资源：其外交官的分析能力和中国人民的坚韧不拔和文化自信。中国制定了巧妙的战略方针，挑动在华蛮夷互相争斗。负责办理洋务的官员分别在各城市以利相诱，有意请来自不同国家的外国人参与分赃，以达到“以夷制夷”的目的，防止任何一国独霸中国。最终中国官员严守一条：不折不扣地遵守同西方签订的“不平等条约”以及洋人的国际法原则，倒不是因为他们认为这些条约和原则有道理，而是这样做有助于约束洋人的野心。面对俄日两强争夺中国的东北，自己又几乎无力将其驱逐，中国的外交官挑动俄日争斗，在一定程度上减轻了两国对中国主权侵犯的危害，避免了被占中国领土永远落入他手。

中国清朝政府在军事上几乎没有还手之力，却又妄自尊大。鉴于与列强之间的巨大反差，中国经过一番抗争得以维持一个独立的中央政府实在是一个了不起的成就。然而，胜利之后并没有庆典，因为这是一次没完没了、历时几十年的抗争，其间经历多次反复，内部的反对派百般阻挠，有时甚至致改革派于死地。中国人民为这一抗争付出了沉重代价——他们既非第一次，也非最后一次用自己的忍辱负重和坚韧不拔筑起了最后一道防线。然而，他们维护了中国是一个能够掌握自己命运的大陆国家的理想。中国人民靠着坚忍和自信，通过艰难抗争为日后中国的复兴带来了希望。

魏源的蓝图："以夷制夷"，师夷长技

中国既要对付拥有先进技术的欧洲列强的侵略，又要对付野心勃勃的俄国和日本。它小心翼翼地绕过激流险滩，其间文化凝聚力和一批出色的外交家起了重要的作用。鉴于帝国朝廷麻木迟钝，能做到这一点尤其不容易。19世纪中叶，中国士大夫集团里只有极少人开始意识到，中国在世界体系中已不再处于至尊地位，中国必须去了解一个由相互竞争的列强集团主导的体系。

魏源（1794~1857）即其中之一。他是一位中级官员，与做过两广总督的林则徐是挚友。林则徐禁烟招致英国干预，最终被清政府革职流放。魏源忠于清朝，但对朝廷的安于现状深为忧虑。他根据从外国商人和传教士那里收集和翻译的材料，撰写了第一本研究外国地理的书。撰写此书的目的是鼓励中国把眼光放长远，而不是只限于四邻的进贡国。

1842年魏源撰写的《海国图志》实质上是一本研究中国在鸦片战争中失败原因的专著，他建议采用欧洲的均势外交经验解决当时中国面临的问题。魏源认识到中国相对于外国列强国力虚弱——他同时代的人通常不承认这一前提——提出了有可能增加中国回旋空间的办法。他建议采取一项多重战略：

> 攻夷之策二：曰调夷之仇国以攻夷，师夷之长技以制夷。

款夷之策二：曰听互市各国以款夷，持鸦片初约以通市。[1]

魏源的这番话显示了中国外交的分析能力。面对强敌及其贪得无厌的要求，中国的外交家认识到，他们守定的虽是屈辱的条约，却可限制洋人无休止的勒索。

与此同时，魏源根据欧洲的制衡原理，研究了有可能对英国施加压力的国家。他援引汉唐及清初对付侵略成性的蛮夷的先例，对世界各国作了调查，研究了“英夷所惮之仇国”。在魏源的笔下，“以夷攻夷”的口号似乎可以自我实现。他举出西方的“俄国、佛兰西（法兰西）、弥利坚（美利坚）”以及东方的“廓尔喀”（尼泊尔）、缅甸、暹罗（泰国）和安南（越南北部）”，认为皆是潜在的英夷仇国。魏源设想了一个分别从俄国和廓尔喀攻击英国最遥远、防守最薄弱的印度帝国的战略。魏源分析中所含的又一利器是利用法兰西和美利坚与英国的交恶，怂恿两国从海上袭击英国。

这是一个极其新颖的对策。唯一的障碍是，中国政府浑然不知如何实施这一对策。它对自己潜在的盟国一知半解，也不曾向这些国家的首都派驻过使节。魏源认识到中国的局限性，他称，在一个全球政治的时代，“非外夷之不可用也，需调度外夷之人”，“知夷情夷形人也”。[2]

魏源继而说，鉴于北京未能阻止英国的步步紧逼，因此需要削弱伦敦在世界和中国的相对地位。于是他提出了又一个崭新的想法：邀请其他蛮夷来华。英夷和其他蛮夷出于贪婪必会互相争斗，从而中国可在列强如何瓜分自己的问题上成为平衡各方利益的一方。魏源说：

> **今夷人既以据香港，拥厚赀，骄色于诸夷，又以开各埠，裁各费，德色于诸夷。与其使英夷德之以广其党羽，曷若自我德之以收其指臂。**[3]

换言之，中国宜主动向所有贪婪之国做出让步，而不是让英国先从中国勒索得手后，主动与其他国家分赃，从而为本国捞取好处。达到这一目的的方式就是最惠国待遇原则，即中国给予任何一个列强的特权应当自动给予所有列强。[4]

时间不偏袒任何一方。魏源提出的巧妙对策能否奏效，取决于中国是否有能力用“夷人之长技”武装自己。魏源告诫说，中国应邀请法国和美国的“西洋工匠至粤，司造船械”。魏源将这一新战略概括为“未款之前，则宜以夷攻夷；既款之后，则宜师夷长技以制夷”。[5]

天朝最初对实现技术近代化的要求不屑一顾，然而却采纳了守定鸦片战争条约条款的战略，以限制西方国家提出新的要求。一位重臣后来写道，“按照条约，不使稍有侵越”。因此，中国官员应该“外敦信睦，而隐示羁縻”。[6]

大权旁落：内乱外患

毋庸赘言，与中国缔约的西方列强无意受羁绊。耆英与璞鼎查的谈判结束之后，两国的预期出现了新的鸿沟。对中国的朝廷来说，这些条约是对蛮夷做出的暂时让步，依需要予以遵守，但绝不会主动提议扩大其范围。而西方列强认为，这些条约不过是逐渐把中国引入西方政治和经济交往准则的一个长期过程的开端。然而西方列强眼中的这一启蒙过程被一些中国人视为思想侵略。

因此，对外国要求扩大条约范围，增补在中国任何一地可自由通商的内容并向京城派驻外交代表的要求，中国人拒绝接受。北京虽然对西方各国知之甚少，但朝廷认识到，一旦洋人的军事优势、在华活动不受约束，再加上西方诸国在北京设馆，必将严重危及中国的世界秩序观。一旦中国成为一个“正常”国家，就会失去它历史上特有的道德权威，沦为又一个被列强鱼肉的弱国。在这一背景下，围绕外交和经济特权的一场看似不重要的争端演变成了一场重大冲突。

所有这一切都发生在中国国内一次大动荡的背景下。负责夷务的中国官员不动声色的自信——近代史上一个始终未改的特征——在很大程度上遮掩了这一剧变。早在 1793 年，马嘎尔尼已讲述过清朝满族统治集团与汉族官僚阶层和占人口大多数的汉族平民百姓之间别扭的妥协关系。他指出：“中国各省起义迭起，年复一年，几无间断。”[7]

由于清朝的天命受到质疑，国内造反的人声势渐大，从宗教和伦理方面对清廷提出挑战，从而为一场残酷的冲突埋下了伏笔。帝国西部边疆爆发了回民叛乱，宣布成立了一个短命的政权。清朝耗费巨资，清军死伤无数，最终才将其镇压下去。在中国腹地，一场称为捻军的起义得到百姓的广泛支持。自1851年起，捻军坚持了近20年之久。

外国传教士在中国传教尽管受到严格限制，但已有几百年的历史。鸦片战争后，大批外国传教士蜂拥而至。太平天国起义的领袖是一位有魅力的中国神秘主义者，称自己是耶稣的弟弟，有通灵之术。太平军起义的目的是为了推翻清朝，建立一个新朝——“太平天国”，依照其领袖对传入中国的基督教教义所做的怪异的诠释进行统治。太平天国的军队攻占了南京以及华南华中的大片地区，以新朝的名义发号施令。虽然西方的史书极少提及，太平天国与清朝的战争却是历史上最惨烈的一次，数千万人死于这场战祸。虽然没有官方统计数字，但据估计太平天国以及回民和捻军起义期间，中国的人口从1850年的4.1亿降至1873年的3.5亿。[8]

19世纪50年代，正当清政府因内乱焦头烂额之时，《南京条约》以及法国和美国与中国签署的条约届满，需要重新谈判。以上3个条约国坚持要求允许其外交官常驻中国首都，明确说明他们不是贡使，而是主权国家的代表。中国人百般拖延，尤其是鉴于前几任参与谈判的官员的下场，没有哪个清朝官员愿意在常驻外交使团的问题上做让步。

1856 年，中国强行搜查了一艘在英国注册的中国船只“亚罗”号，据说还亵渎了船上的英国国旗。这一事件成了重开战端的借口。和 1840 年的战火一样，这次战争的交战理由并不那么光彩（日后发现，该船的注册严格上讲已过期）。然而双方都清楚，战端事关各自的重大利益。由于中国的防御能力依然薄弱，英军攻占了广州和华北地区的大沽口炮台，迫近北京。

随后开始的谈判中，双方观点分歧巨大。英国以传教士般的姿态咄咄逼人，把自己的谈判立场说成是终于能把中国迅速带入近代世界的善举。伦敦的谈判副代表李泰国概括了当时流行的西方人观点：“你们肯定会看到，外交代表权对中英两国都有好处。这剂药可能不大好吃，但疗效会甚佳。”[9]

清政府远不像英国人那么积极。经过朝廷与参与谈判的中国官员之间痛苦的频繁公文往来，加之英国人再次威胁进军北京，中国才接受了条约中的条款。[10]

于 1858 年缔结的《天津条约》的核心内容是 60 多年来伦敦一直争取而未果的条款——在北京设立使馆的权利。该条约还允许外国人在长江沿岸自由往来，增开与西方通商的“条约口岸”，保护中国基督教教民以及西方人在华传教的自由（鉴于太平天国起义，清廷尤其难以接受这一条）。法国和美国分别依照本国与中国之间的最惠国条款同中国缔结了内容相似的条约。

签署条约的列强开始把注意力转向在一个显然自己并不受欢迎的首都开设使馆。1859 年 5 月，英国新任使节普鲁斯抵达中国，与中国政府互换允许他在北京居住的条约文本。他发现通往北京的主要河道被锁链和铁桩封锁后，命令一队英国海军陆战队清除障碍。然而中国军队从刚刚加固后的大沽口炮台开炮射击，令英国人猝不及防。随后的交火造成 519 名英军死亡，456 人受伤。[11]

这是中国与近代西方军队交战以来的首次胜利，至少短时间内打破了中国军队无能的形象。然而中国只是暂时阻挡了英国公使进京。巴麦尊派遣额尔金勋爵率领一支英法联军进攻北京，并下令占领首都，"让皇帝恢复理智"。作为对"大沽败退"的报复，同时象征性地显示西方武力，额尔金下令焚烧皇帝的夏宫，无数艺术珍品毁于一旦。一个半世纪后，中国人对此依然难以释怀。

过去 70 年来中国对西方国家关系准则的抵制现在演变为一场真正的危机。外交拖延的手法已经用尽，动武又遇到比自己更强大的武力。蛮夷提出的主权平等概念曾被北京政府嗤之以鼻，如今却越来越呈现为一种不祥的军事优势。外国军队占领了中国的首都，强行将西方对政治平等和公使特权的解释付诸实现。

就在这时，又一个觊觎中国这块肥肉的国家出现了。截至1860年，俄国人在北京派驻代表的历史已经超过了150年。俄国在北京有一个传教士团，是获准常驻北京的唯一欧洲国家。俄国跟在其他列强后面即可获得种种利益。它没有参加英国几次动用武力的行动，但却得到了条约给予其他列强的一切好处。然而，俄国的总体目标远不止于传教或在沿海一带通商。俄国从清朝的衰落中看到了肢解中华帝国，重新吞并其"外疆"的机会。它尤其垂涎于管辖薄弱、边界划分模糊的、广袤的满洲（位于中国东北部的满洲腹地）、蒙古（位于中国北部的大草原，当时是半自治的部落）和新疆（中国西部广阔的山脉和沙漠，当地居民主要是穆斯林）。为达此目的，俄国有计划地沿以上疆界逐步扩张，对当地王公封官授爵，贿赂收买，同时又用一支强大的骑兵部队示以威胁，诱逼他们效忠俄国。[12]

中国国难当头之际，俄国这个殖民大国现身了，它主动提议出面调停1860年的这场冲突，实际上是变相威胁干预。俄国高超的外交——在他人眼里可能是欺诈外交——是以武力威胁做后盾的。年轻的伊格纳季耶夫伯爵是沙皇派驻北京的特命全权公使，绝顶聪明而且狡黠。他哄骗清廷相信，只有俄国才能让西方占领军从中国首都撤出。与此同时，他又让西方列强相信，唯有俄国才能让中国遵守条约。伊格纳季耶夫伯爵先向进军北京的英法联军提供详细的地图和情报，随后又让占领军相信，冬季即将来临，进出京城的主要河道——白河——会结冰，他们会陷入充满仇恨的中国暴民的包围之中。[13]

作为对它出力相助的交换，俄国胁迫中国出让面积惊人的领土：沿太平洋的一大片土地，包括今天称为符拉迪沃斯托克（当时的海参崴）的港口城市。[14] 俄国弹指间就拿到了一个新的海军基地，在日本海的一处立足点，外加曾被认为属于中国的35万平方英里的土地。

伊格纳季耶夫还谈判缔结了一项条款，开放蒙古的库伦（今天的乌兰巴托）和位于中国边远西部的喀什城，允许俄国人在这两地通商并设置领事馆。中国的屈辱还不止于此。额尔金扩大了原香港殖民地，将毗邻的九龙一并划入英国。不过，在一个中国积贫积弱的时代，"以夷治夷"也是要付出代价的。

应对衰落

中国作为一个独一无二的文明有5 000年的历史，作为一个统一的国家存在了2 000多年。它能做到这一点，并不是靠对近乎猖獗的外族入侵逆来顺受。在这数千年的历史长河中，征服者要么被迫接受中国文化，要么逐渐淹没在被征服者的海洋中，而中国人的耐心遮掩了他们务实的特点。现在，决定命运的又一个时期即将降临。

1860年的冲突之后，皇帝和朝廷内的主战派逃离首都。皇帝的同父异母弟弟恭亲王扮演了事实上的政府首脑的角色。

他通过谈判结束战争后，于 1861 年给皇帝上了一道奏折，概述了眼前面临的可怕的战略选择：

> 惟捻炽于北，发炽于南，饷竭兵疲，夷人乘我虚弱而为其所制。如不胜其忿而与之为仇，则有旦夕之变；若忘其为害而全不设备，则贻子孙之忧。[15]

这是战败者所处的典型的两难境地：一个国家能够一面貌似顺从征服者，一面维持自己的凝聚力吗？又如何加强自己的力量，以扭转不利的力量对比？恭亲王援引了一句古训："以和好为权宜，以战守为实事。"[16]

鉴于没有绝佳对策，恭亲王实际上依据远交近攻的原则，在奏折里将面临的危险分出轻重缓急。这是中国人在历史上惯用的战略，100 多年后再次为毛泽东所运用。恭亲王的奏折评估了几个入侵国家对中国构成的威胁，显示了他对地缘政治的非凡敏锐。虽然英国构成了眼下的实际威胁，然而就对中国国家完整的长期威胁而言，恭亲王在奏折中把英国置于末尾，而将俄国置于首位：

> 发捻交乘，心腹之害也；俄国壤地相接，有蚕食上国之志，肘腋之忧也；英国志在通商，暴虐无人理，不为限制，则无以自立，肢体之患也。故灭发捻为先，治俄次之，治英又次之。[17]

为了实现针对外国列强的长远目标，恭亲王提出设立一个新政府机构——一个外交部的雏形，以处理与西方大国的关系，分析外国报纸对中国境外的新闻报道。他很有把握地预测说，这只是应急之需，“一俟清剿结束，与诸国事务由繁转简后，随行裁撤”。[18] 新成立的这一部门直到 1890 年才列入京畿及中央政府各部衙门名册中。其官员多从其他更重要的部门暂且借调过来，并且轮换频繁。尽管中国的一些城市已被外国军队占领，中国仍将外交政策视为权宜之计，而不是中国未来的一个永久特征。[19] 新部门的全称是总理各国事务衙门，这一含糊的名称可以解释为，中国根本没有与外国人搞什么外交，而是把他们作为中华大帝国的一部分署理其事务。[20]

落实恭亲王的外交政策之任落到了李鸿章的肩上，他是一位因带兵与太平天国作战而脱颖而出的重臣。李鸿章素有大志，举止儒雅，受辱不形于色，深谙中国文化传统，但又对中国的险恶处境有不同凡响之认识。在将近 40 年的时间里，李鸿章成了中国对外的面孔。他本人也把自己看作外国列强和清廷之间的调解人。前者不断向中国勒索领土和经济权益，后者则妄自尊大，认为自己的政体在万邦之上。就其性质而言，李鸿章的政策断无可能获得任何一方的完全赞同。尤其在中国，人们对李鸿章的一生功过褒贬不一，尤其是呼吁采取强硬路线的一派。清廷中保守好战的一派在毫无准备的情况下，时不时地就要与外国列强兵戎相见，令李鸿章处境艰难。但他的努力显示了晚清时期他在中国面临的种种严峻选择之间游走的出色能力。李鸿章显达于危难之秋，在 19 世纪中叶中国各地起义迭起时崭露头角，成为一位出色的将领和“夷务”专家。1862 年，李鸿章被派往中国东部富饶的江苏省任巡抚。他发现，主要城镇均被太平军包围，全靠决心捍卫自己新的通商特权的西方军队才免于陷落。李鸿章依照恭亲王奏折里的箴言，同外国军队结为联盟，以消灭共同的敌人，由此奠定了办理夷务权威的地位。在中西联合作战的过程中，李鸿章与戈登建立了工作关系（二人最终关系闹僵，因为李鸿章下令处死了戈登曾许诺赦免的被捕太平军将领）。戈登是一位著名的英国冒险家，日后在苏丹的喀土穆被马赫迪起义军围困时身亡。1864 年太平天国遭到镇压后，李鸿章加官晋爵，位高权重，在此后频繁的外交危机中成了中国事实上的外交部长和首席谈判代表。[21]

作为遭遇远比本国强大、文化迥异的国家围攻的一国代表，李鸿章有两个选择：努力弥合文化上的鸿沟，走军事强国之路，从而缓解因歧视异邦文化而招致的压力；或者靠炫耀其特色固守本国文化，靠自己坚定的信念赢得他国的尊重。

19 世纪的日本领导人选择了第一条道路。他们做出这一抉择得益于一个有利条件：日本与西方初次相遇时，已经走上工业化道路并显示了社会凝聚力。而李鸿章却无法选择这条路，他自己的国家因一场起义山河破碎。为了镇压这场起义，他需要外国的帮助。再者，李鸿章也不会放弃自己的儒家传统，无论这样做能带来多大的好处。

李鸿章在中国境内东奔西走是中国动荡不安的黯淡写照。在比较具有代表性的两年内——1869~1871 年，李鸿章风尘仆仆，从法国代表抗议当地反基督教骚乱的大西南，赶至再次爆发一连串骚乱的北方，随后再次折回中越边境附近爆发少数民族起义的大西南，继而赶赴西北处理一次回民叛乱，随后返回北方因教徒被杀受到法国军舰威胁的天津，最后前往东南，处理一场正在酝酿中的关于台湾岛的危机。[22]

在一个由西方制定的行为守则主导的外交舞台上，李鸿章别具一格。他身着宽松的士大夫朝服，戴显示官阶的“双眼花翎”或穿“黄马褂”。与他打交道的西方官员看到他的这身打扮茫然不解。李鸿章按照清制头顶剃光，脑后拖着一根长辫，头上戴一顶椭圆形官帽。他言辞简练，所说的汉语只有少数外国人能听懂。李鸿章举止安详，超凡脱俗。与他同时代的一个英国人对他既敬畏，又琢磨不透，把他比喻为一个外星来客。李鸿章的仪态举止似乎是想告诉他人，中国的艰辛和做出的种种让步不过是中华文明走向最终胜利道路上的暂时险阻。李鸿章的恩师曾国藩，一位士大夫重臣和指挥军队镇压太平天国的统帅，曾在 1862 年对他面授机宜，教他如何把内敛这一儒家的基本价值观作为一个外交手段：

> 与洋人交际，丰裁不宜过峻，宜带浑含气象。渠之

> 欺侮诡谲蔑视一切，吾若知之，若不知之，恍如有几分痴气者，亦善处之道也。[23]

李鸿章和同时代任何一位大臣一样，笃信中国道德价值观的优越性和帝国传统特权的正义性。他与其他大臣的不同之处不是他对中国至尊地位的看法，而是他对时局的判断，他看到中国的道德价值观在当时缺乏物质基础，或者说军事基础。李鸿章在太平天国战争期间研究过西方的火器，设法了解外国的经济发展趋势，因而认识到中国危险地落伍于世界其他国家。他在 1872 年呈给皇帝的一份阐述政策的奏折中直言不讳地写道："局今日而曰攘夷，曰驱逐出境，固虚妄之论……彼方日出其技与我争雄竞胜，挈长较短以相角而相凌，则我岂可一日无之哉？"[24]

李鸿章得出了一个和魏源的观点类似的结论，只是当时的变革问题远比魏源时期紧迫。李鸿章告诫说：

> 目前时局，外须和戎，内须变法。倘若依旧固守成规，不思变革，国家日衰矣。各国一变再变而蒸蒸日上，独中土为守法为兢兢，即败亡绝而不悔。[25]

19 世纪 60 年代，中国就政策问题举行了一系列的重大辩论。李鸿章与朝中的支持者提出了他们称为"自强"的方针。李鸿章在 1863 年的一份奏章中，首先作为一个前提（同时也是为了说得婉转一点，以减缓对朝廷的冲击）提出，“中国文武制度，事事远出西人之上。独火器万不能及”。[26] 然而鉴于中国近年来连吃败仗，李鸿章告诫道，中土的士大夫阶层再也不能小觑外国的发明了，“嗤外国之利器为奇技淫巧，以为不必学”。[27] 中国需要火器、蒸汽船和重型设备以及相关的生产知识和技术。

为了增强中国人阅读西洋书籍和设计蓝图以及与洋人专家交谈的能力，中国的年轻人需要学习外语（此前中国认为，所有夷人都渴望成为中国人，所以觉得学习外语毫无必要）。李鸿章提出，中国应在主要城市，包括多年来一直竭力阻止外国影响渗入的京城开设学校，以教授外语和工程技术课程。李鸿章把这一项目说成是一种挑战：我中华智巧聪明岂出西人之下？果能精熟西文，转相传习，一切轮船、火器等巧技，当可由渐迪晓，于中国自强之道似有裨益。[28]

恭亲王在 1866 年的一份奏章中也提出了相似的建议，敦促皇帝支持学习西方的科学发明成果：

> 举凡推算格致之理，制器尚象之法，钩河摘洛之方，倘能专精务实，尽得其妙，则中国自强之道在此矣。[29]

中国需要对外部世界开放自己，向此前它视为藩属和蛮夷的国家和人民学习，首先是为了加强自己的传统体制，其次是恢复其上国地位。

倘若清廷能够一致支持恭亲王对外交政策的构想和李鸿章将其付诸实施的努力，这本来会是一项伟大的事业。然而现实是，这些思想更为开放的官员与顽固守旧派之间存在巨大的分歧。后者抱残守缺，顽固地认为中国根本无须向外国人学习，如同孔孟时代的亚圣孟子所说，“吾闻用夏变夷者，未闻变于夷者也。”[30] 翰林院大学士倭仁据此抨击恭亲王在中国学校延聘外国教习的计划：

> 立国之道，尚礼义而不尚权谋；根本之图，在人心而不在技艺。今求之一艺之末，而又奉夷人为师……天下之大，不患无才，如以天文、算学必须讲习，博采旁求，必有精其术者，何必夷人？何必师事夷人？且夷人，吾仇也。[31]

中国自给自足的信念体现了中国过去 1 000 年来的历程，然而，这种信念并没有解答中国如何应对眼前威胁的问题，尤其是如何在技术上赶上西方。中国的众多大臣似乎仍然认为，解决外夷问题的方法是处决或流放己方的谈判者。北京挑战外国列强期间，李鸿章三次遭到贬黜，但每一次后又被朝廷召回，因为反对他的人找不到更好的人选，只有依靠他的外交才干以解决他们自己造成的危机。

中国虽是一个弱国，但又以镇抚四海的帝国自居，因此，中国社会的改革步履维艰。最终一场宫廷政变迫使赞成改革的皇帝退位，以慈禧太后为首的守旧势力卷土重来，再次执掌大权。由于没有进行根本的改革和走向近代化，中国政府实际上等于要求本国的外交官设法减少对中国领土完整的侵害，防止主权进一步丧失，同时，又没有授予他们改变中国积贫积弱的手段。中国外交官奉命争取时间，但又没有一个如何利用他们争取到的时间的计划。中国面对的一个迫在眉睫的挑战，就是东北亚均势中又多了一个新成员——正在迅速工业化的日本。

日本的挑战

日本与中国四周的大部分邻国不同，其过去几百年里一直抵制加入以中国为中心的世界秩序。日本是一个岛国，距亚洲大陆最近处不过百十英里，在长期隔绝中形成了自己的传统和独特的文化。日本基本上是一个单一语言和民族的国家，其官方意识形态强调日本民族的祖先起源于神。日本对自己独特的民族特征有一种近于宗教般狂热的信仰，日本社会及其世界秩序的顶峰是天皇。如同中国的天子，天皇被看作一个介乎人与神之间的人物。日本的传统政治理论称，日本天皇是太阳女神的后裔。女神生了第一位天皇，并赋予他的子孙后代永久的统治权。因此日本和中国一样，认为自己远不是一个普通的国家。[32]“天皇”这一称号本身——日本在给中国朝廷递送的公文中坚持使用这一称号——是对中国世界秩序的直接挑战。在中国的宇宙观里，人类只有一个皇帝，他的御座在北京。[33]

如果说中国的例外主义是一个自诩驾驭万邦的帝国的体现，日本的例外主义则源于一个岛国的不安全感。它大量吸收中国的文化，但又害怕受其控制。中国人的唯我独尊感体现为，中国人笃信中国是唯一真正的文明，并邀请蛮夷到中国“接受归化”。日本人则坚持日本种族和文化独异的纯洁性，不愿意广施其惠泽，甚至不肯对那些出生在其神圣祖先之外的人解释自己。[34]

在很长的一段历史时期内，日本与外国几乎没有任何接触，似乎哪怕是与外部世界的偶然接触也会损害日本独一无二的特征。日本参与国际秩序的有限活动主要是通过它与琉球群岛（今天的冲绳及周围岛屿）和朝鲜半岛上的各王国之间的朝贡体制。不无讽刺的是，日本领导人沿袭了这一最具中国特色的体制，作为与中国分庭抗礼的手段。[35]

亚洲其他地方的人民接受了中国朝贡制度的礼仪，把同中国的通商称为“朝贡”，借此打入中国市场。日本拒绝假朝贡之名与中国通商，坚持至少要与中国平起平坐，甚至凌驾于中国之上。虽然中日两国之间一直有着贸易往来，17 世纪关于双边贸易的讨论却陷入僵局，因为两国都认为自己是世界中心，不肯遵从对方礼仪。[36]

如果说中国在其漫漫边疆的势力范围因帝国实力和四周藩属实力的消长而变化的话，日本领导人则把摆脱本国的安全困境视为一个艰难的抉择。日本政治家的优越感不在中国朝廷之下，但认为日本犯错误的空间远比中国小。他们把谨慎的目光投向西边，一个由历代中国王朝控制的大陆，有的王朝政令直达日本的近邻——朝鲜。日本的政治家因此常有一种生存危机感。日本的外交政策因而在以下两者之间摆动，有时变动突如其来，要么与亚洲大陆不即不离，要么兴兵征伐，以求取代以中国为中心的秩序。

和中国一样，19 世纪中叶，日本也与拥有它不熟悉的技术和绝对优势兵力的西方兵船遭遇。1853 年，美国海军准将马修·佩里率领的“黑船”抵达日本。然而，日本从这一挑战中得出了与中国截然不同的结论：它敞开国门接受外国的技术，革新政府机构，以求沿袭西方大国的崛起之路（日本得出这一结论也许是因为日本基本未受鸦片之害，故不排斥外国思潮）。1868 年，明治天皇在其《五条誓约》中宣示了日本的决心：“求知识于世界，大振皇基。”[37]

日本的明治维新和赶学西方技术的努力为惊人的经济进步打开了大门。随着日本发展成为一个近代经济体和强大的军事大国，它开始力争西方列强享有的特权。岛津齐彬是 19 世纪日本的一位藩主，是主张实现技术近代化的重要倡导者。用他的话说，日本的统治阶层得出的结论就是：“先人而动，则吾制人；后人而动，则吾制于人。”[38]

早在 1863 年，李鸿章即指出，日本终将成为威胁中国安全的首患。甚至在明治维新前，李鸿章就已撰文讲述过日本如何应对西方国家的挑战。1874 年，日本借口此前台湾原住部落与一艘搁浅的琉球岛民船只发生冲突出兵伐台。[39] 李鸿章称日本：

> 其势日张，其志不小，故敢称雄东土，蔑视中国，有窥犯台湾之举。泰西虽强，尚在七万里之外，日本则近在户闼，伺我虚实，诚为中国永远大患。[40]

日本人眼看中国这个庞然大物日益外强中干，开始谋划取代中国，称雄亚洲。中日两国互不相让，终于在朝鲜——一个夹在两大雄心勃勃的邻国中间的国家——爆发了冲突。

朝鲜

中华帝国虽疆土辽阔，但并不指手画脚地去干预他国事务。它要求他国纳贡并承认中国的宗主国地位，然而朝贡的象征意义大于实质意义，且中国行使宗主国权力时，允许藩属享有近乎独立的自治地位。19 世纪末，桀骜不驯的朝鲜人与位于本国西北部的巨人中国达成妥协，两国相安无事。从狭义上讲，朝鲜仍然是一个进贡国，朝鲜历代的国王定期遣使至北京上贡。朝鲜吸收了儒家伦理学说，并在正式书函里使用汉字。朝鲜的地理位置使它成为从海上入侵中国的潜在通道，因此中国对朝鲜半岛的局势极为关注。

在某种意义上，朝鲜在日本的战略构想中发挥的作用仿佛是日本自己的投影。日本同样把外国对朝鲜的控制视为一个潜在的威胁，朝鲜半岛好似从亚洲大陆插向日本的一把尖刀。当年的蒙古人因此曾把朝鲜作为一个跳板，两次试图入侵日本群岛。随着中华帝国的影响力日衰，日本伺机控制朝鲜半岛，着手实现自己在朝鲜半岛的经济和政治诉求。

19 世纪 70 年代到 80 年代间，中国和日本在汉城卷入了一连串的宫廷阴谋，互相争夺对王室的控制。由于朝鲜成了外国觊觎的对象，李鸿章建议朝鲜的君主学习中国对付入侵者的经验，即来者不拒，令潜在的殖民者互相争斗。李鸿章在 1879 年 10 月写给朝鲜一位大臣的函件中，忠告朝鲜应当寻求远夷的支持，尤其是美国：

> 你们可能会说，避免麻烦的最简单办法是闭关自守。然而就东方而言，此法断无可能。日本的对外扩张非人力所能阻挡。贵国政府难道不是被迫同日本签订通商条约，开始了一个新时代吗？就目前形势而言，以毒对毒，以力制力难道不是我们的最佳对策吗？[41]

据此，李鸿章建议朝鲜“宜用以敌制敌之策，次第与泰西各国立约，借以牵制日本”。他告诫说，与西方国家通商会有“伤风败俗之弊”，例如鸦片和基督教。然而西方列强与掠夺领土的日俄不同，“惟欲与贵国通商”。与西洋通商是为了平衡外来列强构成的威胁，防止其中任何一个独霸朝鲜：

既然你们了解敌手的实力，就应该采取一切手段离间敌人；慎行而用诈，此乃改善谋略者所为也。[42]

李鸿章只字未提中国在朝鲜的利益，要么是因为他认为中国与朝鲜的宗藩关系与其他外国影响造成的危险不是一个性质，要么因为他得出结论，中国实际上没有力量保护朝鲜不受外来影响。

中国和日本各自声称与朝鲜具有特殊关系，两国势同冰炭。1894 年，日中因朝鲜国内叛乱分别派兵赴朝。日本最终扣押了朝鲜国王，扶植一个亲日政府上台。中日两国的民族主义者要求开战。然而只有日本拥有一支近代化的海军，清政府拨给中国海军的款项则被挪用修缮颐和园。

战争爆发后仅几小时，日本即摧毁了经费拮据的中国海军，而这支海军貌似是中国几十年自强运动取得的成果。又一次被迫赋闲在家的李鸿章奉旨前往日本城市马关谈判一项和约，去完成一项几乎无法完成的使命：在一场军事惨败后设法挽救中国的尊严。战场上占据主动的一方往往故意拖延议和，尤其是每拖一天，对自己的谈判立场越有利的时候。这也是为什么日本进一步羞辱中国，拒绝接待中国派出的一连串谈判代表，称他们官阶太低的原因。这是日本有意在侮辱中华帝国。此前，中国派出的使节是天朝特权的象征，无论官位高低，地位均在他人之上。

马关讨论的议和条款是对中国人上国观念的一次残酷冲击。中国被迫割让台湾给日本，废止与朝鲜的宗藩关系并承认朝鲜独立（实际上为日本在朝鲜的扩张打开了大门）；支付巨额战争赔款并将满洲的辽东半岛割让给日本，包括战略地位重要的大连和旅顺港。多亏一个日本刺客的子弹，中国才免于更屈辱的结果。在谈判地点，子弹擦着李鸿章的面颊而过。日本政府出于羞愧，放弃了几条更苛刻的要求。

李鸿章躺在医院病床上继续谈判，表明他不因屈辱而低头。他的坚韧也许与他掌握的下列情况有关：就在谈判进行期间，中国的外交官正在积极接触其他在华有利益的列强，尤其是俄国。自从 1860 年第二次鸦片战争结束后，俄国向太平洋的扩张一直是中国外交需要应对的问题。李鸿章预见到了日本和俄国在朝鲜和满洲的争夺，并在 1894 年指示其外交官处理与俄国的关系时要特别谨慎。李鸿章刚从马关回国，即促成俄国领头，外加法国和德国的“三国干涉”，逼迫日本将辽东半岛退还中国。

这次外交活动产生了影响深远的后果，因为俄国再次将它对中俄友谊的解释付诸实施。作为相助的回报，俄国又攫取了大片中国领土上的特权。不过这一次它做得比较隐蔽，没有明目张胆地索取报酬。三国干涉后，俄国把李鸿章叫到莫斯科，签署了一个秘密条约，其中一个条款使其贪婪之心昭然若揭。条款规定，为了确保中国免遭日本新的攻击，俄国将修建一条贯穿满洲的西伯利亚铁路的支线。俄国在密约里保证不把这条铁路当作“侵犯中国领土的借口，或侵害中国皇帝陛下的合法权利及特权的借口”[43]。然而这正是俄国下一步要干的。铁路建成伊始，俄国即提出，铁路沿线地带需要俄军驻扎，以保护其投资。几年之内，不仅日本被迫放弃的地区悉数落入俄国之手，俄国还占据了更多的中国领土。

这成为李鸿章身后最具争议的话题。三国的干预遏制了日本的进逼，至少是暂时的，然而代价是俄国在满洲一家独大。沙俄在满洲建立了自己的势力范围后，在华的其他列强争先恐后地争夺在华利益。任何一个列强攫取新的利益后，其他列强马上跟着提出自己的相应要求。德国占领了山东半岛上的青岛；法国在广东夺得一块飞地并巩固了对越南的控制；英国扩大了在香港对面的新界的存在，还在与旅顺港隔海相望的地方得到一个海军基地。

以夷制夷的战略起到了一定的作用，没有一个列强能独霸中国。在有限的范围内，北京清朝政府得以维持其统治。但从长远来看，靠引入外国列强在中国领土上互相制衡以挽救中国的策略若要奏效，中国必须强大到别国不能等闲视之。然而，中国的中央政府对全国的控制正日益减弱。

“绥靖”一词成了20世纪30年代西方民主国家对希特勒所采取政策的别称。羸弱的一方若要安全地奉行对抗政策，必须有能力让更强的一方无法承受打败它的高昂代价，否则，某种程度的妥协就是唯一稳妥的办法。不幸的是，民主国家在自己军事上比对方更强大的时候奉行了绥靖政策。然而，绥靖政策同样具有政治风险，有可能会丧失社会凝聚力，因为它需要公众继续信任其领导人，即使他们看上去似乎屈从了胜利者的要求。

这就是李鸿章所处的困境。几十年来，他一直试图在掠夺成性的欧洲、俄国和日本与冥顽不化的本国朝廷的夹缝中间求生存。后代中国人承认李鸿章的才干，但对他签署的丧权条约，尤其是与俄国和日本签署的条约，包括割让台湾给日本，或一言难尽，或心怀怨恨。这一政策激怒了一个骄傲的民族。尽管如此，中国因这一政策得以在 100 年的殖民扩张期间保住了主权的一些基本要素。同一时期，其他成为殖民扩张目标的国家无一例外完全丧失了本国的独立。中国貌似对外国逆来顺受，但最终摆脱了屈辱。1901 年，李鸿章临终前在呈送给慈禧太后的一份奏折中概括了自己外交活动的出发点：

> 毋庸赘言，中国若能在一场战争中凯旋，我会欣喜若狂。臣风烛残年之日，倘若能看到蛮夷国家最终被降服，恭顺圣上，将不胜欣喜。然而不幸的是，我不能不承认一个可悲的事实：中国无力打胜一场战争。我们的军队根本没有这个能力。事关大清的完整与否，有谁会愚蠢到投鼠而不忌器呢？[44]

挑动俄日在满洲争斗的战略导致了两个列强之间的争夺，俄日都在渐渐地试探对手。俄国在疯狂扩张中，不再顾及与其他掠夺中国的列强达成的默契，即在各自瓜分中国的目标和维持一定程度的中国主权之间保持某种平衡。

1904 年，日本和俄国在中国东北的利益冲突导致了一场争夺霸权的战争。日俄战争以日本获胜而告终。凭借 1905 年的《朴次茅斯和约》，朝鲜，还有中国的满洲，归入日本的势力范围。由于美国总统西奥多·罗斯福的干预，日本虽然是战胜国，但未能完全如愿以偿。罗斯福总统依据美国外交中鲜见的均势原则出面调停了日俄战争，从而阻止了日本攫取整个满洲，维护了亚洲的平衡。俄国在亚洲受挫后，再次把战略重心转向欧洲，加快了第一次世界大战的爆发。

义和团运动和军阀混战的时代

到 19 世纪末，中国眼中的世界秩序已分崩离析，北京的朝廷面对诸列强已经无力保护中国文化或自身独立。1898 年，中国发生了义和团起义，民众的绝望借此爆发出来。义和团又称义和拳，因其拳民一向有练功习武的传统而得名。他们信奉一种古代的神秘主义，称自己刀枪不入，煽动袭击外国人和他们强加给中国的新秩序的一切象征。外交官、中国的基督徒、铁路、电话线、西方人办的学校一律在袭击之列。也许是因为感到清廷（同样是“异族”，而且其政权日益衰弱）有可能成为下一个目标，慈禧太后站在了义和团一边，称赞他们的举动。驻北京的外国公使馆又一次成为冲突的焦点。1900 年春，义和团包围了外国公使馆。中国在傲慢自大、蔑视对手和痛苦的妥协之间摇摆了一个世纪后，现在同时对所有外国列强宣战。[45]

结果清政府又一次遭到沉重打击。一支由法、英、美、日、俄、德、奥匈和意大利组成的八国联军于 1900 年 8 月抵达北京，为公使馆解围。联军镇压了义和团及其清军盟友后（北京部分地区化为焦土），把又一个“不平等条约”（《辛丑条约》）强加给中国，强迫中国支付战争赔款，给予外国列强更多的占领权益。[46]

一个无力阻止外国数次攻陷中国首都或制止外国对中国领土进行抢掠的王朝显然失去了天命，自从首次与西方发生冲突后居然还延续了 70 年的清朝于 1911 年倾覆。

中国的中央政府再一次陷入分裂，进入了军阀混战时期。一个从降生之日起即深陷分裂的共和国出现在一个危险的国际环境中，它甚至没有机会将民主价值观付诸实现。1912 年 1 月，民族主义领袖孙中山就任临时大总统。然而，冥冥中似乎有一条法则，注定帝国必须统一，孙中山只当了 3 个月的临时大总统就让位给了袁世凯——一个掌握唯一一支能统一中国的军队的统帅。1916 年袁世凯复辟称帝失败后，政治权力落入地方都督和军阀之手。与此同时，在中国的内地，成立于1921年的中国共产党建立了自己的影子政府和相应的社会制度，并与国际共产主义运动结成松散联盟。争夺政权的每一方都称自己有权执政，但没有一方强大到战胜其他敌手。

由于没有一个得到普遍承认的中央政府，中国失去了其传统外交的手段。20世纪20年代临将结束时，蒋介石领导的国民党名义上控制了此前清朝的疆土。然而，实际上中国传统的疆界正日益受到威胁。

西方大国被战争耗得精疲力竭，加之世界受到威尔逊的自决原则的影响，再也无力扩大其在华的势力范围，仅能勉强维持现有的在华利益。俄国正在巩固国内的革命，无暇进一步扩张；德国的殖民地尽失。

在华角逐的诸列强中，只剩下了一个，然而却是对中国独立构成威胁最大的一个——日本。中国的力量不足以保卫自己，而又没有任何一国可以在军事上制衡日本。德国在第一次世界大战中战败后，日本占领了山东的前德租界。1932年，东京在满洲一手扶植了一个由日本控制的“满洲国”。1937年，日本开始实施对中国东部大部分地区的征服计划。

日本现在陷入昔日征服者的境地。征服如此庞大的一个国家已属不易，若不借重这个国家的一些文化观念去统治它则更不可能。而日本认为自己的体制独一无二，绝不会求助于中国的文化观念。它昔日的同伴——得到美国支持的欧洲列强——逐渐走上抵制日本的道路。首先在政治上抵制，最终发展到军事上抵制。这有点像是自强外交政策的最高成就：前殖民国家如今携手维护中国的完整。它们以美国为首，而美国采用的手段就是 1899 年国务卿海约翰宣布的门户开放政策，这项政策最初是为了从其他帝国主义国家各自获得的利益中为美国分得一羹。20 世纪 30 年代，它却成了维护中国独立的一种方式，而西方列强也表示赞同。只要中国能够挺过第二次世界大战，它就可以走出帝国主义阶段，再次实现统一。

1945 年，日本战败投降。中国大地满目疮痍，国家陷入分裂。国民党和共产党都想执掌政权。200 万日本军队滞留中国等待遣返。苏联选择了承认国民党政府，但又向共产党提供武器，脚踩两只船。与此同时，它不经中国邀请，向中国东北地区派出大批军队，旨在恢复昔日的部分殖民权益。中国对新疆的微弱控制进一步遭到侵蚀。西藏和蒙古逐渐走向半自治状态，分别被纳入英国和苏联的轨道。

美国的公众舆论同情作为战时盟友的蒋介石，但蒋介石只控制了中国的一部分，其他地区处于外国占领之下。中国成为组织战后世界秩序的“五大国”之一，并在联合国安全理事会拥有否决权。五大国中，只有美国和苏联拥有执行这一使命的实力。

随后，中国内战重起。华盛顿试图对这类一国内部的冲突采用惯用的解决办法。然而，这一办法无论当时，还是以后的几十年里屡试屡败。美国敦促互相厮打了20年的国民党和共产党组成联合政府。1945年9月，美国驻华大使赫尔利在蒋介石的陪都重庆召开了一次蒋介石和共产党领袖毛泽东参加的会议。两位领导人一边积极为最后的摊牌作准备，一边如约赴会。

赫尔利的会议结束不久，国共双方再次开战。蒋介石的国民党军队选择了占据大城市的战略，而毛泽东的游击队则以农村为根据地，双方都试图运用围棋的包抄战略包围对方。[47] 面对美国国内要求美国干预以支持国民党的呼声，杜鲁门总统派遣马歇尔将军去中国，用一年时间劝说双方同意合作。在此期间，国民党的军事形势如江河日下。

1949年，国民党军队兵败大陆，撤退到台湾岛。和国民党一同撤走的还有它的军队、政界人士和象征国家政权的一些物件（包括故宫收藏的中国文化艺术瑰宝）。[48] 国民党人宣布"中华民国""定都台北"，称他们会积蓄力量，终有一天会重返大陆，并保持了在联合国安理会的席位。

与此同时，中华人民共和国宣告成立，中国再次走向统一，共产党执掌下的中国进入了一个崭新的世界。论其结构，它是一个新政体；论其实质，它代表了中国有史以来一种新的意识形态；论其战略地位，它与十余个国家接壤，边界绵延，但又缺乏足够的手段同时对付所有潜在的威胁——中国历朝历代政府曾面临的同一挑战。然而，中国新领导人最担心的事情还是他们要面对美国对亚洲事务的介入。“二战”结束后，美国成为一个信心十足的超级大国，目睹共产党人在中国内战中获胜，他们开始重新审视自己漠不关心的立场。政治家都需要在过去的经历和未来的需要之间寻求平衡，最能证明这一点的莫过于刚刚执掌中国的毛泽东和共产党。

| 第四章 |

毛泽东的革命

在数千年的中国历史中，朝代更替节奏鲜明。旧朝的没落始于它不能再奉天命，保平安，泽苍生。通常不是一次大灾难，而是一系列祸国殃民的行径使得民间积怨，当朝天子在百姓眼中无德再膺天命。新朝则成为天命的承启者，其实只是因为它坐了江山。

在中国跌宕起伏的历史中，这样的动荡屡见不鲜，但没有一个新皇帝想过要把整个社会的价值制度推翻。过去自称奉天承运的统治者，甚至于外族的征服者——也许尤其是后者——都是维护社会的价值制度并遵照这一制度进行统治。这是他们确立自己合法性的方法。他们沿用过去的官僚制度，目的无非是治理这个世界上人口最多、最富庶的国家。正是这个传统推动了汉化的进程，并把儒家学说确立为治国之本。

1949 年，从农村奔涌而出的洪流席卷城市，它将中国带进了一个新的时代。它的领袖是一位巨人——毛泽东。他强势而又冷峻，是诗人也是战士，是预言家也是旧制度的破坏者；他建立了新中国，但之后把它引领上了一段社会急遽动荡的航程。直到这段痛苦艰难的时期结束，中国才得以逐步地成功跻身于世界强国之列。在世界上各个社会主义政权相继垮台后，中国是硕果仅存的（除古巴、朝鲜和越南之外）仍保持社会政治结构安然稳定的社会主义国家。

毛泽东及其大同的理念

革命者一般都个性突出、坚韧不拔。鲜有例外，他们都是起初在政治环境中处于劣势，而最后取得成功的，那是因为他们具有独特的领袖气质和个人魅力，能够激起群众的昂奋情绪，并能利用对手因开始走下坡路而产生的惶恐心理。

闹革命往往是为了某项具体的事业，一旦成功，便建章立制，形成新秩序。毛泽东所宣称的“大同”只是一种模糊的愿景，与其说是政治制度的重建，不如说是精神上的涅槃。

在中国历代皇帝中，毛泽东最欣赏的是秦始皇，这并非偶然。公元前 221 年，秦始皇灭六国，建立统一政体，结束了战国时代。人们通常认为他是统一中国的第一人。毛泽东还写诗赞扬秦始皇：

劝君少骂秦始皇，
焚坑事业要商量。
祖龙魂死秦犹在，
孔学名高实秕糠。
百代都行秦政法，
十批不是好文章。
熟读唐人封建论，
莫从子厚返文王。[1]

毛泽东是自中国统一以来第一位奉行消灭旧势力、打破旧传统的执政者。他认为破除古老腐朽文化的遗产会使中国重新焕发青春，即使有时需要使用暴力手段。正如他在 1965 年对法国哲学家安德烈·马尔罗所说：

> 中国传统的思想、文化和习惯必须破除，中国现在还不是无产阶级国家，但必须建立无产阶级的思想、文化和习惯……思想、文化和习惯要在斗争中产生，只要复辟的危险还存在，斗争就必须继续。[2]

毛泽东曾经发愿，中国将要像原子一样将旧秩序彻底打破，同时动员人民爆发巨大的能量，推动中国取得更大的成就。

> 现在我们的热情已经动员起来。我们的国家正被激情的洪流所席卷。有一个很好的比喻：我们的国家就像一

> 个原子……当它的原子核被粉碎时，释放出来的热能将产生巨大的力量。我们将能做到原来做不到的事情。[3]

作为这个进程的一部分，毛泽东发起了对传统思想的全面批判：儒家传统思想推崇天下大同，推崇中庸之道，追求平衡温和；任何改革都是渐进的，是对旧有价值观念的“恢复”。传统的中国尊古崇文；毛泽东则向中国传统的艺术、文化和思维方式宣战。然而，在很多方面，毛泽东所表现的正是他所谓的辩证矛盾体的化身。他公开地激烈反对儒家思想，却广泛涉猎中国历史典籍，喜爱引经据典。他提出“继续革命”的理论，但当中国的国家利益需要时，他可以不愠不火，从长计议；他采取的战略是利用国内和国际秩序中的“矛盾”形成的，但这一战略的最终目标，即他所谓的大同，却来自儒学。

因此，毛式治国方略是把儒家传统思想所颠倒的历史再颠倒过来。虽然他宣称在治国的过程中要同传统的观念实行最彻底的决裂，但却不可避免地依靠了许多中国传统文化制度，包括治理方法上带有的一些封建色彩，把治国等同于德化教育，革命他所深恶痛绝的繁复的官僚体系——毛泽东几次起来把这种体系打碎了，但随后又不得不重新建立起来。

毛泽东感到他的特殊使命就是奋斗不止，带领人民一次又一次从天下大乱达到天下大治，人民经历浴火重生，得到完全净化：

> 被推翻，例如眼前国民党反动派被我们所推翻，过去日本帝国主义被我们和各国人民所推翻，对于被推翻者来说，这是痛苦的，不堪设想的。对于工人阶级、劳动人民和共产党，则不是什么被推翻的问题，而是努力工作，创设条件，使阶级、国家权力和政党很自然地归于消灭，使人类进到大同境域。[4]

在传统中国，皇帝一直是万物大同的核心。皇帝德威并势，身负维系天下，调和天、地、人的重任。在中国人心中，皇帝"教化"叛乱的四夷，使其归依；皇帝位于儒家等级制度中的最高点，为天下苍生指派各自合适的位置。

正因为此，直到近代，中国从未实现过西方意义上的"进步"。推动中国人入世的动力是改造世界——变乱世为治世的理念。孔子就宣布他的使命是在礼崩乐坏的社会中克己复礼，使天下重回盛世。

毛泽东认为他自己的作用正好相反。大同理想只有经历长期痛苦的过程才能实现，在这一过程中，谁都可能成为牺牲者。根据毛泽东对历史的解读，儒学使中国积弱；它宣扬的"和"是一种奴役。要进步就必须经过相互矛盾的力量间一系列残酷的较量，无论是在国内还是在国际上。如果这些矛盾体自己不现身，共产党及其领导者就必须继续革命，如有必要，甚至与自己斗争。

1958 年，在称为“大跃进”的全国经济集体化运动开始时，毛泽东提出了他关于中国不断前进的设想。他说，每一波革命行动都是一场新革命的前奏，需要加快这种新斗争的到来，这样人们才不至于松懈，满足于已有的成就：

> 我们的革命和打仗一样，在打了一个胜仗之后，马上就要提出新任务。这样就可以使干部和群众经常保持饱满的革命热情，减少骄傲情绪，想骄傲也没有骄傲的时间。新任务压来了，大家的心思都用在如何完成新任务的问题上面去了。[5]

革命干部群众要接受越来越困难的考验，斗争的间歇要越来越短。毛泽东写道：“不平衡是普遍的客观规律。”

> 从不平衡到平衡，又从平衡到不平衡，循环不已，永远如此，但是每一循环都进到高的一级。不平衡是经常的、绝对的；平衡是暂时的、相对的。[6]

然而，一个永不安定的国家如何能成为国际体系中的一员？如果继续革命的理论不打折扣地完全实行的话，那么这个国家就会动荡不已，甚至可能陷入战乱之中。重视稳定的国家会联合起来反对它。但如果它试图构建一个对别国开放的国际秩序，或加入现存的国际秩序的话，那么与献身于继续革命的人的冲突就在所难免。这个难题困扰了毛泽东一生，最终也没能解决。

毛泽东的国际关系学：空城计，中国式威慑和心理战

毛泽东在夺取全国胜利的前夕宣布了他对国际事务的基本态度。他在新成立的全国人民政治协商会议上，用下面的话总结了中国对当时的国际秩序的态度：中国人民从此站立起来了。

> 我们有一个共同的感觉，这就是我们的工作将写在人类的历史上，它将表明：占人类总数四分之一的中国人从此站立起来了。中国人从来就是一个伟大的勇敢的勤劳的民族，只是在近代是落伍了。这种落伍，完全是被外国帝国主义和本国反动政府所压迫和剥削的结果……我们的先人指示我们，叫我们完成他们的遗志。我们现在是这样做了。我们团结起来，以人民解放战争和人民大革命打倒了内外压迫者，宣布中华人民共和国的成立了。[7]

对于1949年的新中国来说，在世界上站起来谈何容易。当时它贫穷落后，国力军力薄弱，它的意愿和思想还难以令世界上比它富足得多，尤其是那些科学技术上比它先进得多的国家所接受。当中国初登世界舞台的时候，美国是主要的核超级大国（苏联刚刚试爆了第一颗原子弹）。在“二战”结束后的中国内战中，美国选择支持蒋介石。日本刚投降，美国即抢在共产党军队的前面，把国民党军队运送到中国北方的重要战略城市。然而，毛泽东的最后胜利，证明了美国对华的战略失

策，华盛顿痛心疾首，随即展开了一场关于"谁丢掉了中国"的大辩论。至少在北京看来，这意味着美国有最终翻盘的企图——1950 年朝鲜战争爆发，杜鲁门总统把美国第七舰队派往台湾海峡，防止中国政府解放台湾，这一举动更加坚定了北京的想法。

苏联是新中国意识形态上的盟友，起初，中国也需要苏联作为战略伙伴来制衡美国。但是，中国的领导人没有忘记过去的 100 年间沙俄通过一系列"不平等条约"夺取了远东沿海的领土，占有了从满洲到新疆的特别势力区；他们也没有忘记苏联依然声称它在 1945 年谈判战时协议时迫使蒋介石就中国北方领土做出的让步继续有效。斯大林认为苏联理所当然是共产主义世界的龙头老大，而民族主义思想强烈的毛泽东在意识形态上同样不甘居于人后；两者最终是无法调和的。

中国与印度在喜马拉雅地区有领土争议，西面是叫做阿克赛钦的地方，东面是所谓的麦克马洪线。所争议的地区面积相当大：大约 12.5 万平方公里，与美国宾夕法尼亚州大致相当，或者像毛泽东后来对他的高级指挥官说的，等于中国的福建省。[8]

当共产党 1949 年夺取政权时，西藏、新疆、内蒙古的一些地方，还有与缅甸接壤的地区还没有解放。苏联在中国东北保持着势力范围，包括在战略要地旅顺港驻扎着占领军和舰队。毛泽东对于自古以来属于中国的领土——台湾、西藏、新疆、内蒙古、喜马拉雅山脉的边境地区和北方地区——奉行国内政治的准则——寸土不让，而且总的来说取得了成功。内政甫一结束，毛泽东即着手解放少数民族地区，如新疆、内蒙古，最后是西藏。收复台湾与其说是出于共产主义意识形态，毋宁说是因为它自古以来就是中国的领土。尽管毛泽东没有使用军事手段，但他宣布新中国对19世纪的“不平等条约”下割让出去的领土——比如1860年和1895年条约中割让给沙俄的中国远东领土——拥有主权。

中国第一任外交部长周恩来用几句通俗的话语表达了中国对西方的态度。新中国不会简单地继承现有的外交关系，它要“另起炉灶”。外国与中国新政权建立关系必须经过谈判。新中国要“打扫干净屋子再请客”——换言之，它要先清除殖民主义的残余影响，再与西方“帝国主义”国家建立外交关系。它要利用自己的影响力“把世界人民团结起来”——即是说，在被压迫国家和人民中鼓励世界革命。[9]

中国古典小说《三国演义》中有一个反映传统中国战略思想的故事，讲的是诸葛亮的“空城计”。故事里，诸葛亮发现一支敌军正在逼近，敌军人数远远多于己军。若是迎战必定全军覆没，但若是弃城撤离，又会先机尽失，危及将来。于是诸葛亮决定用计。他打开城门，自己故作闲适，抚琴作乐。在他身后，百姓们生活照常，不见任何惊慌之态。来军主将看到守军的镇定，认为定有伏兵，于是下令停止前进，回马退兵。

面对大国核战争的威胁，毛泽东表现出的泰然自若很有些空城计的意思。从一开始，中华人民共和国就在与两个核大国的三角关系中周旋，它们各自都有能力对中国构成巨大威胁，假若它们联手，中国则会遭到灭顶之灾。对于这一形势，毛泽东的应对办法是人民战争。他宣称不惧核威胁，公开表示不怕牺牲，说它会保证共产主义胜利能够更快到来。毛泽东关于核战争的言论是否出自真心我们不得而知，但是他显然成功地使世界各国相信他并非虚张声势——经受住了对他声誉的最终考验。（当然，中国不是完全的“空城”，它最终发展了自己的核武器能力，尽管其规模比苏联或美国小得多。）

毛泽东借鉴了中国漫长的历史上众多以谋略在处于相对劣势的情况下实现长期目标的经验。历史上中国的官员通过“朝贡”制度的外交手段来辖制番邦蛮夷，努力维持中华上邦优越的政治地位。自新中国成立伊始，中国就在世界的舞台上发挥着比其实际力量更加强大的作用。中华人民共和国秉持严正捍卫国家领土的信念，成为支持不结盟运动的一支重要力量（不结盟运动是由新获独立的国家组成的集团），并以此反对超级大国的霸权主义。中国确立了自己作为一个不容小觑的大国的地位；它对内重新定义民族特征，对外向核大国发出挑战，有时二者同时进行，有时则先此后彼。

毛泽东制定外交策略常从中国经典古籍中，即他表面上鄙视的中国传统中汲取灵感。在制定外交政策举措时，他所参考的通常不是马克思主义理论，而是中国的古典著作，例如四书五经、记述历代王朝兴衰的《二十四史》、《孙子兵法》、《三国演义》以及其他关于战争和策略的兵书，像《水浒传》这类反抗斗争的故事，还有《红楼梦》这部讲爱情和封建贵族内部争斗的小说。毛泽东说过《红楼梦》至少应该读五遍。[10] 他把古代士大夫贬为压迫者和寄生虫，却和他们有着相同的兴致，喜好作诗填词，并对自己豪放的大草书法艺术深以为傲。毛泽东这些文学和艺术活动不是政治活动之余的遣兴之举，而是他政治生涯的一部分。1959 年当睽离 32 年回到故乡韶山时，他赋诗一首，诗中未提及马克思主义或唯物主义，而是充满了浪漫情怀："为有牺牲多壮志，敢教日月换新天。"[11]

文学传统在中国根深蒂固。1969 年，当毛泽东的外交政策即将发生重大转折时，四位元帅奉命总结各项策略选择。他们在向毛泽东陈述为何需要与中国当时的死敌——美国打开关系时，就引用了《三国演义》的内容。这本书当时在中国是禁书，但是他们知道毛泽东读过。而且，即使在全盘否定中国古老遗产之时，毛泽东仍然使用中国传统智力游戏的用语来阐述他的对外政策理论。他把中印边境战争开始时的军队调动称为"跨过楚河汉界"，这是古老的中国象棋的术语。[12] 他把麻将这个传统的赌博游戏视为战略思维的训练。在中国与美国和苏联的冲突中，毛泽东和他的左膀右臂们使用"防止战略包围"这个围棋的概念来看待中国所面临的威胁。

正是在这些最传统的方面，美苏两个超级大国最捉摸不透毛泽东的中国战略动机。从西方战略分析的角度来看，冷战头 30 年间北京大部分军事行动都是令人难以置信的，甚至表现得令人匪夷所思。不惧和比自己强大的国家交手，在朝鲜半岛，在喜马拉雅人烟稀少的山区，在乌苏里江畔的冻土地带——新中国在军事上所采取的对抗以及所呈现的态势现状，使得几乎所有外国观察家都深感意外、大惑不解，也让对手们时局失算、手足无措。令外部世界惊诧的是，任何国家或国家集团，无论属于哪个意识形态阵营，只要中国政府认识到它在中国周边布下了太多的“棋子”，毛泽东就要冲破包围圈。

为此，中国毫无畏惧地参加了朝鲜战争。同样为此，在毛泽东去世之后，尽管越南和苏联签有相互防卫条约以及苏联当时在中国北部边境陈兵百万，中国同样展开了对越自卫作战。对中国周边力量组合的长期考量比眼前的力量平衡更加重要。这种长远考虑与心理因素的结合也反映在毛泽东对他眼中的军事威胁的遏制手法中。

尽管毛泽东的许多思想和做法在中国历史中都有迹可循，但历史上从来没有哪一个执政者能像毛泽东那样集传统、权威、冷峻和全球视角于一身。他面对挑战时咄咄逼人，但当环境不允许他按照自己的心意行动时，他就灵活地转而采用外交技巧。他的外交政策虽然借用传统手法，但是影响宏大，立意大胆。当时还正值中国社会发生剧烈动荡之际，毛泽东就宣称要改变全世界：

> 世界上最愿意改变自己地位的是无产阶级，其次是半无产阶级，因为一则全无所有，一则有也不多。现在美国操纵联合国的多数票和控制世界很多地方的局面只是暂时的，这个局面总有一天要起变化。中国的穷国地位和在国际上无权的地位也会起变化，穷国将变为富国，无权将变为有权——向相反的方向转化。[13]

不过，毛泽东是现实主义者，知道追求世界革命并不切合实际。所以，中国对世界革命的具体影响主要限于意识形态，并为各国的共产党提供情报方面的支持。1965 年，毛泽东在同埃德加 · 斯诺这位在中国抗战期间第一个写书介绍延安的美国记者谈话时就解释了这一点："中国支持革命运动，但不是靠侵略别国。当然，只要有争取解放的斗争，中国就会发表声明，举行集会，表示支持。"[14]

同样，1965 年，当时公认是毛泽东接班人的林彪发表了题为《人民战争胜利万岁》的小册子。里面说，正如人民解放军打败了蒋介石一样，世界的农村（即发展中国家）也会打败世界的城市（即发达国家）。美国林登 · 约翰逊政府把这些解读为中国计划在世界各地，特别是在印度支那，支持——甚至可能直接参与——共产党的颠覆活动。然而，当代学者却认为它恰恰说明了中国不会对越南和其他革命运动提供军事支持，因为林彪是这样说的："人民群众自己解放自己，这是马克思列宁主义的一条基本原理。一个国家的革命，一个国家的人民战争，是本国人民群众自己的事情，应该也只能主要依靠本国人民群众自己的力量。”[15]

这种克制反映了对于实际力量平衡的正确认识。我们无从得知如果力量平衡偏向于共产党的一边，毛泽东将会如何决定。但是无论是出于现实的考虑还是出于理念的原因，他都选择了革命的意识形态作为改变世界的手段，通过落实理念而不是通过战争来谋求改变。

几位中国学者在查阅北京中央档案馆的资料之后著书，对毛泽东思想中的矛盾性做了十分精彩的叙述：他献身于世界革命，支持任何地方的革命运动，同时又一切以保证中国的生存为重。[16] 1969 年毛泽东会见澳大利亚共产党（马列）代表团团长E · F · 希尔时就表现出了这种个性。当时毛泽东正在考虑和敌对了 20 年的美国建立关系。他在会谈中问希尔：将来是革命制止战争？还是战争引起革命？[17] 若是前者，与美国和解就是短见之举；若是后者，和解则成为必行之事。经过一段时间的反复考虑，毛泽东最终选择了同美国和解。防止战争（当时是苏联很可能进攻中国）比鼓吹世界革命更为重要。

“文化大革命”和中国人民

毛泽东对美国开放既是策略，也是意识形态上的重大决定。但这并未改变他在国内推行继续革命的决心。就在尼克松总统访问中国的 1972 年，他还在全国公布了 6 年前他在“文化大革命”开始时写给夫人江青的一封信：

> 天下大乱，达到天下大治。过七、八年又来一次。牛鬼蛇神自己跳出来……而现在的任务是要在全党全国基本上（不可能全部）打倒右派，而且在七、八年以后还要有一次横扫牛鬼蛇神的运动，今后还要有多次扫除。[18]

毛泽东的追求最后导致他在社会主义社会里发动了一系列的政治革命运动，尽管针对的是他自己一手建立的制度。列宁主义说共产主义的到来将解决社会的“矛盾”，毛泽东思想却是不断前进，永不停歇。像苏联那样实现了工业化还不够，为确立中国的历史独特性，还需要不断改变党内秩序和社会秩序，以防像斯大林去世后的苏联一样沦为毛泽东经常批判的“修正主义”。毛泽东强调，社会主义中国绝不能发生和平演变。

毛泽东就这样表现出一系列的自我矛盾：为实现大同，他在 1956 年发动了百花齐放运动，先是欢迎大鸣大放，然后又对参加鸣放的知识分子进行迫害；1958 年的“大跃进”运动原本是为了在 3 年内赶上西方的工业化国家，不幸的是却造成了中国现代史上最大的饥荒，也引起了共产党内部的分歧；在 1966 年发动的“文化大革命”中，整整一代有经验的领导干部、教授、外交人员和专家被下放到农村参加劳动，向群众学习。

毛泽东坚信他的“继续革命”终将成功，这一信念有三个来源：意识形态、传统以及中国人的民族精神，其中最为重要的是他对于中国人民的韧性、能力和凝聚力的信心。事实确实如此。无论世界风云如何变幻，中国人民都能坚持其民族精神不坠。

这是与上一时代发生的俄国革命具有本质性区别的一点。列宁和托洛茨基把他们的革命视为世界革命的导火索。他们相信世界革命即将到来，所以在第一次世界大战中的1918年与德国签订了《布列斯特–里托夫斯克和约》退出战争，把俄国三分之一的欧洲领土割让给德国。列宁和托洛茨基认为革命的浪潮很快就会席卷欧洲，冲垮现存的政治秩序，俄国发生的任何事情都会在即将到来的革命中淹没。

换了毛泽东，这完全不可想象。他的革命基本上是以中国为中心的。中国革命若要对世界产生影响，也只能通过中国人民的努力和榜样的力量。毛泽东一直相信中国人民最伟大。他早在1919年写的一篇文章中就强调了中国人民独特的品质：

> 我敢说一句怪话，他日中华民族的改革，将较任何民族为彻底，中华民族的社会，将较任何民族为光明。中华民族的大联合，将较任何地域任何民族而先告成功。[19]

20 年后，在抗日战争和中国内战的硝烟之中，毛泽东又以溢美之词颂扬中华民族的历史成就：

> 在中华民族的开化史上，有素称发达的农业和手工业，有许多伟大的思想家、科学家、发明家、政治家、军事家、文学家和艺术家，有丰富的文化典籍。在很早的时候，中国就有了指南针的发明。还在一千八百年前，已经发明了造纸法。在一千三百年前，已经发明了刻版印刷。在八百年前，更发明了活字印刷。火药的应用，也在欧洲人之前。所以，中国是世界文明发达最早的国家之一，中国已有了将近四千年的有文字可考的历史。[20]

现代技术的本质是普及同化，这对任何社会的独特性都是威胁，而中国社会恰恰以独一无二为标榜。为了维护这个独一无二的特点，中国在 19 世纪拒绝效仿西方，结果几近沦为殖民地，饱受列强凌辱。一个世纪后，毛泽东发动“文化大革命”，目的之一就是清除有可能把中国纳入一个普遍性文化的现代化因素。“无产阶级文化大革命”即由此得名。然而事实证明，意识形态挂帅无法治国。

1972 年 2 月毛泽东和尼克松总统的第一次谈话尖锐地显示了这个难题的存在。当时尼克松赞扬毛泽东改变了中国的古老文明，毛泽东回答说：“我没有能力改变它。我只能改变北京附近的几个地方。”[21]

毛泽东毕生为彻底改变中国社会而努力奋斗，这位中国历史上最强有力的领导者碰上了集各种相互矛盾的特性于一身的群众。

因此，在宣扬马克思主义革命时，毛泽东着重精神方面，而非物质方面。在他最喜欢的中国古代民间寓言中，有一个故事讲的是一位“愚公”自信可以赤手空拳搬走大山。在共产党的一次代表会议上，毛泽东讲了这个故事：

> 中国古代有个寓言，叫作“愚公移山”。说的是古代有一位老人，住在华北，名叫北山愚公。他的家门南面有两座大山挡住他家的出路，一座叫做太行山，一座叫做王屋山。愚公下决心率领他的儿子们要用锄头挖去这两座大山。有个老头子名叫智叟的看了发笑，说是你们这样干未免太愚蠢了，你们父子数人要挖掉这样两座大山是完全不可能的。愚公回答说：我死了以后有我的儿子，儿子死了，又有孙子，子子孙孙是没有穷尽的。这两座山虽然很高，却是不会再增高了，挖一点就会少一点，为什么挖不平呢？愚公批驳了智叟的错误思想，毫不动摇，每天挖山不止。这件事感动了上帝，他就派了两个神仙下凡，把两座山背走了。现在也有两座压在中国人民头上的大山，一座叫做帝国主义，一座叫做封建主义。中国共产党早就下了决心，要挖掉这两座山。我们一定要坚持下去，一定要

不断地工作，我们也会感动上帝的。这个上帝不是别人，就是全中国的人民大众。[22]

在一个有着两个核超级大国的世界上，中国尽管坚持共产主义的宣传，但实际上是冷战时期地缘政治中的一个“独行侠”。它在相对弱势的地位上发挥了完全独立且具有高度影响力的作用。中美关系从原来的相互敌对转为近乎结盟，中苏关系则正好相反——从结盟转为对抗。可能中国最了不起的一点就是，它最终得以摆脱了和苏联的一切关系，站到了冷战“赢家”的一边。

毛泽东坚持打破旧制度的努力尽管成绩斐然，但终究无法超越中国人生活的永恒节奏。他去世几十年后，中国社会经过了剧烈、起伏、痛苦的历程变得越来越富裕。经过了如同过山车一般跌宕起伏的历史后，也只有坚韧不拔的中华民族才能继续保持团结，充满活力。

| 第五章 |

三角外交和朝鲜战争

毛泽东在宣布中华人民共和国成立仅仅两个月之后，就于 1949 年 12 月 16 日前往莫斯科。这是他第一次重大的外交行动，也是第一次出国访问。出访的目的是和苏联这个社会主义国家结盟，但这次出访以及后来发生的一系列事情却把原本有望建立的中苏同盟变成了美国、中国和苏联之间的三角外交——三个国家彼此之间相互拉拢、打击。

毛泽东在到达莫斯科的当天就和斯大林进行了会晤。毛泽东强调说："当前最重要的问题是保障和平问题。中国需要三到五年的和平喘息时间，用这段时间来恢复战前的经济水平和稳定全国的局势。"[1] 不料，毛泽东访苏后不到一年，美中两国就兵戎相见。

对日战争结束后，解放了的朝鲜半岛分为美苏两个占领区，北朝鲜便是 1948 年 9 月根据美苏双方达成的协议在苏占区成立的。

其实斯大林并不想帮助中国恢复经济，他还没有忘记南斯拉夫领导人铁托的叛离。铁托是欧洲唯一靠自己的力量，而不是靠苏联占领获得政权的共产党领导人。在毛泽东访苏前一年，铁托刚刚同苏联决裂。斯大林决心不再让此类事情在亚洲重演。他明白，共产党在中国取得胜利，在地缘政治上意义重大；他的战略目标是操纵这一胜利产生的结果，从中得益。

斯大林一定非常清楚，和他打交道的毛泽东绝非等闲之辈。中国共产党在内战中胜出为苏联所始料不及，而且胜利还是在无视苏联劝告的情况下取得的。尽管毛泽东宣布在国际事务中，中国会“一边倒”——倒向苏联，但是，在所有的共产党领导人中，他是最不必仰息苏联的，因为他掌管着人口最多的社会主义国家。

毛泽东相信，美国关于谁“丢掉了”中国的激烈辩论预示着美国最终会企图扭转中国内战的结果——这也是共产主义意识形态引导他达成的必然结论，因此他要争取从苏联那里获得尽可能多的物质和军事支持。他访苏是为了建立正式同盟。

不过这两位共产党的领袖注定不会轻易合作。当时斯大林已在位近30年。他以无数人的生命为代价，战胜了国内的一切反对力量，领导苏联打败了纳粹侵略者。他的每一次清洗运动都有数百万人受害，就在毛泽东来访时，他又在策划新一轮的清洗。这时的斯大林已经不再理会意识形态，而是根据他对苏联民族历史的残酷解读，靠无情、多疑的马基雅维利主义的统治方法治国。

从20世纪30年代到40年代，在中国漫长的抗日战争期间，斯大林完全不把中国共产党的军事实力看在眼里，对毛泽东立足农村，依靠农民的战略更是嗤之以鼻。苏联一直和国民党政府保持着正式的外交关系。1945年对日战争结束时，斯大林迫使蒋介石在满洲和新疆赋予苏联当年沙皇俄国享受的同等特权，并承认外蒙古这个名为独立、实则受苏联控制的蒙古人民共和国。斯大林还积极支持新疆的分裂势力。

同年在雅尔塔，斯大林作为出兵对日作战的条件，坚持要求罗斯福和丘吉尔承认苏联在满洲的特殊权利，包括使用旅顺的一个海军基地和大连的一个港口。1945年8月，苏联和国民党当局签署了承认《雅尔塔协定》的条约。

在这种情况下，两位共产党巨头在莫斯科的会面不可能是同志间本应有的热情拥抱。当时任苏共政治局成员的赫鲁晓夫回忆说：

> 斯大林喜欢对人表现他的好客，他也很会做主人。但是在毛泽东来访期间，斯大林有时一连几天都不见他一面——斯大林自己不见，也不让别人去招待，结果没有人敢去见毛泽东……毛放话说如果继续这样下去，他就要回国。斯大林听说了毛泽东的抱怨后，好像又和他吃了一顿饭。[2]

从一开始就很清楚，斯大林不会因为中国共产党的胜利而放弃对日参战为苏联所攫取的好处。在和斯大林的谈话中，毛泽东首先强调，他需要和平。他说："解决中国最重要的问题取决于和平的前景。因此，（中共中央）委托我向您——斯大林同志问明一个问题：怎样保障国际和平，保障程度如何？"[3]

斯大林说，和平的前景不用担心，他这么说可能是为了使毛泽东不至于马上提出紧急援助的要求，为了减少结盟的紧迫性：

> 苏联也首先致力于和平问题，虽然它实现和平已有4年。至于说中国，现实并不存在对它的直接威胁：日本还没有站起来，因此它还没有准备好打仗；美国虽然在叫嚣战争，但它最怕打仗；而欧洲被战争吓破了胆。实际上，谁也不会同中国打仗，难道金日成会到中国去打仗？和平取决于我们的努力。如果我们和睦相处，和平的保证可能不仅5到10年，而可能是20到25年，也许更长。[4]

若果真如此，就真的不需要建立军事联盟了。当毛泽东正式提出这一问题时，斯大林明确表示了保留意见。他语出惊人地说没有必要制定新的盟约；现有的那份在截然不同的情况下签署的条约就够了。他解释说苏联采取此一立场是为了避免给"美国和英国提出修改《雅尔塔协定》所涉条款提供法律上的借口"。[5]

斯大林的言外之意是，苏联与毛泽东刚刚推翻的政府签订的那份协议是对中国的最好保护。令人意想不到的是，他还以此为理由，提出苏联当年强迫蒋介石在新疆和满洲做出的让步也应保持不变，而且还要求毛泽东主动这样做。毛泽东这个坚定的民族主义者把斯大林的主意重新自行解释，这一解释等于对斯大林表示了拒绝。他说，满洲铁路沿线的现有状况符合“中国的利益”，因为这条铁路是“培养中国铁路干部和工业干部的学校”。[6] 中国的人员一训练完毕即马上接手，而苏联顾问可以待到训练完成。

这两个大谋略家在大谈两国友好和意识形态上的团结一致时，施展各种手段争夺上风（以及中国边疆的大片土地）。斯大林是老大哥，实力也一度较强；而毛泽东从地缘政治意义上说则更有自信。两人都是顶尖的谋略家，都明白按照他们制定的政策走下去，总有一天两国的利益会发生冲突。

经过一个月的讨价还价，斯大林让步了，同意缔结一项结盟条约。但是他坚持在对日和约签订前，苏联保留在大连和旅顺的基地。1950 年 2 月 14 日，莫斯科和北京终于缔结了《中苏友好同盟互助条约》，其中规定了毛泽东想要达成而斯大林却尽量回避的内容，即在发生与第三国冲突时互助的义务。在理论上，条约规定中国有义务在全球范围内驰援苏联；而实际上，也意味着如果中国周边地区的潜在危机加剧，中国将得到苏联的安全保障。

中国为此付出的代价十分沉重：满洲和新疆的矿山、铁路和其他的让步；允许苏联使用大连港，以及维持其在 1952 年之前一直使用旅顺海军基地的权利。多年后，毛泽东还在对赫鲁晓夫愤愤地提及斯大林企图通过逼中国做出这些让步，在中国建立“半殖民地”的行径。[7]

对斯大林来说，这个东方邻国有一天若成为强国，将是苏联在地缘政治意义上的巨大威胁。没有哪个苏联统治者能无视中苏两国长达 2 000 英里的边界及两边巨大的人口差距：一边是中国的 5 亿多人口，另一边苏联西伯利亚的人口总数还不到 4 000 万。对苏联来说，中国发展到哪一步，人口规模才会成为重要的战略优势呢？显然，双方在意识形态上的一致性并没有减轻这一担忧，反而使疑虑加重了。斯大林老谋深算，他确信如果强人自认为能靠自己的努力出人头地，就不会承认盟友的优势和重要性，不管这个盟友有多紧密。通过与毛泽东面对面的接触，斯大林一定清楚，毛泽东绝不会接受别人在理论上比他高出一筹。

艾奇逊和中国铁托主义的诱惑

毛泽东在莫斯科逗留期间发生了一件事，显示了共产主义世界内部的紧张关系，也表明了美国在即将形成的三角关系中潜藏的巨大作用。事情的起因是国务卿艾奇逊为回应美国国内的批评者关于谁“丢掉了”中国的鼓噪，指示国务院在 1949 年 8 月发表了一份关于国民党垮台的白皮书。虽然美国依然承认国民党是全中国的合法政府，但是这份白皮书说国民党“腐败、反动、效率低下”。[8]艾奇逊因此得出结论，并在递交白皮书的信中报告杜鲁门：

> 不幸但又是无法逃避的事实是，中国内战的不幸结果是美国政府所无法控制的。美国在力所能及的范围内所做的以及可能做的任何事，都不可能改变这一结果。它是中国的内部势力造成的，美国曾试图施加影响，但无能为力。[9]

艾奇逊在1950年1月12日对美国全国新闻俱乐部的讲话中强调了白皮书的中心思想，并提出了全面的亚洲新政策。他的讲话中有三点是重中之重。第一点是华盛顿不再插手中国内战。艾奇逊宣称，国民党政治上迂腐，军事上更是无能到无以复加的地步。按艾奇逊的分析，共产党“并未造成这种局面”，他们只是巧妙地利用了国民党的无能为他们创造的机会。“蒋介石和他的残余部队现在成了中国沿海一个小岛上的难民。”[10]

既然接受了共产党对中国大陆的控制及其可能产生的任何地缘政治的影响，那么抵抗共产党占领台湾就没有意义了。这是美国1949年12月30日通过的NSC-48/2号文件做出的判断，这份反映美国国家政策的文件由国家安全委员会提出，并得到了总统的批准。文件的结论是，“台湾的战略重要性并不足以让美国采取军事行动”。杜鲁门在1月5日的一次记者招待会上也发表了类似的观点：“美国政府不会向台湾的中国军队提供援助或派遣军事顾问。”[11]

第二点更为重要。艾奇逊从长远角度出发，挑明了到底是谁在威胁中国的独立：

共产主义的思想和手段为苏俄帝国主义的渗透提供了新的极为阴险的武器。苏联利用这些新武器正在将中国北部地区分离出去，并入苏联。这个过程在外蒙古已经完成，在满洲将近完成，而且我肯定苏联在内蒙古和新疆的代理人会有好消息向莫斯科报告。这就是现在的情形。[12]

艾奇逊所讲的最后一点对将来的影响更加深远。它明明白白地建议中国走铁托的路。艾奇逊说，美国与中国的关系应以国家利益为基础，无论中国奉行何种意识形态，它的领土完整都是符合美国的国家利益的。“我们必须坚持我们的一贯立场——谁破坏中国的领土完整，谁就是中国的敌人，也是我们利益的敌人。”[13]

艾奇逊提出了新的中美关系的前景，这种新关系的基础是国家利益，不是意识形态：

（今天）旧的东西方关系已经破裂，这种关系最坏时是剥削，最好时也是家长式的。现在它已经完结，东西方在远东必须建立相互尊重和相互帮助的关系。[14]

从那以后的20年内，再也没有哪位美国高级官员就中国发表过这样的观点，直到尼克松对他的内阁提出类似的意见。

艾奇逊的讲话是一记妙招儿，触到了斯大林的痛处。他忍不住做出反应，派外交部长安德烈·维辛斯基和部长会议副主席维亚切斯拉夫·莫洛托夫前去看望仍在莫斯科进行结盟谈判的毛泽东，告诉他艾奇逊散布的“谣言”，其实是请毛泽东做一个令他们放心的表态。这样的手忙脚乱可不是斯大林一贯精明的风格。要求表态本身就意味着担心对方靠不住。如果认为一个伙伴有可能弃己而去，那么他的表态又怎么能相信呢？如果相信这个伙伴忠心可靠，又有什么必要让他表态呢？况且，毛泽东和斯大林都心知肚明，艾奇逊的“谣言”其实正是当时中苏关系的准确写照。[15]

莫洛托夫和维辛斯基要求毛泽东抵制艾奇逊指控苏联企图把中国的部分领土分离出去，或企图控制那些领土的话，还建议毛泽东斥其为对中国的污辱。毛泽东听了斯大林两位来使的话后未置可否，只是要了一份艾奇逊的讲话稿，并问他们认为艾奇逊此举到底是何用心。几天后，毛泽东批准发表了一篇文章，以讥笑嘲讽的笔调对艾奇逊进行了攻击——不过，莫斯科以苏联外长的名义进行回应，说北京对艾奇逊的批驳是出自中华人民共和国中央人民政府出版总署署长。[16] 虽然中国在声明中痛斥华盛顿的“谣言”，但发表方的级别并不太高，这样就给自己留了后路。毛泽东在莫斯科不肯表露自己的全部想法，因为他正努力为他依然孤立的国家织造安全网。

1956 年 12 月，毛泽东以其特有的隐晦方式表露了关于脱离莫斯科这一可能性的真实想法。他在表面上仍然拒绝这种可能，尽管语调温和了许多：

> 中国同苏联靠拢在一起……现在还有人怀疑这个方针……认为可以采取中间立场，站在苏联和美国之间，做个桥梁……如果站在苏联和美国之间，看起来很好，独立了，其实是不会独立的。美国是不好依靠的，它可能会给你一些东西，但不会给你很多，帝国主义怎么会给我们国家吃饱呢？不会给你吃饱的。[17]

但是如果美国愿意像毛泽东说的给中国“吃饱”，那么结果又会是什么呢？这个问题直到 1972 年尼克松总统开始向中国示好时才得到回答。

金日成和朝鲜战争的爆发

斯大林和毛泽东这两位疑心颇重的绝对领袖彼此以己度人，隔空过招儿，原本可能会斗上好多年。却不料朝鲜领导人金日成在此时加入地缘政治的争斗，引起轩然大波。金日成就是斯大林在 1949 年 12 月与毛泽东初次会谈时开玩笑提到的人。当时斯大林为回避建立中苏军事同盟的话题，开玩笑说对和平唯一的威胁是来自北朝鲜，如果“金日成要打到中国去”的话。[18]

金日成没有打中国，却发动了统一朝鲜的战争，这一战把大国们推到了世界大战的边缘，使得中美两国陷入了真刀真枪的对抗。

在北朝鲜攻入南朝鲜之前，各国似乎无法想象刚刚摆脱了内战的中国会对有核武器的美国开战。这场战争的爆发是由于中苏两个社会主义大国的互相怀疑，也是由于金日成成功地利用了这种怀疑，虽然他完全依靠这两个比他强大得多的盟友。

朝鲜在 1910 年被日本吞并，很快就被用作日本入侵中国的跳板。1945 年日本战败后，朝鲜的北部被苏军占领，南部被美军占领。南北之间的分界线——三八线，是人为划定的，它只是反映了战争结束时美苏两国军队之间的界限。[19]

1949 年，作为占领国的美苏两国分别撤出，被占领区变成完全的主权国家，但南北朝鲜对边界都意有不甘。两国领导人，北方的金日成和南方的李承晚，都是一生为民族事业而斗争的人，自然不会就此罢手。两人都声称对面是自己国家的一部分，边界上冲突不断。

从 1949 年 6 月美军撤出南朝鲜到 1950 年间，金日成一直企图说服斯大林和毛泽东默许他对南方进行全面进攻。开始两人都拒绝了这一建议。毛泽东访苏期间，斯大林问到毛泽东的意见。毛泽东虽然支持进攻的目的，但认为美国干预的风险太大。[20] 他认为，任何征服南朝鲜的计划都得等中国拿下台湾，完全结束内战后再说。

中国这个目标恰恰成了促使金日成采取行动的一个诱因。尽管美国的各项表态模糊不清，但是金日成坚信，美国不可能接受共产党接连两次以军事手段夺取土地。因此他迫不及待地想要实现他征服南朝鲜的目标，以防华盛顿在中国占领台湾之后发生政策之变。几个月后，1950 年 4 月，斯大林改变了原来的立场。金日成访问莫斯科时，斯大林同意了金日成的请求。斯大林强调，他坚信美国不会干预。苏联的一份外交文件记录道：

> 斯大林同志肯定地告诉金日成说，国际环境已经发生了变化，可以对统一朝鲜采取更加积极的态度……现在中国和苏联签订了同盟条约，美国就更不愿意在亚洲与共产党作对。根据美国来的情报，情形确实是这样。美国的普遍意见是不干预。现在苏联拥有了原子弹，在平壤也站稳了脚跟，使这种意见更得到了加强。[21]

笔者没有找到中苏此后就这个问题直接对话的记录。金日成及其特使成了这两个社会主义大国就朝鲜问题互相交流的中介。斯大林和毛泽东都在想办法谋取对朝鲜的决定性影响，最起码要阻止对方达到目的。在这个过程中，毛泽东同意把人民解放军中 5 万名朝鲜族士兵连人带枪拨给北朝鲜。此举是为了给金日成加油打气呢，还是表示中国在意识形态上支持，但军事支持仅限于此呢？无论毛泽东的最终意图如何，实际结果都使得平壤的军事实力大大增强。

在美国国内关于朝鲜战争的辩论中，艾奇逊在 1950 年 1 月所做的关于亚洲政策的讲话广受批评，舆论说他把朝鲜半岛放在美国在太平洋的防御圈之外，因而为北朝鲜的“入侵”开了绿灯。关于美国在太平洋义务的表述并不是艾奇逊首先提出的。1949 年 3 月，美国远东军总司令道格拉斯 · 麦克阿瑟将军在东京接受采访时也同样把朝鲜半岛放在了美国的太平洋防御圈外：

> 现在太平洋成了盎格鲁–撒克逊的内湖，而我们的防线是沿着亚洲海岸穿过一连串的岛屿。
>
> 它从菲律宾开始，通过琉球群岛，其主要据点是冲绳岛。然后又转过弯来穿过日本和阿留申群岛到阿拉斯加。[22]

在那以后，美国把大部分军队撤出了朝鲜半岛。提交给国会的一份援助南朝鲜的法案也遇到了重重阻力。艾奇逊说，“太平洋地区的军事安全在于一条沿阿留申群岛到日本，再到琉球群岛……又从琉球群岛到菲律宾群岛的防御圈”。[23] 而这不过是重复了麦克阿瑟画出的防线而已。

具体关于朝鲜半岛，艾奇逊的表述语焉不详，这反映了美国当时对这一问题的举棋不定。既然南朝鲜是“一个得到几乎世界上所有国家承认的独立主权国家”，艾奇逊由此声称，“我们的责任就更加直接，我们的机会就更加清楚”（不过艾奇逊没有解释这些责任和机会是什么——具体来说是否包括它遭到“入侵”时为其提供防卫亦不得而知）。如果在太平洋某个地方发生了武装进攻，而该地并非正处于美国防御圈以南或以东的话，艾奇逊建议说：“首先必须依靠被攻击的人民起来抵抗，然后就要靠整个文明世界在《联合国宪章》下担负的承诺。”[24]要达到威慑的效果，需要把国家意图表达得明确无误。从这个意义上说，艾奇逊的讲话完全没有达到目的。

迄今为止，没有一份中国或苏联的文件提到过艾奇逊讲话的这部分内容。然而，最近解密的外交文件显示，斯大林立场转变的原因之一是他看到了由他的间谍网或者叛变的英国间谍唐纳德·麦克林窃取的NSC-48/2号文件。这份报告也明确地把朝鲜半岛置于美国的太平洋防御圈之外。因为它属于高度机密，所以苏联的分析人员一定对它深信不疑。[25]

斯大林变卦的另一个原因也许是他通过之前和毛泽东谈判《中苏友好同盟互助条约》时得出的判断而对毛泽东不再抱幻想。毛泽东明明白白地表示苏联在中国的特权不会维持太久，他声明苏联对大连不冻港的控制只是暂时的。斯大林很有可能由此断定，统一后的朝鲜也许会更愿意满足苏联海军的需要。

老谋深算的斯大林怂恿金日成去找毛泽东谈，说毛泽东“非常了解东方事务”。[26]实际上，斯大林是尽可能把自己身上的担子卸到中国人身上。他告诉金日成不要“指望苏联能提供很大的援助和支持”，因为苏联担心和关注“西方的形势”，还忙不过来。[27] 他还警告金日成："如果你受了欺负，我是不会出手帮忙的，你只能找毛泽东帮忙。"[28] 这是典型的斯大林风格：傲慢自大、深谋远虑、善于操纵、狡猾谨慎，外加粗俗冷酷，他为苏联获取地缘政治的利益，却把其中的风险转嫁给中国。

斯大林通过与纳粹签订互不侵犯条约，解除了希特勒的后顾之忧，导致了第二次世界大战的爆发。现在他又故技重施，两边下注以保稳赢不输。如果美国真的插手，对中国的威胁就会增加，那么中国就会更加依靠苏联。如果中国应对美国的挑战，它将需要苏联大量的援助，同样会加大对苏联的依靠。反之，如果中国置身事外，北朝鲜会极为失望，那样苏联的影响力就会增加。

接下来，金日成飞往北京，在 1950 年 5 月 13 日到 16 日与毛泽东举行秘密会晤。在到达北京当晚与毛泽东的会见中，他转达了斯大林对进攻计划的认可并要求得到毛泽东的支持。

斯大林为了进一步减少风险，在他所鼓励的进攻开始不久前撤走了北朝鲜部队中所有的苏联顾问，以保万无一失。当北朝鲜军队的战斗力因此而受到影响时，他又把苏联顾问派了回去，但却以苏联的新闻通讯社——塔斯社的记者身份为掩护。

两个社会主义巨人的一个小兄弟是如何发动一场影响世界的战争的呢？当时担任毛泽东翻译的师哲就此问题向历史学家陈兼做了描述，陈兼把毛泽东和金日成重要谈话的内容介绍如下：

（金日成）告诉毛泽东，斯大林同意了他进攻南朝鲜的计划。毛泽东请金日成谈谈他认为如果北朝鲜进攻南朝鲜，美国会作何反应。毛泽东强调说既然李承晚政权是美国扶植的，朝鲜又离日本很近，因此不能完全排除美国干预的可能性。但金日成似乎很有信心，认为美国不会出兵，或至少没有时间出兵，因为北朝鲜两三个星期之内就可以结束战斗。毛泽东确实问了金日成是否需要中国提供军事支持，并表示可以在中朝边境上部署3个军。金日成“傲慢”（据师哲说这是毛泽东的原话）地回答说有北朝鲜自己的军队，再加上南朝鲜共产党游击队的配合，他们自己可以解决问题，不需要中国在军事上卷入。[29]

金日成的话显然令毛泽东为之震惊。他早早地结束了会见，命周恩来打电报给莫斯科要求斯大林“紧急答复”，“亲自解释”。[30]莫斯科的回电第二天发了过来，斯大林又一次把责任推还给毛泽东。电文解释说：

在与朝鲜同志的谈话中，（斯大林）和他的朋友们表示如下意见……同意朝鲜人着手重新统一的建议。但有个条件，即问题最终应该由中国同志和朝鲜同志共同来决定。如果中国同志有不同意见，那么这个问题就应延迟决定，进一步讨论。[31]

这就把否决金日成计划的责任全部推给了毛泽东。为防止北京再发电报追问，斯大林还说“会谈中的细节，朝鲜同志可向您转述”。[32] 这就进一步撇清了他与此事最后结果的干系（也给金日成提供了夸大和歪曲事实的机会）。

毛泽东和金日成后来的谈话记录现在还无法看到。5 月 16 日金日成返回平壤时，已经得到了毛泽东对进攻南朝鲜的同意——至少他是这么告诉苏联的。毛泽东很可能在考虑他默许征服南朝鲜能成为一个潜在条件，即以后中国收复台湾时可据此得到苏联的军事援助。如果是这样，他就大错特错了。因为即便美国在南朝鲜被征服时袖手旁观，美国国内的公共舆论也绝不允许杜鲁门政府无视共产党在台湾海峡的又一次军事行动。

10 年以后，莫斯科和北京仍就“谁给金日成的行动开了绿灯”这一问题各执一词。1960 年在布加勒斯特的一次会议上，当时的苏共中央总书记赫鲁晓夫对中国政治局委员彭真一口咬定“如果毛泽东不同意，斯大林就不会那么做”。彭真反驳说这种说法“完全错误”，“毛泽东是反对打仗的……是斯大林同意的”。[33]

两个社会主义巨人就这样卷入了一场战争，却没有考虑万一金日成和斯大林的乐观估计落空，这场战争将会在世界上产生什么样的影响。一旦美国参战，他们不考虑也不行了。

美国干预：抵抗进攻

政策规划的困扰在于无法预见必须做出决定之时的氛围。杜鲁门、艾奇逊和麦克阿瑟的谈话准确地反映了当时美国人的想法。美国国内就美国对国际安全承诺的性质正吵作一团，从来没有想过要保卫南朝鲜，北约也还在组建过程中。但当美国的决策者亲眼看到共产党进攻时，他们就把政策文件抛到了脑后。

出乎共产党领导人的意料，6 月 25 日金日成发动进攻后，美国不仅出兵干预，还把朝鲜战争和中国内战联系起来。美国将地面部队送往朝鲜半岛，并在南部的港口城市——釜山周边建起一道防线。这项军事举措被提交给了联合国安理会，得到了安理会的支持，因为苏联当时为抗议台湾仍然占据着中国在安理会的席位而拒绝参加投票。两天以后，杜鲁门总统为防止台湾海峡两岸任何一边向对方发动进攻，命令美国太平洋舰队实行台湾海峡的“中立化”。杜鲁门这样做是为了获得国会和民众对朝鲜战争的最广泛支持；没有证据表明华盛顿想到过这是在扩大战争，而事实上，它已经把这场战争变成了与中国的对抗。

在杜鲁门做出这一决定之前，毛泽东一直在计划下一步的军事行动，即解放台湾，并为此在中国东南部的福建省集结重兵。美国在许多声明中——包括杜鲁门 1 月 5 日在记者招待会上的谈话——都表示不会插手阻挠。

杜鲁门为了安抚公共舆论，决定派遣美军第七舰队进入台湾海峡，以此控制美国在朝鲜半岛的风险。他在宣布派遣舰队这一命令的同时，提到了台湾防卫的重要性，但也呼吁“台湾岛上的‘中国政府’停止对大陆的一切空中和海上行动”。杜鲁门进一步警告说：“第七舰队将保证务必做到这一点。”[34]

毛泽东根本不相信美国能绝对公正，他认为杜鲁门的保证不过是一派虚言。在他看来，美国将重新卷入中国的内战。1950年6月28日，在杜鲁门宣布其决定的第二天，毛泽东在中央人民政府委员会第八次会议上发表讲话，把美国的行动称为“对亚洲的侵略”：

> 美国对亚洲的侵略，只能引起亚洲人民广泛的和坚决的反抗。杜鲁门在今年1月5日还声明说美国不干涉台湾，现在他自己证明了那是假的，并且同时撕毁了美国关于不干涉中国内政的一切国际协议。[35]

中国人本能地运用围棋思维，在他们看来，美国出兵朝鲜半岛，派舰队进入台湾海峡，等于在棋枰上下了两颗子，有意形成对中国的包围，这正是中国最担心的。

朝鲜战争刚爆发时，美国没有关于朝鲜半岛的军事计划。美国宣布它参战是为了抗击“侵略”。“侵略”这一法律概念的含义是未经授权而对一个主权的实体使用武力。美国的军事行动究竟要达到什么目的呢？是回到战前以“三八线”为界的状况吗？那样的话“侵略者”会知道最坏的结果不过是它没有赢而已——它可能因此而有恃无恐，再启战端。或是摧毁北朝鲜的军事能力使它无力再度“侵略”？没有证据显示美国在参战初期对这个问题做过任何考虑，原因之一是美国政府正全神贯注于保卫釜山防线。实际结果是让军事行动决定了政治决策。

1950 年 9 月，麦克阿瑟在仁川取得了惊人的胜利——他在这个远离釜山的地方突发奇兵，进行两栖登陆，挡住了北朝鲜军队的进攻之势，并开辟了收复南朝鲜首都汉城的一条通道。仁川登陆后，杜鲁门政府决定继续其军事行动直到统一全朝鲜。他以为北京会接受美军进入这个过去入侵中国的必经之地。

进入北朝鲜领土继续作战的决定在 10 月 7 日得到了联合国大会决议的正式授权，这是联大通过不久前的一项题为“联合一致共策和平”的决议程序做出的。根据此项程序，联大可以三分之二多数票就国际安全的问题做出决议。这项联大决议授权“采取一切有组织的行动”，以“在朝鲜这一主权国家建立一个统一的、独立的民主政府”。[36] 当时联大认为中国没有能力出兵和美军对阵。

这样的观点与北京对国际事务的看法南辕北辙。美军刚一开始对台湾海峡进行干预，毛泽东就把第七舰队的部署定性为对亚洲的“侵略”。中国和美国对彼此战略意图的错误解读使冲突一触即发。美国试图迫使中国接受它的国际秩序观，即国际秩序需以联合国这样的国际组织为基础，没有别的选择。而毛泽东从一开始就无意接受一个中国没有参与设计的国际制度。因此，美国的军事行动充其量只能是沿最后确定的分界线实现停战——如果美国的计划成功，分界线就是中朝边境的鸭绿江；如果中国卷入或美国在打到南朝鲜北方边境时主动停止，那么就可能是另一条经协议确定的界线（比如“三八线”，或是毛泽东后来给周恩来的一封信中提到的从平壤到元山的一条线）。

中国绝不可能默许美军挥师朝鲜边境，因为朝鲜是历史上入侵中国的必经之地，特别是日本就是以朝鲜为基地占领满洲，侵略中国北方的。况且美国出兵朝鲜在战略上还意味着中国在台湾海峡和朝鲜半岛两线受敌，所以中国就更不会袖手旁观——造成这种形势的部分原因是毛泽东在一定程度上失去了对朝鲜开战前事态发展的控制。双方的误会越来越深。美国没有料到北朝鲜会进攻，中国没有料到美国会如此反应。双方都因自己的行动进一步加深了对方的误会，结果导致了两年的战场厮杀和 20 年的敌对疏离。

中国的反应：另一种威慑

任何研究军事的人都不会想到，刚打完内战，喘息未定，主要靠缴获国民党的武器来装备自己的人民解放军居然敢和一支有核武器撑腰的现代化军队作战。不过毛泽东的军事战略确实为常人所不及。要明白他在朝鲜战争中的所作所为，就要弄清楚他如何看待在西方称为威慑，甚或是先发制人的战略，而这一战略在中式思维中则是对长远考虑、战略方针和心理因素的综合揣度。

冷战和核武器的巨大破坏性在西方催生了“威慑”这一概念：给可能侵略别国的国家造成与它可能获得的利益不成比例的破坏。它行之有效的证明是事情没有发生，也就是说，战争得以避免。

毛泽东认为西方的威慑概念过于消极。他绝不会让中国消极地等着挨打，而是要争取主动。在某种层面上，这和西方先发制人的概念有相似之处——预料要发生攻击而先行动手。不过根据西方的理念，先发制人的目的是取得胜利和军事优势。毛泽东先发制人的不同之处在于他对心理因素的高度重视。他先发制人的主要目的不是为抢先进行决定性的军事打击，而是为了改变双方的心理平衡；不是为了打败敌人，而是为了调整他所评估的各种风险。在以后的章节中我们将看到，中国在1954~1958年台海危机中的行动，1962年和印度的边境冲突，1969~1971年在乌苏里江与苏联的冲突，以及1979年的中越边境之战都有一个共同的特点，即突然实施军事打击，马上继之以政治层面上的动作。在中国人的眼里，恢复了心理上的对等就是实现了真正的威慑。[37]

中国式先发制人一旦遭遇西方的威慑可能会产生恶性循环：中国自认为是防御性的举动可能会被西方世界视为侵略性的，而西方的威慑行为则可能被中国解读为对它的包围。在冷战期间，美中两国就此纠缠不休；迄今为止，两国在某种程度上仍未摆脱这个恶性循环。

人们常说中国决定出兵朝鲜是因为美国在 1950 年 10 月初决定越过“三八线”，联合国军队直扑中朝边境的鸭绿江；另一种理论则说原因在于社会主义固有的进攻性，正如 10 年前欧洲独裁者的所作所为。近年来的研究却表明，这两种理论都不对。毛泽东和他的同事们对朝鲜没有战略野心，无意侵犯它的主权；战争打响前他们注意的是和苏联争夺对朝鲜的影响。他们也没想过要在军事上挑战美国，是几经思考，犹豫再三，才决定以攻为守，赴朝参战的。

引发中国计划参战的事件是首批美国部队到达朝鲜半岛和台湾海峡的“中立化”。从那时起，毛泽东就下令为中国参加朝鲜战争作准备，最起码为了防止北朝鲜崩溃——间或也提到把美军完全赶出朝鲜半岛这个革命的大目标。[38] 早在美军或南朝鲜军队越过“三八线”之前，毛泽东就预见到如果中国不干预，北朝鲜将一败涂地。阻止美军挺进鸭绿江只是一个附带的因素。在毛泽东看来，这是一次实施突袭并调动民意支持的有利机会，但它们都不是出兵的主要动机。1950 年 8 月美国阻止了北朝鲜军队的前进，中国插手的可能性因此而大大增加；待到美国在仁川从侧面包抄北朝鲜军队，扭转了战局，接着又越过“三八线”时，中国的卷入就在所难免了。

中国的战略一般有三个特点：精心分析长远趋势，仔细研究战术选择，冷静探讨行动决定。美国出兵朝鲜半岛两周后，周恩来在7月7日和7月10日主持会议，会上中国领导人们分析了美国行动对中国的影响，参战进程就此开始。与会者同意把原来准备用于解放台湾的部队调到中朝边境组成东北边防军，其任务是“保卫我国东北边防，必要时支援朝鲜人民军作战”。7月底，即美军越过“三八线”两个多月后，中国25万大军齐集中朝边境。[39]

8月间，政治局和中央军委密集开会。8月4日，即仁川登陆6周前，当进攻的北朝鲜军队仍占优势，作战前线还在南朝鲜纵深的釜山时，对北朝鲜的能力心存怀疑的毛泽东对政治局说：“如美帝得胜，就会得意，就会威胁我。对朝不能不帮，必须帮，用志愿军形式，时机当然还要选择，我们不能不有所准备。”[40] 在同一次会上，周恩来的分析与毛泽东一致：“如果美帝将北朝鲜压下去，则对和平不利，其气焰就会高涨起来。要争取胜利，一定要加上中国的因素，中国的因素加上去后，可能引起国际上的变化。我们不能不有此远大设想。”[41] 换言之，中国要阻止的是当时仍然气势如虹的北朝鲜被击败，而不是美军到达某个具体的地方。第二天，毛泽东便命令他的高级指挥官们“于本月内完成一切准备工作，待命出动作战”。[42]

8 月 13 日，中国第 13 兵团召开高级干部会议讨论作战任务。虽然与会者对 8 月底必须完成战备的时限持保留意见，但都认为中国“应采取主动，配合朝鲜人民军，果断前进，打碎敌人的侵略梦想”。[43]

与此同时，总参谋部进行了作战分析和图上模拟演习。中国人由此得出了在西方人看来是有悖常理的结论：中国将战胜美国的军事力量。他们的观点是，美国在世界各地的军事承诺使得它在朝鲜半岛最多只能投入 50 万军队，而中国有 400 万大军；且中国的地理位置与朝鲜战场接近，这令其占据后勤方面的优势；中国的领导人认为他们在心理上也占优势，因为他们有世界上大多数人民的支持。[44]

他们甚至对可能遭受的核打击都无所畏惧——也许是因为他们不知道核武器的厉害，也无法获取核武器。他们得出的结论是（尽管有些重要人物持不赞成意见），美国不会动用核武器，一则顾忌苏联的核能力，二则朝鲜半岛上双方军队的部署犬牙交错，美国若是对赴朝的中国军队使用核武器，美国军队可能会同归于尽。[45]

8 月 26 日，周恩来在对中央军委的讲话中总结了中国的战略：“朝鲜确实成为目前世界斗争的焦点，至少是东方斗争的焦点。现在我们对于朝鲜不仅看为兄弟国家的问题，不仅看为与我国东北相连接有利害关系的问题，而应看为重要的国际斗争问题。”周恩来说，“美国如果压服朝鲜，下一步必然对越南及其他原殖民地国家进行压服。因此，朝鲜战争至少是东方斗争的焦点。”[46]周恩来指出，由于最近北朝鲜转胜为败，“我们的责任更重了……我们要作最坏打算，准备打仗。”他强调一定要做好保密工作，以便“参加战斗，出其不意地打击敌人”。[47]

这一切都发生于麦克阿瑟的两栖部队在仁川登陆（这一点中国的研究小组已经预测到了）几周前——联合国军队越过“三八线”一个多月前的那段时间。简言之，中国参战是经过了对战略走势的细心评估后决定的，不是对美国战术手段的反应，也不是出于捍卫“三八线”神圣的法律地位的决心。中国出兵是针对其所预见到的危险做出的反应，它还表明了朝鲜在中国的长远谋划中的关键作用——特别是在当今世界更关乎寻常。毛泽东对出兵一事坚持己见，可能是因为他相信唯此方能补救他默许金日成和斯大林进攻计划造成的后果。否则，其他领导人可能会指责他使中国陷于战略险境，因为金日成进攻导致第七舰队进入台湾海峡和美军重兵压境。

中国的参战之路障碍重重，毛泽东得使出浑身解数来争取同事们的同意。两位高级指挥官，包括林彪，提出种种借口拒绝执掌东北边防军。最后，毛泽东终于找到彭德怀担此大任。

像一切重大决策一样，毛泽东的意见占了上风。中国军队赴朝作战的准备工作紧锣密鼓地展开了。10 月，美军及其盟军挺进鸭绿江，决心统一朝鲜半岛并将其置于联合国决议的保护之下，其目的是用武力来保护他们既得的利益，从技术上说，其实是执行联合国的决议。他们和中国军队相互逼近似乎是冥冥中注定的；中国军队在准备出击，而美军及其盟军还浑然不知其北进途中有一场恶战正等待着他们。

周恩来在外交方面也做足了工作。9 月 24 日，他向联合国提出抗议，抗议美国扩大对朝鲜的侵略战争，对台湾进行武装侵略，并进一步扩大对中国的侵略。[48]10 月 3 日，他在和印度驻中国大使潘尼迦的谈话中警告说美国军队会越过“三八线”，“美国军队果真这样做的话，我们不能坐视不顾，我们要管！请将此点报告贵国政府总理”。[49] 潘尼迦回答说他估计美军将在 12 个小时内越过“三八线”，但是印度政府要在接到他的电报 18 个小时后“才能采取任何有效行动”。[50] 周恩来的回答是：“那是美国人的事。今天晚上这次会谈就是要告诉你我们对尼赫鲁总理信中提到的问题之一的态度。”[51] 这次会谈经常被人看作是为和平发出的最后呼吁，其实主要是为了给已经做出的决定留一个记录。

此刻，斯大林再次介入，他要确保这场由他怂恿导致的冲突继续下去，不愿意看到战争结束。北朝鲜的军队在溃败，苏联的情报机构（错误地）预计美国将在半岛的另一边——元山附近的海岸第二次登陆。中国出兵的准备工作虽已经相当深入，但尚未形成不可逆转之势。于是斯大林决定 10 月 1 日写信给毛泽东要求中国干预。毛泽东表示考虑到美国干预的危险暂且不做决定后，斯大林再次致电毛泽东，信誓旦旦地保证如果美国对中国出兵做出反应，和中国军队开战的话，苏联一定会提供军事支持：

> 当然，我也考虑到美国尽管不想打大战，但为了维护其威信，可能要卷入这场大战，这也会把中国拉入战争。苏联由于与中国有互助同盟条约，也将卷入战争。我们对此应该惧怕吗？在我看来，不必惧怕，因为我们联起手来将比美国和英国更强大，而其他的欧洲资本主义国家没有德国（目前它不可能给美国提供任何帮助）就不是什么重要的军事力量。如果战争是不可避免的，那么让它现在就来吧，而不要等数年之后，那时日本军国主义将死灰复燃并成为美国的一个盟国，而李承晚统治的统一的朝鲜将是美国和日本在亚洲大陆的一个现成的桥头堡。[52]

从字面上看，这封异乎寻常的电文似乎表明了斯大林为防止朝鲜落入美国的战略势力范围，不惜同美国开战的坚强决心。按照他的分析，一个统一、亲美的朝鲜早晚会和复兴的日本结盟，而这样的结盟对亚洲会构成和新兴的北约对欧洲同样的威胁，如此，苏联将左支右绌。

最后，事到临头斯大林却打了退堂鼓，不肯兑现他全力支持毛泽东的保证——连任何与美国直接对抗的事都不肯做。他知道，双方的力量对比对他极为不利，他无力与美国摊牌，更遑论两线作战了。他要把美国的军力困在亚洲，并把中国卷进去，以加深它对苏联的依靠。不过斯大林的信表明了苏联和中国的战略规划者是多么重视朝鲜的战略意义，尽管是出于不同的原因。

斯大林的信使毛泽东进退两难。为了表示革命的声援在纸面上计划出兵是一回事，而真的动手却是另一回事，特别是北朝鲜军队已行将崩溃。中国出兵必须要苏联提供援助，尤其是空中掩护，因为中国人民解放军根本没有现代化的空军。因此，当出兵朝鲜的问题提交给政治局时，大家的反应出奇地踌躇，这令毛泽东对做出最后的决定犹豫起来。他派遣林彪（林以身体不好为由拒绝率兵入朝）和周恩来去苏联商讨其提供援助事宜。斯大林当时在高加索地区度假，但他不肯改变自己的安排，而是要周恩来去他度假的地方见他。在那里，周恩来从斯大林的别墅无法与北京联系，除非通过苏联的渠道（也许斯大林的用意正是如此）。

周恩来和林彪奉命警告斯大林，如果援助得不到保证，中国准备了两个月的计划可能就不会实施。斯大林推动的这场冲突主战场在中国，而战争的前景取决于斯大林提供的装备和直接支持。在这一现实面前，毛泽东的同事们对出兵朝鲜表现出两种意见。一些反对的人甚至说中国的首要任务应该是国内的发展。毛泽东似乎第一次感到了犹豫，哪怕只是暂时性的。这到底是他在决定出兵前为确保斯大林提供支持采取的一种手腕呢，还是他真的举棋不定？

中国领导层内部对这个问题的意见分歧表现在10月2日晚毛泽东发给斯大林的一封电报上。奇怪的是中国和苏联各自的档案馆中保存的电文各不相同。

中国存档的电文是毛泽东亲笔起草的，此电文作为毛泽东手稿的一部分在内部传阅，但有可能根本没有发到莫斯科。在那份电文里，毛泽东写道："我们决定用（中国人民）志愿军名义派一部分军队至朝鲜境内和美国及其走狗李承晚的军队作战"。[53] 毛泽东提到了中国不干预的危险，"朝鲜革命力量受到根本的失败，则美国侵略者将更为猖獗，于整个东方都是不利的"。[54] 他说，"要准备美国宣布和中国进入战争状态，就要准备美国至少可能使用其空军轰炸中国许多大城市及工业基地，使用其海军攻击（我国）沿海地带"。他说中国计划在10月15日派12个师从南满洲出动，部署在"三八线"以北，和敢于进攻"三八线"以北的敌人作战，"第一个时期只打防御战"，同时"等候苏联武器到达，并将我军（很好地）装备起来，然后配合朝鲜同志举行反攻，歼灭美国侵略军"。[55]

毛泽东10月2日电报的另一个版本是通过苏联驻北京大使馆发到莫斯科的，现存于俄罗斯总统档案馆。在这封电报里，毛泽东告诉斯大林中国不能出兵。但他表示经过进一步与莫斯科磋商（并暗示如果苏联保证给予更多的军事支持），中国还是有可能愿意参战的。

多年来，学者们一直把电报的第一个版本作为唯一有效的版本；第二个版本出现后，有些人怀疑两个版本中可能有一个是伪造的。中国学者沈志华提出的解释最为可信：毛泽东起草了电报的第一个版本，准备发出去，但是中国领导层意见分歧太大，结果就发了一封模棱两可的电报。两个版本之间的差别说明，就在中国军队向朝鲜进发的同时，中国的领导人仍然在辩论为让苏联盟友明确保证提供支持，中国要等多久才应最后迈出无法退缩的一步。[56]

毛泽东和斯大林这两位共产党领袖都经历过权力政治的严酷洗礼，现在又用这样的手段来对付彼此。这一次，斯大林是彻头彻尾的强硬派。他（在和周恩来一起发出的电报中）冷淡地回答毛泽东说，既然中国心存犹豫，那么最好的办法就是让残余的北朝鲜部队撤到中国，由金日成成立流亡临时政府。老弱病残可以去苏联。斯大林说美国陈兵苏联的亚洲边境并不令他担心，反正他在欧洲已经和美国对峙了。

斯大林明白，除了美国陈兵中国边境之外，毛泽东最不想看到的就是朝鲜在满洲的临时政府与当地朝鲜族人建立联系，宣称一定程度的主权，并不断越境对朝鲜进行军事活动。他一定感觉到毛泽东已经没有回头路了。在这个时候，中国处于一个两难的境地，要么是美国陈兵鸭绿江边，将导致中国一半的工业基地处于其打击范围内，因而受到直接威胁；要么是惹恼苏联，那中国就得不到装备援助，苏联还可能重提它在满洲的

“权利”；再有就是沿着毛泽东和斯大林在讨价还价的同时所一直计划的道路走下去。以毛泽东这时的处境，出兵已是不得不为。具有矛盾意味的是，出兵的部分原因是保护他自己不受斯大林的算计。

经过了几天的拖延，10 月 19 日，在等待苏联做出提供援助的保证后，毛泽东命令志愿军进入朝鲜。斯大林承诺提供大量的后勤支持，只要不和美国直接对抗就行（比如，只在中国东北为志愿军提供空中掩护，不进入朝鲜）。

中苏之间相互极不信任，周恩来刚刚回到莫斯科，和北京取得了联系，斯大林就改变了主意。为了防止毛泽东耍手腕让苏联为中国人民解放军提供大量装备却不把美军拖在朝鲜战场上，斯大林通知周恩来说，只有在中国军队进入朝鲜后才能开始运送装备。10 月 19 日，毛泽东实际上在没有得到苏联支持保证的情况下就发出了入朝的命令。在那之后，苏联恢复了本来答应提供的支持，不过一贯谨慎的斯大林只把苏联的空中支持限制在中国境内。他此前对毛泽东保证不惜为朝鲜打大仗原来都是空话。

两位共产党领导人彼此利用了对方的需要和担心。毛泽东获得了苏联的军事装备，得以实现他军队的现代化——中国有消息来源说在朝鲜战争期间，毛泽东得到了可装备 64 个步兵师和 22 个空军师的武器装备[57]，而斯大林则把中国陷在了朝鲜与美国的冲突之中。

中美对抗

对共产党领导人之间的钩心斗角，美国只是消极旁观。它没有在休兵"三八线"和统一全朝鲜半岛这两种选择之间寻找折中的办法。中国多次警告美军越过"三八线"会产生严重后果，但美国充耳不闻。令人不解的是，艾奇逊认为中国的警告不是通过官方渠道发出的，因此可以置之不理。也许他自以为能够镇住毛泽东。

迄今为止，各方发表的许多文件中没有一份显示任何一方曾认真讨论过采取外交途径解决的可能性。周恩来对中央军委或政治局的历次讲话都没有表露这样的意图。与普遍的观点相反，中国"警告"美国不得越过"三八线"无疑是转移视线的一种手法。那时毛泽东已经派解放军的朝鲜族士兵从满洲越境去援助北朝鲜了，他还把台湾海峡沿岸的大军调到朝鲜边境附近，并向斯大林和金日成保证中国会支持北朝鲜。

唯一一次可能会避免中美马上开战的机会，是毛泽东 10 月 14 日给还在莫斯科的周恩来的指示信。当时中国军队正在准备跨过鸭绿江。毛泽东在信中谈到了他的战略计划：

> 如时间许可则将工事继续增强，在六个月内如敌人固守平壤、元山不出，则我军亦不去打平壤、元山。在我军装备训练完毕，空中和地上均对敌军具有压倒的优势条

件之后，再去攻击平壤、元山等处，即在六个月以后再谈攻击问题。[58]

当然，中国完全不可能在六个月内在空中和地上取得压倒性优势。

如果当年美军驻足于平壤元山一线（朝鲜半岛狭窄的颈部），会不会就能建立一个缓冲区，打消毛泽东的战略担忧呢？如果美国通过外交途径向中国做一些表示，以后的事态发展会不会就不一样了呢？毛泽东会不会因为他的军队借出兵朝鲜之机得到精良的装备就满足了呢？也许毛泽东对周恩来所说的那六个月本来是一个机会，可以用来进行外交接触，提出军事警告，或是让毛泽东或斯大林改变心意。另一方面，从革命义务或战略责任的意义上，毛泽东无疑会反对在迄今为止由共产党占领的土地上建立缓冲区。然而，深得《孙子兵法》三昧的毛泽东可以同时推行看起来相互矛盾的战略，而美国却没有这个能耐。它选择了联合国支持的方案，把鸭绿江作为朝鲜的边界，没有选择朝鲜半岛狭窄颈部那条它本可靠自己的军队和外交努力保护的界线。

中美苏三角关系中的各方就这样进入了一场有可能触发全球冲突的战争。战线时时变化，呈拉锯状。中国军队攻下了汉城，但又被击退，直至停战谈判，战区陷入军事僵局。谈判一谈就是两年，其间美军不再发动军事进攻——这对苏联来说无疑是理想的结果。苏联自始至终都建议把谈判，甚至是这场战争，拖得越久越好。1953 年 7 月 27 日，停战协议达成，基本上维持了战前沿“三八线”划定的界线。

参战者谁也没能实现自己的全部目标。对美国来说，停战协议的签署达到了它参战的目的——击败了北朝鲜，但同时它这个核超级大国却被力量薄弱的中国打得一蹶不振，无力再向前推进。它不负期待，为盟国提供了保护，却也付出了代价：有些盟友开始露出反叛的苗头，美国国内也出现意见分歧，争论不已。观察家们不会忘记美国关于这场战争目的的辩论。麦克阿瑟将军信奉传统的作战原则，战必求胜；美国政府则认为这场战争只是幌子，意在把美国诱入亚洲——这确实是斯大林的战略——因此愿意接受军事上的平局（可能还有长期的政治上的挫折），这就是美国第一次参战所落得的结果。美国无法调和政治和军事目标，这也许会使其他有意向美国挑战的亚洲国家相信，美国国内难以接受没有明确军事结果的战争——10 年后在越战的旋涡中，这个难题再次尖锐地出现。

也不能说中国完全如愿以偿，至少在通常的军事意义上是这样。毛泽东没能像中国的宣传机器起初宣称的那样，把整个朝鲜半岛从“美帝国主义”的魔掌下解放出来。但是他决定参战是为了更大、更抽象，甚至可以说是浪漫的目的：使“新中国”经受战火的考验，彻底颠覆中国一贯的软弱和被动的形象；向西方（在一定程度上也向苏联）证明中国是一支不可忽视的军事力量，为了保护国家它将不惜使用武力；确立中国在亚洲共产主义运动中的主导作用。毛泽东新思想的主要贡献不仅在于它的战略思想，更在于藐视世界强权，敢于走自己的路的坚强意志。

从这个广泛的意义上说，朝鲜战争对中国而言不只是平局。它确立了新生的中华人民共和国作为军事强国和亚洲革命中心的地位。它还建立了中国作为一个令人敬畏的对手的军事威信，在以后的几十年中，这一威信始终不坠。对中国在朝鲜战争的记忆成了后来美国对越战略的一个重要制约。中国利用这场战争和同时进行的“抗美援朝”宣传和镇反运动达成了毛泽东的两个中心目标：消灭国民党在大陆残余的反动势力、巩固人民政权，增强人民的“革命热情”和民族自豪感。毛泽东激起民众对西方强权的愤慨，把战争描述成“打击美帝嚣张气焰”的斗争；战场上的胜利使中国在经过几十年的软弱挨打之后获得了精神上的重生。尽管战争打完后中国已是筋疲力尽，但在它自己和世界的眼中，它都换了崭新的面貌。

具有讽刺意味的是，斯大林成了朝鲜战争最大的输家。他准许金日成开战，并且催促毛泽东出兵。他看到美国对共产党在中国取得胜利未做反应而受到鼓舞，以为金日成在朝鲜也可以如法炮制。美国的插手使得这个目标化为泡影。他支持毛泽东出兵，料想这么一来就会使中美两国结下深仇，因而增加中国对苏联的依赖。

斯大林的战略预测是对的，但他对结果的估计却大错特错。中国对苏联的依赖是一把双刃剑。苏联给中国提供的军备最终加快了中国的自立。斯大林促成的中美之间的不和并未导致中苏关系的改善，也未降低中国走铁托道路的可能性。正相反，毛泽东认为他可以同时对两个超级大国都不买账。美苏之间的冲突至深至广，所以毛泽东判断他在冷战中尽可利用苏联的支持而无须做出回报，甚至可以在苏联没有许诺支持的时候就打出苏联支持的旗号作为威胁，他在后来的几次危机中就是这样做的。朝鲜战争刚结束，中苏关系就开始恶化，这在很大程度上要归因于斯大林瞒着中国怂恿金日成冒险，蛮横地逼迫中国出兵干预，尤其是苏联在提供支援时不情不愿，条件苛刻，所有的支援都是以借贷方式，以后都是要还的。10 年内，苏联将成为中国的头号对手。又过了不到 10 年，就将发生一场同盟关系的逆转。

| 第六章 |

中国与两个超级大国的对抗

奥托·冯·俾斯麦可以说是19世纪后半叶最伟大的外交家。他曾说，在一个由5个国家组成的世界秩序中，最好加入由3个国家组成的集团。以此类推，在3个国家的相互关系中，最好加入两个国家组成的集团。

整整15年，中苏美三角关系中的主角都忘记了这一至理名言——部分原因是毛泽东的种种计策手段不按常理出牌。在外交政策中，政治家常常通过寻求共同利益来达到目的。毛泽东却反其道而行之，对交叉重叠的敌意加以利用。苏联和美国的冲突才是冷战的战略本质，美国和中国的敌对是次要矛盾，尽管其主导着亚洲的外交。但是，毛泽东一直在与苏联竞争意识形态上谁执牛耳和地缘战略分析上谁更正确，这两个社会主义国家因此绝不可能因它们各自对美国的敌意而走到一起——除了朝鲜战争那短短的一段时间，但即使那时它们也没有完全同心同德。

从传统强权政治的观点来看，毛泽东当然无法和三角关系中的其他两方平起平坐。他力量最弱，最经不起打击。但是，他把核超级大国之间的敌意为己所用，给外界造成不惧核毁灭的印象，因而为中国谋求了一种外交保障。毛泽东为强权政治添加了一个据我所知是前所未有的新层面。按照传统的均势理论，他该寻求其中一个超级大国的保护，但他却特立独行，利用苏美彼此的戒惧来同时反抗它们两国。

朝鲜战争结束不到一年，毛泽东就借台湾海峡危机向美国发出军事挑战。几乎同时，他开始在意识形态上向苏联发难。他敢于这么做是因为他估计两个超级大国都不会允许对方把他打败。毛泽东高超地运用了前一章讲过的诸葛亮的空城计，以心理力量来掩饰实际的虚弱。

朝鲜战争结束时，依传统理论研究国际事务的人们——特别是西方学者——判断毛泽东会寻求一段休养生息的时间。共产党胜利以后，还没有享受一个月哪怕是表面上的太平日子。土改、学习苏联经济模式、镇反，一件件大事接踵而来。与此同时，这个依然相当贫穷落后的国家还在和一个有着先进军事技术的核超级大国作战。

相比之下，对美国来说，朝鲜战争结束和艾森豪威尔政府上台标志着国内秩序回归“正常”，这种正常局面一直持续到那个 10 年的结束。在国际上，朝鲜战争已然成为共产主义通过政治颠覆和军事行动来扩大其势力范围的模板，亚洲其他地方也为此提供了佐证：马来西亚的游击战，新加坡左派的暴力夺权，印度支那战争中左派力量的日趋强大。而美国观念的误区在于把共产主义阵营看作是紧密一体的，没有认清中苏两个社会主义大国彼此已经猜忌颇深。

艾森豪威尔政府套用美国在欧洲的经验来对付共产主义的威胁。它效法马歇尔计划，试图加速共产世界周围国家的自立进程，并建造北约式的军事联盟，例如与中国接壤的东南亚国家组成的东南亚条约组织。然而，它没有充分考虑欧洲国家和亚洲边缘国家间的本质区别。战后的欧洲国家都是有着完备的国家机构的成型国家。即使第二次世界大战后民生凋敝，百废待兴，现实与期望差距巨大，这些国家仍然在较短的历史时期内消灭了这一差距并实现了自立。在维持基本的国内稳定之后，安全任务即转为防御跨过国际上确认的边境线而发动的军事进攻。

相比之下，中国周边的亚洲国家仍处于形成过程中。它们要做的是超越民族和宗教的隔阂建立政体，达成政治共识。这是思想观念上的任务，不是军事任务。它们的安全威胁是国内叛乱或游击战，不是国外的军事入侵。尤其在印度支那，法国殖民统治结束后出现的 4 个国家（北越、南越、柬埔寨、老挝）的边界尚有争议，也缺乏独立国家的传统。这些冲突自有其发展规律和节奏，虽受中美苏战略三角中各方政策的影响，却不受北京、莫斯科或华盛顿的具体控制。因此，在亚洲几乎没有纯粹意义上的军事挑战。军事战略和政治及社会改革相互联系，密不可分。

第一次台海危机

北京和台湾各执一词，都坚持自己代表中国。国民党认为，台湾不是独立国家，是“中华民国”流亡政府的暂居地。国民党的宣传言论一贯坚持，虽然共产党暂时占据大陆，但是中华民国政府一定会反攻大陆，恢复正统。而在北京看来，台湾是中国的一个省，由被推翻的国民党占据，它与大陆的分离以及与外国势力结盟是中国“百年耻辱”的最后污点。双方都同意台湾和大陆同属一个政治实体，分歧在于哪个政府才是合法的执政者。

美国及其同盟时不时地提出承认“中华民国”和中华人民共和国为两个国家的主张即所谓的“两个中国”，但双方政府都坚决反对过这一提议，说这会阻碍它们实现解放对方的神圣使命。美国一改初衷，转而支持台湾的立场，即中华民国为“真正的”中国政府，有权占据中国在联合国和其他国际机构中的席位。负责远东事务的助理国务卿——后来的国务卿迪安·腊斯克，在1951年解释杜鲁门政府的这一立场时说，与表面现象相反，“北平政府（当时国民党对北京的称呼）……不是中国政府……它无权在国际社会中代表中国。”[1] 对美国来说，首都在北京的中华人民共和国尽管实际控制着世界上最多的人口，但在法律和外交意义上却并不存在。此后的 20 年间，美国的官方立场一直如此，没有大的变动。

美国这一立场使它无意间卷入了中国的内战。按北京的国际事务观，一个世纪以来列强一直阴谋分裂并统治中国，美国成了最新加入这个阴谋的国家。北京认为，只要台湾保持一个分立的政权并接受外国提供的政治支持和军事援助，建立“新中国”的事业就未竟全功。

蒋介石的首要同盟——美国，对国民党反攻大陆毫无兴趣。虽然支持台湾的美国国会议员不时要求白宫“放手让蒋介石干”，但是没有一个美国总统认真考虑过通过发动战争来扭转共产党在中国内战中取胜的局面。

1954 年 8 月，朝鲜战争的炮火停息刚刚一年多，第一次台海危机爆发了。危机的起因是国民党撤离大陆后保留下来的一块地方：国民党军队还占着紧挨着中国大陆海岸的几个岛屿，并且在上面筑有坚固的工事，有金门、马祖，还有几个更小的岛屿，离大陆比离台湾近得多。[2] 从不同的角度来看，这些沿岸岛屿既可说是台湾的第一道防线，也可像国民党宣传言论所称，是反攻大陆的前沿阵地。

这些岛屿在 10 年内居然引发了两次重大危机，而且其间苏联和美国都曾暗示要使用核武器，但就它们的位置来说，这一切实在令人匪夷所思。它们不涉及苏联和美国的任何战略利益。后来事实证明也不涉及中国的战略利益。毛泽东不过是借此表明他对国际关系的观点：第一次台海危机是他对美战略的一部分，第二次则是对苏——尤其是对赫鲁晓夫战略的一部分。

金门距中国重要港口城市——厦门最近处大约 2 英里，马祖离福州的距离也差不多。[3] 这些岛屿从大陆目力可及，完全在大炮射程以内。台湾则远在 100 多英里以外。解放军在 1949 年曾对金门发动过进攻，但国民党部队顽强抵抗，击退了进攻。朝鲜战争开始后杜鲁门派第七舰队进入台湾海峡，迫使毛泽东无限期推迟解放台湾的计划，中国为完全解放台湾向苏联求援，得到的却是敷衍推诿——由此开始，两国最终走向反目。

艾森豪威尔接替杜鲁门成为总统后，形势复杂起来。1953 年 2 月 2 日，艾森豪威尔在他第一份国情咨文中宣布停止第七舰队在台湾海峡的巡逻。艾森豪威尔的理由是，因为第七舰队阻止了台海双方彼此攻击，“实际上等于美国海军成了共产主义中国的防卫力量”，而当时中国军队正在朝鲜与美国军队交战。现在他命令第七舰队离开台湾海峡，因为美国人“当然没有义务保护一个在朝鲜和我们交战的国家”。[4]

在中国看来，第七舰队部署在台湾海峡是美国的重大进攻行为。矛盾的是，现在第七舰队的撤出引发了新的危机。台湾开始向金门、马祖增派数千部队并运送大量的军事装备。

双方都面临着难题。中国绝不会放弃解放台湾的决心，但在第七舰队这样不可逾越的障碍面前，它只能推迟计划。第七舰队撤走后，它收复沿岸岛屿的障碍即不复存在。对美国来说，它尽管承诺“保卫”台湾，但为了被国务卿约翰·福斯特·杜勒斯称做“一堆岩石”的小岛打仗就是另外一回事了。[5] 艾森豪威尔政府开始和台湾谈判正式的共同防御条约，东南亚条约组织成立后，中美对抗进一步加剧。

在挑战面前，毛泽东通常会采取最出人意料、最曲折迂回的办法。在国务卿杜勒斯飞往马尼拉组建东南亚条约组织的途中，毛泽东下令对金门、马祖发动大规模炮战——锋镝直指台湾自治的船首，也考验美国对亚洲多边防御的承诺。

对金门的第一波炮击造成两名美国军官的死亡，促使美国立即把 3 艘航母组成的作战群重新部署到台湾海峡附近。美国曾经矢言不再做中华人民共和国的“防卫力量”，所以同意国民党军队对大陆进行炮火反攻和空中袭击。[6] 与此同时，参谋长联席会议的成员们开始研究使用战术核武器的计划，如果危机进一步升级的话。艾森豪威尔当时已有所顾虑，只批准了寻求在联合国安理会通过停火决议的计划。几个没人想要的小岛引起的危机就这样具有了全球意味。

然而，这场危机没有明显的政治目的。中国并未直接威胁台湾，美国也不想改变台湾海峡的现状。危机不像媒体报道的那样眼看就要引发对抗，而是转为微妙的危机管理。双方在政治层面上宣称军事对抗，但都在斡旋设定错综复杂的规则以防止军事对抗。在台湾海峡的往来策略中，孙子的影子无处不在。

结果并没有爆发战争，而是形成了“斗中求存”的局面。为防止中方像在朝鲜战争中那样因低估美国的决心而发动进攻，杜勒斯和台湾“驻美大使”于1954年11月23日在华盛顿草签了计划已久的《美台共同防御条约》。但关于刚刚遭到炮击的岛屿，美国的承诺却模糊不清：条约注明只适用于台湾和澎湖列岛（距台湾25英里处一个较大的岛屿群），没有提及金门、马祖和其他紧靠中国大陆的岛屿，把它们留待以后“协议决定”。[7]

至于毛泽东，他禁止部队指挥官攻击美军，同时又表明不惧美国最具威胁力的武器。他利用在北京会见芬兰新任大使这个毫不相关的场合，突兀地宣称中国不怕核战争的威胁：

> 美国的原子讹诈，吓不倒中国人民。我国有六亿人口，有九百六十万平方公里的土地。美国那点原子弹，消灭不了中国人。即使美国的原子弹威力再大，投到中国来，把地球打穿了，把地球炸毁了，对于太阳系说来，还算是一件大事情，但对整个宇宙说来，也算不了什么……如果飞机加原子弹的美国对中国发动侵略战争，那么，小米加步枪的中国一定会取得胜利。全世界人民会支持我们。[8]

台海两边都在按围棋的规则博弈，大陆开始向《美台共同防御条约》中留出的空地落子。1 月 18 日，解放军部队登上了条约没有具体涵盖的两个较小的岛群，大陈岛和一江山岛。双方仍在小心地界定自己的红线。美国不打算保卫那些小岛；事实上，第七舰队为国民党军队从岛上撤退提供了帮助。解放军部队则接到禁令，不准向美军开火。

事实证明，毛泽东的言辞对他的苏联盟友产生的影响比对美国的影响更大。赫鲁晓夫左右为难：他有义务支持他的盟友，却要为对苏联毫无战略利益的小岛担着卷入核战争的风险，对此，他不断声称这是不可接受的。苏联那些人口不多的欧洲盟国听毛泽东说中国在战争中哪怕失去一半人口，最后还会胜利，更是既惊且惧。

美国的艾森豪威尔和杜勒斯与毛泽东见招拆招。他们不想求证毛泽东是否真经得起核战争，但也不想放弃捍卫国家利益。1 月的最后一周，他们安排在参众两院通过决议，授权艾森豪威尔动用美国军队"保卫"台湾、澎湖列岛以及和台湾海峡"相关的阵地和领土"。[9] 危机管理的艺术在于把筹码加到对手不会跟进的高度，但又避免和对手正面交锋。根据这个原则，杜勒斯在 1955 年 3 月 15 日的记者招待会上宣布美国准备使用中国没有的战术核武器应对共产党发动的任何新的大规模进攻。第二天，艾森豪威尔发出同样的警告，说只要不伤及平民，他认为美国没有理由不使用战术核武器，"就像使用子弹或任何别的武器一样”。[10] 这是美国第一次在危机期间明确发出核威胁。

毛泽东宣称中国不怕核战争原来只是说说而已。他指示在印度尼西亚万隆参加不结盟国家亚非会议的周恩来放出口风，后退一步。1955 年 4 月 23 日，周恩来伸出了橄榄枝：“中国人民不要同美国打仗。中国政府愿意同美国政府坐下来谈判，讨论和缓远东紧张局势问题，特别是和缓台湾地区紧张局势问题。” [11] 一周后，中国停止了台湾海峡的炮战。

像朝鲜战争一样，这次也是平局。双方都达到了短期目标。美国遏止了一场军事威胁。毛泽东后来解释说他的战略其实更为复杂，因为他清楚大陆的军队在美台协力抵抗面前无力攻占金门和马祖。他对赫鲁晓夫说，他根本无意占领那些岛屿，他是要通过威胁那些岛屿来防止台湾切断与大陆的联系：

> 我们只是想显示一下我们的潜力。我们不希望蒋离我们太远了。我们想让他待在我们够得着的地方。让他继续占领金门马祖意味着我们的岸炮和空军可以打他。如果我们占领了该两岛，我们就失去了随时让他不得安宁的能力。[12]

按这个说法，北京炮击金门是为了重申一个中国的主张，它对自身的军事行动有所克制，是为了防止出现“两个中国”。

莫斯科的战略观更为直截了当，也真正知道核武器的厉害。它无法理解为了作象征性的表示居然不惜冒核战争的风险这一做法。赫鲁晓夫对毛泽东抱怨说："你既然开炮，就应该占领那些岛屿，你如果认为不必占领，那么开炮就没有用处。我不理解你的政策。"[13] 一本毛泽东的传记甚至说，毛泽东挑起危机的真正意图是造成核战争一触即发的局面，使苏联被迫帮助中国发展刚起步的核武器计划，以减轻万一战争爆发苏联必须驰援的压力。[14] 这一说法虽然片面，但足以引人思考。这场危机还有许多其他出人意料之处，包括苏联决定帮助北京发展核计划，以便和这个令人头痛的盟友拉开距离，将来危机重起时让中国自己负责核防卫——后来由于围绕沿海岛屿发生第二次危机，苏联收回了这一决定。

与美国的外交插曲

危机造成的一个结果是美中恢复了官方对话。在 1954 年为解决法国和由越南共产党领导的独立运动之间的第一次越南战争问题而举行的日内瓦会议上，北京和华盛顿勉强同意通过驻日内瓦的领事级官员保持接触。

这个安排提供了某种安全网的框架，避免由于误会擦枪走火。然而双方对此都无太大信心。或许，他们内心对此根本不赞成。朝鲜战争的爆发使杜鲁门政府中止了对中国的一切外交举动。在朝鲜战争期间上任的艾森豪威尔政府视中国为最顽固激进的共产党国家。因此，它的首要战略目标是在亚洲构建安全体系，遏制中国可能发动的进攻。艾森豪威尔政府拒绝向中国做出任何外交姿态，以免危及东南亚条约组织这类依然脆弱的安全体系，以及刚同日本和韩国建立的联盟。杜勒斯在日内瓦会议上拒绝和周恩来握手，既为表示道不同不相为谋，也反映了美国的战略意图。

毛泽东的态度与杜勒斯和艾森豪威尔并无二致。台湾问题成了中美关系的痼疾，只要美国把台湾当局作为全中国的合法政府，中美对抗就在所难免。中美外交注定难有进展，因为对中国来说，只要美国不同意撤出台湾，其余一切免谈；美国则坚持除非中国宣布放弃武力解决台湾问题，否则不谈撤出台湾。

因此，第一次台海危机后，中美对话以失败告终，因为只要一方坚持基本立场，就没什么可谈的。美国重申台湾地位应由北京和台北谈判解决，而且谈判也应有美国和日本参加。北京把这一建议解读为企图改变“二战”期间开罗会议关于宣布台湾为中国一部分的决定。北京还拒绝放弃使用武力，认为这个要求是侵犯中国实现对自己领土完全控制的主权权利。任中方首席谈判代表长达10年的王炳南大使在回忆录中对中美僵局做了这样的总结：“回头去看，美国当时不可能改变它的中国政策。在那时的情况下，我们直奔台湾问题，但那是最困难，最不可能解决，也是最动感情的问题。谈判当然不会有结果。”[15]

中美对话只产生了两个协议。第一个是程序性的：把日内瓦领事级的接触升格为大使级（升到大使级的意义在于大使实际上代表着国家元首，自由度和影响力都较大），可它不过是把谈判的僵局制度化了而已。从1955年到1971年的16年间，美国和中国的驻外使节共举行了136次会谈（自1958年开始，华沙被定为会谈的地点，所以大部分会谈都是在华沙举行的）。唯一实质性的协议是1955年9月达成的，该协议规定中美双方准许内战时被困在对方境内的公民回国。[16]

在那之后的15年间，美国政策的重心一直在要求中国正式宣布对台放弃使用武力。1966年3月国务卿迪安·腊斯克在国会外交事务委员会做证时说："我们年复一年地搜寻共产党中国愿意放弃武力解决争端的任何蛛丝马迹。我们也在寻找它不再把美国视为头号敌人的迹象。中共的态度却一直是敌对和僵硬的。"[17]

美国对别国的外交政策从未像对中国这样，把完全放弃使用武力这种严苛的要求作为谈判的先决条件。腊斯克倒是注意到了20世纪60年代期间，中国尽管言辞激烈，在国际舞台上的行动却相对克制。然而，他仍然说美国的政策基础应以中国的言辞为准——意识形态比实际行为更加重要：

> 有人说我们不应该理会中共领导人的言辞，而是看他们的行动。确实，他们的行动比言辞更谨慎——他们自

己的行动比他们要求苏联采取的行动更谨慎……但这并不意味着我们应该忽视他们宣布的将来的意图和计划。[18]

在此种态度的主导下，美国以中共拒绝放弃对台湾使用武力为借口，在 1957 年把日内瓦会谈从大使级降到一秘级。中国撤回了代表团，会谈中止。不久后发生了第二次台海危机——尽管表面上是出于别的原因。

毛泽东、赫鲁晓夫和中苏分裂

1953 年，斯大林在位 30 多年后去世。经过短短的一段过渡期后，赫鲁晓夫接掌大权。斯大林的恐怖统治在赫鲁晓夫那代人身上留下了深深的印记。他们的上升时期正值 20 世纪 30 年代，其间一次次的大清洗消灭了整整一代领导人。他们飞黄腾达的代价是日夜惕厉，心不能安，因为他们目击并参加了对整个领导层的清洗，也知道自己可能遭到同样的下场；事实上，斯大林临终前正准备开始又一轮清洗。赫鲁晓夫他们不想改变把恐怖常态化的制度，只是企图在重申他们为之献身的核心信念的同时调整制度的一些做法，并且把制度的缺失归咎于斯大林对权力的滥用。（这是下文将讨论到的称为赫鲁晓夫的秘密报告的心理基础。）

苏联的新领导人尽管气势汹汹，但内心明白，苏联不是美国的对手。赫鲁晓夫的许多外交政策都可以称为寻求“速效办法”：1961 年爆炸超高当量的热核装置，对柏林发出的一系列最后通牒，1962 年的古巴导弹危机。事隔几十年回头去看，可以说赫鲁晓夫这些举动是为了寻求谈判的心理均势，而他深知谈判对手强大得多。

对于中国，赫鲁晓夫的态度是居高临下中夹杂着无奈和恼怒，因为充满自信的中国领导人竟敢对苏联在意识形态领域的统治地位提出挑战。他知道与中国结盟在战略上有益，但却害怕中国式意识形态的影响。他试图征服毛泽东，却从未找到让毛泽东把他当回事的办法。毛泽东借苏联的旗号以壮声威，却完全不考虑苏联的战略优先。最后，赫鲁晓夫从起初努力经营与中国的同盟关系转为对中国的气恼和冷淡，同时逐渐在苏中边境集结兵力，他的接班人勃列日涅夫甚至考虑对中国采取先发制人的军事打击。

意识形态是一把双刃剑，它使中国和苏联走到了一起，也使它们分道扬镳。历史上两国的关系积怨深重。中国领导人忘不了沙俄夺走中国的大片领土，也忘不了斯大林在第二次世界大战期间以牺牲中国共产党的利益为代价与蒋介石做交易。斯大林和毛泽东的第一次会谈并不顺利。毛泽东花了两个月才说服斯大林与中国缔结《中苏友好同盟互助条约》，并做出重大让步。

除了历史宿怨，两国在现代外交关系中也摩擦不断。苏联把共产世界视为一个战略实体，必须由其领导。苏联在东欧建立的卫星国依靠它的军事保护，在一定程度上也依靠它的经济支持。苏共政治局由此便认为它在亚洲当然也应占据同样的统治地位。

毛泽东自然对苏联的态度极为反感。文化差异更加剧了潜在的紧张局势——尤其是苏联领导人常常对中国人的历史敏感浑然不觉。一个很好的例子是 1958 年赫鲁晓夫要求中国为西伯利亚的伐木工程提供劳力，此言犯了毛泽东的大忌，他说：

> 赫鲁晓夫同志，你知道多年来都说中国贫穷落后，人口众多，再加失业问题严重，因此是廉价劳力的来源。但你要知道，在中国，我们认为这是污辱。你这个建议让我们很难办。如果我们接受你们的建议，别人……就会认为苏联对中国的看法和西方资本主义国家的看法是一样的。[19]

强烈的民族主义令毛泽东无法接受苏维埃帝国的基本前提。苏维埃帝国的安全和政治的焦点在欧洲，但欧洲并不是毛泽东的首要关注。此外，毛泽东还拒绝参加 1955 年苏联为抗衡北约所创立的由社会主义国家组成的华沙条约组织。中国捍卫自己国家利益的行动绝不会听命于一个联盟。

1955 年，周恩来被派往万隆参加亚非会议。会议创立了一个新奇又自我矛盾的集团——不结盟国家的联盟。毛泽东寻求苏联支持，以作为抵制美国为在亚洲建立霸权而对中国施压的砝码。但与此同时，他又试图把不结盟国家组织起来形成反对苏联霸权的安全网。从这个意义上说，中苏这两个共产主义巨人几乎从一开始就在彼此竞争。

两国的自我认识有着本质上的不同。俄国经历了残酷的武力压迫和痛苦的磨难才从外国侵略者的魔掌下挣脱出来。它从未得到过别国的景仰，而且人口中一大部分都不是俄罗斯族。史上伟大的统治者（如彼得大帝和叶卡捷琳娜大帝）请来外国思想家和专家，向先进的外国人学习——这在中国历代的朝廷是不可想象的。俄国统治者以他们的坚韧性赢得人民的爱戴，而不是"伟大性"。俄国的外交出乎寻常地依靠实力优势，它的盟国几乎无一没有它的驻军。因此，俄国的外交以实力为导向，立场一经确定就寸步不让，把外交变成了阵地战。

毛泽东所代表的社会多少世纪以来都是世界上最宏大、最有序，至少在中国人眼里也是最优越的政体。它的所作所为影响遍及全世界已是众所周知，毋庸置疑。当中国的一个统治者号召人民奋发图强，成为世界上最伟大的民族时，他是在激励他们重现往日的辉煌。按照中国对历史的解释，中国只是在近代才暂时蒙尘。这样一个国家当然不肯屈居人下。

在基于意识形态而建立的社会里，界定合法性的权力至为重要。毛泽东与美国记者埃德加·斯诺谈话时自称为老师，他不会把共产主义世界的思想主导权拱手让人。中国宣称有权解释正统，这威胁了苏维埃帝国的一统，为其他各国自行解释马克思主义打开了大门。两国开始因解释上的细微差别引起的恼怒转为关于理论和实践的争议，最终变成真刀真枪的军事冲突。

中华人民共和国的经济模式先是取法自苏联在 20 世纪 30 年代和 40 年代期间的经济政策。1952 年，周恩来甚至为中国的第一个五年计划专赴莫斯科取经。1953 年初，斯大林给出他的意见，敦促中国多注意平衡，不要把年经济增长率定得太高，维持在 13% 到 14% 较好。[20]

然而到 1955 年 12 月，毛泽东公开指出中苏经济各不相同，并列举了与苏联盟友相比，中国遇到并克服的“独特”而“重大”的挑战：

> 我们是二十多年根据地经验，三次革命战争的演习，经验极其丰富……因此，能很快组成国家，完成革命任务。（苏联是新起家，十月革命[21]，无军、无政、党员少）……我们人口众多，地位很好，勤苦耐劳……因此可以更多、更好、更快地达到社会主义。[22]

1956 年 4 月毛泽东在关于经济政策的讲话中，把中苏之间实践中的差别提到了哲学的高度。他说中国的社会主义道路独一无二，优于苏联：

> 我们比苏联和一些东欧国家做得好些。像苏联的粮

食产量长期达不到革命前最高水平的问题，像东欧国家由于轻重工业发展太不平衡而产生的严重问题，我们这里是不存在的。[23]

1956 年 2 月赫鲁晓夫在苏共二十大报告上，谴责斯大林犯下了一系列罪行，还对其中的一些罪行做了详细的描述。这使得中苏两国对自己实际需要的不同观念演变成了意识形态的冲突。赫鲁晓夫的报告震撼了共产主义世界。几十年来，共产世界一直认为斯大林是一贯正确的，即使中国也不例外。毛泽东尽管对斯大林作为盟友的行为心存芥蒂，但还是正式承认他在意识形态方面的特殊贡献。更令人难堪的是，赫鲁晓夫讲话时不准非苏联本国的代表（包括中国代表）待在会议厅内。苏联的兄弟盟友们连一份权威性的讲稿都拿不到。北京最初的反应是根据中国代表听别人转述赫鲁晓夫报告记下的不完整的笔记做出的；最后，中国领导人不得不依靠《纽约时报》报道的中文译文来了解局势。[24]

北京很快就开始批判莫斯科"丢弃"了"斯大林这把刀子"。斯大林从一开始就担心的中国铁托主义出现了，不过是以捍卫斯大林意识形态遗产的方式出现的。毛泽东说赫鲁晓夫批判斯大林的行为是"修正主义"——这是意识形态上的新词——意思是说苏联与共产主义渐行渐远，要回到资产阶级的过去。[25]

为了重建团结，1957 年赫鲁晓夫在莫斯科召开社会主义国家大会，毛泽东也应邀出席。这是他第二次离开中国，也是最后一次在国外逗留。当时苏联刚刚发射了第一颗人造卫星，与会者们相信苏联在技术上和实力上都蒸蒸日上，许多西方国家亦有同感。毛泽东也同意这种看法。他辛辣地宣称现在“东风”压倒了“西风”。不过他从美国实力的相对衰弱所得出的结论却令苏联盟友大不自在。因为他认为，形势对中国自立门户越来越有利了。

与此同时，1957 年的莫斯科会议重申赫鲁晓夫的呼吁，要社会主义阵营努力和资本主义世界“和平共处”，这是 1956 年赫鲁晓夫发表秘密报告批判斯大林的那次会上确定的目标。毛泽东对赫鲁晓夫的政策给予了异常尖锐的驳斥，他在会上号召所有社会主义国家拿起武器同帝国主义进行斗争，并再次宣布中国无惧核武器。“我们不要害怕战争”，他声称：

> 我们不要怕原子弹和导弹。无论爆发什么样的战争——常规战还是热核战——我们都会胜利。如果帝国主义对中国发动战争，我们也许会损失 3 亿人，那又怎么样呢？战争嘛。过几年我们会努力生出更多的孩子来。[26]

赫鲁晓夫对毛泽东的讲话“深感不安”，他回忆说毛泽东用满不在乎的口吻谈到核大战时，听众勉强发出紧张的笑声。毛泽东讲完话后，捷克斯洛伐克共产党总书记安托宁 · 诺沃提尼抱怨说："我们怎么办？我们捷克斯洛伐克只有 1 200 万人。打起仗来都得死光。哪还有人留下来重新开张。"[27]

中苏之间的争执越来越频繁，越来越公开化，但名义上它们还是正式的盟友。赫鲁晓夫似乎确信只要苏联再努把力，就能恢复和中国的同志关系。他不明白，也许他明白但不肯承认，他的和平共处政策——特别是加上对核战争表现出来的恐惧——在毛泽东眼里是与中苏联盟格格不入的。毛泽东担心一旦发生危机，对核战争的恐惧会战胜对盟友的忠诚。

在这种情况下，毛泽东不失时机地宣示了中国的独立。1958 年，赫鲁晓夫通过苏联在北京的大使建议在中国修建长波电台以便指挥在太平洋地区活动的苏联潜艇，并建议帮助中国建造潜艇作为苏联海军使用中国港口的交换。苏联为中国这个正式盟友提供了大部分提升军力的技术，赫鲁晓夫凭此便以为毛泽东会接受他的建议，不料结果却大相径庭。毛泽东听了苏联的建议勃然大怒，坦率地向苏联大使表达了强烈不满，莫斯科大为惊讶，赫鲁晓夫亲自前往北京去安抚盟友受伤的自尊。

然而，赫鲁晓夫到北京后又提出了一个更不受欢迎的建议。他提出特别准许中国进入苏联在北冰洋的潜艇基地——交换条件是苏联使用中国在太平洋的不冻港。"不行，"毛泽东回答说，"这个我们也不能同意。每个国家都应该在自己领土上驻军，不能在别人的领土上驻军。"[28] 他指出，"我们已经把英国人和别的外国人赶走好多年了，我们再也不会让任何人利用我们的国土达到自己的目的。”[29]

正常的盟友若就具体问题发生龃龉，通常会加倍努力地解决其他问题上的分歧。而赫鲁晓夫1958年访问北京铩羽而归，却为双方互相指责留下了众多的口实。

赫鲁晓夫把海军基地引起的争议归咎于苏联大使擅自主张，令其处于下风。社会主义国家把军事和文职渠道严格分开，毛泽东对这种组织方法了然于胸，一眼就看穿了赫鲁晓夫的拙劣托词。在与赫鲁晓夫长时间的谈话中，毛泽东按先后顺序一一回顾了中苏关系中的种种事情，诱使赫鲁晓夫提出更具有污辱性的荒唐建议——也许毛泽东有意这样做，好让中国的干部看看这个竟敢污蔑斯大林的人是多么不可靠。

毛泽东也利用这次谈话的机会发泄了对莫斯科蛮横态度的不满。他愤愤地谈到1949年到1950年间那个冬天他出访莫斯科时斯大林那副颐指气使的样子：

> 毛泽东：……我们革命胜利后，斯大林怀疑革命的性质。他认为中国是又一个南斯拉夫。
>
> 赫鲁晓夫：是的，他是认为有那个可能。
>
> 毛泽东：（1949年12月）我来莫斯科的时候，他不想和我们缔结友好条约，不想宣布和国民党的旧条约无效。我记得（苏联翻译）费德林和（斯大林派到中国的特使）卡瓦廖夫向我转达他（斯大林）的建议，让我在苏联

走一走，到处看一看。可是我告诉他们我只有三个任务：吃饭、睡觉、拉屎。我到莫斯科来不光是为了给斯大林祝寿。所以我说如果你不想搞友好条约，就算了。我就执行我这三个任务吧。[30]

两人唇枪舌剑的交锋很快从历史转入到对现时的争论中来。赫鲁晓夫问毛泽东中国人是否真的认为苏联人是“红色帝国主义分子”，毛泽东的回答表明了与苏联结盟的条件曾令他多么耿耿于怀：“红色还是白色的帝国主义分子都没有关系。有一个人名叫斯大林，他拿走了旅顺港，把新疆和满洲变成了半殖民地，还建立了四个合营公司。这些都是他干的好事。”[31]

然而，虽然从国家的角度来讲毛泽东对斯大林有很多怨言，但他对斯大林在意识形态上的贡献还是尊重的：

赫鲁晓夫：你过去为斯大林辩护，而且批评我批判斯大林，现在却颠倒过来了。

毛泽东：你批评（他）是为了别的事情。

赫鲁晓夫：我在党代会上也讲到了这一点。

毛泽东：我一直说，现在说，在莫斯科的时候也说，对斯大林的错误应该批评。我们只是不同意批评没有严格的界限。我们认为对斯大林要三七开。[32]

第二天，毛泽东并没有在正式的会议室里会见赫鲁晓夫，而是在游泳池边。这种方式为此次会见定下了基调。赫鲁晓夫不会游泳，只好套个救生圈。两位政治家边游边谈，翻译沿着游泳池的边儿跟着他们走来走去。后来赫鲁晓夫抱怨说："毛泽东用这个办法来压我。哼，我受够了……我爬出来，坐在池沿儿上，两条腿悬在池边泡在水里。这下我在上面了，他在下面游。"[33]

一年后，1959年10月3日，赫鲁晓夫访美返程途中在北京停留，向他这个不听话的盟友通报他与艾森豪威尔会见的情况，结果反而使两国关系更加恶化。中国领导人们对赫鲁晓夫访美已经是疑心重重，听到赫鲁晓夫在谈到不久前中印军队在喜马拉雅地区第一次边境冲突时居然站在印度一方，更是火冒三丈。

外交实非赫鲁晓夫的强项，他竟然又提到达赖喇嘛；中国人至为敏感，一触即跳的问题非此莫属。他批评毛泽东在年初西藏叛乱期间不够强硬，使得达赖喇嘛逃到印度北部："我说句客人不该说的话，西藏事件是你们的错。西藏在你们的控制下，你们在那里应该有情报人员，应该了解达赖喇嘛的计划和意图。"[34]毛泽东表示异议后，他还坚持这个话题，说中国人应该把达赖喇嘛消灭，不该让他跑掉：

> 赫鲁晓夫：……至于达赖喇嘛逃出西藏，如果是我们，我们就不会让他逃掉。把他装在棺材里更好。现在他到了印度，可能还会去美国。这难道对社会主义国家有利吗？

毛泽东：不可能，我们当时不能逮捕他。他要走我们挡不住，和印度的边境那么长，他随便从哪里都能走。

赫鲁晓夫：不是逮捕的问题，我是说你们让他走是错误的。你们给他机会逃到印度去，和尼赫鲁有什么关系？我们认为西藏的事件是中国共产党的错，不是尼赫鲁的错。[35]

那是毛泽东和赫鲁晓夫的最后一次会面。令人惊奇的是，在那以后的10年间，全球一直将中苏之间的紧张看作两个共产主义巨人自家人的争吵，而不是它所演变成的生死存亡的斗争。在同苏联日益加剧的紧张局势中，中美之间又发生了另外一场危机。

第二次台海危机

1958年8月23日，中国人民解放军开始对金门进行大规模炮击，同时发动宣传攻势，播报解放台湾。两周后，炮击停止，然后再次开始，一连持续了29天。最后，炮击奇怪地形成了单日开炮、双日休息的规律，开炮前还特意向岛上居民发警报，而且炮击常常避开军事要地。毛泽东对他的高级助手们说这是“政治战”的手法，不是一般的军事战略。[36]

这次危机的一些促成因素是人们早已熟悉的。北京想再次试探美国保卫台湾的承诺坚决到什么程度。同时，炮击也是中国对美国把上次危机后得以恢复的美中会谈降级的反应。但是这次最主要动力似乎是提升中国在全球的作用。危机开始时，毛泽东在领导班子的务虚会上对同事们解释说，美国和英国的部队在夏天进入了黎巴嫩，炮击金门、马祖即是中国对美国干预黎巴嫩的反应：

> 坦白说，炮击金门（马祖）是我们故意制造国际紧张。我们要给美国人一个教训。美国多年来一直欺负我们，现在我们有了机会，为什么不让它难受一下？……美国人在中东烧了一把火，我们在远东也烧一把火。看他们怎么办。[37]

从这个意义上说，对沿岸岛屿的炮击是与苏联竞争的一着。苏联面对美国在中东的战略行动无所作为，而中国在意识形态上和战略上则保持警醒，二者对比鲜明。

毛泽东解释道，中国表明了军事决心后，将重启与美会谈，如此“既有行动场所又有谈判场所”[38]——孙子斗中求存的原则古为今用，成为进攻性威慑策略。

炮击金门最重要的不是对美国这个超级大国的嘲弄，而是对中国正式盟友苏联的挑战。在毛泽东眼中，由于赫鲁晓夫的和平共处政策，苏联这个盟友变得不再可靠，甚至有可能会成为对手。他似乎认为，如果台海危机被推至战争边缘，赫鲁晓夫也许就必须在他的和平共处新政策和与中国的盟友关系之间做出抉择。

从某种意义上说，毛泽东达到了目的。在外部世界眼中，中国在台湾海峡的所作所为有莫斯科的首肯，这是对毛泽东特别有利之处。第二次台海危机发生的 3 周前，赫鲁晓夫刚刚访问过北京——即那次关于潜艇基地的极不愉快的会面——正如他 4 年前在第一次台海危机开始时也在北京一样。在这两次访问之前和访问期间，毛泽东都只字未向苏联人提过他的战略意图，但美国却认为两次台海危机中毛泽东的行动不仅有苏联的支持，而且为苏联所授意——艾森豪威尔在给赫鲁晓夫的一封信中甚至做了这样的指控。中国把它的苏联盟友强拉入它对外作战的行列，苏联不情不愿，甚至根本没有意识到自己被利用了。有一种观点甚至认为“潜艇基地危机”是毛泽东编造出来的，以此诱使赫鲁晓夫来北京，在毛泽东拟定的脚本中扮演分配给他的角色。

第二次台海危机与第一次台海危机的主要区别在于这一次苏联也发出了核威胁，来帮助正在羞辱它的盟友。

1958 年炮击期间约有 1 000 人伤亡。像在第一次台海危机中一样，中国宣称不惧核讹诈，而实际行动却是精心策划，进退有度。炮击开始时毛泽东要求部队指挥官在打炮时避免造成美国人的死亡。当指挥官们回答说无法保证做到的时候，毛泽东命令炮火不得打到这些近海岛屿的领空，只能对国民党的船只开火，如果受到美国舰只火力攻击时不得还击。[39] 在危机之前和危机期间，中国宣传攻势的口号是“我们一定要解放台湾”。但是当解放军的电台广播宣布中国“即将”登上岛屿，号召国民党军队投诚，加入“解放台湾的伟大事业”时，毛泽东却说那是“严重的错误”。[40]

杜勒斯也是玩斗中求存的好手，和毛泽东可算是旗鼓相当。1958年9月4日，杜勒斯重申美国承诺“保卫”台湾，包括“金门、马祖等相关阵地”。杜勒斯本能地感觉中国的目标有限，于是实际上也表示出美国愿意限制危机的范围：“然而，不论中国共产党的言辞及迄今为止的行动如何，尚不能肯定他们的目的是用武力征服台湾以及大陆沿岸各岛。”[41] 9月5日，周恩来宣布中国的目的是把中美会谈恢复到大使级，因而证实了中国在这场冲突中想要达到的目标是有限的。9月6日，白宫发表声明，他们注意到周恩来的讲话并表示美国驻华沙大使随时准备代表美国参加复谈。

至此危机就应该结束了。中美双方像是在排练一出已经演熟的话剧，互相做出重复多次的威胁，然后像过去一样，找到熟悉的下台台阶——恢复外交接触。

三角关系中唯一被蒙在鼓里的是赫鲁晓夫。他前一年在莫斯科，后来又在北京两次听毛泽东说过不怕核战争，因此左右为难，一方面害怕核战争，另一方面又害怕如果不支持中国会失去这个重要盟友。坚信马克思主义的他弄不懂意识形态上的盟友怎么会变成了战略对手，但以他对核武器威力的了解，要他把威胁使用核武器作为常用的外交手段又使他如芒在背。

当一位政治家遇到难题手忙脚乱时，他也许会病急乱投医。赫鲁晓夫派外交部长安德烈·葛罗米柯去北京敦促中国自我克制，但他知道中国会不高兴，于是让葛罗米柯向中国领导人出示他准备写给艾森豪威尔的信稿，信中威胁说如果台海危机升级，苏联将全力支持中国——暗示核支持。信中说，"中华人民共和国是我国的伟大朋友、同盟和邻国。对中国的攻击就是对苏联的攻击"，还警告说苏联"将尽一切努力……保卫我们两国的安全"。[42]

赫鲁晓夫的努力两头都失败了。9 月 12 日，艾森豪威尔礼貌地拒绝了他的来信。艾森豪威尔对中国愿意恢复大使级会谈表示欢迎，并重申坚持要求中国放弃对台湾使用武力。他敦促赫鲁晓夫劝告中国力行克制。艾森豪威尔不知道赫鲁晓夫其实不过是别人写好的剧本中的一个演员，反而暗指苏联和中国串通一气，说"这场激烈的军事行动是 8 月 23 日开始的——在你访问北京的 3 周后"。[43]

几乎与此同时，艾森豪威尔在 1958 年 9 月 11 日的公开讲话中坚决为美国卷入沿岸岛屿的冲突做出辩解。他警告说，炮击金门、马祖可以和希特勒占领莱茵兰、墨索里尼占领埃塞俄比亚，或 20 世纪 30 年代日本征服满洲（这个比喻令中国人特别恼怒）相提并论。

葛罗米柯访问北京也无功而返。毛泽东看了信稿后大谈核战争爆发的可能，以及苏联应在什么情况下对美使用核武器进行反击。毛泽东明知战争的危险已经过去，所以他发出威胁就更加有恃无恐。葛罗米柯在回忆录中写道，毛泽东的满不在乎使他“瞠目结舌”，他引用这位中国领导人的话说：

> 我想美国可能会和中国打仗。这个可能我们必须考虑。但是我们不会屈服！如果美国对中国使用核武器，中国军队就必须从边境地区撤到内地。必须把敌人引到中国纵深地带，好紧紧钳制住美国军队……只有当美国人到了华中的省份，你们才应动用一切力量。[44]

毛泽东说只有到美军被引到中国纵深的时候才会要求苏联帮助——他心知既然危机已经结束，这是不可能发生的情况。葛罗米柯从北京发回的报告使赫鲁晓夫大为震惊。虽然华盛顿和北京已经同意举行大使级会谈，但是赫鲁晓夫为防核战争爆发还是又做了两件事。他认为北京担心美国侵略，所以为平息这一担心，他提出把苏联防空兵部队派到福建省。[45] 北京对此并未立即回答，待危机结束后才表示接受，但条件是苏联部队要置于中国的指挥之下——这是不可能做到的事。[46] 紧张不安的赫鲁晓夫在 9 月 19 日再次致信艾森豪威尔，敦促美国克制，但警告说核战争迫在眉睫。[47] 其实，在赫鲁晓夫的第二封信到达之前，中美已经把问题解决了。

1959 年 10 月 3 日，赫鲁晓夫在与毛泽东的会见中总结了苏联对台海危机的态度：

咱们之间在内部说我们不会为台湾打仗，但对外我们的说法正好相反。我们说如果台湾引发形势恶化，苏联将保卫中华人民共和国。而美国宣布要保卫台湾，于是就出现了战争一触即发的局势。[48]

赫鲁晓夫自以为得计，殊不知他是在被毛泽东牵着鼻子走。一个战略家必须明白，尤其是涉及战争与和平的重大决策，有时可能必须亮出底牌，他必须考虑若是虚张声势将来可能使他无法取信于人。在台湾问题上，毛泽东利用赫鲁晓夫的左右为难诱使他发出核威胁，这个他自己承认无意付诸实施的核威胁使苏联和美国的关系陷于紧张，而这全都是为了一个对赫鲁晓夫来说无足轻重的问题和一个对他轻蔑以待的盟友。

毛泽东一定在暗自发笑：他成功地挑动苏联和美国彼此以核战争相威胁，而这竟然是为了中国政治版图上一块非军事要地的地方，一块世界上最不具地缘政治意义的土地。而且，毛泽东是在中国远弱于美苏的情况下自选时机做成这件事的，他从中取得了宣传上的重大胜利，按他的宣传机器所说，中国是底气十足地重回中美大使级会谈的。

毛泽东引发了危机，又结束了危机，他宣称达到了目的：

我们打了这场仗，美国愿意坐下来谈了。美国打开了大门。形势看来对他们不利，现在不和我们谈判的话他们会天天紧张。好吧，那就谈吧。从大局出发，通过谈判或和平手段解决和美国的争端比较好，因为我们都是爱好和平的人。[49]

周恩来的评估更是复杂。在他看来，第二次台海危机证明，即使在两个核大国互相威胁要打核战争的时候，中国台海双方仍然可以隔着意识形态对立的壁垒进行无言的谈判。约 15 年后，理查德·尼克松总统 1972 年访问北京时，周恩来对他讲起了北京的战略：

1958 年，当时的杜勒斯国务卿想让蒋介石放弃金门、马祖，以便把台湾和大陆彻底分开，在中间画一条线。蒋介石不愿意这么做。[50]我们也建议他不要撤出金门、马祖。我们是通过打炮建议他不要撤出的——我们单日打炮，双日不打炮，节假日也不打炮。这样他们懂了我们的意思，没有撤走。不需要别的手段或信号，就用打炮这个办法他们就明白。[51]

这些固然是了不起的成就，但同时也不能忽视危机的全球影响。恢复中美大使级会谈为摆脱危机提供了出路，但会谈刚一恢复马上就又重陷僵局。事实上，毛泽东让人捉摸不定的举动使中美关系冻结在敌对状态长达 10 多年之久。华盛顿对中国铁了心要把美国赶出西太平洋确信不疑，结果是双方都不可能采取更加灵活的外交手段。

危机对苏联领导层产生的影响与毛泽东想要的截然相反。苏联不仅没有放弃和平共处的政策，反而被毛泽东的言论吓坏了。毛泽东不惜冒核战争的风险，多次谈到核战争可能有利于世界社会主义事业，而且事事我行我素，不与苏联协商，这一切都使苏联紧张不安。危机过后，苏联中止了与中国的核合作，1959 年 6 月，收回了它为中国提供原子弹模型的承诺。1960 年，赫鲁晓夫从中国撤回苏联技术人员，取消了所有援助项目。他宣布说："我们最好的专家——我们自己的农业和工业生产中训练出来的人——去帮助他们，却受尽骚扰，对此我们绝不能坐视不管。"[52]

毛泽东通过危机再次向世界各国表明，中国一刻也不允许国家安全或领土完整受到威胁。这使邻国在中国后来陷于天下大乱之时，对是否趁机从中渔利踌躇再三。但是，中国也因此而日渐孤立，促使毛泽东 10 年后对他的外交政策重新考虑。

| 第七章 |

危机四起的十年

中华人民共和国成立后的头 10 年中，国家领导人以顽强的意志把他们打下的残破江山变成了一个世界大国。而在第二个 10 年，毛泽东则基本上都在努力加快国内继续革命的步伐。继续革命的动力源自他的一条理论：思想道德的力量能战胜物质困难。这 10 年以中国领导人自己发动的一场内乱开始，又以他们发动的另一场内乱结束，其范围之广无所不及，使中国与世隔绝，驻外外交官也几乎被悉数召回了北京。这期间，中国的国内结构发生了两次大的变革：先是经济变革，即这 10 年伊始时的“大跃进”；后为社会秩序变革，即 60 年代中后期的“文化大革命”。外交已无人问津，但斗争却永不过时。当毛泽东觉得国家利益遭到了威胁时，中国尽管正身陷自我泥淖举步维艰，却仍然又一次挺身而出，前往其最遥远的西部疆界——人迹罕至的喜马拉雅山对敌开战。

“大跃进”

在 1956 年 2 月赫鲁晓夫做秘密报告之后，中国领导层不得不开始正视党内的个人崇拜问题。秘密报告出台后的几个月中，他们似乎一直谨慎行事，加强自身领导工作的透明度，大概是为了避免通过一次次震撼人心的政治运动来拨乱反正。共产党党章中删去了对毛泽东的个人崇拜之词。党中央还通过决议，告诫在经济领域中不得“冒进”，并暗示“阶级斗争”的主要阶段将告一段落。[1]

然而不久后，毛泽东就提出了另一条道路：中国共产党应主动发起鸣放，欢迎批评意见，开放中国的学术和艺术生活，“百花齐放，百家争鸣”。毛泽东究竟为什么提出这个口号，人们至今仍争论不休。有人说百花齐放运动可能是真心诚意地要共产党摒弃官僚作风，直接听取人民的呼声；也可能只是一种策略，为的是引诱敌对分子暴露自己。不管动机如何，民众的意见很快就从调整方针政策的建议转为对共产党制度的批评。北京的学生立起了“大字报墙”；批评者控诉地方干部滥用权力，并抗议苏联式的经济政策造成了物资匮乏；还有人说共产党领导的头 10 年还不如此前的国民党时代。[2]

不管毛泽东的初衷如何，他从不容许别人长期挑战他的权威。他突然来了个大转弯，搬出了辩证法的另一面。百花齐放一转身变为了“反右运动”，以对付那些误解了争鸣范围的人。

这是一场大规模的清算，成千上万的知识分子或锒铛入狱，或接受再教育，或流放外地。最后，在扫清了所有批评者之后，毛泽东又以无人挑战的领袖身份傲然挺立，并利用他的优势地位加快了继续革命的步伐，发动了“大跃进”运动。

1957 年在莫斯科举行的社会主义国家会议上，毛泽东宣布了一项有关中国经济发展的重大决定。由于赫鲁晓夫提出苏联经济将 15 年赶超美国，毛泽东便即席宣布中国的钢铁产量也将 15 年赶超英国。[3]

这句话立即成为一道命令。一次次即兴讲话之后，15 年的钢铁赶超目标缩到了 3 年。[4] 同时，与之对应的一个个农业指标也毫不逊色。毛泽东想把中国的继续革命推进到一个更为活跃的阶段，向全国人民提出了空前巨大的挑战。

一如毛泽东所发起的其他运动，“大跃进”也同样融合了经济政策、思想提升和外交政策等多个方面。在毛泽东看来，这些方面不是互不相干的，而是互相交织于中国革命的伟大事业之中。[5]

照字面来看，“大跃进”的本意是要将毛泽东的工农业发展宏图付诸实施。“人民公社”遍及全国，财产、粮食和劳动力都被集中了起来，原先残存的私有财产和个人激励措施基本上荡然无存。农民被编入了半军事化的生产队，投身于浩大的公共工程建设，而其中许多工程都是临时计划出来的。

这些工程在国内外都产生了一定的影响，尤其是在中苏冲突方面影响颇深。"大跃进"若成功，则能驳倒莫斯科的渐进主义，把共产主义世界的意识形态中心真正搬到中国。1958年赫鲁晓夫访问北京时，毛泽东坚称中国定会赶在苏联之前全面实现共产主义，因为苏联选择的是一条更慢、更官僚、不那么激动人心的发展道路。苏联认为毛泽东的说法是骇人听闻的。

"大跃进"的生产指标高入云霄，而若有异议或达不到指标恐有严重后果，因此，地方干部便纷纷造假，向北京虚报产量。中国政府信以为真，还继续向苏联出口粮食以换取重工业产品和武器。政府制定的钢铁指标又让这场灾难雪上加霜。由于一味追求钢铁产量，好端端的金属制品都被当作废铜烂铁扔进了熔炉以达到炼钢指标。可是，自然规律和经济规律是不容一笔勾销的——"大跃进"付出了惨重的代价。

喜马拉雅山边界争议和1962年的中印战争

到了1962年，即中华人民共和国成立十几年之后，中国已经跟美国在朝鲜打了一仗，又因为台湾岛和美国发生了两次军事对峙；中国解放了新疆和西藏，恢复了中华帝国的历史版图（除蒙古和台湾岛外）。尽管"大跃进"引起的饥荒虽还未结束，但毛泽东面对军事冲突却毫无惧色，因为他认为印度挑衅了中国对历史疆界的划定。

中印边界危机涉及中国和印度之间的两块土地，位于险峻的喜马拉雅山脉渺无人烟的高原地带。从根本上来说，这是一个如何解释殖民历史的问题。

中国承袭了中华帝国版图，把边界划在喜马拉雅山南麓，其中包括“藏南地区”；而印度却称该地区为阿鲁纳恰尔邦，将其划入印度管辖范围。跟中国相比，印度这样划界只是近期的事情。当年，英国为阻止俄国势力南下西藏而在此划了一条界线。1914 年英国与西藏签订的最后有关文件划定了东段边界，并以首席英方谈判代表命名，将其称为麦克马洪线。

中国内地和西藏的关系源远流长。早在 13 世纪，蒙古铁骑就横扫了西藏和中国内地，让汉藏有了密切的政治接触。后来，清朝政府经常介入西藏事务，驱逐从西北入侵西藏的其他非汉人的民族。最终北京为生活在拉萨的“帝国臣民”确立了一种宗主权。自清朝起，北京便把西藏看为溥天之下莫非王土的一部分，并有权驱逐不怀好意的入侵者。可是遥远的路途和藏人的游牧文化使全面汉化难以实现，因此，藏人在日常生活中享有相当程度的自治。

1911 年清朝灭亡。当时的中国政府无暇他顾，缩小了驻藏的规模。清朝灭亡后不久，驻印英国当局在西姆拉与汉藏代表举行了会议，目的是划分印藏边界。中国政府无力抗议，只能在原则上拒绝割让历史遗留下来的国土。北京驻加尔各答（当时是英国在印度的政府所在地）的代表陆兴祺道出了中国对会议的态度：“我国积弱甚深，外交事务纷繁复杂，财政拮据。然西藏兹事体大，会议间我等当全力以赴。”[6]

参加会议的中国政府代表进退两难，只得草签了会议文件，但未正式签字。西藏和英国代表则都签了字。在外交实践中，草签只是表示案文不得再作改动，仅意味着谈判已告结束，但文件要正式签字才能生效。中国政府称西藏代表并无签订边界协定的法律地位，因为西藏是中国领土的一部分，没有资格行使主权。中方拒绝承认印度对麦克马洪线以南领土的管辖，虽然起先并未公开抗争。

在中印边界的西段，有争议的领土叫做阿克赛钦。从印度几乎无法到达该地，因此 1955 年，印度晚了几个月才发现中国正在修建一条横跨该地区、连接新疆和西藏的公路。这一地区的历史根源也是问题重重。英国大部分官方地图上都将它划入英国版图，但好像从来也未曾实施过管理。印度摆脱英国统治、宣布独立时，并没有宣布因此而改变英国版图。所有的印度地图上都继承了麦克马洪线，也将阿克赛钦划入其中。

这两条边界线都具有战略影响。20 世纪 50 年代，中印双方立场曾有过某种平衡。中方认为麦克马洪线象征着英国企图削弱中国对西藏的控制，甚至欲取而代之；印度总理尼赫鲁根据印度传统的佛教文化和藏传佛教之间的历史纽带，宣称从文化和感情的角度来讲对西藏很感兴趣，但他声称只要维持西藏的基本自治，便愿承认中国对西藏的主权。出于此种政策，尼赫鲁不支持在联合国提出西藏的政治地位问题。

但是，1959 年达赖喇嘛逃亡并获得印度庇护后，中国便开始从战略角度处理边界问题。

摆脱了殖民统治的国家一般都沿袭获得独立时的版图，若对疆界重开谈判会引起无休止的争议和国内压力。尼赫鲁的原则是，他获选不是为了要割让他认为无可争议的印度国土，因此对中方的建议置之不理。

1961 年，印度通过“前进”政策，把军事哨所移至此前已设在现有边界上的中方哨所附近，以免在国际上留下印度不为国土抗争的印象。印度部队指挥官奉命可向中方军队开火，其理由是中方入侵了印度领土。1959 年两方初次发生冲突。为避免一场危机，毛泽东命令中方军队后撤 20 公里。自那以后，印度的既定政策推行更甚。印方还认定中方军队不会抵抗印方的步步进逼，而会借机撤防。印度官方战争史上如此写道：“印度巡逻部队奉命尽量向我方承认的国际边界挺进，阻止中方逼向我方。在我方国土上已有的中方哨所亦应占领之。”[7]

事实证明，印方失算了。毛泽东立即取消了撤军令，但他在北京的中央军委会议上仍然谨慎地表示：“小不忍则乱大谋。务必注意形势发展。”[8] 这还不是军事对峙的命令，而只是为制订战略计划而发出的警告。随后中方进行了一系列决策准备工作：透彻分析，缜密筹备，考量心理、政治因素，谋划出奇兵速战速决。中国人做战略决策时一贯如此。

在中央军委和最高层领导人的会议中，毛泽东对尼赫鲁的前进政策评论说："卧榻之侧岂容他人鼾睡。"[9]换言之，喜马拉雅山的中国边防军在印度的前进政策面前过于被动。中方认为，该项政策是对中国领土的侵犯。（当然，争端的实质就是双方都指责对方侵略了自己的领土。）

中共中央军委下令停止撤军，宣布若有新的印方哨所，则应在周围建起一个个中方哨所以包围之。毛泽东说："你端着枪，我也端着枪，脸对脸地站着，可以练胆量。"他还说此项政策是"武装共处"。[10]其实这无异于在喜马拉雅山下了盘围棋。

接着，中方下达了一系列具体指示，目标仍然是避免更大的冲突。除非印军逼到了50米以内的距离，否则中方军队不得开火。进一步军事行动则必须接到上级命令后方可为之。

印方注意到中方已停止撤军，也发现了中方开火非常克制，于是他们认定再有最后一击便可大功告成。他们的目的不再是抗争渺无人烟的领土，而是"击退中方已有的哨所"。[11]

既然中方既定策略的双重目的——阻止印方进一步逼近和避免流血冲突——都未达到，中国领导人便开始考虑一次闪电式打击是否能迫使印度坐到谈判桌前，结束针锋相对的局面。

但是中国领导人担心美国会以日益逼近的中印冲突为由，放手让台湾反攻大陆，还担心美国既然正在搞外交活动以阻止河内把老挝变成越南战争的一个基地，那么是否接下来就会从老挝攻入华南。不过中国领导人不相信美国会为了局部战略利益而像在印度支那那样陷得那么深（其实当时美国在印度支那的大举进攻还未开始）。

中国领导人想方设法要消除这两点顾虑，这也展示了中国在制定政策时考虑得多么全面、周密。中方选择在华沙会谈上确定美国在台湾海峡的行动意向。参加会谈的中方大使王炳南此前正在休假，他是突然被召回，受命要求召开会议的。在会上，他表示北京方面注意到台湾已有动作，正准备反攻大陆。美国大使并未听说过有此等事，因为这纯属子虚乌有。他按照上级指示回答说，美国要和平，“在当前形势下”，不会支持国民党反攻大陆。王炳南在回忆录中写道，这句话“起了很大作用”，使北京最终决定在喜马拉雅山采取行动。[12] 没有任何证据表明美国政府事后是否反思过中方要求召开特别会谈的原因。这就是决策时深谋远虑和轻虑浅谋的区别所在。

老挝问题自行解决了。1962 年的日内瓦会议促成了老挝中立和美军撤出老挝的决定，这样中国又少了一个后顾之忧。

有了这两项保证，毛泽东在 1962 年 10 月初召集了领导人会议，宣布了最后决定——出兵印度。

> 我们同老蒋打过仗，同日本人打过仗，同美国人打过仗，我们都没怕过，也都打赢了。印度人现在又要同我们打，我们当然也不怕。我们不能让步，一让步，相当于福建省那么大的地方就要让他们侵占去。

尼赫鲁既然伸进头来非要我们打他，我们再不打就不够朋友喽，礼尚往来嘛。[13]

10 月 6 日中方大体做出了一个决定，战略计划是发动大规模进攻，以其震慑力迫使印方谈判，或至少在此后相当一段时间内让印军停止对中国的骚扰。

在最后下达作战命令之前，赫鲁晓夫传话说，若爆发战争，苏联将依据 1950 年的《中苏友好同盟互助条约》支持中国。这一决定与前几年中苏关系的调子大相径庭，也有悖于克里姆林宫在中印关系上的中立性。可能赫鲁晓夫意识到苏联即将要为在古巴部署核武器的问题与美国决一雌雄，因此想在加勒比海危机中得到中国的支持。这是一个较为合理的解释。[14] 渡过了古巴危机之后，他就再也没有重提旧话。

中国的进攻分两个阶段进行：先是在 10 月 20 日发起初步攻势，持续了 4 天；11 月中旬开始大举进攻，直捣中国边界附近的喜马拉雅山脚。到此，中国人民解放军立即收兵，返回了离边界甚远的起兵之处。这块领土至今争议未断，但双方都没有强行超越现有的边界。

这次中方的战略与在几次台海危机问题上采取的战略相同。在 1962 年的中印战争中，中国没有占领一寸土地，尽管中方仍声称对麦克马洪线以南的领土拥有主权。这也许反映出了中方的政治判断，或者是因为中方认识到了后勤方面的现实情况：已打下的东部走廊地势险峻，后勤补给线过长，鞭长莫及。

这次战争让毛泽东又胜利渡过了一大危机，尽管此时国内饥荒尚未过去。从某种意义上讲，这次冲突重演了美国在朝鲜战争中的经历：敌方低估了中国的力量，无人质疑情报是否准确，又大大地错误估计了中国对其安全环境的看法以及中国对军事威胁的反应。

同时，1962 年的战争对中国来说其实增加了一个强大的对手，而此刻其与苏联的关系已经到了无可挽回的地步。苏联虽表示过愿意提供支持，但随着苏联核导弹撤出古巴，这种意向便转瞬即逝了。

中印边境的军事冲突刚一升级，苏联便摆出了中立姿态。赫鲁晓夫还往中国的伤口上撒盐，他以维护“和平共处”为托词，为苏联保持中立的行为辩护。1962 年 12 月，中共官方报纸《人民日报》刊登的社论愤怒地写道，这是第一次一个共产党国家不支持另一共产党国家与“资本主义国家”的斗争：“对共产党人来说，一个起码的要求应该是分清敌我，应该是对敌狠，对己和。”[15] 社论中还痛心疾首地呼吁中国的盟友“扪心自问，他们的马克思列宁主义丢到哪里去了？他们的无产阶级国际主义丢到哪里去了？”[16]

到了 1964 年，苏联甚至把中立的面纱也撕去了。政治局委员、苏共理论家米哈伊尔·苏斯洛夫在提到古巴导弹危机时，指责中国在苏联极度困难时期向印度发动侵略。他说：“事实是，在加勒比海危机最严重的时刻，中华人民共和国在中印边界上扩大了武装冲突的事态。事后中国领导人再怎么自我辩解也无法逃避责任，因为他们的行动事实上对最反动的帝国主义分子起到了为虎作伥的作用。”[17]

中国尚未渡过大饥荒的难关，便又陷入了腹背受敌的境地。

“文化大革命”

就在国际形势日益严峻的紧要关头，毛泽东在国内向传统中国文化顽固的残渣余孽发起了猛烈攻击。他预言说，这将是最后的总攻，在中华废墟上将崛起共产主义信仰坚定的新一代，他们能更好地捍卫革命事业，抵御国内外的敌人。他把中国推入了思想狂热、派系争斗、近乎内战的10年。这就是“无产阶级文化大革命”。

“文革”造成的动乱无一单位幸免。中央政府鼓励人民起来革命，全国各地的地方政府都深陷与“群众”的暴力冲突中。共产党和解放军的杰出领导人，包括历次革命战争中的战将功臣，都纷纷被当众批斗。中国的教育机构向来是中国社会秩序的支柱，此时其运转却戛然而止，无限期停课，让学生们全国大串联，贯彻毛主席指示，在革命中学习革命。[18]

很多青年人好像突然被松了绑，纷纷参加红卫兵组织；年轻的学生们思想狂热，目无法纪，与国家机构对着干。毛泽东为之撑腰，提了些诸如“造反有理”、“炮打司令部”一类的含糊不清但极具煽动性的口号。[19] 他还批准红卫兵冲击党政机关，批判传统社会观念，鼓励他们不要怕“乱”，要扫除“四旧”——旧思想、旧文化、旧传统和旧习惯。毛泽东认为这“四旧”是中国贫弱的罪魁祸首。[20]《人民日报》又火上浇油，发表社论，明确代表政府支持推翻中国延续了几千年的和谐秩序与传统。[21]

这次“革命”结果成了国家机构与人民的一场浩劫。中国权力机构，包括共产党的最高层，都毁于十几岁的红卫兵之手。中国文明一贯是以崇尚学问渊博而著称的，此时却颠倒了乾坤，子女揭发父母，学生斗师毁书，知识分子和高级干部下农村、下工厂，向不识字的农民学习革命实践。全国各地暴行随处可见，红卫兵及其社会上的追随者只要一见任何可能会引起“封建主义”复辟的东西便大发淫威，不过，其中一些人只是随便跟从了某一派红卫兵，只求能太太平平地渡过风暴。

有些斗争的目标是已经死了几百年的古人，但红卫兵的怒火并没有因此而丝毫消退。来自北京的革命师生冲击了孔夫子的家乡，发誓要一举铲除老圣人对中国社会的影响。他们烧毁古书，砸碎石碑，铲平孔子及其后裔的坟墓。在北京，红卫兵捣毁了首都 6 843 个文化历史古迹中的 4 922 处。紫禁城据说是周恩来亲自过问后才保住的。[22]

中国社会传统上是崇尚儒家文化精英的，现在，没有知识的农民反倒成了再教育的老师。大学关门了，任何“学术专家”都成了可疑分子，“业务水平”成了个充满资产阶级情调的名词。

中国的外交立场也是一片混乱。国际舞台上，人们困惑地观望着中国对苏联阵营、对西方国家，甚至对本国的历史和文化不分青红皂白地一律大加鞭笞。中国驻外外交官及其随从们向东道国的人民喊话，对他们宣讲毛泽东思想，呼吁他们起来革命。一队队红卫兵还冲击了北京的外国使馆，冲进英国代办处打得工作人员狼狈逃走。此等场面与 70 年前的义和团运动何其相似！英国外交大臣给中国外长陈毅元帅去函说道，英中两国“虽仍保持外交关系，但宜暂时各自撤回外交使团人员”。可是当时陈毅本人正在挨斗，无法作答。[23] 最终，除了中国驻开罗大使、业务素质及思想都过硬的黄华，其他驻外大使和三分之二的使馆人员都被召回国内，到农村接受再教育或参加革命运动。[24] 这段时间内，中国与几十个国家的政府争长论短，只与一个国家保持了良好的关系，那就是阿尔巴尼亚人民共和国。

“文化大革命”的象征是被称为“红宝书”的《毛主席语录》，那是 1964 年林彪主持编辑的。林彪后来被指定为毛泽东的接班人，据说他在预谋发动政变之后，在逃离祖国的路上死于一场空难。当时所有的中国人都得随身携带一本“红宝书”。红卫兵们正是挥舞着红宝书，在北京的授意或至少是容忍之下，在全国“冲击”政府大楼，冲垮省政府机构的。

可是革命会转移斗争目标，被红卫兵冲击的干部与红卫兵自身都不能幸免。红卫兵是因革命思想而走到一起的，并未经过什么正式训练。各派红卫兵都有各自的意识形态和个人喜好，以致后来四分五裂，互相攻讦。1968 年，毛泽东正式禁止了红卫兵运动，起用忠诚的党和军队领导人负责重新建立各省的政府机构。

接着毛泽东便宣布了新的政策，号召一代青年人“上山下乡”，向农民学习。这时唯一没有受到冲击的国家机构就是军队，其指挥结构完好无缺，而且承担的任务远远超出了军队的正常范围。被破坏一空的政府部门、农村、工厂都有军人在管理，当然其主要任务仍是保卫国家、抵御外侵。

“文革”给中国造成了灾难性的破坏。毛泽东去世后，第二、第三代领导人对“文革”的评价是一片谴责，他们在“文革”期间差不多都遭到过迫害。1979~1991 年中国的主要领导人邓小平说，“文革”几乎摧毁了共产党的体制，至少暂时破坏了共产党的信誉。[25]

近年来，随着个人记忆的渐渐淡薄，中国国内开始试探性地出现了另一种观点。这种观点承认“文革”期间的确犯下了巨大的错误，但也谈到或许毛泽东提出了一个重要问题，哪怕他的答案酿成了大祸。这个所谓重要问题就是，现代国家，特别是共产党国家与人民的关系。在农业社会，甚至在初具规模的工业化社会里，治理国家牵涉到广大民众所能理解的各种问题。当然，在贵族社会中，所谓公众的人数是很有限的。但不管有无正式的合法性，执行指令的人都需要与公众之间保持一种默契——除非治理是完全强制性的，而一般来说强制性的治理也是不可能持久的。

当今时代的一个挑战就是，各种问题日趋复杂，因此，法律框架也越来越让人捉摸不透。政治系统发出指令，却是越来越多地由与政治进程和民众脱节的官僚部门来贯彻执行。这些部门唯一能控制的就是定期选举，有时连这点都做不到。甚至在美国，重大的立法案往往长达几千页，客气地说，能仔细将其读完一遍的议员真是凤毛麟角。特别是在共产党国家，官僚机构都各自为政，政界和官僚阶层之间存在隔阂，而两者和公众之间更是隔阂颇深。于是，官僚机器可能会催生出一个新的领导阶层。毛泽东企图一举解决这个问题，却几乎摧毁了中国社会。最近，一位中国学者、政府顾问胡鞍钢在书中说道，“文革”虽然失败了，但为70年代末80年代初邓小平的改革奠定了基础。胡鞍钢建议把“文革”作为一个案例，来研究如何让中国现有的政治体制中的“决策系统”“更民主、更科学、更体制化”。[26]

是否失去了一个机会？

抚今追昔，我们不禁要问：美国是否应该早10年就开始跟中国对话？中国的动乱是否本可以成为两国认真对话的契机？换言之，20 世纪 60 年代，中美是否失去了一个和解的机会？向中国的开放是否应更早一些？

其实，是毛泽东的革命思想从根本上阻碍了美国外交政策的发挥空间。在此阶段，毛泽东坚决反对赫鲁晓夫的和平共处论，与莫斯科打得不可开交。在这个时候，中国绝无可能和头号资本主义敌人言归于好。

美国方面做了一些试探，意在让美国的对华立场有所松动。1957 年 10 月，约翰 · 肯尼迪参议员在《外交》杂志上发表了一篇文章，提到苏联阵营之内权力四分五裂，认为美国的亚洲政策"也许过于僵硬"。他还说，美国虽应继续奉行不承认中华人民共和国的政策，但也应随着形势的发展重新思考，若还认为中国是一成不变的，这种想法会一戳即破。他建议"我们不能出于无知而束缚自己的手脚，以致客观形势有变化却视而不见"。[27]

肯尼迪的观察很敏锐，但到了他当总统的时候，毛泽东又走向了其辩证法的反面——他的敌意有增无减，并主张用更暴力的手段铲除国内的反对派并推翻体制机构，而不是进行温和的改革。

在肯尼迪文章发表后，1957 年毛泽东发动了"反右"斗争，1958 年制造了第二次台海危机（他说这是为了"再给美国人一个教训"），并开展了"大跃进"。[28] 肯尼迪担任总统后，中国在与印度的边界冲突中主动出击，而印度在肯尼迪政府看来可谓是亚洲一个不搞共产主义的榜样。毛泽东这些举动都不是肯尼迪要美国人等待的和解与变化的迹象。

肯尼迪政府在“大跃进”造成的饥荒中做出了人道主义姿态，以改善中国岌岌可危的农业局势。据称这是为了“以粮食换和平”，但美方要中方主动提出请求，承认“极需”援助。毛泽东则坚持自力更生，绝不承认需要依靠外援。在华沙的大使级会谈中，中国代表回答说，中国正在“自力更生，艰苦奋斗”。[29]

在约翰逊总统任期的最后几年，先是资深的政府官员，后来总统本人也开始考虑软化两国交锋姿态。1966 年，美国国务院指示其谈判代表在华沙大使级会谈中对中方代表持友善态度，要主动在谈判会议室外进行非正式的社交接触。1966 年 3 月，美方参加会谈的代表伸出了橄榄枝，说“美国政府愿和中华人民共和国进一步发展关系”。这是美国官员第一次以官方身份采用 1949 年后中国的全称。

最后，约翰逊本人在 1966 年 7 月的一次亚洲政策演讲中提出了和平选项。他说：“只要中国大陆的 7 亿人民与世隔绝，亚洲就不可能长治久安。”他声称抵制中国在东南亚的“代理人侵略政策”，但期待出现“和平合作”的时代，希望“目前势不两立的国家能言归于好”。[30]

对于中方态度出现的某种模糊的变化，约翰逊的这些话抽象地表达了一种希望，但后来便没有下文了，也不可能有下文，因为这时正值“文革”来临之际，中国又变得虎视眈眈，充满了敌意。[31]

这段时间内中国的政策并没有鼓励美国采取任何和解措施，也可能是故意阻止美方有和解的举动。华盛顿在两次台海危机中表现出了极大的战术才能，成功抵御了军事挑战，但在一个不断演变的政治框架中制定外交政策时，却严重缺乏想象力。

美国1960年的一份国家情报报告发表了如下评语，也许这番话还起到了一锤定音的效果：

> 中国外交政策的一个基本原则就是在远东建立中国霸权，此项原则在现阶段不可能有太大的改变。中国政权仍将激烈反美。只要能打击美国利益而不付出太大的代价，它一定会在任何地点、任何时间予以打击……它的傲慢、自信、革命激情和扭曲的世界观可能使北京对风险做出错误估计。[32]

有不少证据可说明上述观点是正确的，但这类分析不免使人产生一个疑问：究竟中国能在多大程度上实现如此宏伟的目标？在“大跃进”的严重破坏之后，20世纪60年代的中国已经筋疲力尽。1966年开始的“文化大革命”把大多数驻外外交官都召回了北京，其中许多人被送去接受再教育。这样做实际上就是闭关锁国。这对美国的外交政策意味着什么？这时候怎么可能谈得上什么亚洲统一阵营？美国的印度支那政策的基本前提不是说全世界面临着莫斯科和北京共同操纵的阴谋吗？美国忙于应付越南问题和自己国内的动乱，对上述问题无暇顾及。

美国思路褊狭的部分原因在于，在20世纪50年代追究是谁“失去了”中国时，很多中国问题的专家骨干纷纷离开了国务院。因此，一群苏联问题的杰出人才（包括乔治·凯南、查尔斯·波伦、卢埃林·汤普森、福伊·科勒）在国务院的外交思路上形成了一边倒的局面。他们深信，与中国言和一定会引发美苏战争。

然而，即便有人问对了问题，还是没有机会检验答案是否正确。有些中国的决策参与者敦促毛泽东改变政策以适应新的情况。1962年2月，中共中央对外联络部部长王稼祥向周恩来递交了一封信，说一个和平的国际环境比当时四面树敌的形势更能有效地帮助中国建成强大的社会主义国家，更快发展经济。[33]

毛泽东却很不以为然。他说："我们党内有些人主张‘三和一少’，对帝国主义要和，对修正主义要和，对各国反动派要和，对支持亚非拉人民的斗争要少一点。这是修正主义路线。"[34]

毛泽东坚持同时挑战一切可能的敌人，说“中国应与帝国主义、修正主义和各国反动派进行斗争”，并且“应给予反帝的、革命的和马列主义政党及派别更多支持”。[35]

60 年代里随着时间的推移，最终连毛泽东都开始认识到中国的隐患有增无减。连绵亘长的国界线上，苏联是一大隐患，印度是个吃了亏的对手，在越南有美军大量集结，战争不断升级；台湾和印度北部的西藏飞地有自树一帜的流亡政府；日本从来就是仇人。在太平洋彼岸的美国也把中国看成死敌。只是因为这些国家之间互有争斗，至此为止才未形成统一的包围圈。但任何谨慎的政治家都不可能永远冒这样的风险，希望这种自我克制能维持下去，特别是当时苏联正准备击退中国日益明显的挑战。毛泽东很快就不得不证明，他是能伸也能屈的。

| 第八章 |

走向和解

当原本水火不相容的尼克松和毛泽东决定走到一起的时候，中美两国都正陷于国内危机之中。“文革”的风暴已将中国的精力消耗殆尽，美国国内的政治共识也因为日益激烈的反越战运动而走向破裂。中国边境四面都笼罩着战争的阴影，尤其在北部边境，中苏军队已有交火事件发生，处境甚为危险。尼克松的前任把越战以及国内要求停战的压力留给了他；整个60年代中，刺杀事件、种族冲突接连不断。尼克松就是在这样一个10年的尾声入主白宫的。

毛泽东打算用中国一个古老的计策来对付中国面前的各种危险：以夷制夷，远交近攻。尼克松则基于美国社会的价值观，援用了威尔逊总统的原则，建议请中国回到国际大家庭中。他在《外交》杂志1967年10月期的一篇文章中写道：“我们不能让中国永远在国际大家庭之外做非分之想，老是怒气冲天。在这个小小的星球上，我们没有足够的空间让近10

亿最具潜力的人民愤怒地生活在孤立之中。”[1]

尼克松不光要求进行外交调整，还呼吁与中国言归于好。他把这项外交上的挑战比作美国城市贫民区里的社会改革：“每项改革都必须进行对话，必须挫其杀气，同时又循循善诱，至少不能让这些自绝于社会的人永远处于放逐状态。”[2]

也许可以出于实际需要而把政策制定下来，但用何种手段执行则要另费心思。毛泽东和尼克松要想启动一场对话都困难重重，更不用说实现两国和解了。20年来，中美两国都视对方为死敌。中国用马克思主义的词汇把美国定性为“帝国主义国家”，这是资本主义的最高阶段，理论上只能通过战争克服“矛盾”。中美冲突无法避免，战争大有可能。

美国对中国的看法也同样是仇视。10年来两国军事冲突接二连三，虽然其中有几次有惊无险，但似乎证明了美国人的看法没有错：中国以世界革命源头的姿态立志要把美国赶出西太平洋。对美国人来说，毛泽东跟苏联领导人相比似乎是个更加强劲的对手。

出于上述所有原因，毛泽东和尼克松必须谨言慎行。头几个步骤很可能会触怒国内民众并打乱盟友的方寸，这对“文化大革命”中的毛泽东来说是一大难题。

中方的战略

毛泽东从1965年就开始略微改变了他对美国的口气，不过当时的观察家们能注意到这点的寥寥无几。他既然被奉若神明，他的口气哪怕有一个最细微的变化都是意味深长的。毛泽东喜欢通过跟美国记者斯诺谈话向美国传话。二人在20世纪30年代就在共产党的大本营延安会过面，斯诺把他的经历写成了《西行漫记》一书，其中把毛泽东描写为一个浪漫的农民游击队员。

1965年“文革”前夕，毛泽东把斯诺请到了北京，发表了一些令人惊讶的言论，可惜当时华盛顿没有人注意到这番话。他对斯诺说：“很遗憾，由于历史原因，中美两国人民被分开了。15年了，老死不相往来。今天，隔阂更大了。不过我是不相信最后会以战祸告终的。”[3]

15年来，毛泽东一直不惧怕美国的“核讹诈”，要与美国斗争到底，态度之强硬把苏联及其欧洲的同盟都吓得纷纷与中国拉开距离。而现在这番表示确实一反常态。由于苏联的咄咄逼人，毛泽东其实已经在考虑远交近攻，向远敌美国靠拢，不过当时没有什么人看出这一点。

在跟斯诺谈话时，美军正在中越边境上集结。虽然这次挑战相当于15年前毛泽东所面临的朝鲜局面，但这一次他决定克制。中方对北越的支持限于非战斗性质，提供了物资和道义上的积极鼓励，并派出了10万后勤兵去修筑北越的通信设施和其他基础设施。[4] 毛泽东对斯诺明言，中美战争应发生在中国，而不是在越南。他说："我们不会打出去，只有美国打进来，我们才打……我们不会打到美国去，这我已经说了，你们可以放心。"[5]

毛泽东怕美国人不明白，还重申，中国认为，越南"自己可以对付"。他说，"我国忙自己的事还忙不过来，打出去是犯罪的。为什么要打出去？越南人自己可以对付。"[6]

毛泽东接着又猜测越战各种可能的结果，不像一个处理国界上军事冲突的领袖，倒更像一个分析自然现象的科学家。朝鲜战争中，毛泽东自始至终都把朝中两国的安全问题密切相连，与这次形成了鲜明对比。有几个可能的结果他是可以接受的，其中之一是举行会议，但"美军还留在西贡不走，像他们在朝鲜那样"。换句话说，也就是延续两个越南的状态。[7] 这样的结果是处理越战的每个美国总统都会乐见其成的。

没有证据表明约翰逊政府在高级别政策讨论中提到过毛泽东与斯诺的谈话，或者打越战的历届美国政府（包括尼克松）是否考虑过中越历史上的紧张关系。华盛顿仍然认为中国的威胁大于苏联。1965年，约翰逊总统的国家安全顾问麦乔治·邦迪说的一番话典型地反映了60年代美国对中国的看法："中国的问题不同于苏联。中国的核试验（指的是1964年10月中国的第一次核试验）以及中国对邻国的姿态，使它成为所有热爱和平人士面前的一大难题。"[8]

1965年4月7日，约翰逊为了阻止北京与河内联手，为美国在越南的干涉行动做了一番辩解。他说：“这场战争以及整个亚洲的上空都笼罩着中国的阴影。北京对河内的统治者不断进行怂恿。对越南的争夺战是其更大的扩张计划的一部分。”[9]国务卿迪安·腊斯克在一年以后的众议院外交关系委员会中又把这个主题重复了一遍。[10]

毛泽东对斯诺讲的话背离了共产党关于世界革命的一贯理论。他说：“哪里发生革命，我们就发表声明支持，并开些大会声援。帝国主义讨厌的就是这个。我们喜欢说空话，放空炮，但不出兵。”[11]

现在回想起来，我们不禁要问，当时如果严肃看待毛泽东的这些话，是否会影响到约翰逊政府的越南战略。而另一方面，毛泽东从未把这些话化为官方政策，其部分原因是，这样做就必须推翻15年来的政治宣传，而此时他在国内的战斗口号是保持意识形态的纯洁性，与苏联的冲突则是以反对赫鲁晓夫的和平共处论为基础的。毛泽东对斯诺说的话基本上是一种试探，但斯诺并不是这种侦察行动的最佳渠道。北京很相信他，至少作为一个美国人，他已得到了最大的信任，可是华盛顿却把斯诺看成北京的宣传干将。正常情况下，华盛顿的直觉应该是：等一等，等到中国政策的改变有了更具体的证明再说。

任何清醒的战略评估都会认为毛泽东把中国推向了极大的危险。如果美国或者苏联进攻中国，另一方也许只会作壁上观。中印边界冲突中，军事后勤条件对印度有利，因为喜马拉雅山离中国的力量中心过于遥远；美国正在越南建立军事存在；日本跟中国宿仇甚深，而且经济上正在腾飞。

这段时间内，毛泽东似乎也拿不定外交问题上的主意了，这实为罕事。1968 年 11 月在会见澳大利亚共产党领袖希尔时，他一反平时以说教形式表达的信心，而表现出一种困惑。（不过，毛泽东的举动总是复杂的，也可能由于别的中国领导人会看谈话记录，因此他想向他们表示他在探索新的路子。）由于第二次世界大战结束到 1968 年的间隔已超过了两次大战之间的间隔，他好像担心很快会出现一次世界大灾难。他说："总之现在既不打仗，又不革命，这种状态不会维持很久了。"[12] 他又提了个问题："你知道帝国主义分子会怎么做吗？会打世界大战吗？或者现在不打，过一阵再打？据你在自己国家和别的国家的经验，你觉得怎么样？"[13] 换言之，毛泽东在思考中国是现在就做出抉择，还是说静观形势变化是个更明智的办法。

更为重要的是，毛泽东想知道，他后来所称的"天下大乱"会有什么意义。

我们必须考虑到人民的觉悟。美国停止轰炸北越，驻越的美军士兵高兴得很，欢呼雀跃。这说明他们士气不高嘛！美军的士气高吗？苏联军队的士气高吗？法、英、德、日军队的士气高吗？学生罢课在欧洲历史上是个新现象。资本主义国家的学生一般是不会罢课的，可是现在天下大乱啊。[14]

简而言之，中国和潜在对手之间的力量对比如何？他问起美国和欧洲士兵的士气，是否表示怀疑他们不足以完成中国的战略分配给他们的任务——遏制苏联的扩张主义？说起来好像矛盾，但其实这与美国的战略中他们承担的任务很相似。但如果美军士气消沉，学生罢课又反映出政治意愿普遍低落，那苏联就会成为世界头号强国。有些中国领导人已经提出要与苏联和解。[15] 不管冷战结局如何，也许西方低落的士气表明，革命意识形态终于占了上风。中国是应该借革命浪潮推翻资本主义呢，还是一心驾驭资本主义国家的内斗呢？

毛泽东的这些问题并不像往常那样意味着他在考验谈话对方，也不表示他知道答案，只是暂时不泄露天机而已。泛泛地谈了些别的话以后，在结束会谈之前，他提出了一个困扰着他的问题："我来回答一下，你也来回答一下。我来想一想，你也想一想。这个问题是个国际问题，是个战争问题，是个战争与和平的问题。请你考虑一下，世界上是战争呢，还是革命？是战争引起革命，还是革命制止战争？"[16]

如果战争一触即发，毛泽东需要定下立场。的确，他也许就是战争的第一个目标。但如果革命会席卷全世界的话，毛泽东则必须推动革命，这是他一生坚定的信念。直到他生命的尽头，他也没有完全做出抉择。

几个月后，毛泽东做出决定，小心翼翼地采取了两个步骤以扭转20年以来的政策：一个是象征性的，另一个是实质性的。他以尼克松1969年1月20日的就职演说为契机，向中国民众暗示，对美国有了新的思路。就职演说中，尼克松微妙地提出要对华开放，他把此前在《外交》杂志中的文章略做改动，说道："让所有的国家都知道，本届政府将开通一切联系渠道。我们寻求的是一个开放的世界，我们乐于接受各种想法，乐于接受人员与贸易的交流。在这个世界上，一个民族，不管其人口多少，都不能愤怒地生活于孤立状态之中。"[17]

中国方面的反应暗示北京有意结束孤立状态，但并不急于收起满腔的愤怒。中国的报纸上刊登了尼克松的讲话。自共产党执政以来，美国总统的讲话还从未受到过如此重视，但这还不足以软化中国愤怒声讨的口气。1月27日《人民日报》的一篇文章对尼克松挖苦道："尼克松虽已黔驴技穷，却还厚颜无耻地大谈未来如何……就像一个行将就木的人用天堂的美梦来自我安慰。这不过是一个没落阶级的幻觉和垂死挣扎。"[18]

毛泽东注意到了尼克松的姿态，给予了极大的重视，并将此告知于民。但光做口头表示是不够的，他需要做实质性的接触，特别是因为中国若对美国靠拢一步，中苏边境上每周一次的军事冲突就会大大升级。

几乎同时，毛泽东开始摸索他的决定会有什么实际的影响。他会见了四位解放军元帅——陈毅、聂荣臻、徐向前和叶剑英。这四位老帅在“文革”期间都受过冲击，被派到外地的工厂里从事体力劳动，美其名曰“蹲点儿”。[19] 毛泽东请他们分析一下中国的战略选项。

四位老帅得到了周恩来的保证后才相信毛泽东不是在引导他们进行自我批判，因为自我批判也是“文革”的一项内容。一个月后，他们写出了材料，说中国自毁人才，损失惨重，同时也对国际局势做了一番颇有见地的评估。在研究了几个大国的实力与战略意图之后，他们把中国的战略挑战总结如下：

> 对于美帝和苏修，现实的威胁是在它们相互之间。对于其他各国，现实的威胁更是来自美帝、苏修。美帝、苏修的互相勾结和互相争夺，往往在反华的外衣掩护之下进行。同时它们的互相勾结并没有使它们的矛盾有所和缓；相反，它们互相的敌意更为强烈了。[20]

这也许意味着元帅们对现行政策的肯定：毛泽东可以对两个超级大国同时提出挑战。四位元帅说，苏联是不敢侵略中国的，因为它面临重重困难：民众不支持战争，后勤补给线太长，后方不安全，对美国的态度也心存疑虑。元帅们把美国的态度总结为一句中国成语：“坐山观虎斗。”[21]

可是几个月后，到了 9 月，他们又改变了这一判断，与尼克松几乎在同时达成的立场不谋而合。元帅们认为，若苏联入侵，美国无法只作壁上观。美国必须拿出明确的立场。“美帝绝不愿苏修在中苏战争中取胜，建立资源、人力超过美帝的大帝国。”[22] 换言之，为了保卫国家，跟美国接触是必要的，不管中国媒体如何抨击。

这一番敏锐的分析最后提出了一个略显谨慎的结论，尽管说在“文革”期间它如此挑战中国外交政策的基本前提，已是很大胆的了。1969 年 3 月，元帅们主张中国结束孤立状态，阻止苏联或者美国的冒险主义，“军事上积极防御，政治上主动进攻，积极开展外交活动”，“扩大反对美帝苏修的国际统一战线”。[23]

毛泽东对他们提的这些笼统的恢复国际外交的建议并不满意，他有着更宏大的计划。1969 年 5 月，他又把四位元帅叫回来，要他们做进一步的分析并提出建议。这时，中苏边界上的冲突大大增加了。中国应怎样应对日益加剧的危险？毛泽东派给元帅们的私人秘书、经验丰富的情报人员兼外交官熊向晖后来写道，老帅们从战略角度讨论了若苏联大举侵华，中国是否应打美国牌。[24] 陈毅想为这样离经叛道的举动找出个先例，建议参考当年斯大林与希特勒的互不侵犯条约。

叶剑英提出中国三国时代的一个例子。汉朝灭亡后，三国鼎立，争夺天下。有趣的是，描述这段历史的 14 世纪小说《三国演义》在当时“文革”期间还是禁书。叶剑英举其中一位主人公的战略为例说：“魏、蜀、吴三国鼎立，诸葛亮的战略方针是‘东联孙吴，北拒曹魏’，可以参考。”[25]几十年来毛泽东一直在批判中国的历史，此刻几位受过冤屈的元帅却请他从“古人”那儿获得战略灵感，重组同盟。

元帅们接着又说，与美国建立联系将是战略上的有利条件。他们认为，苏修对侵华战争的决策在很大程度上取决于美帝的态度。[26]元帅们还提出了一个观念大胆而且政治上危险的建议，说应恢复已陷入僵局的中美大使级会谈。虽然他们还是根据现行的理念，把两个超级大国看成是对和平的同样威胁，但从元帅们的建议中可以清楚地看出，他们认为苏联才是当时最主要的危险。陈毅元帅还交出一份补遗。他指出，虽然美国过去曾拒绝中方的友好姿态，但新总统尼克松似乎有意“赢得”中国。他提出了几个他自称“大胆”的想法[27]：把中美大使级对话推向更高的层次，至少应是部长级，也许更高。最具革命性的建议是放弃先收回台湾的先决条件：“第一，在华沙会谈恢复时，我们主动重新提出举行中美部长级或更高级的会谈，协商解决中美之间的根本性问题和有关问题。第二，只要举行高级会谈，本身就是一个战略行动，我们不提先决条件，台湾问题可以在高级会谈中逐步谋求解决，还可以商谈其他战略性的问题。”[28]

苏联方面的压力也进一步推动了局势的发展。苏联军队加紧集结，在新疆边境上又打了一仗。在这样的情况下，8月28日，中共中央下令调动部署在全国边境线上的所有部队。此时与美国恢复接触已具战略必要性。

美方的战略

尼克松宣誓就职时，中国方面的焦虑其实向他提供了一个特殊的战略机会，不过当时美国政府在越南问题上产生了分歧，无暇发现有这样的机会。美国决策部门的精英们曾决定捍卫印度支那，抵御苏联和中国所谓的联合进攻，而现在他们中的很多人却改变了看法，认为越战不光是打不赢的，而且还反映出美国政治制度的先天性道德失败。政府中转而持这种观点的人已经多到了无法有效执行政策的地步了。

尼克松的几位前任已向半个地球以外的越南派出了 50 万美军。尼克松认为，若像很多批评他的人所要求的那样，现在就无条件地撤兵并不是结束战争的办法。他也很看重前几届来自两党的总统所做的承诺，而这些承诺现在却让他陷入了两难的境地。尼克松知道无论越战带来多大的痛苦，美国仍然是全世界抗击共产党“进攻”的联盟中最强大的国家。美国的信誉是至关重要的。因此尼克松政府（我在其中担任了国家安全事务助理，后来又任国务卿）计划分阶段撤出印度支那，让当地人民能有机会建立自己的未来，并维持全世界对美国的信心。

尼克松的批评者则认定，外交政策的改变必须围绕他们所关心的唯一问题——从越南无条件撤军。他们完全无视相信了美国的诺言、听命于美国而参战的几百万印度支那人以及几十个其他国家。尼克松有决心结束战争，也同样有决心发挥美国的积极作用，一步步地改造新出现的国际秩序。他希望美国的政策不再在撤军与不撤军之间摇摆；他要出于国家利益而将它稳定下来，让以后的历届政府保持下去。

在他这个设想中，中国起到了关键作用。两国领导人从不同角度审视了他们的共同目标。在毛泽东看来，和解是一种战略必要手段，尼克松则将其视为一个改变美国外交政策和世界领导地位的机会。他想利用对华开放向美国公众表明，即使在一场大伤元气的战争中，美国还是能制定长治久安的蓝图。于是他和他的属下们竭力争取与五分之一的世界人口重新建立联系，以减轻从东南亚黯然撤军的痛苦。

这就是主张革命的毛泽东和悲观的战略家尼克松两人的汇合点。毛泽东深信理想和意志能克服一切困难，而尼克松则决心缜密擘画，他担心即使是最好的计划也会因为命运的不测而化为泡影。不管怎样，他还是将自己的计划付诸实施了。毛泽东和尼克松有一大共同点：两人都愿意顺着自己思路和直觉的整体逻辑得出最后结论。尼克松比毛泽东更为务实，他经常挂在嘴边的一句话是："一事当前，不管是半途而废还是坚持到底，你付出的代价是一样大的。既然如此，那还不如把它进行到底。"毛泽东做事轰轰烈烈，尼克松则倾向于顺从命运的安排，但他一旦启程，便会沿着这条道路坚定地走到底。

中美能走到一起是时代的必然——不管两国领导人是谁，这是早晚都会发生的。但此事进行得这么果断，弯路走得这么少，那就要归功于两位领导人的才干了。领导人不可能创造出时代背景，他们的独特贡献在于能在条件允许的范围内把自己的才干发挥到极致。如果超越了这个范围，他们就会一败涂地；反过来，如果做得不够到位，也会一事无成。要是他们稳扎稳打，建立起的崭新的关系就能经得起时间的考验，因为这一关系符合各方自身的利益。

中苏乌苏里江冲突

最后的结果固然是和解，但美中两国摸索出战略对话的途径却绝非易事。虽然尼克松在《外交》杂志上刊登的文章以及四位元帅为毛泽东做的分析得出了同样的结论，但双方的实际动作却受制于国际上的复杂情况、历史经验和文化观念等多方面的因素。两国的公众都经历了20年的相互仇视和猜疑，一场外交革命在即，他们必须做好思想准备。

尼克松面前的战术问题比毛泽东的更复杂。毛泽东一旦做了决定，便能用强硬手段推行下去。持反对意见者都会记得毛泽东以前的批评者的命运。而尼克松却要推翻20年来美国外交政策的老调子：中国会用一切机会削弱美国，把美国赶出亚洲。尼克松入主白宫时，这种说法已经深入人心。

因此尼克松得小心谨慎，否则对中国的外交姿态极可能会变成空洞的宣传，而在做法上得不到什么真正的改变。20年来，美中接触的唯一途径就是华沙大使级会谈，而这个会谈的136次会议都是枯燥乏味、了无结果的，因此尼克松的担心很有道理。尼克松的每一个步骤都要向国会的20多位议员通报，还要向大约15个国家介绍情况——华沙会谈的情况是要经常向它们，包括台湾通报的。这些国家中的大部分，特别是美国，都认定台湾才是中国的合法政府。向不同对象做的通报有不同的压力，对新政策的介绍一定会在这种互相矛盾的压力中大打折扣。

中苏军队在西伯利亚与中国边境接壤处乌苏里江珍宝岛上的冲突，把尼克松的构想变成了一个机会。要不是苏联驻美大使阿纳托利·多勃雷宁多次来我办公室告状，白宫还不会那么快就注意到了这场冲突。在当时的冷战期间，苏联来向我们报告跟平时的话题——或者说跟任何事情——毫不相干的这么一件事，实为罕事。因此我们的结论是：很可能是苏联先动的手。而且他们在占领捷克还不到一年的时间里就向我们做了这样一个通报，一定别有用心。兰德公司的艾伦·惠廷对中苏边境的冲突写的一份研究报告更证实了我们的怀疑。惠廷的结论是：由于事件发生地点靠近苏联的后勤基地，与中方后勤基地相距甚远，因此侵略者很可能就是苏联。他还说下一步苏联可能要袭击中方的核设施。若中苏战争迫在眉睫，美国政府必须决定自己的立场。我以国家安全顾问的身份，要求进行跨部门的审议。

结果表明，我们对冲突直接原因的分析有误，至少对珍宝岛事件的分析有误，但歪打正着，根据错误的分析却做出了正确的判断。近期的历史研究表明，正如多勃雷宁所说，珍宝岛事件的确是中方先动手。中方设了一个圈套，让苏联边境巡逻部队遭到重大伤亡。[29] 但中方此举的目的是出于防卫，一如前文所说的中国对威慑的看法。中苏边境上的冲突接连不断，这些冲突很可能都是苏方挑起的，中国认为这都是苏联的骚扰行为。因此中方策划了这次事件，意在让苏联领导人大为震惊，继而结束双方的边境冲突。进攻型的威慑观念用的是先发制人的战略，目的不在于从军事上击败对方，而是给对方以心理上的打击，让对方就此住手。

但实际上，中国这一举动的效果适得其反——苏联加紧了在边境上的骚扰，在新疆边境上消灭了中方一个营。正是在这样的气氛中，美中两国于 1969 年夏天开始交换一些并不明确的信号。美国放松了一些对中国贸易的小小限制，周恩来则释放了两名因开着游艇误入中国水域而被拘留的美国人。

1969 年夏天，中苏可能发生战争的迹象越来越明显。部署在中国边境上的苏联部队增加到了 42 个师，达 100 多万人。苏联的中层官员开始向全世界各国他们相识的同级官员询问，若苏联先发制人，攻击中国核设施，他们各国会如何反应。

这种情况下，美国不得不加快考虑苏联会不会对中国大举进攻。这个问题本来不可能出自冷战中的外交老手之口。20多年来，中国一直被认为是这两个社会主义大国中更好斗的一个，美国从未考虑过在中苏战争中偏袒哪一方。中国的决策者现在拼命研究美国可能会持什么态度，这就说明了长期的孤立使他们对美国的决策进程所知甚少。

尼克松决心以地缘政治的考虑确定政策。就这种情况来说，势力均衡若将有重大变化，必须至少先表个态；如果情况更为严重，则需定下政策。即使我们决定不介入，也应该明确立场，不能一言不发。在1969年8月的一次国家安全委员会的会议中，尼克松决定表态。他提出了当时令人震惊的说法，他说，当前苏联对美国来说更为危险，如果在中苏战争中中国“一败涂地”，那将有损美国的利益。[30] 这番话的实际意义当时没有讨论。熟悉尼克松思路的人都应该猜得到，在中国问题上，地缘政治超越了其他考虑。根据这一政策，我发了一道指示：若苏中发生冲突，美国将持中立态度，但在此范围内应尽可能向中国倾斜。[31]

这无异于是美国外交政策的一场革命。一位美国总统居然宣布一个共产党大国的生存符合美国的战略利益，而我们跟这个国家20年来非但没有接触，还打过一场战争，有过两次军事对峙。这样的决定该怎样传达出去？华沙的大使级会谈已经好几个月没有进行了，而且级别也太低，不能做如此重大的宣布。

因此政府决定走另一个极端，干脆公开宣布美国已决定把两个社会主义国家间的冲突看作影响到美国国家利益的事情。

苏联在不同的论坛中喋喋不休地为战争叫嚣之时，美国官员们奉命宣称美国并不是漠不关心，也不会置身事外。中央情报局局长理查德·赫尔姆斯奉命做一个背景通报。他透露，苏联官员好像在试探其他共产党领导人对先发制人攻击中国核设施的态度。1969 年 9 月 5 日，副国务卿埃利奥特·理查森在美国政治学协会上把话挑明了。他说："两个共产党巨人之间在思想意识上的分歧与我们无关。但是，如果他们的争吵升级为严重破坏国际和平与安全的事件，我们则不得不深表关切。"[32] 理查森这番话用的是冷战中的说法，其实就是一个警告：美国绝不会漠然视之；无论美国采取何种行动，首先考虑的将是本国的战略利益。

策划这些措施的主要目的是为对华开放政策做好心理上的铺垫。自那时候起，我看了主要党派发表的很多文件。我现在倾向于认为苏联当时其实已经很快就要先发制人了，比我们想象的要严重得多，苏联主要是因为拿不准美国的态度才推迟了行动。现在我们才从许多事例中清楚地看到这一点，比如 1969 年 10 月，毛泽东认为苏联的进攻已迫在眉睫，他令所有领导人疏散至全国各地（除了周恩来，他得主持政府工作），去为中国当时尚极为有限的核武器部队拉响警报。

不知是由于美国的警告还是共产党世界内部的运作，这一年中这两个共产党巨人的紧张关系有所缓解，战争的威胁也减弱了。苏联总理柯西金在9月份绕远路取道印度，而不是中国，飞去河内参加胡志明的葬礼，回程途中却突然改道飞往北京。一个国家要发最后通牒时或要进入新时代时往往会采取这样戏剧性的行动。这一次既不是发最后通牒也不是进入新时代，不过从另一个角度看，则两者兼有。柯西金和周恩来在北京机场谈了3小时。考虑到苏联当时还算是中国的盟友，这样的方式可算不上是对一位总理的热烈欢迎。周恩来拿出一份草案，提出在北部边境上有争议的地点各自撤军，还建议了若干其他减缓紧张局势的措施。双方说好了在柯西金回到莫斯科后双方就签署这个文件，可是后来没有兑现。10月，紧张局势再度升温，毛泽东命令中方最高层领导人撤离北京。国防部长林彪命令军队进入“一级战备”。[33]

这就为中美接触开拓了空间。双方都刻意不给人一种公开迈出第一步的印象——美国这么做是因为我们没有一个平台可把总统的战略转化为正式立场；中国这么做则是因为它不愿在威胁面前示弱。结果就变成了一段双人小步舞，舞步扑朔迷离，双方都可说并没有肌肤接触，也都不必因遭拒而蒙羞，而且还保持了一个漂亮的弧线：双方都可以延续现有的政治关系而不必去商谈如何从头起草案文。1969年11月到1970年2月间，驻世界各国首都的美中两国外交官交谈了至少有十次之多，这是了不起的大事，因为此前两国外交官总是相互避之不及。打破僵局的是美国驻华沙大使沃尔特·斯托塞尔，我们指示他在一次社交场合中主动上前向中国外交官表达对话的愿望。

那是在波兰首都举行的一个南斯拉夫服装秀上，出席服装秀的中国外交官由于没有收到过指示，见状拔腿便逃。一位中方使馆随员的描述说明了两国关系紧张到了何等地步。许多年以后，在一次采访中，他说记得看到两个美国人在大厅对面一边说话一边指向中国人聚集的方向，于是几个中国人起身走开，免得被迫与之交谈。而那两个美国人却铁了心要执行命令，在后面紧追不舍。中国外交官情急之下越走越快，而两个美国人拉开大步，边跑边用波兰语喊道（波兰语是唯一双方都听得懂的语言）："我们是美国大使馆的！ 我们想见你们大使！尼克松总统说他想恢复与中方的会谈！"[34]

两星期后，中国驻华沙大使邀请斯托塞尔到中国大使馆出席会议，为恢复华沙会谈做筹备工作。重新打开这个论坛不可避免地引起了一些重大问题：双方要谈些什么？要达到什么目的？

这时便显出了中美领导人谈判策略和风格的不同。这里所说的美国领导人，倒不一定是最高层的领导，而是指导了100多次毫无用处的华沙会谈的美方外交人员。这些不同之处本来隐而不露，因为双方都相信僵局有僵局的好处：中方反正总是坚持要求收回台湾主权，而美方则总是要求在这个被称为中国内部的争议中放弃使用武力。

既然现在双方都寻求进展，谈判风格的区别就显出了重要性。中方谈判代表用外交手段把政治、军事和心理因素融入一个大的战略计划。对他们来说，外交就是制定战略原则。他们并不特别重视谈判本身的进程，也不认为开启一项谈判是什么会改天换地的大事。在他们看来，个人关系不会影响他们的判断，虽然他们也许会利用个人关系以图方便。谈判陷入僵局不会影响他们的情绪，他们把僵局视为外交上不可避免的一种机制。若对方的友好姿态能达到明确的目标或是一种战术，他们才会表示赞赏。他们也很耐心，用长远观点来对付急躁的谈判对手，认为时间对他们有利。

美国外交官的态度则大不相同。美国政界普遍认为，军事力量和外交是完全不同的两个领域。军事行动有时能为谈判创造条件，但一旦谈判开始后，应该按谈判本身的逻辑来推动谈判的进程。所以谈判伊始，美方就减少了在朝鲜半岛的军事行动，同意暂停轰炸越南，用安抚取代施压，减少实质性的措施，以增加无形的筹码。美国外交政策一般来说愿谈细节，不愿泛泛而谈，愿谈实际内容，不愿谈抽象概念。谈判代表被要求采取“灵活”态度，并觉得有义务提出新建议以打破僵局。其实这样做会始料未及地造成新的僵局，于是又需提出新的建议。谈判对手若是决心拖延时间，往往就会用这样的战术。

在华沙会谈中，美方这种倾向起到了相反的效果。中国之所以回到华沙会谈是因为毛泽东做了战略决定，采纳了四位元帅的建议，寻求跟美国进行高级别对话。但美方外交人员与他们的总统想的相反，他们可没有想到要有什么突破；他们认为所谓突破，最多是向他们已经小心翼翼度过的134次会议吹口气，让这个死气沉沉的肌体苏醒过来。一路上，他们已经制定了一个议程，其中罗列了两国间积累起来的一些实际问题，例如：解决双方的经济索赔要求、交换各自监狱里的囚犯、贸易问题、军备控制以及文化交流。谈判代表们认为，中国若同意来讨论这些议程项目，那就是实现了突破。

重新启动的美中华沙会谈在1970年2月20日和3月20日举行了两次会议，在会上双方几乎都是在对牛弹琴。我作为白宫国家安全事务助理敦促谈判人员重复我们那两位使节想对拔腿就跑的中方外交官说的话，美国“愿意考虑派代表去北京跟你们的官员直接会谈，或在华盛顿接待你们的政府代表”。中方谈判代表正式重复了台湾问题的一贯立场，虽然语气有所缓和。其实，关于台湾问题的陈词老调中隐藏了一个前所未有的姿态：中国愿意考虑在华沙以外的地方进行大使级会谈，或通过其他途径“缓和中美的紧张，从根本上改善关系”。[35] 中方并没有把解决台湾问题作为谈判的条件。

驻华沙的美国谈判代表却力图避免更广泛的接触。中方第一次尝试接触时，美方人员居然毫无反应。后来他们写了几个谈话要点，避开了中方提出对全面审视中美关系的要求，而要引导谈判去讨论美方在20年来零星会谈中逐渐形成的议程。[36]

毛泽东一定对这样的谈判极不耐烦，尼克松也是如此。尼克松面对着谈判人员向他递交的一份计划说："这帮人会让谈判胎死腹中！"但他也不愿命令他们进行地缘政治的对话，因为他担心通报制度会引起轩然大波，会需要做多项保证，而此时中方的态度尚不明确。毛泽东的态度更是模棱两可，一方面他想与美国和解，但这是在70年代初，当时尼克松政府面临着大规模示威活动，示威群众抗议政府决定向柬埔寨派兵去破坏河内进攻南越的基地和补给线。毛泽东面前的问题是，这些示威是否标志着一场真正的世界革命即将到来。马克思主义者早就翘首以待，但等来的只有一次次的失望。如果此时中国向美国靠拢，是否会正值世界革命成功之际？1970年毛泽东的规划中很大一部分就消耗于这样的等待之中。[37]他以美国侵略柬埔寨为借口取消了原定于1970年5月20日的下一轮华沙会谈，而这轮会谈再也没有恢复。

尼克松希望谈判的平台不要受官僚机构那么多的限制，而能更多地处于他的直接控制之下。毛泽东每次做出一个明确决定之后，都会争取冲破重重障碍直达美国政府的最上层。两人都不得不谨慎行事，否则过早地暴露目的会引起苏联的进攻，或者若遭对方拒绝也会挫败整个计划。华沙会谈的失败似乎使美国政府中从事日常工作的人员松了一口气，他们终于可以告别与北京谈判有关的各种困惑和所面临的国内风险了。尼克松和毛泽东在寻求高级别谈判途径的那一年，美国低层的外交人员在白宫一次也没有问起过华沙会谈究竟怎么样了，也没有人建议恢复会谈。

中方取消了 5 月 20 日的会谈几乎一年以后，中美领导人就达成了一致目的，但双方之间还是隔了一条因 20 年的隔绝而形成的鸿沟。问题已不再是美中在谈判风格上的文化区别，而在于尼克松的做法与他自己外交人员的差异比他跟毛泽东在做法上的差异还要大。我和他都想研究苏、中、美之间三角关系产生的战略局面。我们力争有机会进行地缘政治对话，消除令人不快的因素倒在其次。

双方在绕着圈子互相打量的时候，选择什么样的中间人也颇能反映出各自对当前任务的看法。尼克松利用 1970 年 7 月一次环球旅行的机会告知巴基斯坦和罗马尼亚的东道主，他愿与中国高级领导人会晤，并说他们可以把这话带给北京。作为国家安全事务助理，我跟驻河内的前法国大使萨蒂凡重复了这句话。他是我多年的老朋友，他认识中国驻巴黎大使黄镇。换言之，白宫挑了中国一个不结盟的朋友（巴基斯坦）、华沙条约组织中欲挣脱苏联的一个成员（罗马尼亚），以及坚持其战略独立性的北约成员（法国，我们认定萨蒂凡会把话传给法国政府）。北京则通过其驻挪威（美国的北约盟国）的大使馆和驻阿富汗喀布尔的大使馆向我们暗暗示意。选阿富汗有些奇怪，也许因为想爆个冷门，引起我们的注意。我们对奥斯陆方面置之不理，因为我们在那里的大使馆人手不够；喀布尔当然就更不考虑了，而且我们也不想再次通过使馆进行对话。

中国对巴黎那条直接途径不予理睬，但最终对罗马尼亚和巴基斯坦传的话作了回应。其实，此前毛泽东已向我们有所表示，但他说得太高深莫测，迂回曲折，我们根本就没有领会。1970 年 10 月，毛泽东同意再跟埃德加 · 斯诺进行一次谈话。尼克松政府认为斯诺是毛泽东的同情者。毛泽东为了表明对这次谈话的重视，在 1970 年 10 月 1 日观看国庆大典的游行时，让斯诺在天安门城楼上紧挨着他。一个美国人站在毛主席身边，或许是故意向全国人民表明，跟美国接触不光是可以的，而且还是件大事。

这次会见搞得很复杂。会谈后中方给了斯诺一份会谈记录，但只许他间接援引毛泽东的话，而且要拖 3 个月以后才能发表。中方一定是希望斯诺把稿件交给美国政府，希望会谈摘要发表了以后便能为到那时已经启动了的进程再加一把劲儿。

中方的愿望落空了，原因跟 1965 年那次谈话没有影响美国政府一样。斯诺是中华人民共和国的老朋友，光这点就足以让美国外交界将这位北京的宣传干将拒之门外。这次会谈的记录稿没有传到美国政府高级官员手中，更不要说白宫了。几个月后这篇文章发表时，它已经落后于形势的发展了。

我们没有拿到这份稿件实为可惜，因为毛泽东在会谈中发表了一些惊世骇俗的看法。中国孤立于世界已有几乎 10 年之久，现在毛泽东却宣布他很快就要邀请持各种政见的美国人访问中国。尼克松“当作旅行者来谈也行，当作总统来谈也行”，都会受到欢迎。他说，“中美之间的问题要跟尼克松解决”，因为两年之内就要举行下一次总统选举了。[38]

毛泽东已从一味诋毁美国转而邀请与美国总统进行对话，而且还出人意外地补充了一句话，谈到了中国国内的形势，暗示对话将在一个崭新的中国开展。

毛泽东对斯诺说他要结束“文革”。他说，他本来要搞的道德和知识革命已变成了高压政策。“那个时候外国人讲中国大乱，不是假的，是真的。武斗。开始用长矛，后来用步枪，迫击炮。”[39] 据斯诺的报道，毛泽东现在为对他的个人崇拜深感遗憾。他说，要人们克服 3 000 年的崇拜帝王的传统习惯是困难的。所谓的“四个伟大”（伟大导师、伟大领袖、伟大统帅、伟大舵手），讨嫌。总有一天要统统去掉，只剩下一个“teacher”，就是教员。其他的称号一概辞去。[40]

这些话都很不寻常。他发起的运动震撼了全国，几乎摧毁了共产党，剩下唯一能凝聚人心的就是对他的个人崇拜了，可是他现在却宣布要结束“文革”。当年他宣布发动“文革”，从而可以不受任何思想上或官僚机构的限制而放手大干。“文革”得以维持也是因为他打碎了国家结构，而且用他当时的话说，他们是“靠边站、接受再教育的党员和其他人”。[41]

若是这样，中国政府将如何运行？也许毛泽东跟一个外国记者以他特有的拐弯抹角的方式这样讲述，主要是为了达到这样一个目的：通过宣称中国的领导方法有了变化而鼓励中美及中国与世界的关系进入一个新阶段。据斯诺的记录，毛泽东宣布，中美人民之间不应有偏见，应该互相尊重，平等相待。他说他对两国人民寄予厚望。[42]

尼克松一反美国外交政策的传统，敦促出于地缘政治的考虑而缓解紧张局势，让中国回到国际体系中来。但毛泽东考虑问题是以中国为中心的，他想到的主要不是国际体系，而是中国的前途。为保证中国的安全，他愿意改变中国政策的重心，改换盟友，但不是根据国际关系的理论，而是让中国社会迈向新的方向，为此中国甚至还可向美国学习。斯诺写道，毛泽东说："要学你们美国的办法，（把责任和财力）分到 50 个州去。中央不能包办。要有地方积极性。（把手一摊）我管不了那么多啊！"[43]

简而言之，毛泽东重申了中国基于儒家道德的传统治国原则。他在会谈中痛斥说谎的习惯，骂的并不是美国人，而是刚刚被剥夺了权力的红卫兵。据斯诺的记录，毛泽东说："一个人不讲真话建立不起信任。"[44] 他说的最后一句话似乎表示他无可奈何地接受了新的局面，不过他的话总是一语双关。他说他是"和尚打伞"。[45]

毛泽东并不是在以惯常的嘲弄口吻把他这位"大跃进"和"文革"的发动者形容成一个孤苦伶仃的教书匠，从事着他这位哲人的本行。这句话的背后其实大有文章。后来有几位中国评论家说道，斯诺用英语记录的这句话是个中国人耳熟能详的歇后语，后面还有下句。[46] 上下句连起来并无嘲笑之意，而是让人毛骨悚然。毛泽东当时没有说出下句，或至少没有翻译出来。下句是“无法（发）无天”。字面意思是，和尚无发，打了伞因此看不见天。“发”与“法”同音。这句话可以理解为，违抗一切人和神的法则，不怕上帝，不遵守法纪，随意践踏法律。[47]

换言之，毛泽东最后放的这一炮颇有深义。他把自己形容成既是一个云游四方的古圣人，又凌驾于法律之上。这是在耍弄讲英语的记者吗？难道他以为斯诺会知道这个西方人所不可能理解的双关语吗？（毛泽东有时候会过高估计西方人的含蓄，而西方人有时候则会夸大毛泽东的弦外之音。）在当时的情况下，毛泽东那句双关语很可能是针对国内民众而发的，特别是针对那些可能反对与仇敌美国讲和的人。这些人的反对后来酿成了林彪事件。据称在美国对华开放后不久，林彪便发动了政变。毛泽东其实是在宣布他即将再一次扭转乾坤，这次要“无法无天”，甚至违背他自己的理论。他用这句话警告持怀疑态度者，不要挡道。

毛泽东这次谈话的记录稿一定在北京高层领导人手中传阅过，而在华盛顿则无人问津。中方曾要求斯诺推迟发表访谈记录，让中国能确定正式行动方案，但毛泽东决定大刀阔斧地砍掉通过第三方沟通的繁文缛节，直接与美国政府最高领导人联系。1970 年 12 月 8 日，周恩来请人向我在白宫的办公室送来一封信。巴基斯坦大使援用了上几个世纪的外交惯例，从伊斯兰堡带来了一封手写的信函。这封来自北京的信函正式确认中方收到了通过中间人传递的来往信函，还提到尼克松几个星期前对造访白宫的巴基斯坦总统叶海亚 · 汗说过的一句话。他说美国在跟苏联的谈判中不会参与对中国的围攻，并会派出一位使节到一个对双方都相宜的地点，安排与中国进行高级别接触。[48]

以前的信函周恩来没有作答，但这一次做了答复。他说这是因为由一个国家首脑通过第三方国家首脑向另一个国家首脑传递信息还是第一次。[49] 他强调说他的答复是得到毛泽东及其当时的既定接班人林彪的同意的。周恩来请一位特使到北京去讨论“美国撤出已占领了 15 年的中国领土台湾”。[50]

这封信写得非常巧妙。周恩来到底想要讨论什么？是讨论台湾回归中国，还是要讨论驻台美军的问题？信中没有提到互助条约。且不管信中是什么意思，这是 20 年来北京方面在台湾问题上最温和的论调。它是仅针对美国在台驻军吗（其中多数是越战的后备军），还是暗指有更多方面的要求？无论怎样，讨论台湾问题已经有一个平台了。把遭口诛笔伐的“垄断资本家”[51] 的代表请到北京应该有更深远的目的，一定是牵涉到中国的安全问题。

白宫决定不明确定下直接联系方式。我们在答复中说，原则上接受指定一位使节，但指出他的任务是讨论“中华人民共和国与美国之间的各种问题”。换言之，美方使节不会同意把议程仅限于台湾问题。[52]

周恩来怕巴基斯坦渠道失效，所以还请了罗马尼亚传达同样的信息。不知为什么，罗马尼亚转达的信息 1 月份才到，比巴基斯坦晚了一个多月。这封信也是经毛泽东和林彪审阅的。[53]信中说台湾是中美间唯一悬而未决的问题。此外还加了些全新的内容：既然尼克松总统已经访问过两个共产党国家的首都贝尔格莱德和布加勒斯特，那么他在北京也会受到欢迎。过去的 10 年半以来军事冲突接连不断，而现在台湾却被说成是中美间唯一的问题，这一点意味深长。这就是说，越南问题不是中美讲和的障碍。

我们通过罗马尼亚渠道做了答复。我们接受指派使节的原则，但对访问北京的邀请不置可否。在双方接触这么早的阶段就同意总统访问似乎太牵强了，而且风险也太大。为避免造成混乱，我们采用了给巴基斯坦那封信中同样的措辞，说明我们认为应讨论什么样的议程，说美国愿意讨论双方关心的所有问题，包括台湾问题。

周恩来在 10 月会见了巴基斯坦总统叶海亚 · 汗，在 11 月会见了罗马尼亚副总理。毛泽东和斯诺的谈话是在 10 月初。相隔仅几个星期中方就传来了信件，这就说明外交活动已超过了战术阶段，最终的解决方案正在策划之中。

可是 3 个月过去了，中方还迟迟没有回音，这令我们意外，也使我们颇感不安。也许是因为在美国空中火力的掩护下，南越通过老挝南部向胡志明小道发动了进攻，而胡志明小道是北越在南方的主要补给线。毛泽东似乎认为反战示威运动可能引起美国革命，因此举棋不定。[54] 另一种可能是，北京方面希望此时进展的速度不要太快，以表示他们不在乎战术考虑；中方不能表露出急于谈判，更不能显得软弱。更大的可能是，毛泽东需要时间争取国内更大的支持。

直到 4 月初我们才收到中方的回复。中方撇开了我们已建立的所有渠道，另选了一个方法。这就清楚地表明中国愿与美国改善关系，但不会被动地依赖美国政府的行动。

民间传说中的“乒乓外交”就是在这个背景下展开的。中国乒乓球队参加了在日本举行的一个国际锦标赛，这是“文革”以来第一次有中国运动员赴国外参赛。据近年来一些材料披露，中国领导人曾就中美乒乓球队相遇后怎么办一事进行了激烈的辩论。中国外交部起初建议不参加比赛，或至少对美国队员不予理睬。周恩来请示毛泽东，毛泽东想了整整两天。两天后，毛泽东夜里又失眠了，服了安眠药后，迷迷糊糊地“伏案”而睡。突然，他发话说叫人给外交部打电话，“请美国队访问中国”。

中国运动员便奉命借机邀请美国乒乓球队访问中国。1971

年 4 月 14 日，这些年轻的美国人在人民大会堂见到了周恩来，兴奋不已。绝大多数外国驻华大使都还未曾有过如此殊荣。

周恩来总理说：“你们在中美两国人民的关系上翻开了一个新篇章。我相信，我们友谊的这一新开端必将受到我们两国多数人民的支持。”运动员们听到自己居然被推入了高层外交轨道，惊得张口结舌。周恩来打破沉寂说：“不是吗？”他这句话引起了一阵掌声。[55]

一如他们往常的外交活动，毛泽东和周恩来的这一招儿一箭多雕。一方面，乒乓外交答复了 1 月份美国的信函，把此前最保密的外交活动用公开形式做了承诺。从这个意义上讲，这确是一个保证，但同时也是一个警告：若秘密渠道遭挫，中国可能采取行动，发起一场群众运动——今天可称之为“民间外交”，就像河内做的宣传一样，呼吁美国社会上日益壮大的示威运动反对政府又一次“失去了和平机会”。

周恩来很快就表示，他还是认为外交渠道更为可取。4 月 29 日，巴基斯坦大使又递交了来自北京的手写信函，落款是 4 月 21 日。信中说道，沉默了这么久是“当时的局势”造成的，[56]不过没有解释指的是国内还是国际局势。周恩来重申愿接受一位特使，他还点名要我或国务卿威廉·罗杰斯担任，或甚至“美国总统本人”。[57]作为恢复两国关系的一个条件，周恩来只提出美军撤出台湾和台湾海峡——这是到目前为止争议最小的问题——而对归还台湾只字不提。

这时，此前一系列外交活动的保密做法几乎已经断送了整个谈判的前程。之前任何阶段中跟北京的交往若是如此保密，也会半途夭折的。尼克松曾宣布与北京联系的渠道只限于白宫，周恩来12月和1月的两次来函都未告知其他任何部门。因此，在4月28日的一个公开通报会上，美国国务院一位发言人宣称，美国对台湾主权的立场“未决，尚待将来在国际上加以解决”。国务卿在伦敦参加了一个外交会议后，次日在电视上出现时，对毛泽东与斯诺的谈话发表了评论，说中方邀请尼克松访华“只是随便说说而已，不是认真的”。他还说中国外交政策是“扩张政策”，“病态多疑”；谈判要取得进展，尼克松要能访华，中国就必须以某种方式回归国际大家庭，履行“国际法准则”。[58]

后来是中方的一项策略让两国恢复谈判的进程得以继续推进。中方谴责台湾问题未决的提法是“谎言”，是美国政府发言人“对中国人民事务的粗暴干涉”，但同时又说美国乒乓球队的访问是中美两国人民友谊的新发展。

5月10日，我们接受了周恩来对尼克松的邀请，但重申议程必须包括多项问题。我们在信中写道：“在会晤中，各方都应有权提出各自主要关心的任何问题。”[59]为了给双方首脑会晤做好筹备工作，总统提出我应以他的国家安全事务助理身份，代表他先与周恩来进行一次初步密谈。我们建议了一个具体日期。定这个日期倒不是出于重要的政策考虑，而只是因为春末夏初内阁和白宫有一系列出访活动，要等总统专机没有其他安排方能成行。

6月2日我们收到了中方的回复。周恩来说他“欣然”向毛泽东汇报了尼克松已接受中方的邀请，[60]还说他欢迎我去北京就我们建议的访问日期进行初步讨论。信中未提及林彪，但这一点当时没有引起我们的注意。

一年之内，中美外交从不可调和的冲突状态进入了总统使节去北京为总统访华筹备的阶段，其间双方避开了20年来的敌对宣传，聚焦于最重大的战略目标，即开展地缘政治对话，重塑冷战时期的国际秩序。尼克松若是采纳了职业外交人员的咨询意见，就会利用中方的邀请拿出原先的议程，加快审议，以作为高级别会谈的条件。这样做，不光会被认为是一种拒绝，而且整个中美加紧接触的过程都会因为两国国内和国际上的压力而功败垂成。尼克松对刚出现的中美和解的贡献倒不在于他认识到这么做是多么美好，而在于他提供了一个观念基础，让中方的思路能与之产生共鸣。尼克松认为，对华开放是他宏大战略规划的第一部分，而不是各自罗列对方过错的机会。

中国领导人的做法也是如此。在他们看来，认为呼吁重返现有的国际秩序毫无意义。他们并未参与建立现有的国际体系，因此这个体系与中国无关。他们从不认为中国的安全要扎根于主权国家的什么法律协定。至今美国人还常常把对华开放看成是建立永恒不变的友谊，但中国领导人从小就学到这么一个观念：一切事情都是变化无常的。

周恩来写到重建中美人民友谊时，描述了为建立新的国际平衡所必需的一种态度，而并没有提两国人民关系的最终状态是什么样的。在中方的文件中，几乎找不到美国人视之为神圣的国际法律秩序的说法。他们所寻求的是让中国能通过互斗共存而打造安全和进步的世界。在这个世界上，战斗意志和共存的概念同样重要。美国向共产党中国派出的第一个外交使团就是迈进了这样一个世界。

| 第九章 |

恢复关系：与毛泽东和周恩来结识之初

尼克松任总统期间最富戏剧性的事件在当时却鲜为人知，因为尼克松认为访华若要成功，就必须严加保密。若公之于众，则需要在美国政府内部获得层层批准，走一道道复杂的程序，世界各国也都会坚持要求与我们商议，这样会影响我们去北京摸清中方的态度。透明固然重要，但为了建立更为和平的世界秩序，抓住历史机遇也是必要的。

我们一行人取道西贡、曼谷、新德里和拉瓦尔品第前往北京，对外宣称是代表总统出外调查。我们这一行人中，有一个去北京的核心小组，其余都是外围人士。核心小组成员除了我以外，还有我的助手温斯顿·洛德、约翰·霍尔德里奇和迪克·斯迈泽，以及特工人员杰克·雷迪和加里·麦克劳德。为了保证最后的辉煌盛举不受影响，我们故意把在沿途每个城市的逗留都安排得极其枯燥乏味，以免媒体紧追不舍。我们到了拉瓦尔品第后，我以生病为由假称需要休息，到喜马拉雅山脚下一个巴基斯坦的避暑山庄躲了 48 个小时。在华盛顿，只有总统和我的高级助理亚历山大 · 黑格上校（后来他晋升为上将）知道我们真正的目的地。

1971 年 7 月 9 日美国代表团抵达北京以前，我们虽然对中方来函中话里有话的特点已经有所体会，但对北京实际的谈判方式还不了解，对中国人的待客之道更是一无所知。美国对共产党国家外交官的印象还停留在苏联领导人的形象，特别是安德烈 · 葛罗米柯，他往往把外交谈判变成一种官场上的毅力考验。他在谈判中的表现无懈可击，在实质问题上也绝不让步，但他的自律有时候让人感觉他太紧张了。

中方在接待我们这个秘密访问团时却全无紧张气氛，此后的会谈中也是如此。在此前的整个筹备阶段，中方发来的信息间隔忽长忽短，令我们困惑不解。我们当时以为这一定跟“文革”有关。可是现在，我们的东道主却那么泰然自若，落落大方，好像没有任何事情会打乱他们的方寸，也好像在中华人民共和国历史上第一次迎接美国总统的使节是再自然不过的事情。

其实，这种外交风格更接近于传统的中国外交风格，而不像我们在跟其他共产党国家谈判时所熟悉的那种教条作风。中国历史上，政治家一贯把好客、礼节以及精心培养的个人关系作为治国手段。这样的外交风格非常适合用于对付中国历史上的外患，以保护非游牧民族的农耕文化。中国周边的各民族如果联合起来，其军事力量可以超过中国；而中国之所以能生存下来，并且总的来说占了上风，正是因为他们奖罚并用，分寸的把握也十分精准。他们不但深谙此道，还以灿烂的文化取胜。在这样的背景下，好客成了一种战略。

我们这个代表团还在伊斯兰堡，尚未到达北京之时，就已经受到了中方的礼遇。中方竟然派了几位讲英语的中国外交官到巴基斯坦来陪我们，让我们在飞往一个陌生国度、长达5小时的飞行途中能减缓紧张情绪。他们比我们先上了飞机，令我们的随行特工人员大吃一惊，因为根据他们接受的训练，毛式中山装就是敌方的制服。一路上，那几位中国外交官检验了自己的研究心得，练习了言谈举止，同时也为他们的总理收集了这些来客的个人信息。

这个团队是周恩来在两年前就选定的，当时四位元帅的报告引起了有关要不要向美国开放的第一场讨论。团队中有三位来自外交部，其中之一，唐龙彬，后来是尼克松访华时的礼宾官之一。还有一位是章文晋，他曾当过大使，是西欧、美国和大洋洲事务专家；后来我们才知道，他也是个了不起的语言学家。另有两位年轻人，她们其实代表了毛泽东，是直接向他汇报的：一位是毛泽东的姨表侄孙女王海容，另一位是南茜·唐（唐闻生）。唐出生在纽约布鲁克林区，是个杰出的口译员，同时也兼有某种政治顾问的身份。她是早年随父母回国参加革命的。这一切我们都是后来才得知。后来也听说外交部的官员在最初接到任务时的反应跟四位老帅当初接到毛泽东询问时的反应一样。周恩来只得亲自向他们保证，这项任务是毛泽东布置下来的，不是要考验他们对革命是否忠诚。

我们中午时分抵达北京机场时，来迎接的是军委副主席叶剑英元帅——也就是被毛泽东要求分析中国战略选项的四位元帅之一。这象征着中国人民解放军对新的中美外交关系的支持。元帅带我上了一辆中国国产轿车，车里拉上了窗帘。我们去的是坐落于北京西区一个公园里的钓鱼台国宾馆，这个地方本来是皇家的垂钓处，四周有围墙环绕。叶剑英建议我们稍事休息，说 4 小时之后，周总理会到国宾馆来欢迎我们，并进行第一轮会谈。

周恩来亲自来看望我们，这真是莫大的礼遇。根据外交程序，东道国一般会在政府大楼里接待来访的代表团，特别是如果双方负责人的头衔差距这么大，更应如此。（我这个国家安全事务助理的头衔相当于副部长，比周总理低了 3 级。）

我们很快发现东道主为我们做的时间安排非常宽松，简直叫人难以置信。这好像是表示，在隔绝了 20 多年之后，他们并不急于立即就达成实质性的协定。我们原定在北京停留的时间大约是 48 小时，不能延长，因为我们得去巴黎谈越南问题。我们是乘坐巴基斯坦总统专机来北京的，而我们也无法控制专机的时间安排。

看到行程安排，我们发现除了在周恩来到达之前的这一段休息时间以外，中方还安排了 4 个小时让我们参观紫禁城。这样，48 小时中已占去了 8 小时。第二天晚上周恩来不能陪我们，他要见一位朝鲜政治局成员，时间无法更改——也许不改时间是为了给我们的秘访打掩护。再去掉两个晚上 16 小时的睡眠时间，这两个 20 年来没有实际外交接触并曾兵戎相见、后来又险些再次动武的国家就只剩下不到 24 小时的时间可用于这第一次谈话了。

实际上中方只安排了两场正式谈判会议：第一场安排在我到达的那一天，从下午 4 点半到晚上 11 点 20 分，共 7 小时；另一场是第二天，从中午到晚上 6 点半左右，大概 6 小时。第一场会议在国宾馆。根据中国的礼仪，这场会议由美国主持。第二场会议在人民大会堂，中国政府的代表将在那里接见我们。

可以说，中方如此潇洒的态度给了我们一种心理压力。如果我们无功而返，尼克松当然会大丢面子，他还尚未把我这趟秘访告诉其他的内阁成员。如果两年来与中国的外交来往中我们所做的分析是正确的话，若美国派团赴华一事遭挫，那么，促使毛泽东邀请我们访华的紧急情况就可能会发展到无法收拾的地步。

对峙对双方都不利，这正是我们去北京的原因。尼克松急切盼望能够将美国人的视线从越南上面转移开来，毛泽东则决心迫使苏联在攻打中国之前能瞻前顾后、犹豫不决。中美双方都明白这次会谈事关重大，只能成功，不能失败。

双方一致决定把大部分时间用于了解各自对国际秩序的看

法——双方的分析如此不谋而合，实属难得。既然我们访问的最终目的是要决定是否应调整两国以前互相敌视的外交政策，那么，务实外交的最终形式就应该是对概念进行讨论。这样的讨论有时候听起来像是两个教国际关系的教授在谈话，而不像一场正式的外交对话。

周总理到达时，我们象征性地握了手，后来尼克松到中国以后，他与周恩来又在公开场合重复了这一象征性动作。之所以说这是个象征，是因为在 1954 年的日内瓦会议上，国务卿杜勒斯曾拒绝与周恩来握手。中方对杜勒斯的傲慢失礼耿耿于怀，尽管他们嘴上经常说那件事无关大局。握完手，我们就去了国宾馆里的一间会议室，面对面地在一张铺着绿色呢面的桌子旁坐下。在这里，美方代表团第一次对这位在半个世纪的革命、战争、动乱和外交活动中与毛泽东共事的特殊人物有了认识。

周恩来

周恩来是我在 60 年来的公职生涯中遇到过的最有魅力的人。他个子不高，风度翩翩，目光炯炯，表情丰富。他能以他超人的智慧和能力压倒谈判对手，能凭直觉猜到对方的心理活动。我见到他的时候，他担任总理已有差不多 22 年，与毛泽东共事已有 40 年。他已成为毛泽东与毛泽东为之规划宏图的人民群众之间重要的纽带。他把毛泽东的远大理想化为具体计划。同时，他还因为给毛泽东的过激之处降温——至少是在毛泽东满腔豪情容许的范围内尽可能这么做——而赢得了很多中国人的感激。

两位领导人的个性也大不相同。在任何聚会中，毛泽东总是以其气势令举座注目，而周恩来则给人带来光明和温暖。毛泽东的满腔豪情会让反对者慑服，而周恩来会以其智慧力求以理服人或以智取胜。毛泽东说话尖锐犀利，周恩来说话则鞭辟入里。毛泽东喜欢将自己看作哲学家，周恩来则自认擅长行政管理或谈判。毛泽东致力于加快历史前进的速度，周恩来则善于乘时乘势。他常说，舵手必须懂得该怎样驾驭风浪。两人在一起的时候，各自的身份令人一目了然，不仅是因为级别的高下，更是因为周恩来对毛泽东总是恭恭敬敬。

后来，有人批评周恩来只是给毛泽东的激进政策降温而没有予以抵制。美国代表团见到周恩来时，中国还在“文革”之中，而周恩来——一个见多识广、留过洋、主张跟西方进行务实接触的领导人——正是“文革”中一个明显的斗争目标。他究竟是推动了“文革”还是踩了刹车？周恩来在政治上能站住脚跟，是因为他把行政管理的能力用于执行一些他个人可能很厌恶的政策。也许正因为如此，他才没有在60年代像他多数同时代的领导人一样遭到冲击。（不过最终他还是遭到了日益激烈的批判。1973年底实际上已经被剥夺了实权。）

要给一国之君当顾问有时候就会遇到这样的难题：若要反对某一项政策，就要考虑，改变了局面以后的好处是否值得他为此而丢官。是凭长远目光以他的含蓄起到作用，还是以眼下利益为重而走极端？是应采取温和措施而一步步积累其效果，还是摆出高姿态？（其实高姿态也未必救得了他。）

邓小平后来在评价周恩来在“文革”中的作用时，一语击中了这一连串问题的要害。至少在公开场合下，他为周恩来解释了上述问题。邓小平一家在“文革”中曾饱受迫害。1980 年他复出后在跟意大利记者奥丽娅娜·法拉奇的谈话中说：

> 周总理是一生勤勤恳恳、任劳任怨工作的人。他一天的工作时间总超过 12 小时，有时在 16 小时以上，一生如此。我们很早就认识，在法国勤工俭学时就住在一起。对我来说他始终是一个兄长。我们差不多同时期走上了革命的道路。他是同志们和人民很尊敬的人。“文化大革命”时，我们这些人都下去了，幸好保住了他。在“文化大革命”中，他所处的地位十分困难，也说了好多违心的话，做了好多违心的事，但人民原谅他。因为他不做这些事，不说这些话，他自己也保不住，也不能在其中起中和作用，起减少损失的作用。他保护了相当一批人。[1]

在我跟周恩来的交往中，他含蓄、敏感的风格帮我们克服了曾互为仇敌的两个大国间新型关系中的很多隐患。中美和解起于冷战期间的一种战术，后来演变为新国际秩序中的核心因素。我们双方都不抱幻想能改变对方的基本信念——我们的对话得以进行正是基于这一点。但我们也声明了双方的共同目标。这些共同目标在我和周恩来都退出历史舞台后依然存在，这是一个政治家的最大荣耀。

当时，我和周恩来在绿呢面的桌旁坐下时，上述的这一切都还非常遥远。我们坐下后，谈的是有无可能走向和解。周恩来请我这位客人先讲。我想好了，避开我们两国有分歧的问题，只从哲学角度谈中美关系的演变。我用了华丽的辞藻来做开场白，我说："有很多游客来过这片美丽的土地。对我们而言，这又是一片神秘的国土。"这时，周恩来摆了摆手打断了我，说："你会发觉，它并不神秘。你熟悉之后，它就不会像过去那样神秘了。"[2]

我们面前的挑战可以说是要揭掉各自神秘的面纱，不过周恩来又进了一步。他 20 年来在跟一个美国使节第一次会谈时，就说恢复友谊是发展两国新关系的主要目的之一——这一点他在接见美国乒乓球队时就已经说过。

3 个月后，我第二次去中国时，周恩来欢迎我们的态度就好像两国的友谊已经根深蒂固了一样。他说："说起来这只是第二次会谈，但是我把自己所想的都对你们讲了。你和（温斯顿·）洛德先生对这一点很清楚，但是（戴安娜·）马修斯小姐和我们的新朋友（指我的军事助手乔恩·豪）不大清楚。

你们可能认为中国共产党有三头六臂吧？但是，瞧，我和你们一样，是个可以与之理论并坦诚交谈的人。”[3]

1973 年 2 月，毛泽东也说了同样的话。他把我迎进他书房时说，美国和中国曾经是敌人，现在我们之间算是朋友。[4]

不过这是对友谊的一种非常实用、不带感情色彩的看法。中国共产党领导人仍然保留了一部分“制夷”的传统，他们让对方为以“老朋友”的身份进入中国“俱乐部”而深感荣幸，这样就使对方难以表达不同意见，也拉不下面子与自己对抗。历史上，中华帝国的外交手段就是设法让对方主动提出中方喜欢的建议，然后中方予以认可，好像是给了对方一种个人的恩惠。

同时，中国对个人关系的重视超出了战术范围。中国外交几千年来的经验表明，在国际问题上，每一个看起来不错的解决办法一般来说一定会造成一系列新的相关问题，因此中国外交官把延续关系看作是一项重要任务，甚至比正式的文件更为重要。相比之下，一事当前，美国的外交官会把它分割成一个个自成一体的问题，然后再根据其自身的是非曲直来一个个地加以处理。在这个过程中，美国外交官也会重视个人的良好关系。区别在于，中方领导人培养的“友谊”不过多在乎个人性质，而是更重视长远的文化、民族或历史的纽带，而美国人所说的个人关系只是针对谈判对手本人。中方说的友谊是通过无形的因素来培养长期的、经得起时间考验的关系，而美国外交官则是重视社交往来，以便于当下正在进行的工作。中国领导人愿意为了对友谊忠贞的名声而付出代价（当然这代价也不是无限制的）。例如，尼克松辞职后，人们都对他避之不及，毛泽东却又邀请他访华；日本首相田中角荣1974年因出了丑闻而退休以后，也受到了同样的礼遇。

我于1971年10月访华时跟周恩来的一次谈话就充分说明了中方对无形因素的重视。我当时代表总统访华的先遣队提出了建议，还保证既然有那么多实质问题要处理，我们不会让技术问题拖后腿。周恩来把我这个实际操作的建议变成了一个文化上的观念，他说："对，互相信任，互相尊重。这两点。"我强调的是实际操作，他强调的则是大局。

中国领导人经常表现出的一个文化特点是，他们是从历史角度考虑问题的。他们有能力，当然也有这个必要，比西方人想得更长远。一个中国领导人取得的成就相对于中国的社会历史显得不那么重要，这点不同于世界上任何其他领袖。中国的历史之悠久，规模之宏大，使中国领导人能用中国几乎永无尽头的历史让谈判对手油然产生一种谦恭之心。（哪怕以后在回忆时，谈判对手才意识到，所谓历史有时候只是一个比喻。）外国的谈判对手会因此而觉得自己是在违背自然，自己的行动注定只会在中国滚滚的历史长河中留下一条逆流而动、微不足道的痕迹。

我们到达北京以后的头几次谈话中，周恩来竭力把美国历史说得比中国历史还悠久，以示对我们的欢迎。不过，讲完这句话之后，他又恢复了传统的视角。他说：

> 我们是太平洋两边的两个国家。你们有200年的历史，我们创立新中国只有22年，因此我们比你们年轻。至于我们的古文明，每个国家都有，美国和墨西哥有印第安人，南美洲有比中国还古老的印加帝国。很可惜，他们的文字没有保存，遗失掉了。至于中国的悠久历史，有一点是好的，就是已有4 000年历史的书写文字，有历史文物为证。这对国家统一和发展有益。[5]

总的来讲，周恩来提出了对国际关系的新看法，主张一种儒家道德观念，而这种观念现在被认为来自于共产主义思想。他说：

> 毛主席在许多场合说过我们绝不会成为超级大国。我们奋斗的目标是，所有国家，无论大小，一律平等。这不仅是两个国家的平等问题。当然，我们两个国家在平等的基础上交换意见、寻求共同点、把我们的分歧摆在桌面上，这是一件好事。为了在较长的时间里在国际舞台上实现真正的缓和，人们必须在平等的基础上相互交往。这一点并不容易实现。[6]

马基雅维利会说，如果一个国家想得到一项保证而又不愿乞求，那它就应搬出一个概括性的提法，然后将它适用于具体情况，这样做符合该国利益。这也就是周恩来这么说的原因之一。他坚称，不管中国以后变得多么强大，中国对国际事务的看法都将是独特的，都会摒弃传统的权力观念。他说：

> 我们不认为自己是个强国。尽管我们在发展经济，但是与其他国家相比，我们还是属于落后国家。当然，贵国总统也提到，今后五到十年中，中国会快速发展。我们觉得不会那么快，尽管我们会全力以赴，树立远大目标，多快好省地建设社会主义。
>
> 再者说，我们的经济发展了以后，我们还是不会认为自己是个超级大国，不会加入超级大国的行列。[7]

他表示，中国只求各国平等，这个提法与中华帝国的传统大相径庭。他这么说是为了向美国保证，中国不是个潜在的威胁，不必用军力与之抗衡。中国不以炫耀武力为荣的国际行为准则源自孔子的学说。要考验这种新关系，就要看这些准则在动乱的压力之下是否还能站得住脚。

这次密访的根本挑战在于要建立双方的信心，以便在第一次会面之后还能把关系延续下去。高级别的外交谈判一般总是把无足轻重的小事情先打发掉。这次密访的特殊之处在于，由于两国 20 年来没有接触，没有什么小事情需要先处理，只有两个例外。这两个问题双方都知道短期内是不可能解决的，一个是台湾问题，另一个就是越南问题。我们眼下的困难在于如何把这两个问题搁置一边。

这两个问题都是很不合常理的。1971 年美国还不承认北京是中国的首都——现在回想起来简直难以置信。中美各自都没有驻首都的外交人员，也没有直接联系的方法。美国驻华大使在台北，北京没有一个美国外交人员或其他官员。（所谓的联络处是在我们访华 18 个月后才建立的。）

第二个不合常理的问题是越战。我的任务之一是要让中国理解美国为什么在中国的边境上跟一个中国的盟友兵戎相见。我和周恩来都明白，我在北京出现对河内是一个沉重的打击，这意味着对越南的孤立。不过我和周恩来从来没有捅破这一层。[8]

台湾问题深深地扎根于两国国民心中，该问题的两个先决条件阻碍了双方在外交上取得进展。北京的立场是，美国必须接受一个中国的原则，这是取得进展的先决条件；而美方的先决条件是，中国必须承诺以和平方式解决这个问题，然后美国才能开始讨论。

在第一轮会晤时，周恩来就快刀斩乱麻地解决了这个问题。在会前，他已经在原则上同意双方可自由地提出任何议题，但他并未放弃先讨论并先解决台湾问题这一条件。而在初步的意见交换中，周恩来则表示愿意听取我对讨论先后次序的看法。换言之，台湾问题不必讨论了，更不必先解决。他也同意调整次序，先解决其他问题（如印度支那问题），作为解决台湾问题的条件。

基辛格：我想问总理，你建议怎么进行？我看可以有两种方式，我们可以任选其一。一种方式是，各方先提出我们关心的各种问题，把解决的办法留待以后再说。还有一种方式是，一次处理一个问题。你倾向于哪种方式？

周恩来：你怎么看？

基辛格：我没有什么特别的看法。有一种可能的办法是，既然周总理已经阐述了对台湾问题的看法，我方就可以阐述我们对印度支那的看法了。然后，我可以告诉总理我对你有关台湾问题陈述的反应，你再告诉我你对我有关印度支那问题陈述的反应。或者我们可以一次处理一个问题。

周恩来：随便用哪一种方式，你决定吧。你想怎么说就怎么说。你可以先谈台湾问题或印度支那问题，或两个问题一起谈，因为你可能认为这两个问题是连在一起的。

基辛格：我想这两个问题在某种程度上的确是连在一起的。[9]

最后，我们决定把解决印度支那问题作为美军撤出台湾的条件。

周恩来对台湾问题的实质立场我们是熟悉的，他在第一天长长的开场白中就讲到了，在此前的136次华沙会谈上我们也已耳熟能详。美国必须“承认中华人民共和国是中国的唯一合法政府，只有一个中国”，并接受台湾为“中国领土不可分割的一部分”。[10] 根据“事情的必然逻辑”，美国必须“限期从台湾撤出所有的武装部队，并拆除在台湾和台湾海峡的所有军事设施”。[11] 随着这一进程的展开，北京所不承认的美国和台湾的“共同防御条约”最终就“不复存在”了。[12]

在秘密访华时，北京和台湾对中国国家的性质没有不同看法，双方都坚持一个中国的原则；台湾禁止煽动独立。因此对美国而言，问题不在于是否同意一个中国的原则，而是要基于美国国内的需要在适当的时候承认北京为一个统一中国的首都。这次密访让美国立场发生了微妙的转变，美国开始逐步接受了一个中国的观念。中国对于具体时间的把握也非常灵活。来自两党的历届美国总统都很巧妙地像杂技演员般维持着一种平衡，一边逐渐深化与北京的关系，一边促进台湾经济和民主的繁荣。历届中国政府虽然坚定地主张一个中国的观念，但也没有把美国逼到必须摊牌的地步。

关于越南问题，周恩来的做法跟我在台湾问题上的做法一样，既不立即做出承诺，也避免一种紧迫感。周恩来听了我的介绍之后，问了几个尖锐的问题，但远远没有施加道德压力，更没有进行威胁。他说，不管中国给了越南什么样的支持，都是出于历史的原因，而不是意识形态或者战略的原因。他说：“我们的祖先欠过他们的债。解放以后，我们对他们就没有义务了，因为我们推翻了旧制度。但是我们仍然对他们怀有深深的、彻底的同情。”[13] 同情当然不同于政治或军事支持；他是在用一种微妙的方式向我表示中国不会卷入军事行动，也不会对我们施加外交压力。

第二天在人民大会堂共进午餐时，周恩来突然提到“文革”。他说，我们一定已从局外对“文化大革命”有所观察，但他希望来宾们能理解中国是怎样迂回曲折地走到今天跟美方领导人会面这一步的。

周恩来解释说，毛泽东是希望保持党内纯洁，冲破官僚机构的障碍。为此目的，他在党政机关之外创立了红卫兵组织，其任务是让国家恢复正确的思想，恢复意识形态的纯洁。然而这项决定却造成了社会的动荡。各派红卫兵各自为政、互相攻击的现象日益严重。据周恩来的说法，一些组织甚至一些地区还自行建立红卫兵组织，以便在日益扩大的混乱中保护自己。对于从小就相信共产主义普遍真理、中国人民大团结的一代人来说，目睹各个红卫兵派系互斗是极令人震惊的。这时，全国既然基本上已经打倒了官僚主义、整顿了思想，毛主席便命令中国人民解放军恢复社会秩序。

当时周恩来的处境很微妙，他说这番话一定有毛泽东的授意。很明显，他想把自己与“文革”拉开距离，但是又得忠于毛泽东，因为毛泽东会看到谈话记录。当时在我看来，他是想通过一种有保留的支持来说明他与毛泽东是有一定距离的。据我猜测，周恩来意思是："文革"期间，全国大乱，他也曾被红卫兵锁在他自己的办公室里；另一方面，他也认为自己不如毛泽东那么有远见，主席看到了有必要给革命注入新的活力。[14]

为什么要在20年来第一个美国代表团访华期间说这番话呢？因为目的是要超越两国关系的正常化，进而上升到他们所说的友谊的层面。这里的"友谊"，其实更准确地说是战略合作。为此，就必须把中国定义成一个克服了内部混乱因而更稳定、更可靠的国家。周恩来的言下之意是，在经历过"文革"之后，中国已能团结一致面对任何外部敌人，因此在苏联的威胁面前可以成为美国的伙伴。在随后的正式会议上，周恩来挑明了这一点。正式会议在人民大会堂的福建厅举行。大会堂里每一个厅都以一个中国省份命名，北京和台北的行政部门都是把台湾及其近海岛屿划入福建省的。[15]周恩来没有点明其象征意义，美方代表也未予理会。

周恩来首先讲到，即使所有可能的敌人都一致围攻中国，中国也不怕。他说：

> 你喜欢谈哲学。最糟糕的情况是中国再一次被瓜分。你们可能联合起来，苏联占领黄河以北地区，你们占领长江以南地区，长江和黄河之间以东地区留给日本……
>
> 如果这种大规模的侵略行动真的发生了，那么中国共产党和毛主席准备怎么办呢？我们准备打一场持久的人民

战争，进行长期斗争直到取得最后的胜利。这是要花时间的，当然我们也会有牺牲，但这是我们必须思考的事情。[16]

根据近来中国出版的历史文献，是毛泽东特意指示周恩来要说得“天下大乱，形势大好”。[17] 毛泽东担心苏联会侵略，但又不愿明说，更不愿表现出有求于人了。说天下大乱是想试探美国的态度但又不至于显得太焦急，而且既提到了最大的威胁，又表达了中国与之抵抗的坚定决心。美国情报人员从未想到过会有这么大的灾难，美国的决策者也从未考虑过这样大规模的全球冲突，然而毛泽东的这句话并没有具体指出他主要关心的是苏联的进攻，因此中国也就不会显得是在求助。

周恩来这番话虽然听起来非常直率，但其实是在委婉地暗示愿意讨论战略合作问题。在大西洋地区，我们的盟友正在遭到日益逼近的威胁，他们想要我们把口头的允诺变为法律义务以寻求安心。但中国领导人的做法正好相反。以后的 10 年中，中国不断重申，即使在核威胁面前，中国也做好了孤军奋战的准备，向各国列强的联盟打一场持久游击战，其背后的目的是要把自力更生变为一种武器，在双方看法一致的基础上将其变为一种互助的方式。中美之间对等的义务不会写入法律文件，而是源自于对共同威胁的共同认识。尽管中国没有向外提出援助请求，但基于共同的战略考虑，外援就会自动送上门来；若对方不同意或不再同意中方对挑战的看法，那么外援也就无从谈起了。

由于周恩来第二天晚上要会见朝鲜领导人，所以第二天下午的会议结束前，他提出了尼克松总统访华一事，而这时距我们不容更改的离京时间只剩下 18 个小时了。我和周恩来此前曾略提起过这事，但没有明说。双方都不愿遭拒或显得自己是求人的那一方。周恩来最终很自然地提出此事，仿佛它只是个程序问题，从而很体面地解决了这个难题。

周恩来：你对访问的公报怎么想？

基辛格：什么访问？

周恩来：是只提你的访问呢，还是也包括尼克松总统的访问？

基辛格：我们可以宣布我的这次访问，并且说毛主席向尼克松总统发出了邀请，总统也已接受了。我们可以只说个大概，也可以就定在明年春天。你认为哪种比较好？我觉得两次访问同时宣布有同时宣布的好处。

周恩来：那么我们双方是否有可能派人一起起草一份公报？

基辛格：我们应该在讨论过的范围内来起草。

周恩来：两次访问都写进去。

基辛格：好。

周恩来：试试看吧……我 6 点有事，一直要忙到 10

点。我的办公室你可以随便用。你也可以回你们的住处去讨论。可以吃晚饭，休息会儿，看个电影。

基辛格：那我们10点见。

周恩来：好，我会到你那儿去。我们今晚要开夜车了。[18]

那天晚上其实无法写完公报，因为在谁邀请谁的问题上双方僵持不下——双方都想让对方显得更主动。后来达成了折中办法。草案需要毛主席批准，而毛主席已经睡了。最后他批准的措辞是这样的：获悉尼克松总统曾表示希望访问中华人民共和国，周恩来总理“向其发出邀请”，而尼克松总统“欣然”接受。

7月11日星期天下午离京前，我们终于完成了尼克松总统访华声明草案。周恩来说，我们的声明会震撼世界。我们代表团在回程途中，心里为数小时之后就要震撼世界而暗暗激动。我去了尼克松在圣克利门蒂的“西部白宫”向他做了汇报。然后，7月15日，在洛杉矶和北京两地同时将那次秘密之旅和总统受邀访华的消息宣告于世。

尼克松在中国：与毛泽东会面

在秘密访问7个月后，1972年2月21日，尼克松总统在一个阴冷的冬日抵达了北京。对尼克松来说，这是个胜利的时刻。这位反共老手果断地抓住了一个地缘政治的机会。为了体现出他能取得如此成果的坚韧不拔的精神，也为了象征他开启的新时代，他想单独走下“空军一号”专机，向周恩来致意。当时，在中方的军乐团演奏的《星条旗永不落》的乐曲声中，周恩来穿着裁剪精致的风衣，站在停机坪上，在凛冽的寒风中迎候着。接下来就是双方象征性的握手那一幕，它抹去了杜勒斯当年傲慢失礼的阴影。不过说来奇怪，这虽是个历史性的时刻，却颇为低调。尼克松的车队驶入北京城时，街上没有人旁观。《晚间新闻》也把尼克松的到达列为最后一条。[19]

虽说整个过程的开端相当富有革命性，但当时双方尚未对最后的公报完全达成一致意见，尤其是在台湾问题的关键段落上。搞庆祝活动还为时过早，也许还会削弱中国在谈判桌前泰然自若的姿态。中国领导人也知道他们的越南盟友因为中国给了尼克松振奋美国人心的机会而怒不可遏。要是越南发现其盟友在首都公开集会支持他们的敌人，肯定会让一向脆弱的中越关系走向破裂。

所以，我们的东道主没有举行公开集会。为了弥补这个缺憾，他们邀请尼克松在抵京后几小时之内就会见毛泽东。其实，用“邀请”一词不太准确，因为跟毛泽东的会面每次都不是事先约定好的，而是像从天而降的消息。这好像过去君王召见臣民的方式。第一次知道毛泽东要会见尼克松的消息是在我们刚刚到达之后。我获悉周恩来要在会客厅同我见面。我到那儿后，他说 :“毛主席想见总统先生。”我不想留下尼克松是蒙召的印象，因此提出了几个有关晚宴上活动次序的问题。周恩来一反常态，竟露出不耐烦之色，说 :“毛主席既然邀请他，就是想马上见到他。”尼克松刚刚抵京的欢迎仪式上，会谈尚未开始，毛泽东就在向国内外人民示意他的权威了。我们在周恩来的陪同下，坐上了中国的国产轿车，前往毛泽东的住所。美方的特工人员不准随行；至于媒体，也只能被事后通知。

我们穿过一道位于北京东西横贯线上的宽宽的大门，来到了毛泽东的住所——中南海。这里的路沿湖蜿蜒曲折，湖的另一边就是高干们的居所，这一排房子都建于中苏友好时期，庄严的斯大林式建筑风格和国宾馆很像。

毛泽东的居所看上去没什么特别，只是离别的房子略远一些。这里没看见警卫，也没有其他的权力标志。小小的前厅几乎被一张乒乓球桌占满了。我们被直接带入了毛泽东的书房。书房不大，三面墙的书架上杂乱地放满了书稿，桌子上、地上也堆着书。房间的一角摆有一张简易的木床。这位世界上人口最多国家的领导者却愿意被看作是一个哲学家。当然，他不需要用传统的王权标志来表现他的权威。

毛泽东从一组围成半圆形的沙发中间站起身来。他身边有位护理人员，以便在必要时伸手扶他一把。我们后来才知道，几个星期前，他刚刚接二连三地发过几次严重的肺心病，行动不便。克服了行动困难之后，毛泽东展现出了非凡的意志力和决断力。他用双手抓住尼克松的双手，向其抱以最慈祥的笑容。这张照片后来被刊登在所有的中国报纸上。中国人很善于用毛泽东的照片来表达一种气氛或政策动向——照片上的毛泽东要是怒容满面，就表示一场风暴在即；要是他用手指点来宾，则说明他这位老师被学生耍了个小花招，因此不甚满意。

这次会面让我们第一次体会到毛泽东的风趣和他话中有话的谈吐风格。多数政治领袖谈自己的想法时，都是逐条陈述的，他则像苏格拉底一样用问答法，先问个问题，或发表一个意见，然后请对方评论。接下来他再讲一条意见。对方会从这些尖锐的辞令和一个个问题中发现他思路的走向，但他很少会把话挑明。

毛泽东从一开始就没打算跟尼克松谈哲学或战略问题。尼克松跟陪同我们从上海到北京的中国副外长乔冠华说愿跟毛主席谈谈哲学（“空军一号”专机曾在上海稍事停留，让一位中国领航员登机），但毛泽东拒绝了。他说，基辛格是这些人中唯一的哲学博士，还加了一句，“今天请他主讲，如何？”毛泽东好像出于一种习惯，要在来宾之间挑起“矛盾”。他一边表示谦虚，一边调侃了别人，又可以在总统和国家安全事务助理之间埋下不和的种子——一般来说，总统是不会乐意被自己的安全事务助理抢了风头的。

尼克松提了几个国家的名字，暗示想讨论这些国家造成的挑战，毛泽东都未予理会。尼克松是这样列举几个主要问题的：

> 比如，我们必须自问——当然只是在这个房间里说说而已——为什么苏联在贵国边境上部署的兵力多于他们在西欧边境部署的兵力？此外，日本的前途如何？我知道我们在这一点上意见不一，但日本是中立、全无防卫好呢，还是让日本跟美国保持某种关系好？……问题在于中华人民共和国面临的是哪一种威胁，是美国的侵略还是苏联的侵略。[20]

毛泽东拒不上钩。他说，这些麻烦的问题他不想深谈，他建议我们跟总理去谈。

那么，毛泽东想通过他貌似漫无中心的谈话表达什么意思呢？他最重要的信息都在言外。首先，双方在为台湾问题进行了20多年的相互指责之后，在谈话中却没怎么谈到。关于台湾只讲了下面几句话：

> 毛泽东：我们共同的老朋友蒋委员长可不喜欢这个……他叫我们共匪。最近他有一个讲话，你看过没有？
>
> 尼克松：蒋介石称主席为匪，不知道主席叫他什么？
>
> 周恩来：一般来说，我们叫他们“蒋帮”。有时在报上我们叫他匪，他反过来也叫我们匪。总之，我们互相对骂。
>
> 毛泽东：实际上，我们同他的交情比你们的交情长得多。[21]

第一，没有威胁，没有要求，没有最后期限，也没有提到过去的僵局。在一次战争、两次军事对峙和 136 次一无进展的大使级会谈之后，台湾问题已经不再那么急迫了，至少已被暂时束之高阁，就像在此前的密谈中周恩来所说的那样。

第二，毛泽东想表示，尼克松是个受欢迎的嘉宾。那张照片就能说明这一点。

第三，毛泽东急于说明中国对美国没有威胁。他说：

> 现在，来自美国方面的侵略，或者来自中国方面的侵略，这个问题比较小，也可以说不是大问题，因为现在不存在我们两个国家互相打仗的问题。你们想撤一部分兵回国，我们的兵也不出国。[22]

中国军队不出国界这句话说得很隐晦，意思就是，我们不必担心中国会对越南进行像朝鲜战争中那样的大规模干预。

第四，毛泽东还想传达这样一层意思：他在向美国开放的过程中遇到了困难，但困难已经克服了。他对林彪进行了一番批评。林彪在 1971 年 9 月政变流产后坐军用飞机从北京出逃途中摔死在蒙古。毛泽东说：

> 我国国内也有反动集团，反对我们与你接触。结果呢，他们跳上飞机逃往国外去了……苏联呢？他们最后总算跑去收尸了，但什么都不说。[23]

第五，毛泽东赞成加快双边合作，敦促就这个问题展开技术讨论：

> 我们这边办事也有官僚主义。比如，你们想搞人员往来、贸易。我们就是死不肯，坚持不先解决大问题就不谈小问题。我自己也这么坚持过。后来我看还是你们对，我们就打起了乒乓球。[24]

第六，他强调他喜欢尼克松，不光是喜欢尼克松个人，还因为他情愿与“右派”政府打交道，因为他们更可靠。毛泽东竟令人惊异地说他“投了”尼克松“一票”，他说，这些“右派”当权，他比较高兴。（至少是在西方。）

> 尼克松：主席说投了我一票，你是在两害之中取其轻。
>
> 毛泽东：我喜欢右派。人家说你们是右派，说共和党是右派，说希思首相也是右派。[25]
>
> 尼克松：还有戴高乐。[26]
>
> 毛泽东：戴高乐另当别论。人家还说西德的基督教民主党是右派。这些右派当权，我比较高兴。[27]

不过他也警告说，如果民主党在华盛顿掌了权，中国也还是会跟他们打交道的。

在尼克松访华之初，毛泽东就全力准备好了这次访问的大方向，但并未对即将开始的谈判给出任何具体的指示。当时还不清楚能否找到解决台湾问题的办法（所有其他的问题基本上已解决了)，不过他同意尼克松和周恩来将要讨论的内容丰富的合作议程。中方已经为这场对话安排了15个小时。大方向定了以后，毛泽东建议如果我们未达成一致的公报，要保持耐心。他认为写不出公报不算失败，反而应激励双方继续努力，把要制订的战略计划超越一切其他的考虑，甚至包括台湾问题上的僵局。毛泽东告诫双方不要对一个问题的谈判期望过高。他说：

> 我们谈得成也行，谈不成也行，何必那么僵着呢？一定要谈成？人家会说……第一次没有谈成，那么人们就会议论，为什么第一次没谈成呢？无非是我们的路子走错了。那我们第二次又谈成了，你怎么办啊？[28]

换言之，即使出于什么始料未及的原因，将要展开的会谈陷入僵局，中国还是会坚持不懈，争取在将来跟美国实现战略合作。

会晤快结束时，提倡继续革命的毛泽东向他此前还在大肆批判的帝国主义国家的总统强调，意识形态对两国的关系不再重要了。

> 毛泽东：(指着基辛格博士)"只争朝夕"的是他。我觉得，总的说来，我这种人说话像放空炮！(周恩来哈哈大笑。)比如这样的话："全世界团结起来，打倒帝国主

义、修正主义和各国反动派，建立社会主义。”[29]

这时，毛泽东放声大笑，好像几十年来张贴在全中国公共场所的口号居然有人会把它当真。他最后以嘲讽、戏谑又令人安心的言语结束了谈话：

> 你，作为个人，也许不在打倒之列。他们说，你这个人（指基辛格博士）也不属于被打倒之列。如果你们都被打倒了，我们就没有朋友了嘛。[30]

我们的长期人身安全就这样得到了保证，而且最高权威还担保了双方的关系与意识形态无关。于是，双方便开始了为期5天的对话，其中还穿插有宴会和游览。

尼克松和周恩来的对话

实质性的问题被分成了三类。第一类是双方的长远目标以及双方针对霸权的合作——这指的是苏联。明确指名道姓会太露锋芒。这一问题将由周恩来、尼克松和包括我在内的几位代表团成员进行讨论。我们每天下午至少要进行3小时的会议。

第二类，关于经济合作和科学技术的相互交流，这一讨论由双方的外长主持。最后，我和中国副外长乔冠华负责起草最后公报。起草小组的会议都是在晚宴之后进行的。

在政府首脑的会谈中，尼克松和周恩来的会谈可算非常独特。（尼克松当然也是政府首脑。）独特之处在于，他们把当今的各种问题都一律撇开不谈，把这些问题都交给了公报起草小组和外长们负责的那个小组。尼克松只负责向周恩来拿出一份美国政策的观念路线图。考虑到双方的出发点不同，有必要让中方听到一个关于美国目标权威而可靠的解读。

这项任务非尼克松莫属。作为谈判代表，他不喜欢面对面地与人抗争，甚至有意回避，这使他有时语焉不详、含混不清。可是，由他来介绍情况则是再合适不过。我所认识的 10 任美国总统中，他对长期的国际趋势有独到的把握。他在与周恩来 15 个小时的会谈中，向周恩来展示了中美关系的前景及其对世界事务的影响。

还在我秘密访华的途中，尼克松就向“驻台美国大使”阐述了他的看法。这位大使不得不接受了一项痛苦的任务：向台湾方面解释，今后美国要把中国政策的重点从台北移向北京。尼克松说：

> 我们必须记住，他们（台湾）也必须为此做好准备：我们会继续一步步地跟另一方——中国大陆——发展较为正常的关系。我们出于自身利益必须如此。不是因为我们喜欢他们，而是因为他们就摆在那里嘛！……而且世界局势也发生了如此巨大的变化。[31]

尼克松预测说，虽然中国局势混乱，又一穷二白，但是中国人民有这样卓越的才能与力量，中国以后一定会跻身于大国行列。他说："想想吧，中国大陆如果有个不错的政府，那会产生什么样的局面啊！上帝啊……世界上没有什么力量能——我的意思是，要是把 8 亿中国人放到一个不错的制度之下，他们就能领导全世界。"[32]

现在，尼克松到了北京，做起事来得心应手。不管他长期以来多么反对共产党，这回他访华的目的都不是要让中国领导人改信美国的民主原则或自由经济。他认为这完全是白费心机。在整个冷战期间，他寻求的是在一个布满核武器的世界上建立一个稳定的国际秩序。所以，他在与周恩来的第一次会谈中，就对革命党人的真诚表示敬意，而此前他曾说中国革命的成功是美国政策的一大失败。他对周恩来说："我们知道，你们深信你们的原则。我们也深信我们的原则。我们并不要求你们在原则上让步，就像你们也不会要我们在原则上让步一样。"[33]

尼克松承认，出于他的原则，他和他的很多同胞一样，曾宣传过与中国的目标相违背的政策。但世界发生了变化。现在，出于美国的利益，华盛顿必须适应这样的变化。他说：

> 我在艾森豪威尔政府中任职时，我的看法与杜勒斯先生的看法相似。但是自那以后，世界发生了变化，中华人民共和国和美国的关系也必须改变。就像总理在与基辛

> 格博士会面中所说的，舵手必须懂得该怎样驾驭风浪，否则只会被大潮所吞噬。[34]

尼克松建议把外交政策建立在双方利益互惠的基础之上。首先国家利益要明确，要考虑到稳定或至少避免发生灾祸对双方都有好处。这样，中美关系才能有可预见性。

> 只在这里说，总理和我都知道，光靠个人友谊——我觉得我们之间的确有着个人的友谊——是不足以建立稳固关系的……作为朋友，我们可以一起说些好听的话，但是除非我们为了各自的国家利益把这些好听的话付诸实施，否则就没有什么意义。[35]

基于这样的态度，坦诚是真正合作的先决条件。尼克松对周恩来说：“坦诚相见非常重要。要认识到，我们双方除非认为一件事情符合自身利益，否则是不会着手去干的。”[36] 尼克松的批评者常常谴责他这番话以及其他类似的话，说这是一种自私的表现。但中国领导人却经常援引这番话，说这能保证美国的可靠性，因为这番话很准确、有理，而且是互惠的。

在此基础上，尼克松提出即使在大部分美军撤出越南之后，也还要维持美国在亚洲的长期作用。不寻常之处在于，他声称这样做符合双方利益。几十年来，中国的宣传一直攻击美国在亚洲地区的存在，说这是殖民压迫的一种表现，呼吁“人民”起来反抗。但尼克松在北京时坚称，地缘政治的需要超越了意识形态——他此时身在北京就足以证明这一点。有苏联在中国北部边境陈兵百万，北京不可能再把其外交政策建立在“打倒美帝国主义”的口号之上。在赴华以前他就跟我强调过美国在国际上的重大作用：

> 我们不必为美国在国际上的重大作用而内疚，过去、现在、将来都不必，也不必大喊美国应做些什么。换句话说，我们不用拍着胸膛，像个苦行僧一样满口忏悔，大呼要撤军，要做这做那。我们的话得这么说：“美国威胁到谁了？你倒说说看，你要谁来取代美国，起到这个作用？”[37]

尼克松把国家利益绝对化了，这个提法很难成为规范国际秩序的唯一基本概念。国家利益的界定多种多样，不一而足，各种诠释的差距也太大，无法定下一个可靠、单一的指南。一般来说，不同的价值观需要达成一定程度的共识，以便能对各方略加遏制。

中美两国是在关系停顿了20年之后才开始交往的。双方的价值观迥然不同，甚至可以说是截然相反。对国家利益达成一致意见，虽然困难重重，却是当下为缓和关系而能走的最实实在在的一步。意识形态挂帅则会把双方推向对峙状态，动辄处处相互角力。

实用主义就够了吗？实用主义可以解决利益冲突，也同样可以使冲突更为激烈。各方自然比对方更了解自己的目标。若从实用角度做一些必要的让步，则会被国内的反对党利用，说这是示弱的表现，当然这也要看自己国内的地位是否稳固。因此，双方都想不断抬高自己的价码。在第一次跟中国打交道的过程中，问题是双方对利益的界定有多大的一致性，或者说可以在多大的程度上达成共识。尼克松和周恩来的谈话提供了这种一致性的框架，而达成一致的桥梁就是《上海公报》以及其中关于台湾前途问题那争议颇多的一段。

《上海公报》

公报的适用期一般都很短，它只是确定一种基调而不是具体方向。但尼克松访华的联合公报却截然不同。

领袖都喜欢给人一种印象，好像一个结构完整的联合公报是在与对方谈话之后从他们脑子里蹦出来的。人们一般都以为，联合公报里的每个字，甚至每个逗号都是领袖们亲自共同敲定的。但经验丰富、睿智的领袖不会这样做。尼克松和周恩来知道，会谈的时间一定很紧张，要领袖们参加起草会有危险性。一般来讲，就算意志坚强的人——意志不坚强怎么会当上领袖呢——在时间少、媒体又紧追不放的情况下也不一定能打破僵局。因此，外交官赴重大会议时，往往是带着已经大致完稿的会议公报去的。

我 1971 年 10 月被尼克松第二次派往北京，任务就是去起草公报。在后来的讨论中，我们把这次访华的代号定为“波罗二号”——把第一次密访称为“波罗一号”——以后，我们的想象力就枯竭了。“波罗二号”的主要目的是写成一份公报，在 4 个月以后尼克松访问结束前让中国领导人和总统共同批准。

我们抵达北京时，中国的政府机构正处于一片混乱。几个星期前，毛泽东指定的接班人林彪据说策划了一场阴谋，但官方从未透露过这阴谋究竟有多大范围。有各种不同的说法，但是当时最流行的说法是，主持编辑《毛主席语录》“红宝书”的林彪好像认为，为了保证中国的安全，与其跟美国搞在一起，还不如再次高高举起“文革”的大旗。也有人说，林彪的确反对毛泽东，但当时他的立场其实跟周恩来和邓小平的务实立场颇为相近，他的极左狂热只是一种掩护。[38]

我和我的同事们 10 月 20 日抵京时，那场危机仍然余波未平。我们出了机场以后，沿途处处可见“打倒美帝国主义及其走狗”的标语口号，其中有一些还是用英文写的。我们下榻的国宾馆客房里也有类似这样的传单。我让我的助理把传单都收起来交还给中方的礼宾官员，说这是前面住过的客人留下的。

第二天，陪同我去人民大会堂见周恩来的外交部副部长注意到这事可能会引起尴尬。他特意让我注意墙上一条英文标语：“亚非乒乓球赛欢迎您。”这条标语是新贴上去的，盖住了原来令人不快的一条。我们一路上看到的贴有口号的墙都被粉刷一新了。周恩来似乎是随口说道，我们应对中国观其行，而不是只听它“放空炮”——几个月后，我们又从毛泽东口中听到了这个词。

对公报的讨论起先没有什么特别之处。我拿出了一份我和助手们起草的、尼克松已批准过的公报草案。在我们的草案中，双方都表示要致力于和平并保证就未决问题进行合作。关于台湾的那一节是一片空白。周恩来同意把该草案作为讨论的基础，答应第二天早上拿出中方的修改意见和备选案文。这都是写公报的常规做法。

接下来发生的情况就出人意料了。毛泽东进行了干预，让周恩来不要再去写那个公报。他可以把他的共产党正统言论说成是“放空炮”，但却还是把“空炮”当作共产党干部的指南。他指示周恩来在公报中重申中国的共产主义理论，说这就是中国的立场，美国人想要讲什么就随他们讲什么。毛泽东的一生都认为和平是斗出来的，和平本身不是目的。中国不怕承认跟美国有分歧。周恩来的草案和我的草案都是陈词老调，只有苏联才会签这样的东西，签时就缺乏诚意，以后也不会贯彻执行。[39]

周恩来拿出的公报草案是遵照毛泽东的指示写的，草案坚定地阐述了中国立场。其中，我们的立场是几页空白，周恩来认为我们的语气也会同样强硬，当然立场是截然相反的。公报的最后一部分是共同立场。

起初我吓了一跳。不过我想了一下，好像这种非正统的格式倒是能把双方的问题都解决了。各方都可以重申自己的基本信念，让国内人民和疑心重重的盟友们放心。两国的分歧是20年来众所周知的。这样的对照反而更能突出达成协议的重要性，得出的积极结论也会更可信。当时美国没有驻华外交使团，也没有相当安全的通信方法，所以我无法跟华盛顿联系，但我相信我是熟悉尼克松的想法的，可以往下进行。

就这样，在中国土地上发表、由中国媒体宣传的一份公报中，美国方面表示，美国支持全世界各国人民的“个人自由和社会进步”；宣布跟韩国与日本两个盟友的密切联系，声明在新的国际秩序中，任何国家都不应自称一贯正确，各国都应在没有外来干预的情况下取得发展。[40] 中方当然是以同样的语气阐述了相反的看法。中国人民并不以为怪，媒体整天都在进行这样的宣传。但是，各方既然签署了这样一个各说各话的文件，实际上是在宣布意识形态上的停战，并使意见一致之处更显突出。

关于霸权的那一段是意见最为一致的：任何一方都不应该在亚洲—太平洋地区谋求霸权，每一方都反对任何其他国家或国家集团建立这种霸权的努力。[41]

历史上，任何两个国家在意见远远不如这样一致的情况下都能建立联盟了，更不用说这么一个公报。尽管它咬文嚼字，但它确是一个令人震惊的成果。两个国家差不多 6 个月前还是仇敌，现在却宣布共同反对进一步扩大苏联的势力范围。这是一场真正外交革命。下一步理应就是讨论如何制定战略，击退苏联的野心。

这项战略能否得以维持，要看台湾问题能否取得进展。到尼克松访问期间讨论台湾问题时，双方已经从 7 个月前的密访开始就在研究这个题目了。

谈判进展到这个地步，就要由外交官做出选择了。有一个传统的战术，就是先摆出自己的最高姿态，然后逐渐让步，退到能实际争取得到的地步。急于要保住自己在国内地位的谈判代表颇好此道。然而，一开始先提出过高的要求，貌似“强硬”，但由于随后就放弃了开头的这一着儿，这样做就相当于一点点地软下来。对方则可能会得寸进尺，看看能把案文改动到什么程度。于是，谈判进程就变成了一场毅力的较量。

较好的办法不是重程序、轻内容，而是在一开始就提出比较接近于自己认为最可持续的建议。所谓“可持续”，抽象地说，就是若维持下去，对双方都有利。这在台湾问题上是个特别大的挑战，因为在这个问题上，双方让步的余地都很小。所以，我们一开始就提出了在我们看来为积极推进台湾问题所必需的立场。2 月 22 日尼克松根据我 7~10 月的访华会谈归纳出了五项原则。这五项原则很全面，同时也是美国的底线，将来的一切活动都要在这个框架中进行。这五项原则是：重申一个中国的政策；声明美国不支持台湾岛内的独立运动；美国不鼓励日本插手台湾问题（考虑到历史原因，这是中国特别关注的问题）；支持以和平方式解决中国大陆和台湾的问题；支持继续推动正常化。[42] 2 月 24 日，尼克松解释了在美国执行这些原则时台湾问题在内部可能怎样演变。他说他的意图是在连任总统期间完成正常化的进程，并在这段时间内从台湾撤军。不过他也警告，他无法做正式的承诺。周恩来回答说，双方都有"困难"，"不设时限"。

原则立场和务实精神就这样达到了一个模糊的平衡。随后，我和乔冠华草拟了《上海公报》剩下的最后一节。其关键的内容只有一段，但为了写这一段，我们开了几乎整整两个夜车。这段内容是：

> 美国方面声明：美国认识到，在台湾海峡两边的所有中国人都认为只有一个中国，台湾是中国的一部分。美国政府对这一立场不提出异议，重申它对由中国人自己和平解决台湾问题的关心。考虑到这一前景，它确认从台湾撤出全部美国武装力量和军事设施的最终目标。在此期间，它将随着这个地区紧张局势的缓和逐步减少其在台湾的武装力量和军事设施。[43]

这一段把几十年的内战和敌意化作北京、台北和华盛顿都可以接受的一个原则。美国关于一个中国政策的说法是，承认海峡两岸任一边的中国人的信念。这种说法的灵活性让美国在自那以后的几十年中，把自己的立场从“承认”转向了“支持”。台湾获得了发展经济、发展自身的机会；中国大陆获得了对它“核心利益”的承认，把台湾和大陆在政治上连起来了；美国则申明希望用和平方式加以解决。

尽管有时出现一些紧张状况，《上海公报》还是达到了目的。在签署后的40年中，中美双方都没有让这个问题中断两国关系的发展势头。整个进程相当微妙，时而还出现紧张气氛。在整个过程中，美国阐明了和平解决的重要性，中国则坚称必须最终统一。各方都实行了克制，力争避免跟对方展开意志或力量的较量。中国提出了核心原则，但至于这些原则何时执行则持灵活态度。美国是务实的，具体事情具体处理，但有时候受到了美国国内压力的严重影响。总的来说，北京和华盛顿都一切以中美关系为重。

话虽如此，权宜之计还是不能与长期局面混为一谈。中国领导人从未放弃过对最终统一的坚持，也不应该期望他们会放弃这一点。同样，据我预测，也没有一个美国领导人会放弃或改变美国坚持和平解决这一问题的立场。政治家需要避免任其自流地发展到迫使双方都不得不考验对方信念的性质、考验其信念是否坚定的严重地步。

余波

读者应该记得，自那以后的几十年中，本书所描述的外交礼节和待客之道都发生了很大的变化。耐人寻味的是，早期共产党领导人的待客之道比现在更符合中华帝国的传统。当今中国的待客之道不那么复杂了，没有那么多的敬酒，政府方面的语气也不是那么热情奔放了，但准备工作还是一丝不苟，论点还是复杂精微，长远规划和对无形因素的敏感度也都没有什么大的变化。

国事访问很少能给国际事务带来重大影响，但尼克松访华却是一个例外。中国又回到了世界外交舞台上，美国也有了更多的战略机会，这都给国际体系赋予了新的活力和弹性。尼克松访华后，其他西方民主国家和日本的领导人也先后访问了中国。《上海公报》里包含了反霸的内容，这就说明实际上联盟的组成有了变化。虽然这个进程首先限于亚洲，但一年以后就遍及全世界。中美之间磋商的频繁程度甚至在正式盟友之间都是极其罕见的。

接下来的几个星期，美国都有着一种兴奋激动的情绪。很多美国人认为对华开放让中国又回到了国际大家庭（的确如此），并把新的局面看成是国际政治中永恒的一部分（并非如此）。不轻易相信人的尼克松没有忘记，我也没有忘记，如前几章中所描述的，中国执行之前的政策时是跟执行现在的政策一样坚定的。中国领导人虽然现在那么优雅可亲地对我们以礼相待，但他们其实不久前还在以同样坚定、同样解释得通的方式走着截然相反的道路。不能假设毛泽东或者他的接班人会放弃他们奋斗一生的信念。

将来中国政策的方向将是意识形态和国家利益的混合体。对华开放造就了一个机会，使双方能在利益一致时加强合作，在发生分歧时缩小分歧。苏联的威胁为中美修好提供了推动力，但两国面临的更大挑战在于，必须建立起几十年合作的信念。这样，中国新一代领导人也会出于同样的必要而积极努力，并促使美国方面也这么做。中美修好的好处并不是永恒的友谊或互相融洽的价值观，而是重新达成全球的力量平衡。这需要双方领导人的不断努力。也许，随着时间的推移，双方还能在价值观上达成更大的融洽。

在这个过程中，各方都会捍卫自己的利益，都会在自己与莫斯科的关系中把对方作为筹码。毛泽东总是说，世界不是静止的，矛盾和失衡是自然规律。中共中央在一份文件中反映出了这个观点，说通过尼克松的访问，中国“利用了矛盾，分裂了敌人，壮大了自己”。[44]

双方的利益会真正趋向一致吗？双方能不能把利益跟意识形态分开，以避免对立情绪掀起大风大浪。尼克松访华打开了应对这些挑战的大门，而这些挑战今天依然存在。

| 第十章 |

准联盟：与毛泽东的谈话

我的秘密访华重建中美关系，尼克松的访华则开启两国的战略合作历程。但尽管合作原则已浮出水面，其框架仍有待敲定。《上海公报》的措辞暗含着一种联盟关系，然而中国自力更生的现实又很难让形式与实质联系起来。

自有历史记载国际事务以来，联盟关系就一直存在。结盟的原因各有不同：汇集各联盟国的实力；规定互助的义务；提供一种超出眼前战术考虑的威慑力量。中美关系的特别之处在于，两国作为伙伴冀望协调行动，但又不愿把它作为正式义务。

这种情况是中国对国际关系认知禀性的必然结果。毛泽东既然已经宣告中国“站起来了”，他可以与美国接触，但绝不会承认中国有任何靠一己实力不足以应对的挑战。在任何时候，他也不会接受超越国家利益的抽象援助。中国在毛泽东早期领导下仅曾与一个国家结盟：苏联。当时新中国建立伊始，在探求国际地位的道路上还需要支持。1961 年，中国与朝鲜签订了《友好合作互助条约》，其中就有一条规定双方要共同防御外来武装进攻，该条款在我写本书时仍然有效。但这基本上还是属于中国历史上惯见的附庸关系：中国愿意提供保护，而朝鲜的互惠回应对两者关系而言则无关紧要。与苏联的盟约一开始即呈现出紧张态势，主要是因为毛泽东不愿接受丝毫屈从与妥协。

尼克松访问中国后，两国之间形成的伙伴关系并非见诸文献的正式的相互保证，甚至连以各种非正式协议为基础的默契联盟都称不上。它是在 1973 年 2 月和 11 月与毛泽东的会谈以及 1973 年与周恩来长达数小时会谈之后达成的理解的基础上，形成的一种准联盟关系。自此，中国一改尼克松访问前的作风，不再设法约束或限制美国投射其实力。相反，中国公开宣称其目标是通过明确的战略计划，借美国之力与“北极熊”相抗衡。

这种对应做法取决于中美领导人是否有共同的地缘政治目标，特别是针对苏联。中国领导人给美国领导人私下安排了几场苏联意图专题讨论会，会上中方一反常态，率性直言，好像这个议题的重要性不容许他们用惯常办法婉转叙述娓娓道来。美国也对自己的战略构想做了详细的介绍。

在中美新关系开始的头几年，中国领导人偶尔继续对美帝国主义发射意识形态“炮弹”——有的也就是些老生常谈——但私下里他们却批评美国官员在外交政策上放不开。其实在整个20世纪70年代，中国比大多美国民众或国会更赞同美国强力应对苏联意图。

“一条线”：中国的遏制对策

有一年的时间，这一构想差的就是毛泽东的拍板。他在与尼克松的会见中亲自定了大方向，但或许是因为当时《上海公报》的内容尚未厘定，他刻意拒绝讨论战略或战术内容。

在此期间，毛主席与我进行过两次长谈：第一次是1973年2月17日夜晚，从晚上11：30到凌晨1：20；第二次是1973年11月12日，从下午5：40直至晚上8：25。谈话的时间背景决定了谈话范围。第一次谈话是在我与北越首席谈判代表黎德寿草签了结束越战的《巴黎和平协定》之后不到一个月，故此时中国已不需要进一步向越方表示出共产主义阵营的团结。第二次谈话则在1973年美国在阿以战争中发挥了决定性作用，致使阿拉伯国家，特别是埃及，自仰赖苏联转而仰赖美国之后。

毛泽东在两次谈话时，在聚集的众媒体前均对中美关系表示热情支持。在2月那次谈话中，他说中美两国一度“彼此是敌人”，“现在我们的关系说是叫作什么friendship（友谊）[1]”。在把这种新关系称为友谊后，他又进一步赋予它一个实用性的定义。他喜欢打比方，所以他选了一个我们最不担心的主题——中方对到访的美国官员展开的情报活动。这等于是在不要求互惠的情况下间接地表达了一种伙伴关系：

> 咱们谁也不要讲假话，不要搞鬼。你们的那些文件，我们是不会偷的。你们可以随便放，试试看。我们也不搞窃听器那一套。搞那些小动作没有用。有些大动作也没什么用。我跟你们的记者斯诺……说过……我们也有情报局，情形也一样，不管用（周恩来在一旁笑了）。比方，他们就不知道林彪这桩事（周恩来继续笑着）。还有，他们也不知道你想来中国。[2]

最不可能发生的就是中美放弃对彼此的情报收集。如果中美两国的关系真要进入一个新纪元，双方就必须彼此透明并就各自的想法深入沟通，但却不太可能以限制其情报机构的活动为起始点。毛泽东一方面是在表示他愿意一切透明，一方面也在正告众人谁也骗不了他——这一点他在11月的谈话之初也再次提到。作为谈话的引子，他言语诙谐，略带不屑，同时也很有技巧地描述了他是如何修改他要与苏联进行一万年意识形态斗争的承诺的。

> 毛泽东：他们想通过罗马尼亚的（共产党领导人）齐奥塞斯库来言和，他们想说服我们不要继续意识形态斗争。
>
> 基辛格：我记得他当时在。

毛泽东/周恩来：那是很久以前的事了。

周恩来：他第一次到中国。（英语）

毛泽东：第二次（苏联总理）柯西金亲自来了，当时是 1965 年。我跟他说我们要跟他斗争一万年（笑）。

翻译：主席说的是斗争一万年。

毛泽东：这一回我对柯西金做了让步。我说，我原来说斗争要进行一万年。既然他亲自来见我，我可以减个一千年（笑）。你看我多大方，一让就让了一千年。[3]

谈话所传递的基本信息还是一样：可能的话合作，但不得耍花招，这位久经沙场的老将是骗不了的。在更深层次上说，他的话也是一个警告：如果和解不成，中国也将是一个不好对付的劲敌。

一年前与尼克松会谈时，毛泽东未对台湾问题进行任何实质性的讨论。如今，为去除一切威胁因素，他明确地把台湾问题与整个中美关系脱钩："美国与我们的关系应和我们与台湾的关系分开来处理。"毛泽东认为，美国应同日本一样，"与台湾断交"（但仍保持非正式的社会和经济联系），"然后我们两个国家就可以解决外交关系问题了"。但谈及北京与台湾的关系时，毛泽东警告道："关系相当复杂，我看没办法和平解决。"他随即转问外交部长姬鹏飞："你认为能吗？"在与在场的其他中国人进一步交谈后，毛泽东说明了他的主要论点——并不存在任何时间压力：

毛泽东：他们是一帮反革命分子，怎么会跟我们合作？依我看我们可以暂时不管台湾，等一百年以后再说。世界上的事情不需要如此匆忙。有什么必要这么急呢？不也就是个千把万人口的一个岛嘛。

周恩来：现在人口是一千六百万。

毛泽东：至于你们和我们的关系，我认为不需要一百年。

基辛格：我相信是这样。我们应当快得多。

毛泽东：不过这要由你们来决定，我们不催你们。如果你们觉得有必要，我们就配合。如果你们觉得现在还不行，那我们也可以晚些时候再说。

……

基辛格：不是有没有必要的问题，而是实际上可不可行的问题。

毛泽东：这不是一样吗（笑）。[4]

用毛泽东典型的矛盾论来解读，这里有两个同样重要的主要论点：第一，北京不会断了自己对台用武的后路——其实还预期有朝一日必须用武；但第二，起码就目前来说，毛泽东把这个日子往后推，他甚至还说愿意等上一百年。这一番谈笑的用意是为了突出主题，亦即乔治·凯南遏制理论的积极应用——该理论的大意是苏联体制如无法扩张，必将因其内部矛盾而瓦解。[5]凯南把他的理论主要应用于外交布局和国内政策上，而毛泽东则主张利用一切可用压力进行直接对抗。

毛泽东对我说，苏联构成一个全球性的威胁，必须在全球加以抵制。不论其他国家会怎么做，中国即便是其军队必须撤至内地打游击战也要抵御外侮。但若与美国和其他志同道合的国家合作，必将加速长期积弱的苏联在这场较量中失败之日的到来。中国不会要求他国援助，也不会以他国的合作为其合作的前提。不过，中国愿意采取对应战略，特别是与美国进行配合。联结我们的纽带是共同的信念，而不是形式上的义务。毛泽东坚持认为，全面遏制苏联的坚定政策一定会成功，因为苏联的野心太大而能力不足：

毛泽东：他们的对手太多了。他们得应付太平洋，得应付日本，得应付中国，还得应付有不少国家的南亚。他们一共只有百万部队，连防守都不够，更谈不上进攻。除非你们把他们放进来，先给他们中东和欧洲，他们才能进攻，才能把部队往东调。那也需要一百多万部队。

基辛格：我们不会那么做。我同意主席的意见，如果欧洲、日本和美国团结一致——我们在中东正在做主席上次跟我讨论的事——中国遭受攻击的危险将非常小。

毛泽东：我们也牵制了他们一些部队，这对你们在欧洲和中东也是有利的。譬如，他们有部队驻扎在外蒙，迟至赫鲁晓夫时代都未曾有过这样的事。当时他们在外蒙还没有驻军，因为珍宝岛事件发生在赫鲁晓夫之后。它发生在勃列日涅夫时代。

基辛格：当时是1969年。所以西欧、中国和美国在这段时期协调路线才如此重要。

毛泽东：对。[6]

毛泽东所鼓励的合作还不只局限于亚洲问题。就在1973年阿以战争过后不久，萨达姆·侯赛因访问莫斯科后，伊拉克引起了毛泽东的注意，也成了他全球战略的一部分：

毛泽东：现在有个关键问题，就是伊拉克巴格达的问题。不知道你们是否可能在这个地区做些什么。对我们来说作为的可能性不太大。

周恩来：要做事相对来讲比较困难。可以跟他们接触，但是要他们改变方向还需要一段时间。等他们尝到苦头以后他们才有可能改变方向。[7]

周恩来的意思是有必要协调政策，使伊拉克对苏联的依赖代价过高，迫使它基本上跟埃及一样改弦更张。（这话也可能有自嘲的意味，意指苏联的盟国最终都会像中国一样，忍受不了苏联的嚣张气焰。）毛泽东就这样几乎把中东各国逐一做了一番实力强弱的分析。他强调土耳其、伊朗和巴基斯坦作为苏联扩张屏障的重要性。除伊拉克外，他对南也门也不太放心。[8]他吁请美国加强它在印度洋的实力。他可称得上是位冷战斗士典范，肯定会得到美国保守派人士的赞许。

日本是毛泽东协调战略的一个主要组成部分。在 1971 年的秘密会谈中，中国领导人仍对美日共谋持相当怀疑的态度。周恩来警告我们要防范日本；他说一旦日本经济复苏，对美国构成挑战，美日之间现存的友谊终将瓦解。1971 年 10 月，他又表示日本“翅膀硬了，要自己飞了”。[9]我当时的答复是，孤立的日本将比作为国际秩序（包括与美国结盟）一员的日本问题大得多。这一点尼克松在访华期间也曾进一步阐述。到我们 1973 年 11 月谈话时，毛泽东已接受了这一观点。这时候他倒劝我多注意日本，多花点儿时间培养与日方领导人的关系：

毛泽东：我们来谈一下日本。这回你去日本要多待几天。

基辛格：主席老是数落我对日本做得不对。主席的话我是认真对待的，这回我会待两天半。……不让日本觉得自己孤立无援非常重要。不应该让他们有太多想耍花招的诱因。

毛泽东：就是不能迫使他们倒向苏联。[10]

中美之间的全球协调该怎样落实呢？毛泽东建议由各方草拟一个关于各自国家利益的清晰理念，出于自我需要而进行合作：

毛泽东：我们还说在同一情况下（用手势比画），这也是你们的总统坐在这里讲的，各方以各自的手段出于各自的需要采取行动。其结果就是两国携手合作。

基辛格：对，我们两国面临的是同一危险。有时候我们的方法或许不同，但目标却是一致的。

毛泽东：这就行。只要目标相同，我们不损害你们，你们也不损害我们。我们可以一起共同对付一个坏蛋。（笑）实际上就是有时候我们要批评你们一下，你们要批评我们一下。按你们总统的说法，这叫意识形态影响。你们说共产党算了吧，我们说帝国主义算了吧。有时候这些话是要说的，不说不行。[11]

换言之，只要不妨害共同对付苏联威胁的需要，各方都可使用任何意识形态口号来满足自己国内的需要。意识形态将沦为国内管理工具，而与外交政策分家了。当然，意识形态之间的停战只有在目标不相悖的时候才有可能。

在政策执行上，毛泽东可以相当务实；在政策构想上，他总是努力抓住大原则。做了半个世纪意识形态运动领导人，毛泽东并不是陡然之间变成了纯实用主义信徒。凯南的遏制论主要应用在欧洲和大西洋关系上，毛泽东却是放眼全球。他认为，凡受到苏联扩张主义威胁的国家“要搞‘一条横线’，美国、日本、巴基斯坦、伊朗……土耳其和欧洲”。[12]（这就是伊拉克出现在前一次对话中的原因。）毛泽东在 1973 年 2 月跟我提出他的概念，还跟我解释联合起来的各国应如何与苏联进行斗争。后来，他又争取日本外相支持这一想法，提出了由前线国家组成"一大片"的构想。[13]

我们同意他分析的基本内容，但该策略原想绕过的中美国内体制差异问题却又在议论落实问题时重新浮出水面。这两个截然不同的政治体制该如何执行同一政策？对毛泽东而言，构想与执行是一回事。对美国而言，困难在于在水门事件丑闻危及总统权威时，如何让民众和我们的盟友拥护这一共识。

用"一条线"策略对抗苏联，反映了中国对国际局势的冷静分析，其战略必要性不言而喻。但同时它也突显了这种主要植根于国家利益的政策的先天暧昧之处，它有赖各方每遇情况都要做出类似的判断。美国、中国、日本和欧洲若联合起来，苏联就必败无疑。但如果有几个伙伴另有打算，特别是在相互之间并不存在正式义务的情况下，那又如何？万一真如中国所担心的，有几个伙伴研判后认为制衡的上策是让美国或欧洲或日本向苏联示好而不是与之对抗，那又如何？万一这个三角关系的一员看到有可乘之机，想改变这个三角的性质，而不想稳定这个三角关系呢？简单地说，如果其他国家也奉行中国孤高的自力更生原则，这些国家又会怎么做呢？因此，就在中国和美国展开最重大合作的同时，双方领导人也就这个准联盟的诸多成员或许会借此来图谋私利的问题进行了讨论。中国自力更生的理念反倒使中国领导人很难相信他们的伙伴也甘冒同样的风险。

毛泽东这位矛盾论的专家，在应用他的“一条线”概念时遇到了一系列不可避免的矛盾。其中一个矛盾就是这个战略很难与中国自力更生的理念相一致，而合作有赖于将各方的独立分析整合起来。如果各方分析都与中方的相吻合，那就没问题；但各方若出现分歧，中国的猜疑就会显得与众不同，日后将很难消除。

“一条线”概念有西方集体安全概念进一步强化的意味。但实际上，集体安全的获得多半取决于各国之间的共同点，而不是取决于地缘政治设计最精妙的国家的信念。这无疑是美国在联盟中寻求领导地位的经验之谈。

这些全球安全体系固有的难题，对毛泽东而言显得尤为复杂，因为对美国的开放并没有像他原先设想的那样影响到美苏关系。毛泽东之所以倒向美国，是因为他以为美苏的分歧最终会使这两个核超级大国无法达成实质性的妥协。从某种意义上讲，这是用了20世纪30和40年代共产党“统一战线”的策略，与尼克松访问后出现的口号“利用矛盾，各个击破”同出一源。毛泽东原本以为美国对中国的示好会让苏联疑心大起，从而扩大美苏矛盾——前者是发生了，而后者则不然。中国向美国打开大门后，莫斯科也开始讨好华盛顿，两个核超级大国之间的接触剧增。虽然美国清楚地示意，美方认为中国是国际秩序的必要组成部分，如果中方受威胁美方将予以支持，但事实是美国另有更重要的战略选择，这本身就与这位老革命家的战略直觉相矛盾。

正如毛泽东开始审视“一条线”战略时所看到的，该战略的问题在于如果一切行动都取决于各国实力的高低，那么中国的相对军事弱势将使其起码暂时得依赖美国的支持。所以，在合作对话的每一阶段，毛泽东与其他中国领导人均坚持一个主张，以维护中国的行动自由与国家尊严，那就是他们不需要保护，中国有能力应付一切可预见的危机，必要时也可以孤军上阵。他们用的是集体安全的辞藻，但却要保留决定其内容的权利。

当毛泽东详细描述他将后撤到内地以诱敌深入，让侵略者陷入被敌对群众包围的陷阱时，我问他：“如果他们就扔炸弹不派兵怎么办？”毛泽东的答复是：“怎么办？也许你可以召集一个委员会来研究这个问题。我们会让他们把我们打垮，他们也会耗尽实力。”[14] 言下之意就是，美国人爱研究问题，而中国人则重行动，所以毛泽东即便是在诠释“一条线”理论时，也不可避免地把一旦准联盟失败，中国将如何准备独立奋斗的精彩细节都讲到了。毛泽东与周恩来（以及后来的邓小平）都强调中国正在“深挖洞”，已做好准备单靠“小米加步枪”坚持几十年。从某种程度上说，这番豪言壮语可能是在有意掩盖中国的脆弱面，但同时也反映了中国对如何面对全球大战这一实际梦魇的严肃分析。

对中国经受得起核战争的问题，毛泽东有过多次沉思，不时还语带洒脱诙谐——因为中国人多到连核武器都无法赶尽杀绝——这让一些西方观察家以为他精神有问题，同时也在一定程度上削弱了西方的决心，因为这引起了人们对核战争的恐惧。

其实，毛泽东真正担心的是美国和西方世界安全理念背后学说的实际含义。相互确保摧毁理论的威慑靠的是造成一定破坏程度的能力，而敌对方假设也有同等的能力。全球性自杀的威胁怎样才不会沦为空谈呢？毛泽东的解释是，美国依赖相互确保摧毁论就反映了美国对除核武器之外的其他军力缺乏信心。1975 年的一次谈话即以此为主题。当时毛泽东直捣我们冷战核困境的中心问题："你们对核武器有信心，相信核武器。你们对自己的军队不信任。"[15]

中国受到核威胁，而且将有一段时间没有足够的还击手段怎么办？毛泽东的回答是，中国将依靠超凡的耐力谱写出一段惊天地泣鬼神的壮丽诗篇。没有其他社会能想象，在数以亿万计伤亡和大多城镇被占被毁后，一个国家仅凭反败为胜的意愿，就能建立一种可靠的安全政策。单凭这一鸿沟即可说明西方与中国安全观点的差距。中国历史上不乏克服他人无法想象的深重苦难，但最终以文化优势或幅员辽阔而让侵略者功亏一篑的事例。毛泽东偶尔会对中国人民和文化的日常表现讥笑嘲讽，但其另一面却正是他对中国人民和文化的坚定信心。这种信心不仅因为中国人口众多，还因为中国文化的坚韧以及人民间的强大凝聚力。

可是，比较善于顺应和回应自己百姓的西方领导人就不会这样直截了当地拿老百姓去牺牲（虽然他们通过自己的战略学说也在间接这样做）。对他们来说，核战争必须是最后的不得已之举，而不是标准操作程序。

美方并不能完全理解中国人执着的自力更生理念。美国人习惯于通过正式的保证声明来加强与欧洲的关系，而类似声明对中国领导人会有一些什么影响，他们却不一定能做出正确判断。尼克松访华前，黑格上校带领美方先遣小组 1972 年 1 月见周恩来时，用的就是标准的北约套话，他说尼克松政府会抵制苏联围堵中国的努力。毛泽东的反应十分坚定："围堵中国？我要他们来救我，可能吗？……他们关心我吗？这是猫哭耗子假慈悲！"[16]

在 1973 年 11 月访问结束前，我向周恩来建议在北京和华盛顿之间开通一条热线，并将其加入减少突发性战争风险的协议中。我是考虑到中国疑心军控谈判是美苏企图联手孤立中国之举才这样建议的，好让中国有机会参加这一进程。但毛泽东不这样看。"有人要借我一把伞，"他说，"我们不要，我们不要核保护伞。"[17]

中国不同意我们关于核武器的战略观点，更不用说我们的集体安全学说了；中国用的是传统的“以夷制夷”的办法让周边势力分裂。中国历史上的梦魇就是“夷”拒绝如此被利用，反而联合起来，以其强大武力或征服中国或让它形成割据局面。从中国人的角度出发，如今夹在不友好的邻邦苏联和印度之间，对美国又并非毫无猜疑，这个梦魇从未完全消逝。

对苏联的基本策略，中美存在分歧。中国喜欢不妥协的对抗态势。美国在抵制对国际平衡的威胁方面也同样不妥协，但我们坚持以开放的态度在其他问题上改善关系。对华开放震动了莫斯科，这也是我们这么做的原因之一。其实就在我们着手准备秘密访华的那几个月里，我们同时也在探讨是否可能举行尼克松与勃列日涅夫之间的首脑会谈。北京会谈举行在先主要是因为苏方想对尼克松的莫斯科之行附加条件，尼克松的北京之行一经宣布，苏方就立即将此计弃而不用了。中国人当然很快就注意到了美国与中国和苏联的关系都比中苏之间的关系密切，因此引发了中国领导人几番言辞尖锐的评论。

即便在中美关系的巅峰期，毛泽东和周恩来都偶尔会对美国将如何应用其战略灵活性表示关切。美国是打算“骑在中国人的头上跟苏联示好吗”？[18] 美国的“反霸”承诺是不是虚晃一招，一旦中国放松警戒，华盛顿和莫斯科会不会串通起来置北京于死地？西方是在骗中国，还是在骗自己？不管是骗谁，实际后果可能就是把苏联这个“祸水”东引到中国。周恩来在1973年2月就谈到了这一主题：

周恩来：也许他们（欧洲人）要把苏联这个祸水引入另一个方向——往东引。

基辛格：苏联往东打或往西打对美国来说都一样危险。苏联往东打对美国也没有好处。其实苏联要打的话往西打还比较好，因为我们的抵抗会得到更多的民众支持。

周恩来：对，所以我们认为西欧人要把苏联往东引也是妄想。[19]

凡事都追根究底的毛泽东有时会把他的辩证法用在美国身上。他说美国或许可以考虑用越南的教训来一劳永逸地解决共产党国家的问题：介入地方性战争会伤及参战大国的元气。同理，“一条线”理论或西方的集体安全概念也可能变成中国的陷阱：

毛泽东：因为自从你们在越南泥足深陷后遇到了许多困难，你想如果他们（苏联）陷在中国，他们感到舒服吗？

基辛格：苏联？

唐闻生：苏联。

毛泽东：你们就让他们陷在中国半年，一年，两年，三年或四年，再去动苏联的脑筋。到时候你们就可以打出和平的口号，就说为了和平必须打倒社会主义帝国。或许你们可以开始帮助他们，就说可以提供一切帮助来对付中国。

基辛格：主席先生，我们确实非常需要彼此了解对方的动机。我们绝对不会有意与别人合作来攻击中国。

毛泽东：(打断基辛格的话) 不，不是这样。你们这么做的目的是为了打垮苏联。[20]

毛泽东的话不无道理。对美国而言，理论上这不失为可行战略，唯一欠缺的就是构想这一战略的领导人或支持它的民众。它的抽象操作在美国是做不到的，也是不可取的；美国的外交政策永远不能只基于强权政治。尼克松政府对中国安全的重视绝非戏言。实际上，美国和中国交换了大量信息，并在许多领域开展合作。但华盛顿不可能把如何实现安全的战术决定权拱手让给别国，不管这个国家有多重要。

水门事件的影响

就在美国与中国的战略思考努力寻求一致之际，水门危机眼看着就要削弱美国应对地缘政治挑战的能力，从而使得这一关系的进展半途而废。北京无法理解为什么要搞垮这位愿意接纳中国的总统。尼克松于 1974 年 8 月 8 日辞职，副总统杰拉尔德 · 福特就任总统。1974 年 11 月国会选举后，国会对积极外交政策的支持土崩瓦解。军事预算惹起了争议。对一个关键盟友（土耳其）实施了禁运；两个国会委员会（参议院的邱奇委员会和众议院的派克委员会）同时对情报机构进行公开调查，泄漏了大量秘密情报信息。美国防止苏联在发展中国家扩张的能力因《战争权力法》的通过而被削弱。美国滑入了国内瘫痪状态——一位非民选的总统要应付一个敌对的国会——这给苏联制造了可乘之机，甚至让中国某些领导人不禁怀疑这是不是我们事先设计好的。1975 年初，国会对美中共同组建柬埔寨联合政府的努力叫停，北京对此的解读是这是美国在苏联围堵中国面前软弱的表现。[21] 在中国人看来，缓和政策在这样的气氛下或将沦为毛泽东所谓的"打太极拳"，只能制造外交进展的假象而没有实际成效。中国领导人告诫美国人（和其他许多西方领导人）绥靖的危险。在赫尔辛基举行的欧洲安全与合作会议成了中国特别批判的对象，因为它制造了稳定与和平的假象。

中国以为美国对全球安全的贡献不可或缺，这一信念是准联盟的基础。北京迈出联盟关系这一步，正是以为华盛顿是反对苏联扩张主义的堡垒。如今毛泽东和周恩来开始暗示，美国表面上的软弱实际上是一场狡猾的游戏——旨在让苏联和中国互动干戈，两败俱伤。不过，中国对美国的指责渐渐地就不只是称美国"背信弃义"那么客气了，而是称其"没有用"。1973 年底，中国的国内乱象跟美国不相上下，这是当时的实际状况。

| 第十一章 |

毛泽东时代的结束

在中国外交革命的每一阶段，毛泽东总是在以中国为中心的实用主义和革命热情之间挣扎。他冷静地做出了必要的选择，决定走实用主义路线，但永远心有不甘。当我们在 1972 年第一次与毛泽东见面时，他已经病了，还说他已经收到了“上帝的邀请函”。他越来越依靠个人魅力和操纵反对派来治理国家，使大部分国家机构遭到了破坏或变得激进，甚至还包括共产党。如今他的执政已接近尾声，他对权力的掌握，以及他的操纵能力，都已力不从心。“林彪事件”后，毛泽东没有了公认接班人，后毛泽东时代的中国也没有蓝图可循。

接班危机

毛泽东并没有选一位新的接班人，他从对中国未来前景持不同看法的两派人中间提拔干部，让中国陷入了一场极其复杂的政治争夺战。一边是周恩来和后来的邓小平领导的务实的行政干部，另一边则是围绕在江青和她的上海帮（日后被毛泽东斥称为“四人帮”）激进分子四周的意识形态拥护者，他们坚持把毛泽东思想当成教条。居于两派当中的就是毛泽东后来的接班人华国锋，他能娴熟掌握和处理毛泽东所珍视的各种“矛盾”。这一近乎不可能的（后来证明是谁也应付不了的）任务就落在了他的肩上（下一章会讲到他短暂的接班人生涯）。

这两大派对文化、政治、经济政策和与权力相关的特权——简而言之，就是对如何治理国家——进行过多次争论，但背后根本的潜台词则涉及19世纪和20世纪初中国的仁人志士一直在思考的哲学问题：如何界定中国与外部世界的关系，还有外国人那里是否有可借鉴之处。

“四人帮”主张向里看。他们想从中国文化和政治中把一切可疑的影响因素（包括凡是他们认为是外国的、“修正主义的”、小资产阶级的、传统的、资本主义的或有反党可能的因素）全盘滤出，重振中国革命斗争和极端平均主义的道德规范，并使社会生活重新回归到对毛泽东宗教般的崇拜上来。毛泽东的妻子、演员出身的江青总抓对传统京剧的改革，发展革命样板戏，并编排革命芭蕾舞剧——包括1972年为尼克松总统演出并让美国代表团成员看得目瞪口呆的《红色娘子军》。

在林彪身败名裂后，江青等“四人帮”未受波及。他们旗下的理论家基本上掌控了中国的媒体、大学和文化领域，而这些人利用这一影响乘机诋毁周恩来、邓小平和他们所谓的中国“修正主义”倾向。但他们在“文化大革命”中的所作所为也得罪了不少头面人物，使得他们接班无望。另外，与军界或长征老将疏于联系，让他们更无缘最高领导一职。这四人分别是影星和戏剧制作人、想问津中国历史上只有寥寥可数的女性曾担当过的高位的江青，新闻记者和政治理论家张春桥，左翼文艺评论家姚文元，还有全无拥护基础，只因煽动工人造反工厂管理层而青云直上的无名保卫干事王洪文。[1]

“四人帮”的对立阵营是以周恩来及其后以邓小平为代表的务实主义者。虽然周恩来本人是忠诚的共产党员，追随毛泽东左右达数十年之久，但对许多中国人来说，他所代表的却是秩序和节制。不论是他的批评者还是崇拜者，在他们眼中，周恩来都是中国长期仕宦传统中的最佳代表——温文儒雅，学养深厚，个人生活作风正派，政治立场不偏不倚。

邓小平的作风虽不同于周恩来的文质彬彬，但他与周恩来一样，期望在革命原则与秩序之间求取平衡并追求繁荣的中国远景，并且在这方面甚至比周恩来走得更远。最终，也是他厘清了极左意识形态与务实的经济改革之间的矛盾。

中国在19世纪和20世纪曾涌现出许多革新志士，他们想在保留中国精髓的同时，用西方的技术和经济创新来振兴国家，有人因此指责他们“卖国”。[2] 周恩来被视为中美关系改善和在“文化大革命”以后力图恢复国内事务正常运作的推手，而这两件事都被“四人帮”斥为背叛革命原则之举。邓小平以及一些与其理念相同的官员主张经济实用论，“四人帮”则指责他们想搞资本主义复辟。

毛泽东的身体日益衰弱，中国领导层忙于权力斗争以及对中国未来命运的辩论，这一切深深地影响着中美关系。当激进派得势时，中美关系就降温；当美国的行动自由受国内动荡限制时，激进派就更振振有词，他们认为中国完全没有必要在意识形态上妥协，把自己的外交政策与一个国内争吵不休并且无助于中国安全的国家扯在一起。直到最后，毛泽东还是设法一方面维护他的革命理论，一方面保全与美国的战略接近，设法平衡这两者之间的矛盾，因为他仍然相信后者对中国安全的重要性。他给人的印象是，既同情激进派，又出于国家利益不得不维系与美国的新关系，而美国国内的意见分歧也让他感到泄气。

毛泽东在他的鼎盛时期本有能力消弭内部冲突，但年迈的他却对自己一手造成的复杂局面越发感到左右为难。追随毛泽东四十年的周恩来便成了他矛盾心态的受害者。

周恩来失势

周恩来是我们每次会谈的主要对话人。在 1973 年 11 月那次访问中，我们注意到他比往常略显犹豫。但好在后来我们又与毛泽东长谈了近三个小时，这是我们对外交方针战略谈得最全面的一次。最后毛主席送我到前厅，官方发布的消息是主席和我“在友好气氛中进行了广泛的讨论”。

有了毛泽东拍板，所有的谈判都迅速顺利结束。最后公报把联合反霸的涵盖范围从（1972年《上海公报》中的）“亚太地区”延伸到了全球。公报重申需要进一步深化两国之间“权威级别”的磋商，增加交流与贸易，扩大联络处范围。周恩来说他将召回驻华盛顿的中国联络处主任，就双方同意加强对话的内涵做出指示。

当代中国历史学家指出，此时“四人帮”对周恩来的攻击正猛。我们从媒体中得知中国正在“批孔”，但并不认为这与外交政策或中国领导人有关。在与美国人打交道时，周恩来依然表现得镇定自若，只有一次他显得有失从容。在1973年11月人民大会堂的宴会上，我泛泛地谈到我的观察，我说我觉得中国似乎基本上还是一个儒家社会，认为有一个单一、普世、放诸四海而皆准的真理，规范着个人行为和社会运转。我说，共产主义所做的就是将马克思主义确立为那个真理的内容。

我记不清当时为什么会说这番话，这话虽然正确却没有考虑到毛泽东对儒家的批判——毛泽东声称儒家阻挠了他政策的执行。周恩来忍不住发火了，我见到他动火也就是这一次。他说儒家思想是阶级压迫学说，而共产主义则是解放哲学。而且他一反常态抓着这个话题不放，无疑这也是说给当时的翻译唐闻生和王海容听的，为的是以正视听。唐闻生与江青走得比较近，而王海容是毛泽东的侄孙女，经常在周恩来的团队中出现。

其后不久，我们就听说周恩来罹患了癌症，将不再每日亲临政务。紧接着就是一场剧变。访华之行以高潮结束，与毛泽东的会见不仅是所有对话中最具实质内容的一次；它的象征意义——会议的长度，送我到前厅的明显礼遇，措辞热情的公报——也在有意强调其重要性。在我离开的时候，周恩来对我说，他认为这是自秘密访华以来最重要的一次对话：

> 周恩来：祝愿你一切顺利，也祝愿你们的总统。
>
> 基辛格：谢谢，谢谢你们一如既往的款待。
>
> 周恩来：这是应该的。一旦在1971年定了方向，我们就会坚持走下去。
>
> 基辛格：我们也是一样。
>
> 周恩来：所以我们才用“有远见”这个词来描述你与主席的会面。[3]

公报中说到的对话始终没有进行，基本接近尾声的经济问题的谈判也被搁浅。联络处主任回到了北京，四个月以后才回美。负责中国事务的国家安全委员会官员称双边关系陷入“停滞状态”。[4]不到一个月，周恩来命运的转变已露端倪，但详情不得而知。

事后我们才知道，就在上述会见等活动后不到一个月，毛泽东就让周恩来在政治局出席一场“批斗会”，解释他的外交政策。“批斗会”开完之后，政治局开会公开批判了周恩来：

> 总而言之，（周）在联合（美国）时忘记了防范“右倾主义”原则。主要是因为（他）忘记了主席的指示。（他）过高估计敌人的力量，低估了人民的力量。（他）没有掌握好外交路线需要与支持革命相结合的原则。[5]

到1974年初，周恩来已不再以决策人的身份露面，表面的理由是因他罹患癌症。但疾病并不足以解释他全然被遗忘的事实，没有一位中国官员提到他。我在1974年早些时候第一次与邓小平会面时，他一再提及毛泽东，但绝口不提周恩来。需要谈判记录时，中方的相关人员就引述1973年与毛泽东的两次谈话。以后我只见过周恩来一面，那是1974年12月，我带着几位家人一起到北京进行正式访问，我的家人也应邀出席了那次会见。在他们所说的医院，而在我看来更像国家级宾馆的地方，周恩来托词医生嘱咐他不得劳累避而不谈任何政治或外交话题。会见时间只有二十几分钟。这是一场刻意的安排，象征中美对话与周恩来的关系宣告结束。

周恩来之所以幸存是因为没有他不行，从根本上说也因为他的忠心——有人就批评他忠心过度。如今似乎风浪已过、彼岸在望，他也被剥夺了实权。他并没有像邓小平在十年以前那样与毛泽东的政策相左。凡跟他打过交道的美国人也没发现他有任何背离毛泽东讲话的地方（再说，主席似乎也通过每晚阅读会议记录在跟踪会议）。不错，周恩来是对美国代表团礼遇有加——虽然也保持着一定的距离，但这也是与美国建立伙伴关系必不可少的，是中国艰难的安全局势所必需的。我的理解是，这样做是为了从中国当时的大局考虑，而不是惧于我或任何其他美方个人所做的退让。

周恩来或许开始认为与美国的关系乃长久之计，而毛泽东则以为是阶段性战术，这也不无可能。周恩来或许认为经历“文化大革命”之后千疮百孔的中国只有结束孤立，真正成为国际秩序的一员才能实现振兴，但这也是我凭借周恩来的所作所为而不是他的言谈话语做的臆测。我们的对话从未到达个人间交谈的程度。周恩来的有些继任者往往在提到他的时候称他为“你的朋友周恩来”，尽管他们只是字面上这样说——即便略带讥讽——我也认为这是我的荣幸。

1975 年 1 月，政治上已不再叱咤风云、形容憔悴、沉疴在身的周恩来最后一次现身，做了一次公开表态。当时是“文化大革命”开始以后全国人民代表大会第一次召开会议，依法周恩来还是总理。他在发言一开始就对几乎置他于死地的“文化大革命”和“批孔”运动言辞谨慎地加以赞扬，称颂它们“具有伟大的历史意义和深远影响”。这是对他追随了四十年的主席最后一次公开表示效忠。但发言讲了一半，就像纯粹是前言的逻辑延续一样，周恩来话锋一转，指出了一个全新方向。他重新提起了一个尘封已久的“文化大革命”之前的话题——中国应当在四个关键领域：农业、工业、国防和科学技术方面“全面现代化”。周恩来说他是“遵照毛主席的指示”发出这一号召的，但没说这指示是什么时候如何做出的。[6]

周恩来劝勉国人在“本世纪结束前”实现“四个现代化”。与会人员听到这番话不可能注意不到周恩来有生之年将见不到目标的实现。并且，正如周恩来前一半发言所显示的，真要实现四个现代化，只有通过进一步的意识形态斗争。与会人员会记得他的话——半是预测半是挑战——要在20世纪结束以前，让中国的“国民经济走在世界的前列”[7]。以后这些年里，就有人谨记他的号召，甚至甘冒严重政治和个人风险，极力主张走技术发展和经济自由化的道路。

与毛泽东的最后几次会晤：燕子和山雨欲来

1974年早期，随着周恩来的逐渐淡出，邓小平成了我们的对话人。虽然他刚刚政治复出不久，但主持事务时却有中国领导人似乎与生俱来的沉着自若作风，并很快就被任命为副总理。

此时，“一条线”战略在提出仅一年时间之后已被丢弃，因为它太接近传统的联盟概念，故而限制了中国的行动自由。

取而代之的是毛泽东的“三个世界”理论，他指示邓小平在1974年的联合国大会上宣示这一观点。新对策以“三个世界”替代“一条线”：美国、苏联是第一世界；亚非拉发展中国家和其他地区的发展中国家是第三世界；处于这二者之间的发达国家是第二世界。[8]

根据这一观点，世界事务是在两个核超级大国冲突阴影下进行的。邓小平在发言中说：

> 两个超级大国既然要争夺世界的霸权，就存在着不可调和的矛盾，不是你压倒我，就是我压倒你。它们之间的妥协和勾结，只能是局部的，暂时的，相对的，而它们之间的争夺则是全面的，长期的，绝对的……它们可能达成某些协议，但是这种协议只不过是表面的和骗人的东西。[9]

第三世界应当利用这个冲突为己图利：两个超级大国“激起了第三世界和全世界人民的强烈反抗”，从而“为自己设置了对立面”。[10]真正有力量的不是美国和苏联，“而是团结起来敢于斗争、敢于胜利的第三世界和各国人民”。[11]

起码从意识形态角度来看，“三个世界”理论恢复了中国的行动自由。它允许作为权宜之计对两个超级大国区别对待，为中国在第三世界发挥积极、独立的作用提供了一种手段，同时还赋予了中国战术上的灵活性。但它还是不能解决毛泽东在1973年两次长谈中讲到的中国战略挑战：苏联在亚洲和欧洲均构成威胁；如果中国要加速经济发展，就必须融入国际社会；即便中美两国的国内政治演变迫使两国政府彼此对立，也必须维系两国之间的准联盟关系。

毛泽东是受到激进分子的影响，致使他对周恩来进行打压？还是一如他对周恩来之前几位革命元老的处理方式，利用激进分子打倒了他的第二把手？不论答案是哪一个，毛泽东都需要衡情度势。他同情激进分子，但作为深谋远虑的战略家，他也不会放弃美国的安全网；相反，他正设法在美国看来还是有效伙伴的时候加强这一网络。

美国有欠考虑地同意福特总统与苏联主席勃列日涅夫于1974 年 11 月在符拉迪沃斯托克举行首脑会谈，这使得中美关系复杂化。当时的决定纯粹是出于实际考虑，福特作为新总统希望能与他的苏联对手见个面。他不可能出访欧洲而又不与渴望同这位新总统建立关系的欧洲领导人会面，但都要见的话福特的行程又安排不过来。在尼克松担任总统期间已经安排了总统出访日本和韩国，如果绕一下符拉迪沃斯托克，停留 24 小时就能让总统时间上富裕一些。计划此行时，我们忽略了符拉迪沃斯托克是一个世纪以前俄国通过中国经常严加斥责的“不平等条约”而划为己有的，加之该城又处于俄远东地区，亦即数年前因中苏冲突不断而促使我们重新评估对华政策的所在地，结果造成技术上的方便考虑压倒了外交上的基本常识。

1974 年 12 月我从符拉迪沃斯托克到北京访问时，中国因符拉迪沃斯托克会议对美国的不悦相当明显。那是唯一我没能与毛泽东会面的一次访问。(因为你不可能要求会见，所以这一次怠慢也可以说是疏漏而不是回绝。)

除了那一次失策，不论中国和美国的内部政治如何摇摆，美国还是遵守尼克松政府做出的战略承诺的。万一苏联攻打中国，我服务过的两位总统——理查德·尼克松和杰拉尔德·福特——都会大力支持中国，并竭尽全力击败苏联的野心。美国决心维护国际均势，但我们认为，为了美国的国家利益和全球和平，同时与这两大共产党国家保持对话应属上策。如果能与这两国保持比它们之间更密切的联系，我们将可实现最大的外交灵活性。毛泽东所说的“太极拳”正是尼克松与福特两届政府在经历越战、水门事件和未经民选的总统就任以后建立外交政策共识之必需。

就是在这样一种国际和国内环境下，我与毛泽东在 1975 年 10 月、12 月进行了最后两次谈话。当时的背景是福特总统第一次访华。第一次会见是为两位领导人的会见做准备，第二次就是他们的实际谈话。这两次会见不仅总结了这位即将不久于人世的主席的最后观点，还显示了毛泽东无比坚定的意志力。他会见尼克松时身体已患病，现在则已病重，需要两位护士的搀扶才能从椅子上站起来，并且已经不能多说话。中文是种分声调的语言，病重的毛泽东让翻译把他衰弱的病体挣扎发出的喘音写下来，先给他过目，他点头或摇头之后才翻译。他虽然体力不济，但两次谈话思路却异常清晰。

更值得一提的是，毛泽东临近生命尾声的谈话反映了他内心的煎熬。语带讥讽但又寓意深刻，刻意嘲弄但又同意合作，毛泽东的谈话最后一次集中体现了其与一套复杂的战略意识相抗争的革命信念。1975 年 10 月 21 日谈话一开始，主席就对我前一天对邓小平说的一段套话提出了质疑。我当时对邓小平大致是说中国和美国对彼此并无所求。“如果彼此都无所求，你干吗要到北京来？如果双方都无所求的话，你干吗要到北京来，我们又为什么要接待你和贵国总统呢？”[12] 换言之，泛泛地表达善意对这位继续革命论的笃信者来说是没有意义的。他还在寻求一个共同战略，作为谋略家，他认识到凡事有先后，即使要暂时牺牲一些中国的历史目标也在所不惜。所以，他主动提到了上次会见时谈及的保证：“台湾事小，世界事大。”[13] 一如往昔，毛泽东以他特有的捉摸不定、孤高的耐心和含蓄的威胁把要务推到了极限——有时他的话意不是高深莫测就是难以捕捉。他不但继续像在他与尼克松的会晤和随后与我的会面中所表现的那样有耐心，而且他也不愿意把有关台湾的辩论与保护全球均势混为一谈。

不过，理顺国际安全问题刻不容缓。毛泽东认为按美国人的优先次序，中国在五大世界权力中心中敬陪末座，苏联高居第二，其次是欧洲和日本。“我们看你们是借助我们的肩膀跳到莫斯科，现在这个肩膀没用了。你看，我们排第五，是小拇指。”[14] 此外，毛泽东还说欧洲国家虽然就实力而言排在中国之前，但它们对苏联不胜恐惧。他用了一个比喻来总结：

毛泽东：世界不太平，山雨欲来风满楼。风雨来临的时候，燕子就忙了。

唐闻生：他（主席）问我“燕子”的英文怎么说，还问我“sparrow”又是什么。我说两种鸟不一样。

基辛格：对，不过我希望我们对暴风雨的作用比燕子对风雨的作用大一点儿。

毛泽东：风雨的到来可以推迟，要完全阻挡可就难了。[15]

当我说我们同意暴风雨即将来临，但会设法做最好的准备躲过暴风雨时，毛泽东言简意赅地答道：“敦刻尔克。”[16]

毛泽东解释道，美国在欧洲的军队不足以对付苏联的地面部队，而舆论又反对使用核武器。他不同意我关于美国为防御欧洲肯定会使用核武器的说法：“有两种（撤兵）可能性。一种是你说的可能性，另一种就是《纽约时报》说的可能性”。[17]（指的是《纽约时报》记者德鲁·米德尔顿在《美国能否赢得下一场战争》一书中怀疑美国在与苏联争夺欧洲的全面战争中能否获胜。）主席又补充道，无论如何，这都无关紧要，因为在哪种情况下中国都不会仰赖其他国家的决定：

我们会用敦刻尔克战略，让他们先占领北京、天津、武汉和上海，通过这套战术我们就能得胜，敌人就会败北。两次世界大战，第一次和第二次都是这么打的，胜利都要等一段时间。[18]

同时，主席还用围棋棋盘来说明他的国际观察。欧洲"太散，太松"[19]，日本意欲称霸，德国统一当然好，但只有在苏联更衰弱以后才可能，而苏联"不打一仗，实力是弱不下来的"。[20]至于美国，"水门事件没有必要搞成那个样子"[21]——为了国内是非而搞垮一位强而有力的总统。毛泽东邀请国防部长詹姆斯·施莱辛格访问中国——或许作为福特总统访问的随行人员——到靠近苏联的新疆、东北等边疆地区去转一下，想必是为显示美国愿意冒与苏联对抗的风险。因为据称施莱辛格对当时的缓和政策表示过异议，这也是中国意欲插手美国内部讨论的稍嫌露骨的做法。

一部分困难来自视角问题。毛泽东知道他已不久人世，所以急于确保他的设想以后仍为人们所接受。言谈间他有年事已高的感慨，明知人的寿数有限，却又无法充分正视这一现实，对他来说选择的范围正越来越小，而执行的手段越来越少。

毛泽东：我现在八十二了。（指着基辛格国务卿）你几岁啦？有五十吧？

基辛格：五十一。

毛泽东：（指着邓小平）他七十一。（挥挥手）等我们都死了——我、他（邓小平）、周恩来、叶剑英——你们都还活着。你看，我们老一辈的不行了，活不了多久了。[22]

他还说："你知道，我现在是外强中干。"[23] 但不管他身体如何老衰，体弱的主席却永远不甘处于被动地位。就在会议即将结束时——通常也是大家比较客气谦让的时刻——他突然态度强硬了起来，彰显了他不容置疑的革命资历：

毛泽东：你不知道我的脾气。我喜欢别人骂我（提高嗓门，用手敲打椅子）。你得说毛主席是个老官僚，那我就会赶忙来见你，而且会急着想见到你。你要是不骂我，我就不见你，安安稳稳睡我的觉。

基辛格：这让我们很为难，特别是称你为官僚。

毛泽东：我准哪（用手重拍椅子）。所有外国人都拍桌子骂我的话，只会让我高兴。

毛泽东又提起中国参与朝鲜战争的事，让威慑气氛进一步升温：

毛泽东：联合国通过了一个美国提出的决议，说是中国侵略了朝鲜。

基辛格：那是25年前的事了。

毛泽东：对，所以跟你没有直接关系。那是杜鲁门时代的事。

基辛格：对，那是很久以前的事了，我们的看法已经改变了。

毛泽东：（手摸头顶）可是决议并没有取消，我现在还戴着这顶“侵略者”的帽子。我同样认为这是一种无上荣耀。好，好得很。

基辛格：这么说我们就不应该修改这项联合国决议了？

毛泽东：不，不用改。我们从来没有提出这个要求……不过，你可不可以帮我把这个声明公之于众，或者是在你的通报里公开地说一下？

基辛格：我想还是你公开为好。我不一定能做到历史上正确无误。[24]

毛泽东要说明的起码有三点：第一，中国准备孤军作战，如同它在朝鲜战争中对付美国、在20世纪60年代单独应对苏联那样；第二，他重申了这些对抗所伸张的永远革命原则，超级大国再不喜欢他也不在乎；第三，如果目前这条路走不通，他完全可以重拾这些原则。对毛泽东而言，对美国开放并不意味着意识形态分歧的终结。

毛泽东的这番长篇大论正反映了他的极度矛盾。没有人比这位风烛残年的主席更了解中国的地缘政治所需，而在当时的历史阶段，这又与中国传统的自力更生理念有冲突。不论毛泽东对缓和政策如何不以为然，美国到底是与苏联对抗的首当其冲者，又是非共产世界军事开支的主要承担者。而这些都是确保中国安全的先决条件。我们与中国重新建立关系已进入第四个年头。我们同意毛泽东关于战略的总体看法，但把战略的执行权交给中国是做不到的，而毛泽东也很清楚这一点。可是他所反对的却正是那一点灵活余地。

与此同时，为确保世界了解我们之间持续的关系并得出正确的结论，中国发表了一项声明，宣布毛泽东“与基辛格博士在友好气氛中进行了谈话”。但是这个积极声明配发的照片却又给出另一种暗示：笑容可掬的毛泽东站在我妻子和我旁边，用手指在比画。

要总结毛泽东艰涩而简练的话语总是很困难，有时要参透都不容易。在一次给福特总统的口头汇报中，我说毛泽东的姿态“还是令人钦佩的”，我还提醒他这些人都是当年领导长征（在内战时期挽救了中国共产党事业，在连天炮火中跋山涉水完成战略撤退）的沙场老将。[25] 毛泽东的评论并不是针对缓和政策，而是三角关系中的哪一方可以在危机演化之初避免卷入。我对福特总统说：

> 我向你保证，如果我们真与苏联对抗，他们会打我们，也会打苏联，并且拉第三世界跟他们站在一边。与苏联友好对我们的对华关系最有利；同样，美中友好也对美苏关系最有利。我们的弱点就是问题所在——他们看到我

们在（美苏）限制战略武器会谈和缓和政策方面都有麻烦。这正好中了他们的计。[26]

时任美国国务院政策规划司司长，同时也是我秘密访华之行及日后对华政策的主要策划者温斯顿·洛德，就对毛泽东一番语焉不详的话加了一段精妙的解析，我转述给了总统：

> 主席的基本旨意和要点都很清楚，这显然构成了基辛格访问，甚至我们过去几年来关系演化的战略框架。但是有几段话非常难懂，意思含糊。大家都想从主席简单的三言两语中寻找细微含义或真谛。大多数情况下还能掌握大意，但其他时候也许并没有什么深层的含义，或者也就是一位高龄老人偶尔走了一会儿神……一个语焉不详的例子就是“你们能帮我治好我话说不清楚的毛病吗？”这很可能也就是他对自己的健康状况的慨叹，并不是真的要求医疗协助。但主席是不是指在中国（或在世界上）大家听不到他的声音，他的影响力受限制了，希望美国通过我们的政策帮他一把？他有让我们帮他“说清楚”的那层含义吗？[27]

当时，我认为洛德的看法很可能太过牵强，但自从进一步了解中国内部的政治运作以后，我现在认为毛泽东的话有更多的含义。

不管如何，10 月份为福特总统的访问铺路之行还是在当时中国内部紧张态势下的寒冷气氛中进行了。由于情况实在不乐观，我们决定把为期五天的总统访问缩短成三天，取消对北京以外两个地方的访问，改为在菲律宾和印尼作短暂停留。

我从中国回来的那一天，施莱辛格被解除国防部长一职，改由唐纳德·拉姆斯菲尔德继任。我事后才得知此事，也不愿见到有这样的结局。我确信这一定会引起一场华盛顿外交政策风波，肯定会有人对我们目前的外交进程提出质疑。其实，解职与毛泽东邀请施莱辛格访华无关。福特此举意在为即将展开的竞选活动做准备，况且他向来不太喜欢言辞尖刻的施莱辛格。但无疑，中国领导人当中就有些人把他被解职解读为美国对中国的回应。

几周以后，12 月的第一个星期，福特总统就任后首次访华。中国内部的分裂在他访问期间已经一览无余。“文化大革命”的干将、毛泽东的妻子江青仅在一次体育活动中亮相几分钟，仍然大权在握的她就在那刻意短暂的停留中孤傲、冷淡地礼貌寒暄了几句。（她在尼克松访问时唯一的亮相则是接待总统一行观看她主持编排的革命芭蕾舞剧。）

毛泽东决定与福特会见近两小时，对中国领导人内部的分裂直言不讳。毛泽东的健康状况比我五个星期以前见他时又差了一些。但是毛泽东认为与美国的关系需要缓和一下，一上来就开了个玩笑：

毛泽东：你们的国务卿干涉了我的内政。

福特：你说说怎么回事。

毛泽东：他不让我去见上帝。他还要我违抗上帝的命令。上帝给我发了邀请，可是他（基辛格）叫我不要去。

基辛格：要是他去了不是如虎添翼嘛。

毛泽东：他（基辛格）是无神论者。他反对上帝，也破坏了我和上帝的关系。他很厉害，我没办法，只好听他的。[28]

毛泽东后来说，他估计未来两年内，也就是1976年总统大选和以后一段时间，中美关系“不会有什么大事”。“也许之后情况会有一些好转。”[29]他的意思是说到时候会呈现一个比较团结一致的美国，还是中国的内部斗争会过去？言外之意就是他预期这一不太稳定的关系在福特总统任期内还会持续。

美中关系的停顿状态更主要的原因还是中国国内的局势。福特赞扬北京驻华盛顿联络处主任（黄镇）的工作，并希望他能留任，于是毛泽东抓住了他的这句话：

有些年轻人对他（黄镇）的工作有意见。[30]这两位（指王海容和唐闻生）[31]对乔老爷也有点儿意见。[32]这些人也不好惹，否则你是会在他们手上吃亏的——这简直是在打内战。现在贴出了很多大字报，也许你们可以到清华和北大去看一看。[33]

如果连主席的翻译——与主席的妻子走得很近的唐闻生和王海容——都反对外交部长和驻华盛顿联络处主任，情况就真的令人担忧了，这说明内部分裂已经牵涉了最高一级。毛泽东把外交部长乔冠华称为“乔老爷”——暗指外交部长是儒家——是国内失和的另一危险迹象。如果学校里还出现了“文化大革命”期间意识形态之争使用的大字报，“文化大革命”的一些手段——更不用说论战——一定也开始出现了。若果然如此，毛泽东提到可能会打内战就不仅只是比喻了。

福特的机灵隐藏在他中西部的朴素与直率的表象背后，他故意无视这些分裂的迹象。就像周总理时代的中美关系依然存在一样，他开始对世界大事一一展开讨论。他的基本主题是美国所采取的防范苏联霸权主义的措施，他还特别请中国帮忙，尤其是在非洲。三年以前，毛泽东曾经回绝了尼克松谈话中更小的要求。不知道是福特的老实模样让毛泽东没有了戒心，还是他原来就打算进行战略对话，这回他同意了，还讲了几句很有代表性的刻薄话，特别是批判苏联在非洲的举动，顺便也证明了他对细节的掌握。

会谈的最后，主席提出了一个奇怪的要求，想要两国在公众舆论下摆出一个比较好的美中关系姿态：

> 毛泽东：……现在有些报纸说我们两国的关系恶劣，也许你应该给他们透露一点风声，通报一下。

基辛格：双方都需要这么做。他们从北京也听到了一些消息。

毛泽东：不过，不是我们说的，是那些外国人透露的。[34]

我们没有时间打听哪些外国人合适给媒体提供其认为可信的通报。假设各派毛泽东还都能摆平，这个问题他本来只要找人写篇积极的公报即可迎刃而解。

毛泽东没有这么做，以后也没见任何实际结果。我们觉得那份理论上应由外交部长乔冠华督阵起草的公报草稿无济于事，似乎还语带挑衅，因此拒不接受。显然中国内部正经历一场重大的权力斗争。邓小平虽然对我们的苏联战术颇有微词，却渴望维护由毛泽东和周恩来建立起来的中美关系。同样明显的是，权力结构中有些集团对这一路线有异议。邓小平以政治局常委的身份发表了一篇声明，肯定了福特此行的作用和中美友谊的重要性，从而打破了僵局。

访问之后的好几个月，中国就一直在众目睽睽之下闹分裂。取代周恩来却一直没有总理头衔的邓小平再次遭到攻击，攻击方大约还是十年前让他下台的势力集团。周恩来已从舞台上消失。外交部长乔冠华开始变得针锋相对，当初周恩来在推进中美合作进程时的那种平滑自然的娴熟作风已不复存在，取而代之的是再三再四的嘲弄言辞。

因邓小平不时找机会表示与美国维持密切关系的重要性，

对抗的可能才得到了控制。比如，在 1975 年 10 月欢迎我到访的晚宴上，乔冠华在美国电视媒体前的祝酒词火药味十足，斥评美国的对苏政策，与此前细心接待美国代表团的作风有天壤之别。

第二天，邓小平邀请美国代表团一行到北京附近中国领导人居住的西山野餐。这是原来行程上没有的安排。席间邓小平态度热忱，与美国开始接触中国以来所有的会晤一样。

当周恩来于 1976 年 1 月 8 日逝世时，事情也发展到了最严重的关头。大约就在 4 月清明节前，数十万人到天安门广场人民英雄纪念碑处去凭吊周恩来，并留下花圈和诗篇。众人的纪念显示了对周总理的景仰和对他所代表的秩序和节制原则的渴望。有些诗篇借古讽今，批判毛泽东和江青，明眼人一看便知。[35] 纪念的花圈和诗篇夜间全部被清理完毕，最终导致警察与悼念者之间的冲突。“四人帮”让毛泽东认为是邓小平的改革倾向导致了反革命抗议。次日，“四人帮”组织了反抗议。在悼念周恩来两天以后，毛泽东就撤销了邓小平所有的党内职务，代理总理一职由一位名不见经传的湖南省委书记华国锋担任。

中国与美国渐行渐远。乔治 · H · W · 布什被任命为中央情报局局长，改由前国防部长汤姆 · 盖茨担任驻北京联络处主任。四个月以后华国锋才接见他，见面也只是讲了一些老话套话。又过了一个月，到了 7 月中旬，被普遍认为是领导班子中的强人、“四人帮”的关键人物、副总理张春桥在参议院少数党领袖休·斯科特访问之际，发表了一篇关于台湾的磨刀霍霍的讲话，与毛泽东的口径大相径庭：

> 我们对台湾很明确。自台湾问题出现以来，它就是挂在美国脖子上的套索。为了美国人民的利益应解除套索，你们不动手的话人民解放军会切掉它，这对美中两国人民都是好事。我们很大方，愿意用我们的刺刀帮美国解决问题。这话也许不中听，但事情就是这样。[36]

中国被“四人帮”推往类似于“文化大革命”和毛泽东对赫鲁晓夫的挑衅作风的方向。

1976年9月9日毛泽东病逝，给接班人留下了他的功业和告诫，留下了他的豪情和他的远见卓识。他使中国出现了数百年来未曾有过的大一统，前朝旧物多已淘汰殆尽，给主席从未打算进行的改革清除了路障。

在毛泽东执政期间，一直有两股政策势力在相互竞争。革命派认为中国是一种道义和政治力量，他们坚持通过自身的榜样作用，把自己独特的思想信念向钦佩中国的世界传播。还有一批重视中国地缘政治利益的人在冷静地审时度势，为中国运筹帷幄。中国有史以来第一次寻求与他国结盟，但同时也第一次敢于向全世界挑战。毛泽东接手的是一个被战争蹂躏摧残的国家，是他结束了国内的派系斗争，带领中国在两个超级大国冷战对抗的世界中稳步前进。他煞费苦心地让中国参与到了一个个交汇错综的地缘政治圈中，却又不受其束缚。历经战争、紧张局势和他人怀疑眼光的洗礼，中国蒸蒸日上，在苏联解体后依然逐步发展为一个社会主义制度下的新兴强国。毛泽东为中国的发展奠基付出了代价，中国的成功依靠的是中国人民的坚忍和毅力，以及他们的耐力和凝聚力。或许作为领导者，毛泽东常为此焦虑忧心，但也正是这些构成了他宏图大业的基石。

毛泽东在迟暮之年似乎有意挑战美国对世界秩序的设计图，坚持在明确了战略以后还要明确战术。他的接班人跟他一样相信中国的实力，但是他们不认为中国单凭意志力和意识形态信念就能发挥其独特的潜力。他们强调自力更生，但也知道只有精神鼓舞还不够，所以致力于内部改革。这股新的改革浪潮让中国重回周恩来的外交方针——其主要内容就是努力让中国在它漫长历史上第一次与全球经济和政治趋势接轨。这一方针将由一位十年内两落两起、第三次复出的领导人来实现，他就是——邓小平。

第十二章

“不倒翁”邓小平

只有经历过毛泽东时代的中国，才能充分体会邓小平给中国带来的天翻地覆的变化。中国喧嚷的城市、兴旺的建筑业、拥堵的交通、因增长率偶尔受到通货膨胀影响而左右为难——与共产主义完全不搭界的为难，其他时候则被西方民主国家视为对抗全球衰退的堡垒——这一切在贫乏单调的毛泽东时代根本无法想象。那时候农村是人民公社，经济停滞不前，老百姓穿着一致，人人引述“红宝书”中的毛泽东语录来表彰革命热情。

毛泽东推翻了传统旧中国，以其断壁残垣为最终现代化的建筑基础。邓小平则有勇气靠个人的积极性和坚韧不拔来实现现代化。他取消人民公社，提高省一级的自主权，开始了他所谓的“有中国特色的社会主义”。如今的中国——世界上第二大经济体，拥有最多外汇储备，多个城市都盖起了高于帝国大厦的摩天大楼——就是对邓小平的高瞻远瞩、锲而不舍和实事求是的见证。

邓小平的第一次复出

邓小平的仕途不胜坎坷，也令人难以置信。1974 年邓小平成为美国的主要会谈对象时，我们对他知之甚少。在 1966 年因“走资派”罪名被打倒之前，他是掌共产党大权的中央委员会书记处总书记。我们得知，1973 年毛泽东不顾政治局激进分子的反对，亲自干预，恢复了他在中央委员会的职位。虽然邓小平刚回北京不久江青就公开冷落他，但是显然他对毛泽东来说是重要的。毛泽东还一反常态，对邓小平在“文化大革命”中蒙受羞辱表示歉意。这些报告里还说，在与一个澳大利亚科学代表团谈话时，邓小平做了一次标志性的讲话。他说中国是穷国，需要与像澳大利亚这样先进的国家进行科学交流，向它们学习——中国领导人从来没有如此坦率过。邓小平还要澳大利亚访客在中国旅行时不只要看中国的成就，还应该看看中国的落后，说这样的话在中国领导人当中他也是第一人。

1974 年 4 月，邓小平作为中国代表团的成员抵达纽约，出席联合国经济发展特别大会。中国代表团名义上由外交部长率领，但当我邀请他们出席晚宴时，究竟谁是代表团的高级成员立即一目了然。更重要的是，我们的情报有误，他的复出并不是为了减轻周恩来的负担，而是奉命取代周恩来。好几次我们友好地提到周恩来，他们一概听而不闻。每当提起周恩来的讲话，他们就以毛泽东与我谈话的类似内容来回答。

其后不久，邓小平即被任命为负责外交政策的副总理，不久又加上了对国内政策有监督权的第一副总理的称号——非正式取代了基本上只挂着总理空头衔的周恩来。

就在1966年毛泽东发动“文化大革命”后不久，邓小平就被停止了一切工作。其后七年，他被下放到江西一个拖拉机修理厂“劳动改造”。他的家人也被认为有意识形态问题未能躲过红卫兵一劫。他的儿子邓朴方遭红卫兵凌虐，被人从北京大学的楼顶推下，背部摔伤却无法就医，自此瘫痪。[1]

中国人众多特点之一就是，有许多人不论社会让他们受过什么样的折磨和冤屈却依然关心民生疾苦。我认识的“文化大革命”受害者中就没有一个人主动跟我诉说过他们吃过的苦，在被问起那段往事时，他们往往三言两语简单带过，有时还半幽默地把“文化大革命”看作一场必须承受的严重天灾，而不是影响一生的浩劫。

邓小平也属于历经磨难依然关心国民疾苦的中国人。1969年面对国际危机时，毛泽东把四位下放的老帅请回来共商国策，而后来邓小平也是这样被恢复职位的，并被确立为国家危难之际的最佳或唯一的储备理政人选。

在习惯了毛泽东的哲学宏论和形象比喻，以及周恩来儒雅庄重的职业精神之后，面对邓小平言语辛辣、单刀直入的作风，偶尔犀利反讽的插话，不喜欢空谈理论而喜欢着眼于极度实际问题时，我花了相当一段时间才把自己调整过来。他个子矮小、身体结实，进屋时就像有风力相助，坐下来就直切正题。他很少在寒暄上浪费时间，也觉得没有必要像毛泽东那样以寓言为包装来掩饰锋芒。邓小平不像周恩来那样让你有一种亲切感，也不像毛泽东那样把我视为哲学同道（而且毛泽东觉得同道中配得上与他论事的也只有寥寥几位）。他的态度是，我们都是为了自己的国事而来，又都是成人，对小小不言的摩擦不该介意。周恩来有英文基础，偶尔也会说几句；而邓小平则自称是“土包子”，而且坦承“语言太难了，我在法国求学的时候就没学会法语”。

随着时间的推移，我逐渐对这位眼神忧郁、曾几度大起大落却仍矢志不移、顾全大局，并在日后逐步振兴中国的强悍的小个子产生了无比敬意。1974 年以后，在“文化大革命”的废墟上，邓小平开始筹建将在 21 世纪把中国变成经济超级大国的现代化。

1974 年邓小平第一次复出时，并没有让人感觉到他会成为一位历史性人物。他既未发表过任何哲学宏论，也没有像毛泽东那样就中国人民的独特命运高谈阔论。他的讲话相当单调，许多都涉及一些实际细节：他谈论过军队纪律的重要性和冶金部的改革问题[2]；他呼吁增加每日火车运行的车皮数量，严禁驾驶员工作时饮酒，并规定他们的午休时间[3]。这都是些事关技术，并无深意的讲话。

“文化大革命”后期，毛泽东和“四人帮”仍近在咫尺，讲求日常工作的务实本身就是大胆言论。有十年的时间，毛泽东和“四人帮”主张用无政府状态作为社会组织手段，通过没完没了的“斗争”来纯净国家，经济和学术工作则任由外行胡作非为。“文化大革命”把追求意识形态的狂热提升为真诚的标志，邓小平号召大家重新讲求秩序、敬业和效率就算得上是大胆倡议了，而这在发达世界几乎就是老生常谈。有十年的时间，红卫兵无法无天，险些毁了邓小平的事业和家庭。他的实事求是作风把中国从走历史捷径的大梦中唤醒，重回必须依据宏图伟略按部就班实现历史的现实世界中。

1975 年 9 月 26 日，在一篇题为《科研工作要走在前面》的讲话中，邓小平提出了他的若干标志性的论点：必须强调科学与技术在中国经济发展中的重要性；中国劳动队伍的重新专业化；鼓励发挥个人才干和积极性——这恰恰都是因政治清洗、“文化大革命”时期大专院校的关闭和靠意识形态提升庸才而遭受重创的方面。

尤为重要的是，邓小平设法断然结束了 19 世纪以来在中国不断出现的外国是否可堪中国借鉴的辩论。他坚持中国应更强调“专”而不是“红”（他甚至鼓励“怪才”在专业上刻苦钻研），并且对在专业领域有所成就者予以奖励。这根本改变了过去数十年来政府干部和工作单位全权掌管个人教育、事业和生活每一细节的做法。毛泽东凡事都上纲上线，上升到意识形态的高度，而邓小平则认为意识形态应该为“专”服务：

> 这一段时间一些科研人员打派仗，不务正业，少务正业，搞科研的很少。少数人事业心强，只能秘密搞，像犯罪一样……像这样一些世界上公认有水平的人，中国有一千个就了不得……只要对中华人民共和国有好处，比闹派性、拉后腿的人好得多。[4]

邓小平把中国传统的要务界定为要实现“安定团结”[5]。虽然毛泽东当时还亲理政事，“四人帮”势力仍然庞大，邓小平的地位尚未至巅峰，但他还是直言不讳地讲到了需要“整顿”：

> 当前，各方面都存在一个整顿的问题。农业要整顿，工业要整顿，文艺政策要调整，调整其实也是整顿。要通过整顿，解决农村的问题，解决工厂的问题，解决科学技术方面的问题，解决各方面的问题。我在政治局讲了几个方面的整顿，向毛泽东同志报告了，毛泽东同志赞成。[6]

毛泽东在“赞成”的时候，到底赞成的是什么则不清楚。如果邓小平的复出是为了找一位比周恩来更重视意识形态的人物来取而代之，结果将适得其反。邓小平对秩序和稳定的定义继续成为“四人帮”强烈挑战的借口。

领导人相继辞世与华国锋上任

邓小平还未全面启动他的改革方案，中国的权力结构又发生了大变动，他自己也再一次遭到打压。

1976 年 1 月 8 日，周恩来在与癌症斗争多年后不治逝世。人们对他的逝去表达了人民共和国历史上前所未有的哀恸之情。邓小平在 1 月 15 日周恩来追悼会致的悼词中赞扬周恩来的人品：

> 他光明磊落，顾全大局，遵守党的纪律，严于解剖自己，善于团结广大干部，维护党的团结和统一。他广泛地密切联系群众，对同志对人民极端热忱……我们要学习他谦虚谨慎，平易近人，以身作则，艰苦朴素的优良作风。[7]

周恩来的所有这些品质——特别是他对团结和纪律的维护——却正是他在 1973 年 12 月政治局会议上招致批评的原因，会后周恩来即被剥夺了权力（虽然仍保留职衔）。所以邓小平宣读这段悼词是需要相当的勇气的。在悼念周恩来的示威发生后，邓小平再次遭打压，被免除了所有的官职。

五个月以后，毛泽东逝世。他去世前唐山发生了毁灭性的大地震——有的中国人认为地震就是毛泽东辞世的前兆。

林彪倒台、周恩来与毛泽东的相继辞世让党和国家的未来顿失依靠。毛泽东之后没有任何人的威信可与毛泽东相提并论。

由于毛泽东后来怀疑“四人帮”有野心，很可能也怀疑他们能否担当大任，于是一手提拔华国锋。华国锋至今仍是个谜一样的人物。他任职时间不长，除了是毛泽东的继任之外并无特别建树。周恩来逝世后，毛泽东先是任命他担任总理一职。毛泽东逝世后不久，华国锋就继承了毛泽东党中央主席和中央军委主席的职位，但不一定有实权。随着华国锋领导地位的攀升，他沿袭了毛泽东的个人崇拜，但他又展现不出像毛泽东那样的魅力。华国锋的经济方案被人们称作“洋跃进”，不禁让人联想到 20 世纪 50 年代毛泽东工业农业政策的惨败教训。

华国锋对后毛泽东时代中国政治理论的主要贡献就是他在 1977 年 2 月关于“两个凡是”的宣告：“凡是毛泽东主席做出的决策，我们都坚决维护；凡是毛泽东主席的指示，我们都始终不渝地遵循。”[8] 这远远称不上是足以激励人心奋勇坚守的原则。

我与华国锋一共见过两面，第一次是 1979 年 4 月，第二次是 1979 年 10 月他在法国进行国事访问时。他这两次的表现都让人完全料想不到他会最终消逝，被全然遗忘。他与吉米·卡特政府的国家安全顾问兹比格纽·布热津斯基的谈话记录也一样解释不了这个问题。华国锋谈话时表现出了中国高级官员会见外宾时必有的沉稳；他相当熟悉情况，十分自信，只是不如周恩来娴熟，更没有毛泽东的辛辣讥讽。我们想不到他的消逝会像他蹿升一样突然。

华国锋所缺乏的是政治拥护者。他之所以获得权位，是因为他不属于两大竞争派系——“四人帮”或以周恩来和邓小平为代表的温和派——的任何一方。但一旦毛泽东不在了，华国锋既想不加批判地遵循毛泽东集体化和阶级斗争的教条，又想要邓小平的经济和技术现代化，结果反而被这个极大的矛盾拖垮了。“四人帮”信徒反对他，觉得他不够激进；邓小平与其支持者越来越公开地反对他，认为他不够务实。他斗不过邓小平，虽仍居最高领导之职，但已逐渐无缘主宰国家命运。

但是，自巅峰下滑以前，华国锋做了一件事，其后果非同小可。毛泽东死后不到一个月，华国锋就与温和派——以及“文化大革命”的受害高干——联手逮捕了“四人帮”。

邓小平的攀升——“改革开放”

在这个变幻莫测的环境里，1977 年邓小平又一次在被打倒后复出，并开始描绘一个中国现代化的远景。

从官僚政治的意义上讲，邓小平当时的地位可谓十分不利。华国锋执掌着所有从毛泽东和周恩来承袭下来的关键职位：他是共产党主席、中央军委主席、国务院总理；他又有毛泽东的明确支持（大家都知道毛泽东对华国锋说过“你办事，我放心”的话）。[9] 邓小平在政界和军界的职务虽得以恢复，但凭他的正式官位怎么说还都是华国锋的部属。

他们在外交政策方面的观点比较接近，但两人对中国未来的看法则相去甚远。我 1979 年 4 月访问北京时，曾分别与这两位领导人会见。两人都发表了自己的经济改革想法。中国领导人在思想体系和实践方面的分歧如此明确，我还是唯一一次碰到。华国锋叙述了如何用传统苏联式方法来刺激生产的经济方案，处处根据五年计划，侧重重工业，以人民公社为基础，通过农业机械化和化肥的使用来改善农业生产。

邓小平则拒绝这些条条框框。他说必须让老百姓关注自己的生产；消费品应优先于重工业；中国农民的才智必须得到解放；共产党需要少管一些，政府必须将权力下放。我们的谈话在宴会席上还在继续，会场摆了好几张圆桌，我被安排坐在邓小平的旁边。在晚宴性质的谈话中，我提到了中央集权和地方分权之间的平衡问题。邓小平强调，像中国这样幅员辽阔、人口众多、地区差别极大的国家，权力下放十分重要。但他说这还不是最大的挑战；中国必须引进现代技术，还将送几万名学生出国留学（“西方教育没什么好怕的”），“文化大革命”的危害将永远结束。邓小平并没有提高嗓门，但这时邻桌却都鸦雀无声。其他在场的中国人都挨着椅子边坐着，真诚专注地倾听着这位老人勾画他们的未来远景。“这一次我们一定要做对，”邓小平说，“我们已经错了太多次了。”不久，华国锋即从领导班子淡出。以后十年，邓小平就将他 1979 年宴会上的话付诸行动。

邓小平之所以得势，是因为他几十年来在党内，特别是在人民解放军内部建立了关系，政治方法又比华国锋高明得多。他是位历经数十年党内斗争的老将，知道如何利用意识形态争论为政治目的服务。邓小平在这段时期的讲话可谓意识形态灵活运用和政治态度模棱两可的典范。他的主要手法是把“实事求是”和“理论联系实际”提升到“毛泽东思想基本原则”的高度，而这个提法在毛泽东在世时并不广为人知。

与每一位进行权力角逐的中国人一样，邓小平也小心谨慎地把自己的想法用毛泽东的话加以包装，大量引用毛泽东的讲话（有时还巧妙地断章取义）。起码自1960年中期以后，毛泽东对具体的国内问题就没有做过特别的强调；一般来说，他的主张应该是意识形态挂帅，认为意识形态可以凌驾于实践经验之上。利用毛泽东正统思想理论中的只言片语，邓小平放弃了毛泽东的继续革命论。照邓小平的说法，毛泽东是位实用主义者：

> 同志们请想一想，实事求是，一切从实际出发，理论和实践相结合，这是不是毛泽东思想的根本观点呢？这种根本观点有没有过时，会不会过时呢？如果反对实事求是，反对从实际出发，反对理论和实践相结合，那还说得上什么马克思列宁主义、毛泽东思想呢？那会把我们引导到什么地方去呢？[10]

借维护正统毛泽东思想之名，邓小平批判了华国锋的“两个凡是”，因为它意味着毛泽东是不会犯错的，而这一点连伟大舵手本人都从来没说过。（但另一方面，毛泽东会犯错这一点在毛泽东生前也极少有人提。）邓小平引用了毛泽东对斯大林的评价——七分正确三分错误——言外之意就是毛泽东自己也应当三七开（这很快就成了党的官方政策，直至如今）。他同时还指责毛泽东的指定接班人华国锋生搬硬套，篡改了毛泽东的思想：

> “两个凡是”不行。按照“两个凡是”，就说不通为我平反的问题，也说不通肯定1976年广大群众在天安门广场的活动“合乎情理”的问题。把毛泽东同志在这个问题上讲的移到另外的问题上……这样做，不行嘛！毛泽东同志自己多次说过……一个人能够“三七开”就很好了，很不错了，我死了，如果后人能够给我以“三七开”的估计，我就很高兴、很满意了。[11]

换言之，没有一成不变的正统思想。中国的改革将以是否有效为基本依据。

邓小平日益急迫地强化他的基本论点。在1977年5月的一次讲话中，他说中国应该比日本19世纪大刀阔斧的现代化运动“干得好”。他又用共产主义意识形态来鼓励实质上的市场经济，邓小平说，“我们是无产阶级”，应该可以超越“日本新兴资产阶级”的现代化（这话让人感觉其实是在激励中国人的民族自豪感）。毛泽东用一个超现实的光辉未来来争取民众支持，邓小平则不然，他要老百姓为克服落后下大力气：

> 我们要实现现代化，关键是科学技术要能上去。发展科学技术，不抓教育不行。靠空讲不能实现现代化，必须有知识，有人才……现在看来，同发达国家相比，我们的科学技术和教育整整落后了二十年。[12]

在邓小平巩固权力之时，这些原则就变成了中国努力成为世界大国的行动座右铭。毛泽东对增加中国的国际贸易或加强其经济的国际竞争力似乎兴趣不大。在毛泽东去世时，美国对华的总贸易额是3.36亿美元，尚略低于美国对洪都拉斯的贸易额，是美国对台贸易的1/10，而台湾地区人口只占全中国的1.6%。[13]

中国成为今日的经济超级大国应归功于邓小平，因为他履行了作为一个领导人的最终职责——让社会呈现了崭新面貌。社会依赖一般行为标准来运作，靠沿袭旧制来维持——但要有富有远见的领导才得以进步。这样的领导人知道该做什么，同时还有勇气看准就干。

与毛泽东不同，邓小平以另一种中国的传统治国——统治者拥有无形但又无处不见的无上权力。

许多文化，起码所有的西方文化，都凭借与被统治者一定的亲民关系来维系统治者的权威。所以，雅典、罗马以及多数西方多元国家才认为雄辩术是治国的资产。中国没有重视口才的一般传统（毛泽东可以说是个例外）。传统上，中国领导人的权威并不在乎雄辩术或与百姓的接触。依据中国的仕宦传统，为官者基本上不露面，全凭政绩服人。邓小平不居高位，拒不接受任何名誉荣衔，很少上电视，政治实践几乎全在幕后；他的执政作风不像帝王，倒像个士大夫。[14]

毛泽东治理国家靠的是中国人民的耐受力，他们要承受他的个人愿景带给他们的苦楚；邓小平则仰赖解放中国人民的创造力，实现他们自己理想的未来。毛泽东相信中国“人民群众”有不可思议的力量，纯粹凭借意志力和意识形态能克服一切障碍，推进经济发展；邓小平对中国的贫穷及其与发达世界在生活水平方面的巨大鸿沟直言不讳，他宣布“贫穷不是社会主义”，中国需要获得外国技术、专长和资本来补救缺失。

邓小平的复出在1978年12月中国共产党第十一届三中全会上得到了全面体现。全会提出了体现邓小平以后所有政策特点的口号——“改革开放”。中央委员会与毛泽东的正统思想决裂，同意了与周恩来四个现代化相呼应的务实的“社会主义现代化”政策。在农业方面，再次允许发挥个人积极性。原来被定性为“反革命”的群众悼念周总理的活动得以平反，在朝鲜战争中担任司令员、后来因批评“大跃进”而被毛泽东清洗的元帅彭德怀沉冤终得昭雪。会议结束时，邓小平在讲话中提出了“解放思想，实事求是，团结一致向前看”的口号。在毛泽东对生活当中几乎所有问题都提供了解答长达十年之久以后，邓小平强调的则是需要放松意识形态禁锢，鼓励“独立思考”。[15]

邓小平用林彪暗指“四人帮”和毛泽东的某些方面，谴责搞“禁区”和“官僚主义”。需要以实际成绩取代意识形态正确性；太多人拣最容易的路走，结果因循守旧：

> 目前进行的关于实践是检验真理的唯一标准问题的讨论，实际上也是要不要解放思想的争论……一个党，一个国家，一个民族，如果一切从本本出发，思想僵化，迷信盛行，那它就不能前进，它的生机就停止了，就要亡党亡国。[16]

独立、创造性的思考将是未来主要的行事准则：

> 在党内和人民群众中，肯动脑筋、肯想问题的人愈多，对我们的事业就愈有利。干革命、搞建设，都要有一批勇于思考、勇于探索、勇于创新的闯将。没有这样一大批闯将，我们就无法摆脱贫穷落后的状况，就无法赶上更谈不到超过国际先进水平。[17]

但与毛泽东正统思想的决裂也暴露了改革者的两难之处。革命者的两难在于多数革命是为了反对人们所认为的权力滥用；但是既有的义务破坏得越多，重建义务感需要花的力气就越大。所以，革命的结果常常是中央权力的增加——革命范围越大，越是如此。

而改革者的两难则与此相反——选择的范围越大，界线的划分就越困难。为了追求生产力，邓小平强调“独立思考”的重要性，并主张“全面”解放思想。但是，有人在思想解放后要求政治多元化怎么办？邓小平的远景需要“一批勇于思考、勇于探索、勇于创新的闯将”，但这一远景的前提是闯将只限探讨建立繁荣中国的具体道路，而不涉足对最终政治目标的探讨。邓小平对解放思想同时保持政治稳定是怎么设想的呢？他是否认为既然中国没有更好的选择，也只好冒险一试？还是按中国传统，他认为不会出现对政治稳定局面挑战的可能性，特别是在他正着力改善民生并让百姓比过去自由得多的时候？邓小平的经济自由化和民族振兴构想并不包括朝西方认同的多元民主方向有太大的移动。邓小平之所以设法维系一党执政，并不是因为他乐于享受权力带来的特权，而是因为他认为不这样国家就要乱。

邓小平不久即被迫面对这些问题。20 世纪 70 年代，他曾鼓励个人对“文化大革命”中的遭遇抒发不满。但当这一新言路的开放演化为多元主义的萌芽时，邓小平不得不在 1979 年详细讨论他对自由的性质及限度的理解：

最近一段时间内，在一些地方出现了少数人的闹事

> 现象。有些坏分子不但不接受党和政府的负责人的引导、劝告、解释，并且提出种种在目前不可能实现的或者根本不合理的要求，煽动、诱骗一部分群众冲击党政机关，占领办公室，实行静坐绝食，阻断交通，严重破坏工作秩序、生产秩序和社会秩序。[18]

从邓小平罗列的情况来看，这些事件并非孤立或偶发事件。谈到竟然公开要求美国关怀中国人权的“中国人权小组”时，邓小平说：“这种公然要求外国人干涉中国内政的行为，是我们能够允许的吗？”[19]邓小平罗列的事件中还包括“上海民主讨论会”，邓小平说这个团体就是主张恢复资本主义。在邓小平看来，其中有些团体与台湾的国民党当局有秘密勾结，他们中间有的人要求到外国去政治避难。

这是令人吃惊地承认了存在政治挑战。邓小平对其范围的了解很清楚，至于如何应对则不那么清楚：

> 同这些人的斗争不是很简单的、短时间就可以解决的问题。我们必须努力做好工作，把受他们蒙蔽的群众（其中许多是天真的青年）同这些反革命分子、坏分子分离开来，要按照法律，对这些反革命分子、坏分子进行严肃的处理……
>
> 什么是中国人民今天所需要的民主呢？中国人民今天所需要的民主，只能是社会主义民主或称人民民主，而不

是资产阶级的个人主义的民主。[20]

虽然邓小平坚持以威权方式执政，但他还是放弃了个人崇拜，拒绝清洗他的前任华国锋（而是让华国锋逐步淡出），并开始有序地规划自己的接班人。邓小平在巩固政权后，也拒绝担任大多数党内正式要职。[21]1982年他在北京与我会面时说：

邓小平：……我也差不多快过时了。

基辛格：这从阅读党代会的文件可看不出来。

邓小平：我现在是在顾问委员会挂名。

基辛格：我认为这是自信的表现。

……

邓小平：领导班子的老化使我们不得不这样做，好留下历史经验和教训……

基辛格：我不知道怎么称呼你才好。

邓小平：我有好几顶帽子。我是政治局常委、顾问委员会主席，又是人民政治协商会议的主席。我想把它让给别人，我的头衔太多了……我的头衔太多。我要干得越少越好。同事们也希望我少干杂事，就为了让我活长一点儿。

邓小平打破了毛泽东的先例，没有自认是哪一方面的天才，反而谦称自己没有专长。他让下属去创新，只要行之有效就予以支持。言谈一贯率性直爽的他在 1984 年外国投资会议上就曾说：“在经济问题上，我是个外行，也讲了一些话，都是从政治角度讲的。比如说，中国的经济开放政策，这是我提出来的，但是如何搞开放，一些细节，一些需要考虑的具体问题，我就懂得不多了。”[22]

就在邓小平详细规划其国内远景时，他渐渐成了中国在世界上的代表人物。在 1980 年 2 月的共产党中央委员会五中全会上，华国锋的支持者或被降职或被解职，胡耀邦和赵紫阳进入了政治局常委。这一重大变动引起了不小的社会和政治影响。在 19 世纪中国自强运动的维新派失败一百年之后，邓小平开始让中国在改革的路上勇往直前，日后中国终于以其成就和悠久历史重现辉煌。

| 第十三章 |

“摸老虎屁股”：对越作战

中国对越自卫反击战中，中国出兵越南，6 周后撤军。1979 年 4 月，时任中国总理的华国锋在总结这场战争时轻蔑地嘲讽苏联：“他们不敢动，所以我们还是摸了老虎屁股。”[1]

1975 年，红色高棉在柬埔寨夺取政权，之后和越南在边境地区发生了一系列冲突。越南以此为由出兵占领柬埔寨，实际上是为追求越南建立印度支那联邦的最终目标。在这个时候，中国不顾越南和苏联不到一个月前刚刚签署了互助防御条约，出兵越南，要给它一个“教训”。尚未从“文革”破坏中完全恢复的中国军队在战争中损失惨重[2]，但这次出兵达到了根本目标：苏联未做回应，这显示了其战略涵盖面的局限性。以此观点来看，中国对越自卫反击战可以说是冷战的一个转折点，尽管当时人们对此尚未看透。它也是冷战期间中美战略合作的高峰。

越南：大国的难解之谜

越南民族主义中有某种近乎疯狂的东西，逼得别的国家考虑问题往往只攻其一点，不及其余，以致对越南人的动机和自己的能力做出误判。历史学家所谓的第二次越南战争中，美国就是如此遭遇（第一次越南战争是越南反抗法国殖民者的战争）。美国人不能相信一个中等大小的发展中国家仅仅为了自己那点儿事情会如此狂热执着。因此，他们认为越南人的行为预示其还有更深的计划。他们把越南的好斗视为中苏联手阴谋称霸亚洲的前奏。华盛顿还相信，一旦阻挡住越南的第一波出击，对方就有可能在外交上做出让步。

两个想法都错了。越南不是任何国家的代理人；它为之战斗的是它憧憬的独立，是最终建立印度支那联邦，由它做东南亚的龙头老大，正如历史上中国在东亚占据的主导地位一样。几世纪来一直与中国冲突不断的越南人不达目的决不罢休。对他们来说，为了外人观念中的稳定而在独立问题上让步是不可想象的。印度支那的第二次越南战争的结果正是由于美国渴望妥协，但北越坚持要取得胜利所致。

在这个意义上，越南战争中美国最大的错误不在于政府没有认真致力于寻求外交解决，尽管围绕这个问题美国民众分为两派争执不下。美国最大的错误是：虽然历届政府，无论是共和党还是民主党主政，都真心地，甚至是拼命地寻求所谓外交解决，但他们都没能认识到，实现外交解决要花大力气，等于先要完全打败河内——而且他们也没认识到，苏联和中国在这场战争中只能推波助澜，不能发号施令。

在较小程度上，中国也犯了类似的错误。美国开始在越南集结兵力时，北京以围棋的战略思维将之解读为美国围堵中国的又一举动，先在朝鲜，后是台湾海峡，现在又到了印度支那。中国支持北越的游击战既有意识形态的原因，也是为了把美国的基地推得离中国边境越远越好。1968 年 4 月，周恩来对越南总理范文同说，中国支持越南，以防止他国对中国的战略包围。范文同的回答模棱两可——因为防止包围中国不是越南的目的，越南有它自己的目的：

周恩来：美国长期以来一直对中国形成半包围，现在苏联也在包围中国。除了越南这部分外，正在形成对华的全包围。

范文同：我们有坚定的决心，要在越南所有领土上打败美帝国主义者。

周恩来：所以我们支持你们。

范文同：我们胜利了将在亚洲产生积极影响。我们的胜利将带来无法预见的结果。

周恩来：应该这样想。[3]

范文同对中国的战略刻意保持距离，而中国为了这一战略却派遣 10 万名非战斗人员去北越，为其提供基础设施和后勤方面的支援。美国反对北越是因为把它看作苏联和中国战略中的先锋；中国支持河内是为了遏阻它眼中美国统治亚洲的企图——它们都错了。河内只为自己的国家而战。1975 年，第二次越南战争以共产党取得胜利，统一越南而告终，而统一后的越南对中国的战略威胁比对美国大得多。

越南人对他们北方邻国的不信任到了疑神疑鬼的地步。越南历史上曾长期受中国统治，其间它吸收了中文书写系统和中国的政治文化形式（古都顺化壮丽的皇宫和皇陵就是证明）。然而，越南人使用这些“中华”制度来建设自己的国家，寻求自己的独立。越南的地理位置使它无法像日本那样在历史上相应的时期固守孤岛。从公元前 2 世纪一直到公元 10 世纪，越南基本上都在中国的直接统治之下，到 907 年唐朝结束时才成为完全独立的国家。

越南的民族特征因此反映出两股互不调和的力量：一方面，它吸收中华文化；另一方面，它反对中国的政治和军事统治。对中国的抗拒培育了越南对独立的强烈自豪感，也造成了它兵强将悍的传统。它所吸收的中华文化在越南培育出一批中国式儒学精英，他们对邻国怀有一种区域中央王国的心理。20 世纪历次印度支那战争期间，越南使用老挝和柬埔寨这两个中立国家的领土毫不客气，心安理得，战后又同它们国内的共产主义运动建立“特殊关系”，实际上是以此建立越南的主导地位，这一切都表现出越南认为它在政治和文化上理应占先。

越南对中国来说是心理和地缘政治上前所未有的挑战。河内的领导人熟谙孙子兵法，在对法国和对美国作战中运用孙子兵法的原理成果卓著。越南先是和"二战"后企图收回殖民地的法国作战，后来又于1963~1975年同美国交战；但即使在这两场漫长的战争结束之前，北京和河内就已开始意识到下一次较量将会是它们之间对印度支那和东南亚主导权的争夺。

随着战争的继续，若干迹象表明中国开始为河内最终取得胜利做准备，尽管这对它来说是无奈之举。情报说中国人在老挝北部修建公路，这和还在进行中的美越之战没有关系，但在战后制衡越南的战略中，甚至万一老挝与越南发生冲突时就会管用。1973年，结束越战的《巴黎协定》签署后，周恩来和我谈判战后柬埔寨的安排，基本的一点是要在诺罗敦·西哈努克（流亡北京的前柬埔寨国王）、当时的金边政权和红色高棉之间建立联盟，主要目的是阻止越南称霸印度支那。该协议最终没能实施，因为美国国会实际上禁止美国在该地区发挥任何军事作用，美国的角色因此而变得毫无意义。[4]

1973年2月，我于《巴黎协定》草签两周后访问河内，商讨执行协定相关事宜，亲身感受到了河内对它当时盟友的潜在敌意。黎德寿带我参观河内的国家博物馆，重点向我展示介绍了越南历史上反抗中国斗争的部分——那时中国还是越南的正式盟友呢。

1975年西贡陷落，骨子里固有的以及历史遗留下来的对立随之公然爆发，地缘政治压倒了意识形态。它证明不只美国一家错估了越南战争的意义。美国动手干预时，中国视其为帝国主义的垂死挣扎。它几乎总是和河内站在一边，把美国的干预解读为包围中国的又一步——正如它10年前对美国干预朝鲜的理解。

具有讽刺意味的是，从地缘政治角度来说，中国和美国的长期利益本应是相似的，两国都应希望保持印度支那分为四个国家的现状。华盛顿抵制越南统治印度支那是出于威尔逊的全球秩序观——国家有自决权——也是因为它认为共产主义阴谋称霸全球。中国的大目标与美国一致，不过它是出于地缘政治的原因，要避免南部边境出现东南亚集团。

中国似乎一度相信，共产主义的意识形态会使越南把反抗中国统治的千年历史放在一边，与自己一笑泯恩仇。也许它认为美国不可能一败涂地。西贡陷落后，北京被迫面对自己政策造成的后果，现实令其悚然自惊。战后印度支那的形势正应了中国对被包围的一贯担心。防止出现与苏联勾结的印度支那集团成了邓小平时期中国外交政策的首要关注点，也正是这一点加速了中美合作进程。河内、北京、莫斯科、华盛顿四家在进行围棋博弈。柬埔寨和越南的事态发展将决定北京和河内两家谁最后被包围、被遏制。

中国受敌国包围的噩梦似乎就要成为现实。一个越南就已经够难对付了，而假若它建立印度支那联邦的目标得以实现，这个集团就将有近亿人口，会对泰国和其他东南亚国家造成巨大压力。在这种情况下，保证柬埔寨的独立以制衡越南就成了中国的主要目标。早在 1975 年 8 月——西贡陷落 3 个月后——邓小平就对来访的红色高棉领导人乔森潘说：“一个超级大国（美国）被迫撤出印度支那后，另一个超级大国（苏联）就会乘虚而入……把魔掌伸向东南亚……企图进行扩张。”[5] 邓小平说，柬埔寨和中国“都面临反帝反霸的任务……我们坚信……我们两国人民会更紧密地团结在一起，在我们共同的斗争中走向新的胜利”。[6] 1976 年 3 月，老挝总理凯山 · 丰威汉访问北京，当时的总理华国锋告诫他防范苏联：“特别是那个一边高喊‘缓和’一边四处伸手的超级大国正在加紧军事扩张和战争准备，企图把更多的国家纳入它的势力范围，自己要当霸主。”[7]

1975 年 4 月西贡陷落后，中越两国不必再假装共产主义国家团结一致对付“美帝国主义”的威胁，于是很快成为公开的对头。全印度支那失陷后 6 个月内，15 万越南人被赶出柬埔寨。同期，大约同等数量的华裔越南人被迫逃离越南。1976 年 2 月，中国停止对越援助，一年后又切断了尚未完成的援助方案所需的一切物资供应。与此同时，越南转投苏联。越共政治局在 1978 年 6 月的一次会议上，把中国定为越南的“首要敌人”。同月，越南加入苏联为首的贸易集团“经济互助委员会”。1978 年 11 月，苏联和越南签署了含有军事条款的友好合作条约。1978 年 12 月，越南军队入侵柬埔寨，推翻了红色高棉政权，建立了亲越南的政府。

冲突中已经不存在意识形态的影子。这是共产党国家之间的实力较量，为的是国家利益，不是意识形态。

在中国眼中，边境上的事态发展是战略意义上的噩梦。北面，苏联依然重兵压境：莫斯科在苏中边境上驻扎着近 50 个师。西面，阿富汗发生了共产党政变，苏联的影响日益显著。[8] 1979 年 1 月 16 日伊朗爆发革命，国王出逃，北京认为其中也有莫斯科的作用。莫斯科在继续推动建立亚洲集体安全体系，其唯一说得通的目标就是遏制中国。与此同时，莫斯科还在同华盛顿谈判的第二阶段限制战略武器条约。北京认为，这样的协议会把“苏联的祸水引向东方”，引向中国。中国的处境似乎岌岌可危。现在越南也加入了苏联阵营。看来，1968 年范文同对周恩来预言的“无法预见的结果”之一是苏联对中国的合围。另一个麻烦是这些挑战纷至沓来之时，邓小平才刚第二次复职不久，他还在巩固自己的地位——直到 1980 年才宣告完成。

中国和西方外交战略的首要区别在于劣势中的自处之道。美国和其他西方国家的外交官认为应谨慎行事，避免挑衅；中国则更倾向于摆出更加无畏的姿态。面对于己不利的力量对比，西方外交官倾向于寻求外交解决；他们敦促采取外交举措陷对方于“不义”，以求在道义上孤立对方，但不主张使用武力——越南入侵并占领柬埔寨后，美国基本上就是这样劝告邓小平的。中国的战略规划者却更坚定决心用勇气和心理压力来对抗敌人实力上的优势——他们相信先发制人的威慑。若是敌人优势太强，且战略趋势于己不利时，他们的应对方法是打击敌人的信心，尽管中国在物质上处于劣势，但他们仍要重夺心理优势。

在威胁环伺之下，邓小平决定开展外交和战略攻势。虽然他在国内的地位尚未完全巩固，但是他在几个层面上对国外采取了大胆的行动。他把中国对苏联的立场从遏制变为明确的战略敌对，实际上是反攻。中国不再只是就遏制苏联给美国出谋划策，而是在亚洲积极组建反苏反越联盟。它在为与河内最后摊牌做准备。

邓小平的外交政策：与美国对话，实现关系正常化

1977 年邓小平第二次平反复职后，扭转了毛泽东的国内政策，但基本上沿袭了毛泽东的外交政策。这是因为他们二人都怀有强烈的民族主义感情，对中国国家利益也看法一致。另一个原因是毛泽东干革命在国内可以解放手脚，在外交方面限制就多多了。

然而，毛泽东和邓小平有一个重大的区别。毛泽东对美国

对苏政策的战略意图心存怀疑；邓小平则以中美战略利益一致为出发点，集中注意确保实施过程中不发生抵触。毛泽东视苏联为抽象的战略威胁，为祸全球，并不专门针对中国；邓小平却认识到中国面临的特殊危险，尤其是北方潜在威胁未去，南方边境的威胁又迫在眉睫，二者形成合击之势，因此邓小平与美国的对话更侧重于具体操作。毛泽东如同恨铁不成钢的老师，邓小平则像要求严苛的伙伴。

危险当前，邓小平不再像毛泽东晚年那样对中美关系持摇摆不定的态度。中国不再向往为世界革命奋斗。邓小平官复原职后每次谈话中都主张建立一个包括中国和日本在内的全球计划，用以对抗苏联对欧洲咄咄逼人的政策。

尽管中美协商日益紧密，但是美国仍承认台湾为中国的合法政府、台北为中国的首都，这一反常现象仍然存在。中国南北边境上的敌人可能会把美国不承认中华人民共和国误解为契机而蠢蠢欲动。

吉米·卡特就职后，关系正常化成为中美议程上的第一要务。1977 年 8 月，新任国务卿赛勒斯·万斯初访北京，然而此次访问却并不成功。他在回忆录中写道：

> 我从华盛顿启程时觉得，在巴拿马问题（指批准巴拿马运河条约，移交运河的管理权）处理完毕之前，触及和中国关系正常化这个具有争议性的政治问题不太明智，

除非中国人全面接受我们的建议——但我认为那是不可能的。出于政治的原因，我准备向中国人提出关于台湾问题的最极端立场……我并不指望中国人接受我们的建议，但我觉得还是应该提出来，尽管最后可能得放弃这个建议。[9]

美国关于台湾的建议中，涉及一系列有关美国在台湾保留有限的外交存在的想法。这些主意福特政府任内也曾经提出，但遭到了拒绝。现在万斯再次提出，邓小平再次拒绝，说这是后退。一年后，卡特总统决定给予对华关系高度优先的重视时，美国内部的有关辩论就此结束。苏联在非洲和中东步步紧逼，使卡特这位新任总统相信他应该迅速实现中美关系正常化，以寻求与中国事实上的战略联盟。1978 年 5 月 17 日，卡特派国家安全事务助理兹比格纽·布热津斯基前往北京，给他的指示是：

你要强调我认为苏联和美国虽然也有合作的方面，但实质上是竞争的关系……

简而言之，我担心苏联军力日益增强但政治上短视，再加上大国野心的驱使，它可能会通过利用（特别是第三世界）当地的动乱和恫吓我们的友邦来寻求政治优势，最终甚至获得霸权地位。[10]

布热津斯基还得到授权，重申尼克松 1972 年对周恩来阐述的五项原则。[11] 一直强力主张与中国战略合作的布热津斯基积极稳妥地执行了指示，他抱着实现与中国关系正常化的目的于 1978 年 5 月访问北京，中方对他的建议表示愿意接受。邓小平迫切希望实现两国关系正常化，好与美国结成更加牢固的联盟，通过他所说的“实实在在、脚踏实地的工作”[12] 在世界各地抵制苏联的进逼。

中国领导人深知他们身陷战略险境，但他们分析时不谈本国的关注，而是从更为广阔的视角纵观全球形势。“天下大乱”、“连横战略”、“三个世界”——这些都是国际关系的广泛理论，不涉及具体国家的观念。

外交部长黄华对国际形势的分析显示出惊人的自信。中国的处境尽管极为困难，但黄华丝毫不显得有求于人，而是像授业儒师一样，谆谆教诲来宾如何推行全面的外交政策。他先从大处着眼，论述两个超级大国之间的“矛盾”、与苏联谈判的徒劳，以及世界大战之不可避免：

> 苏联是最危险的战争策源地。阁下提到苏联面临很多困难，确实是这样。谋求世界霸权是苏联社会帝国主义的固定战略目标。虽然它可能遇到很多挫折，但它决不会放弃它的野心。[13]

黄华提到的问题也困扰着美国的战略研究人员——特别是在传统战略思维中加入核武器因素的时候。如果以核武器作为威慑，这种威胁就不会被真正付诸实施："至于说苏联害怕西方的核攻击，所以不敢使用常规武器，那只是一厢情愿。据此制定战略不仅危险，而且也靠不住。"[14]

在中东这个"欧洲的侧翼"和"未来战争中的能源来源"，美国没能阻止苏联的前进。它和苏联发表了关于中东的联合声明（请区域国家共同商讨全面解决巴勒斯坦问题的可能），"因此为苏联进一步对中东渗透敞开了大门"。美国使埃及总统安瓦尔·萨达特（他的"大胆行动""造成了对苏联不利的形势"）陷入险境，让苏联"趁机在阿拉伯国家间造成严重分裂"。[15]

黄华总结当前局势时用了一个中国成语。他说，对莫斯科采取"安抚"政策会使它"如虎添翼"，但是联合一致对它施加压力必将奏效，因为苏联"外强中干，欺软怕硬"。[16]

讲完了印度支那问题的大背景，黄华谈到"地区霸权的问题"。当然，美国早在10年前就已虑及此点。越南企图统治柬埔寨和老挝，建立印度支那联邦——"背后有苏联撑腰"。河内已经控制了老挝，在那里驻军，"在老挝各级政府部门都派有顾问"。但是柬埔寨反对越南的地区霸权野心，对它进行了抵抗。越南和柬埔寨之间的紧张"不只是边境上零星的交火"，而是一场"可能会持续很久的"重大冲突。除非河内放弃称霸印度支那的目标，否则"问题短时间内解决不了"。[17]

当天晚些时候，邓小平对黄华的意思做了进一步解释。他警告布热津斯基说，让步和依从从未换来过苏联的收敛。15

年的军备控制协议使苏联取得了和美国的战略均势，和苏联进行贸易等于是“美国在帮助苏联克服它的弱点”。邓小平嘲笑美国对苏联在第三世界开拓势力范围的回应，并责备美国试图“取悦”苏联：

> 你们的发言人总是为苏联的行动辩护。有时他们说没有迹象证明苏联和古巴插手扎伊尔和安哥拉。你们这么说没有用。说实话，你们每次要和苏联缔结协议，都是美方让步来取悦苏联。[18]

做得实在漂亮。这个国家身为苏联的首要目标，却把它所建议的联合行动说成是理性的义务，而不是国与国之间的交易，更不是对美国的求助。中国处境危险——有它自己的分析为证——但它表现得像是教授战略的老师，而不像美国的欧洲盟友那样，经常是被动地听从美国的指示。

美国辩论中经常涉及的问题——国际法、多边解决、民众的同意——在中国的战略分析中常告阙如，除非是作为达到既定目标的工具。而这个目标，邓小平告诉布热津斯基，就是“对付‘北极熊’，没有别的”。[19]

但是，对美国人来说，美国社会基本价值观中所谓的现实主义是有限度的。让杀人不眨眼的红色高棉在柬埔寨掌权就超过了这样一个限度。没有哪个美国总统能把红色高棉简单地看作围棋战略中的又一颗棋子。它把金边的居民赶进丛林，大规模屠杀某类的平民，这些种族灭绝的行为美国不能视若无睹（虽然我们下面会看到有时也为了需要而牺牲原则）。

第二天，时任总理的华国锋在会见中讲得更明确：

> 我们对许多朋友说过战争的主要危险来自苏联。那我们该怎么办呢？首先要做好准备……如果准备充分，一旦战争爆发，就不会处于不利地位。第二，必须打乱苏联侵略的战略部署。因为苏联要夺取世界霸权，就得先在世界各地建立空军和海军基地好进行战略部署。我们必须努力打乱它的全球部署计划。”[20]

大西洋联盟还没有哪一个成员提出过如此全面的联合行动——实质上是先发制人行动，也没有哪个成员表示过准备根据自己的判断单独行动。

在实际操作层面上，中国领导人建议的合作在许多方面都比大西洋联盟更为紧密，也更冒险。他们要执行的是前面章节讲过的进攻性威慑战略，其特点是并没有成立正式组织或规定长期义务。意见一致即可共同行动，但如果意见出现分歧，大家便各行其是——中国即使在危急时刻也不肯放弃独立自主。尽管中国对美国的一些具体政策提出尖锐批评，但仍然坚持和美国联合行动，这表明中国认为与美国的安全合作势在必行。

中美关系正常化成了迈向共同全球政策的第一步。从1971年7月的秘密访华开始，中国关于关系正常化的条件一贯而又明确：所有美国军队撤出台湾，取消和台湾的共同防御条约，只同北京政府建立外交关系。这些都包括在《上海公报》所载的中国立场中。理查德·尼克松和杰拉尔德·福特两位总统都同意了这些条件。尼克松表示要在他第二任期内予以落实。尼克松和福特都强调美国注重台湾问题的和平解决，包括要继续向台湾提供一定的安全援助，但水门事件的发生及其影响使得他们没能履行承诺。

卡特总统上任不久即重申尼克松在1972年2月对周恩来做出的关于台湾的一切保证，他不受党派影响坚持这一外交政策，实在非比寻常。1978年他提出了实现中美关系正常化的具体方法，以使双方都能维护各自的既定原则：重申尼克松和福特接受的原则；美国发表声明强调致力于和平改变；中国默许一定的美国对台军售。卡特在和中国大使柴泽民的谈话中亲自提出了这些办法，他威胁说如果美国不对台湾出售武器，台湾将被迫自行发展核武器——好像美国无法影响台湾的计划或行动似的。[21]

最后，卡特邀请邓小平访问美国，这就为关系正常化设定了最后时限。邓小平没有反驳美国关于期望台湾问题最终和平解决的声明——尽管中国长期以来一直拒绝就此做出任何保证。邓小平对布热津斯基强调说，中国的立场不变，“解放台湾是中国的内政，外国无权干涉”。[22]

关系正常化意味着美国大使馆将从台北迁至北京，北京的外交官将取代台北在华盛顿的代表。作为回应，美国国会于1979年4月通过了《与台湾关系法》，把美国对未来的担心化为对美国有约束力的法律。当然，它约束不了中国。

在美国和中国各自的需要之间达成的这种平衡说明了为什么有时模棱两可对于外交来说不可或缺。正常化靠一系列的模棱两可维持了40年，但不可能永远如此。推动两国关系继续前进需要双方的远见卓识。

邓小平出访

邓小平对美国做了规劝之后，开始进入实际操作阶段。他不肯坐等美国的决定，而是在任何可能的地方——特别是东南亚——努力构建他所倡导的政治框架。

毛泽东会见外国领导人是把他们召到他的住处，邓小平则正好相反——他遍访东南亚、美国和日本，以他自己高调、直率、偶尔有些盛气凌人的风格开展外交。1978年和1979年，邓小平风尘仆仆地频频出访，以改变中国的国际形象——从革命斗士变为苏联和越南地缘政治阴谋的又一个受害者。越南战争期间，中国是站在另一边的，它曾经在泰国和马来西亚的华侨和少数民族中间鼓动过革命。[23] 现在大敌当前，这一切都成为次要。

1979年2月邓小平在接受《时代》周刊的采访中，向公众阐释了中国的战略方针："如果要来缚住北极熊，我们唯一的办法就是团结起来。只靠美国的力量是不够的，只靠欧洲的力量也不够。我们是穷国，力量不大，但是如果我们联起手来，那就有分量了。"[24]

邓小平在历次出访中不厌其烦地强调中国还比较落后，希望从先进的工业化国家那里得到技术和专门知识。但他也坚持说中国虽然不够发达，却并不会因此改变它抵抗苏联和越南扩张的决心，如有必要中国会使用武力，单独行动。

邓小平的出访——以及他多次提到中国贫穷——与传统的中国治国之道迥然不同。没有几个中国统治者去过外国（当然，传统观念认为"溥天之下莫非王土"，所以严格来说没有"外国"可去）。邓小平公开强调中国的落后，强调中国需要向别国学习，这与中国的皇帝和官员与外国人打交道时表现出来的傲慢形成鲜明对比。没有一个中国统治者对外国人说过需要外国的东西。清廷接受了有限的外国创新（比如对耶稣会的天文学家和数学家表示欢迎），但一贯坚持说与外国人通商是为表现中国的仁善，而非中国所需；毛泽东也高度强调自力更生，即使因此使中国陷入贫穷和孤立。

邓小平先访日本，此行是为了签署中日关系正常化条约。邓小平的战略计划是同日本不仅要实现关系正常化，而且要实现和解，好让日本帮助孤立苏联和越南。

为此目的，邓小平愿意不再计较日本给中国带来的长达半个世纪的苦难。他表现得热情洋溢，宣布说“我心里很高兴”，还给了日本领导人一个拥抱，这样的举动在日本社会几乎绝无仅有，在中国也是一样。邓小平毫不掩饰中国经济的落后：“长得很丑却要打扮得像美人一样，那是不行的。”请他在访客留言簿上签名时，他写下了对日本成就的空前赞扬：“向伟大、勤劳、勇敢、智慧的日本人民学习、致敬。”[25]

1978年11月，邓小平访问东南亚，到了马来西亚、新加坡和泰国。他把越南称为“东方的古巴”，说苏联和越南刚签署的条约是对世界和平的威胁。[26]1978年11月8日，他在泰国强调说苏越条约威胁到“亚洲、太平洋以至整个世界的安全与和平”：“这份条约不单是针对中国的……它是苏联重大的全球计划。你可能认为条约的意图是包围中国。我对我们的友好国家说中国不怕包围。它对亚洲和太平洋具有特别重要的意义。亚洲、太平洋以至整个世界的安全与和平都受到威胁。”[27]

邓小平在新加坡见到了该国杰出的总理李光耀，二人惺惺相惜。华人占多数的新加坡社会繁荣，后来邓小平不无钦佩地说它“管得严”，“社会秩序算是好的”。[28]邓小平在新加坡看到了中国未来可能的景象。当时，中国还极为贫穷，它的“公共秩序”经过“文化大革命”几乎荡然无存。李光耀叙述了他与邓小平一段难忘的谈话：

> 他邀请我再次访华，我说等中国从“文化大革命”恢

复过来我就会去，他说那需要很长的时间。我反驳说新加坡人大多是福建人和广东人的后裔，祖先都是目不识丁、没有田地的农民，而达官显宦、文人学士则全留守中原开枝散叶，因此，没什么事是新加坡人做得到而中国做不到，或没法子做得更好的。他沉默不语。[29]

李光耀对邓小平的务实精神和虚心好学表示赞扬，并借机表达了东南亚关注的一些问题，这些问题可能被中国的官僚和外交滤网滤掉而从未到达过最高层：

中国想让东南亚国家和它团结起来孤立"苏联熊"，但事实上我们的邻国想团结起来孤立"中国龙"。东南亚没有"苏侨"在领导由苏联支持的共产党叛乱，却有"华侨"在中国共产党和中国政府的鼓励和支持下威胁泰国、马来西亚、菲律宾，在较小的程度上也威胁着印度尼西亚。而且，中国公开宣称和海外华人血浓于水，关系特殊，越过他们的国籍国政府直接号召他们对中国的爱国心……我建议应该讨论如何解决这个问题。[30]

后来事实证明李光耀是对的。除新加坡以外，别的东南亚国家对和苏联或越南对抗都十分谨慎。不过邓小平还是达到了他的根本目标：他的多次公开讲话预示着中国可能会采取行动进行补救。作为邓小平计划中关键一环的美国必然会注意到他的讲话。邓小平的战略计划需要一个更明确的中美关系。

邓小平访美和联盟的新定义

邓小平访美旨在庆祝两国关系正常化并开启共同战略。这一战略以《上海公报》为基础，主要针对苏联。

这也表现出中国外交的特殊技巧——造成别国支持的印象，而实际上有关国家并未同意，甚至并未接到要它们支持的要求。20 年前台海危机时中方就采用了这种方法。1958 年，毛泽东在赫鲁晓夫不愉快的北京之行三周后炮击金门马祖，造成莫斯科事先同意北京行动的印象，其实并非如此。艾森豪威尔甚至指控赫鲁晓夫帮助煽动危机。

邓小平采取同样的手法，在对越南作战前高调访问美国。两次中国都没有要求对方帮助自己即将进行的军事行动。1958 年赫鲁晓夫显然不知道中国要动手，而且还因被迫面对核战争的风险而很不高兴；1979 年邓小平到达美国后，通知华盛顿中国要出兵越南，但华盛顿并未明确表示支持，美国的作用仅限于分享情报和外交方面的协作。这两次北京都成功地使外界以为它的行动得到了一个超级大国的同意，从而吓阻另一个超级大国插手干预。由于这种微妙而又大胆的策略，苏联在 1958 年无法阻止中国攻击沿海岛屿；至于越南，苏联只能猜测邓小平访美期间达成了什么协议，而且会假设对它最不利的情况。

在这个意义上，邓小平访美是做给别人看的，目的在于恐吓苏联。邓小平在美国为期一周的访问既是外交峰会，又是商业访问，外加巡回政治演说，还有为对越作战进行心理战。他访问了华盛顿、亚特兰大、休斯敦和西雅图，所到之处的情景为毛泽东时代所无法想象。1 月 29 日在白宫举行的国宴上，“红色中国”的领导人和可口可乐、百事可乐还有通用汽车的老总觥筹交错。在肯尼迪中心的晚会上，这位小个子副总理与哈林花式篮球队的队员们热烈握手。[31] 在得克萨斯州西蒙顿的骑术表演和烧烤餐会上，他戴上宽边牛仔帽，乘坐马车，使周围的群众兴奋欣喜。

邓小平访美期间一直强调中国需要外国技术，需要发展经济。在他的要求下，他参观了美国的制造业和技术设施，包括佐治亚州哈波维尔的一家福特汽车组装厂、休斯敦的休斯工具公司（在那里他仔细观看海上开采石油用的钻头），还有西雅图郊外的波音工厂。邓小平到达休斯敦时，坦率地表示要“学习你们在石油工业和其他领域的先进经验”。[32] 邓小平认为中美关系充满希望，声称他愿意“了解美国人生活的方方面面”，“吸收所有对我们有益的东西”。[33] 在休斯敦的约翰逊太空中心，他在航天飞机的飞行模拟器里流连不已。一位新闻记者报道了那时的情景：

在美访问的邓小平表示中国热切希望得到先进技术，

他今天在这里爬进飞行模拟器的驾驶舱，亲身体验了驾驶美国最新的航天飞机从10万英尺高空降落到地面的情景。

中国第一副总理（邓小平）似乎为这种体验而着迷，模拟降落一次后又来第二次，最后离开模拟器时还恋恋不舍。[34]

较之清朝皇帝对马嘎尔尼带来的礼物和通商许诺的刻意漠然以对，或毛泽东毫不妥协地坚持经济自给自足，邓小平的态度与他们简直有天壤之别。1月29日在与卡特总统的会见中，邓小平解释了中国四个现代化的政策，这个政策由周恩来在最后一次公开露面中提出，旨在实现农业、工业、科技和国防的现代化。但与他此行的首要目的——建立美中事实上的联盟——比起来，这些都是次要问题。他总结道：

总统先生，您要我大致谈谈我们的战略。为了实现四个现代化，我们需要长时间的和平环境。苏联终究要发动战争。如果我们工作做得好，有可能推迟战争。中国希望把战争推迟22年。[35]

在这一前提下，我们不是建议成立正式联盟，而是各自根据自己的立场行事，协调行动，采取必要措施。这个目标是能够达到的。如果我们的努力没有结果，这个事就会变得越来越空。[36]

不组成联盟却作为盟国一起行动，这把现实主义发挥到了极致。如果所有领导人都具有足够的战略眼光、深思熟虑的话，他们都会达成同样的结论。结盟等于多此一举，战略分析的逻辑即足以促使有关国家向同一方向努力。

但姑且不论历史和地理上的分别，即便是处境类似的领导人也未必能得出同样的结论——尤其是压力当前的时候。分析取决于对事实的阐释；事实究竟如何言人人殊，至于事实具何意义就更是众说纷纭。因此，国家间才组成联盟——这一正式的关系形式尽可能地保护盟国的共同利益不受外部环境或国内压力的影响。联盟是权衡国家利益时需要额外考虑的因素。它还规定成员有法律义务在发生危机时守望相助。最后，联盟如若认真履责，可减少潜在敌人做出误判的危险，因而为外交政策注入一定的可判断性。

邓小平——以及大多数中国领导人——认为中美之间建立正式联盟没有必要，而且总的来说在推行外交政策时还会累赘碍事。他们愿意依靠相互之间的心照不宣。但是邓小平的最后那句话也暗含着警告。如果不能确定或执行共同利益的话，两国关系就会变"空"，变枯萎，而中国就可能重拾毛泽东"三个世界"的理论——那仍是中国的官方政策——在两个超级大国间寻找平衡。

在邓小平看来，中美共同利益反映在建立非正式的全球安排，在亚洲通过政治/军事合作遏制苏联，如同北约在欧洲的目的一样。与北约相比，这一安排并无严格的组织结构，基本上以中美双边政治关系为基础。它的地缘政治理念也与北约有所不同。北约主要是联合成员抵抗苏联实际发动的侵略，明确避免任何军事抢占的概念。为了避免外交对抗，北约的战略信条完全是防御性的。

邓小平的看法是要对苏联的整个外围施加压力，尤其是它新近扩张进入的地区，像东南亚，甚至是非洲，以挫败苏联的计划——尤其是在东南亚。

邓小平警告说，苏联决不会受协议的束缚，它只懂得实力对抗的语言。据说古罗马政治家大加图在每次讲话结尾时都要发出战斗号召“Carthago delenda est”（“必须消灭迦太基”），邓小平也有他自己的号召：必须抵抗苏联。他在所有讲话中都以各种方式警告说苏联一贯的本性是“见缝就钻”。[37] 他对卡特总统说：“苏联在哪里伸手，我们就要在哪里把它砍掉。”[38]

邓小平分析了战略形势，告诉白宫中国准备同越南打仗，因为它认为越南不会止步于柬埔寨。“所谓的印度支那联邦会有不止三个国家，”邓小平警告说，“它一直是胡志明的梦想。现在的三个国家只是第一步，然后也会把泰国包括进去。”[39] 他宣称，中国有义务采取行动，不能坐等事态发展；出了事就太晚了。

邓小平告诉卡特，他考虑到了“最坏的可能”——苏联大规模干预，苏联和越南新签署的防御条约似乎是这样要求的。

确实，报告显示北京从北方边境地区撤退了 30 万平民，并命令中苏边境线上的部队进入一级战备状态。[40] 但是邓小平对卡特说，北京认为如果打一场有限的战争，速战速决，莫斯科就来不及做“大反应”；而且时值冬季，苏联对中国北方发动全面攻击也比较困难。邓小平说，中国“不害怕”，但需要华盛顿“道义上的支持”[41]，意思是需要美国把意图表现得足够模糊，使苏联不敢轻举妄动。

战争结束一个月后，华国锋对我解释了战前的精心战略分析：

> 我们也考虑到了苏联反应的可能性。第一是对我们进行大规模攻击。我们认为这个可能性比较小。他们在边境上有 100 万大军，但是要对中国进行大规模攻击还不够。如果他们从欧洲调回一些部队，那需要时间，而且他们就得担心欧洲。他们知道和中国作战是大事，短时间内完不了。

邓小平给卡特出了个难题——是原则上的难题，也是公开态度上的难题。在原则上，卡特不赞同先发制人的战略，尤其是涉及进入另一个主权国家进行军事行动。与此同时，他即使不完全同意，但也十分重视国家安全事务助理兹比格纽·布热津斯基关于越南占领柬埔寨的战略影响的意见，而这一意见与邓小平的意见不谋而合。卡特解决难题的办法是申明原则但留有随机应变的余地。温和的否定暗含着含糊的默许。他提出中国若出兵越南将失去道义上的有利地位——本来中国被公认是主张和平的国家，这么一来就可能受到“侵略”的指控：

> 这是个严重的问题。你们不仅会受到来自北面的军事威胁，而且还要面对国际态度的改变。现在公认中国是反侵略的和平国家。东盟国家和联合国都谴责了苏联、越南和古巴。我不需要知道你们计划采取什么惩罚行动，但它可能会造成暴力升级和世界态度的改变，从反对越南变为一定程度上支持越南。
>
> 我们很难鼓励暴力。我们可以给你们通报情报。据我们所知，最近没有苏军向你们边境移动的动作。
>
> 我的话只能说到这个地步。我们也和世界各国一起谴责了越南，但是出兵越南会造成不稳定，是非常严重的行为。[42]

拒绝支持暴力却又就苏军的动向提供情报，这给美国模棱两可的态度赋予了新的内涵。这可能意味着卡特不同意邓小平关于潜在的苏联威胁的意见；或者也可将其理解为鼓励中国出兵，因为这样就减少了中国对苏联可能干预的担心。

第二天，卡特和邓小平举行单独会晤，卡特把一份阐明美国立场的说明交给了邓小平（这份说明尚未公开）。布热津斯基后来说：“总统亲笔写了一封信给邓小平，信的基调是温和的，内容是严肃的。里面强调要力行克制，并总结了可能发生的不利的国际后果。我觉得这么做是合适的，因为我们不能正式和中国人联手。”[43] 当然，非正式的联手则另当别论。

根据一份记载那次（只有一个翻译在场的）私下谈话的备忘录，邓小平坚持说战略考虑比卡特所说的世界舆论更重要。最要紧的是，中国决不能被看作软弱可欺：“中国必须教训一下越南。苏联有古巴、越南可用，以后阿富汗也会变成（苏联的）代理人。中国有这个实力。行动非常有限。如果越南以为中国软弱，形势会更加恶化。”[44]

1979 年 2 月 4 日，邓小平离开美国。回程中他在围棋棋盘上布下了最后一颗棋子——路经东京停留。这是他 6 个月内第二次访日，目的是确保日本支持即将开始的军事行动，并进一步孤立苏联。邓小平对日本首相大平正芳重申中国的立场：越南侵略柬埔寨必须受到“惩罚”，并保证“为了捍卫长期的国际和平与稳定……（中国人民）将坚定地履行我们的国际主义义务，会毫不犹豫地做出必要的牺牲”。[45]

邓小平遍访缅甸、尼泊尔、泰国、马来西亚、新加坡、美国，再加上二访日本，达到了将中国融入世界、孤立越南的目的。后来他再也没离开过中国，晚年变得像传统的中国领导人一样，超脱于世，难以接近。

对越作战

2 月 17 日，中国从南部的广西壮族自治区和云南省对越南北部发动了多路进攻。以投入的兵力可见中国对这次行动的重视——据估计出动了 20 多万解放军部队，甚至可能达到 40 万。[46] 一位历史学家说，当时出去的部队包括“正规地面部队、民兵和海军及空军部队……规模相当于中国在 1950 年 11 月大举赴朝参战”。[47] 中国官方新闻报道称此次行动为“对越自卫反击战”或“中越边境自卫反击战”。这就是中国式的威慑，事先宣布出兵以阻止越南的下一步行动。

中国军队此次的打击目标也是社会主义国家，它在不久前还是中国的盟国，并且长期接受中国经济和军事的支持。行动的目的是维持中国眼中亚洲的战略平衡。而且，中国此次行动得到了美国——5 年前北京帮助赶出印度支那的“帝国主义国家”——的道义支持、外交帮助和情报合作。

中国声称战争的目标是“遏制越南的野心，适当地给他们有限的教训”。[48]“适当”的意思是造成足够的破坏，以影响越南将来的选择和谋划；“有限”则暗指在外来干涉开始或其他因素造成形势失控之前，行动就会结束。这场战争也是对苏联的直接挑战。

邓小平说苏联不会攻击中国，这个预言得到了证实。中国发动进攻的第二天，苏联政府发表了一份不痛不痒的声明，谴责中国的“罪恶”攻击，同时又强调“英雄的越南人民……这一次仍然能够保卫自己”。[49]苏联的军事反应仅限于派一支海军特混舰队到中国南海，对河内进行有限的武器空运，以及加紧中苏边境上的空中巡逻。空运武器既有地理因素的限制，也受苏联内部犹豫态度的制约。归根结底，1979年苏联给新盟友越南的支持与20年前台海危机时给旧盟友中国的支持并无二致——两次事件中苏联都不愿意冒扩大战争的风险。

战争结束不久，华国锋用一句对苏联领导人大不敬的简练俗语总结了战争的结果：“他们威胁我们，在边境附近调动军队，派舰艇到中国南海。但他们不敢动手。所以我们还是摸了老虎屁股。”

邓小平嘲讽地拒绝了美国要他小心的劝告。1979年2月底美国财政部部长麦克·布卢门撒尔访问北京时，呼吁中国“尽快”从越南撤军，因为北京“在冒不必要的风险”。[50]邓小平不同意。在与布卢门撒尔会见前和美国记者谈话时，他表现出对含糊摇摆的轻蔑，嘲笑说“有人害怕得罪东方的古巴”。[51]

如同在中印战争中一样，中国进行了有限的“惩罚性”打击之后立即撤军。战事29天即告结束。解放军攻占了越南边境三省的省会后不久，北京即宣布中国军队将撤出越南，除了几块有争议的领土。北京没有试图推翻河内政府。

中国撤军一个月后，邓小平在我访问北京时向我解释了中国的战略：

邓小平：我（从美国）回来后，马上就打仗了。但我们事先征求了你们的意见。我和卡特总统谈了这个问题，他做了非常正式严肃的回答。他给我读了一篇写好的讲稿。我对他说：中国会自己处理这个问题，有什么风险中国自己担。回想起来，如果我们惩罚越南的时候再往纵深前进一些可能会更好。

基辛格：可能。

邓小平：因为我们的兵力足够一直打到河内。但那不是好办法。

基辛格：对，那可能就超出计划以外了。

邓小平：是，你说得对。不过我们可以再前进30公里。我们占领了所有的防御工事，到河内一路上已经没有防线了。

历史学家一般认为这场战争中国代价巨大。[52]“文化大革命”期间人民解放军政治挂帅的影响在战争中暴露无遗：装备陈旧、后勤薄弱、人员短缺、战术僵硬，在这种种因素的拖累下，中国军队进展缓慢，损失惨重。

然而，这种观点是基于对中国战略的误解。尽管在执行中有这样那样的缺点，中国这场战争还是反映了其严肃的长期战略分析。在对美方的解释中，中国领导人把越南在苏联支持下巩固其在印度支那的力量描述为苏联在世界范围内“战略部署”中关键的一步。苏联已经在东欧和中国边境集结了重兵。现在，中国领导人警告说，苏联在印度支那、非洲和中东“也开始建立基地”。[53]一旦它在这些地区的地位得以巩固，它就能控制至关重要的能源，并可封锁关键的海上通道——特别是连接太平洋和印度洋的马六甲海峡，这将使苏联在未来的冲突中掌握战略主动权。从广义上说，中国之所以要打这场仗是出于对孙子所谓“势”的分析——“势”指的是战略形势的走向和“潜能”。邓小平的目的是阻止，如有可能还要扭转苏联战略的势头；在他眼中，这个势头是不能接受的。

中国实现了这个目标，部分是靠军事上的大胆，部分是靠把美国拉入与它空前紧密的合作。在指导对越反击战中，中国领导人显示出了对战略选择的精细分析、大胆执行和巧妙的外交。即使这样，假若没有美国的合作，他们也不可能“摸老虎屁股”。

对越反击战开启了冷战期间中美两国最为紧密的合作。美国特使两次对华访问确定了两国非同寻常的联合行动。1979年8月，副总统沃尔特·“弗里茨”·蒙代尔访华，意在制定邓小平访美后的外交行动，尤其是对印度支那。这个问题十分复杂，其中战略考量和道德考量严重对立。美中两国都同意，防止出现越南主导的印度支那联邦符合它们各自的国家利益。但是，印度支那唯一还在抵抗越南的地方是柬埔寨，原来的掌权者是屠杀了几百万自己同胞的杀人狂魔波尔布特。红色高棉是柬埔寨抗越运动中组织最严密的力量。

卡特和蒙代尔上任之前长期致力于人权事业。在竞选总统的时候，他们就曾攻击福特对人权问题不够重视。

邓小平在和卡特关于出兵越南的私下谈话中，第一次提起了援助柬埔寨游击队抵抗越南侵略者的问题。根据官方报告："总统问到泰国是否能接收援助然后转给柬埔寨人。邓小平说可以，并说他考虑应提供轻型武器。泰国正准备向泰柬边境派一名高级官员以保证通讯的安全。"[54] 华盛顿和北京事实上在联手通过泰国向柬埔寨提供援助，这等于间接帮助红色高棉的残余力量。美国官员谨慎地向北京强调美国"不能支持波尔布特"，并欢迎中国做出保证说波尔布特已经不再完全控制红色高棉了。然而这点儿良心上的安慰并不能改变事实。事实是华盛顿给"柬埔寨抵抗运动"提供物质和外交支持，而政府一定知道这种支持会帮助红色高棉。卡特之后的里根政府沿用同样的战略。美国领导人一定想好了，等柬埔寨抵抗运动得胜后，他们或他们的继任者再反对柬埔寨抵抗运动中的红色高棉分子。过了 10 多年越南撤出后，美国确实是这样做的。

美国的理想遭遇了地缘政治的现实需要。美国对这件事的态度不是因为它无原则地只顾自身利益，也不是出于虚伪：卡特政府必须在战略必需和道德信念之间二选其一。他们决定，为了使道德信念最终得以实现，首先需要在地缘政治斗争中取胜。美国领导人面对的是政治家都会遇到的难题。领导人无法决定历史给他们提供何种选择，更无法要求提供的选择必须清楚明白。

美国国防部长哈罗德·布朗的访华，把几年前还不可想象的中美合作又向前推进了一步。邓小平欢迎他说：“你的访问本身具有重大意义，因为你是国防部长。”[55] 几位在福特政府供过职的官员明白此话的言外之意，邓小平在暗示曾对施莱辛格国防部长发出过的访华邀请，但福特撤了他的职，访华的事也就不了了之。

布朗访华主要是为了确定美国与中国的军事关系。卡特政府断定，中国技术和军事能力的增强对全球平衡和美国国家利益有好处。布朗部长解释说，华盛顿“对苏联和中国做了区分”，愿意向中国转让某些不会提供给苏联的军事技术。[56] 而且，美国还愿意向中国出售“军事装备”（比如侦察设备和车辆），虽然不是“武器”。另外，美国不会干涉它的北约盟国向中国出售武器的决定。卡特总统在对布热津斯基的指示中解释说：

> 美国不反对我们的盟国对与中国在技术敏感的领域进行贸易采取更积极的态度。一个强大安全的中国符合我们的利益——我们认识到并尊重这一利益。[57]

最终，中国没能拯救红色高棉，也没能迫使越南从柬埔寨撤军——越南撤出柬埔寨是10年后的事了。北京可能早知如此，所以才把战争目标定得非常有限。然而，中国确实使越南付出了沉重的代价。战前、战中和战后，中国在东南亚一直在进行坚定而有技巧的外交活动来孤立河内。中国在中越边境上留驻重兵，占领着几处有争议的领土，并继续威胁要给越南“第二次教训”。战后多年，越南都被迫在北部边境上维持大量军队，以防中国再次进攻。[58] 正如邓小平在 1979 年 8 月对蒙代尔所说：

> 那么大小的国家要保持 100 多万正规军，哪还有足够的劳动力？100 万正规军需要大量后勤支持。现在他们靠苏联。有的估计说苏联每天给他们 200 万美元，有的估计是 250 万美元……这会加大困难，苏联的负担会越来越重，情况会变得更加困难。总有一天越南人会认识到苏联满足不了他们的全部要求。到那时候，也许就会出现新形势。[59]

新形势出现在 10 多年后，苏联解体以及苏联财政支持的中断迫使越南削减其在柬埔寨部署的军队。归根结底，在那段非常困难、对民主社会来说难以承受的时期，中国实现了在东南亚的大部分战略目标。邓小平争取到了足够的活动空间，来实现他在东南亚和马六甲海峡遏阻苏联的目的。

在此期间，卡特政府是在走钢丝。一方面通过限制战略武器谈判保持着对苏联的沟通渠道，另一方面在亚洲政策中把莫斯科视为主要战略对手。

冲突中最终的输家是苏联这个具有全球野心且使世界不安的国家。苏联的盟国遭到了攻击，攻击国是苏联最明显的战略敌手，它们对苏联批评最激烈，并公开煽动建立遏制苏联的联盟——而且攻击是在苏联和越南结盟不到一个月后发生的。回头去看，这次中越之战中苏联的回应不够积极，可以视为苏联没落的最初征兆。一年后，苏联决定对阿富汗进行干预，令人不禁揣测它在一定程度上是不是为了补偿对受中国攻击的越南支持不力。无论如何，苏联人在越南和阿富汗都误判了形势，那是因为他们没有认识到全球力量对比已经不利于他们到何种程度。因此，中印边境的反击战是又一个例子，显示了中国政治家在军事上敌强我弱的情况下成功地实现了长期的战略大目标。虽然给红色高棉的残余势力提供喘息空间算不得道德上的胜利，但是中国实现了对苏、对越更大的地缘政治目标——虽然它们两国的军队都比中国军队更加训练有素、装备精良。

在敌强我弱的情况下镇定自若，这在中国战略思维中根深蒂固——中国决定参与朝鲜战争即是明证。中国在朝鲜和越南的行动都是针对北京眼中正在形成的危险——敌国在中国周边多处巩固阵地。在这两个情况中，北京都确信如果任敌国完成计划，中国就将被包围，陷入永远被动挨打的境地。敌人可以随时发动战争，华国锋和卡特总统在东京会面时说，敌人若知道占有这一优势，就会“肆无忌惮”。[60] 因此，看起来是地区的问题——前者是美国制止北朝鲜，后者是越南占领柬埔寨——实际上却被当成了“世界斗争的焦点”（周恩来对朝鲜的描述）。[61]

在这两次干预中，中国的对手都比它强大，中国都认为自己的安全受到了威胁；然而，每次干预的地点和时间都是北京选择决定的。后来中国副总理耿飚对布热津斯基说：“苏联对越南的支持是它全球战略的一部分，针对的不仅是泰国，还有马来西亚、新加坡、印度尼西亚和马六甲海峡。如果他们得逞，那将是对东盟的致命打击，也会切断日本和美国的运输线。我们决心要采取行动。我们也许对付不了苏联，但对付得了越南。”[62]

实际战事非常惨烈，中国军队伤亡严重，但是，两次干预都达到了重要的战略目标。在冷战的两个关键时刻，北京成功地实施了它进攻性威慑的理念。在越南，中国使河内看到了苏联协防承诺的局限性；更重要的是，中国暴露了苏联整体战略涵盖能力的局限性。中国不惜冒与苏联直接交手的风险，也要证明它不屈于苏联势力在它南侧的存在。

新加坡总理李光耀对战争的最终结果做了这样的总结：“西方媒体认为中国的惩罚行动失败了，我却认为它改写了东亚的历史。”[63]

| 第十四章 |

里根和正常化的开始

影响美国外交政策延续的一个障碍是政府定期换届带来的全面改变。由于任期限制，至少每隔 8 年，助理国务卿以上所有由总统任命的官员就要大换班，人事变动涉及多达 5 000 个关键职位。继任者要经过漫长的审查过程。实际上，新政府上任头 9 个月左右的时间是真空期，运作只能靠临时应对或按留任官员的建议行事，同时逐渐调整适应行使自己的权力。新政府为证明自己是执政的不二之选，会把过去遗留下来的所有问题都说成是前任政府的政策失误，而非固有的问题，并称它们可以在确定的时间内得到解决，这加大了新政府必然经历的学习阶段的复杂性。政策的延续成了次要考虑，甚至是于己有害的主张。新总统挟胜选之威，可能会高估实际情况允许的灵活余地，或对自己的说服力过于自信。这种情形每逢民主政权过渡就会出现，永远如此。因此依赖美国政策的国家通常会两边下注，以保无论哪个政党上台都不致影响自己的利益。

这些趋势构成了对华政策的特殊挑战。如本书所述，美国和中华人民共和国和解初期经过了一段时期的相互了解，但后几十年则主要取决于两国能否对国际形势做出并行不悖的评估。

如果领导层不断变化，协调不可见的因素就变得特别困难。20 世纪 70 年代，中国和美国都经历了领导层的巨变。前几章已经叙述了中国的过渡。在美国，开启了对华关系的总统 18 个月后即黯然辞职，但他关键的外交政策却保留了下来。

卡特政府上台是中国领导人经历的第一次美国的政党轮替。他们观察到，卡特在竞选总统时承诺要改变美国的外交政策，要进一步开放，要大力强调人权。卡特在竞选演说中很少提及中国，因此北京担心卡特是否会保留中美关系中“反霸权”的内容。

事实证明，卡特和他的高级顾问重申了美中关系的基本原则——包括尼克松访问北京时亲自确认的有关台湾的原则。与此同时，邓小平复职和“四人帮”垮台给中美对话添加了务实的内容。

美国和中国最紧密的战略对话才刚开始，美国就到了政府换届的时候，一位共和党新总统以压倒多数的胜利入主白宫。对中国来说，这位新总统令它不安。就连中国精细入微的研究人员也摸不准罗纳德·里根，他不属于任何确定的类型。这位前电影明星做过电影演员工会主席，凭坚强的意志在政治上出人头地。比起内敛理性的尼克松或来自中西部稳重沉着的福特来，里根代表的完全是另一种类型的美国保守主义。罗纳德·里根在危机时期对美国的能力抱有一种不信邪的乐观，他是自约翰·福斯特·杜勒斯以来最坚决反共的美国政要。在他看来，对共产主义的威胁不能世世代代忙于遏制；共产主义是邪恶的，必须在确定的时期内予以铲除。然而，他对共产主义的攻击几乎全部集中在苏联及其卫星国身上。1976 年，里根在和杰拉尔德·福特竞争共和党总统候选人资格的选战中攻击福特对苏联的缓和政策，但基本上避免批评他与中国的和解。里根在 1980 年的总统竞选中更加猛烈地批判苏联的野心，他的意见与邓小平自从第一次复职后一直对美国高级官员阐述的意见有许多相同之处。然而，里根又对台湾地区的政治秩序有着强烈的个人偏爱。

1971 年 10 月，尼克松请时任加利福尼亚州长的里根作为特使访问台湾，向台湾说明华盛顿和北京关系的改善并未改变台湾安全符合美国基本利益这一事实。里根的台湾之行使他对台湾领导人产生了友情，也使他决心坚定不移地维护美国和台湾人民的关系。后来，虽然里根没有质疑与北京达成的谅解，但是他猛烈批评卡特政府断绝与台湾的正式外交关系，以及把美国驻台湾“大使馆”降格为非官方的“美国在台协会”的做法。他在 1980 年同卡特竞选总统时，承诺如果他执政，“越南战争不会重演”，“台湾问题不会重演”，“不会再有背叛”。

实际上，美国在台北的大使馆一直是美国驻中国大使馆；

卡特政府任期内决定把大使馆迁往北京，这是对国民党已不再准备“反攻大陆”这一事实迟来的承认。里根没有明确说出的话是美国本应在台北保留大使馆，承认台湾海峡两岸为两个独立国家，实行“两个中国”的解决办法。然而，北京在与尼克松、福特和卡特政府的谈判中（以及与所有其他国家政府谈判建交时）一贯坚决拒绝接受“两个中国”。

罗纳德 · 里根因而表现出了美国的两边摇摆：一方面坚决和北京开辟新关系，另一方面对台湾仍恋恋不舍。

里根的一个主旨是鼓吹和台湾的“官方关系”，不过他从未公开解释过其中的确切含义。在 1980 年总统竞选期间，里根试图为其不可为。他派副总统候选人乔治 · H · W · 布什访问北京，布什曾出色地担任过在北京行使大使馆职能的美国联络处的主任。布什对邓小平说，里根没有支持与台湾建立正式外交关系的意思，也无意推动“两个中国”。[1] 邓小平的反应冷若冰霜——布什在北京期间里根仍在鼓吹与台湾建立正式关系肯定是一个原因。于是里根在 1980 年 9 月要我做中间人，代表他向中国驻美大使柴泽民转达口信，意思和布什表示的相似，内容更详细一些。这个差事实在不好干。

和柴泽民在华盛顿会面时，我向他说明，候选人里根尽管在竞选讲话中有一套说辞，但他会坚持美中战略合作的大原则，这些原则是由尼克松、福特和卡特政府确定的，包含在《上海公报》和 1979 年美中关系正常化公报中。具体地说，里根要求我向中国大使转达，他不会推行“两个中国”的政策，也不会推行“一中一台”的政策。我补充说，我相信大使和中国政府已经研究过里根州长的政治生涯，一定注意到他在台湾有许多好朋友。我试图从人性的角度来解释，说里根不能抛弃私人朋友，若是那么做，中国领导人也会看不起他。然而作为总统，里根将会坚决遵守美国和中华人民共和国关系的现有框架，它是美中反“霸”（即苏联称霸）共同努力的基础。换句话说，里根作为总统将支持朋友，但也会坚守美国的承诺。

听了我的话后，中国大使的反应并未释然。他知道民意测验对里根有利，预测里根在 11 月会赢得大选，所以表态时非常谨慎。

对台军售和第三个《联合公报》

里根政府上任初期，总统自信他的循循善诱可以将双方看似无法调和的立场统一起来。实际上，这意味着两个立场同时并存。解决这个问题有一定的紧迫性，因为过去优先重视美中关系正常化，解决台湾最终法律地位的问题放在了后面。卡特曾表示，美国准备继续向台湾供应武器。邓小平则急切希望完成正常化进程，好在对抗越南时至少表面上看起来有美国的支持，所以致力于推动正常化，实际上没有理会卡特关于武器供应的单方面声明。与此同时，美国国会 1979 年通过了《与台湾关系法》，作为对结束美国与台北正式外交关系的回应。这部法案为继续维持美国和台湾之间紧密的经济、文化和安全关系提供了框架，它宣布美国“将向台湾提供使其能保持足够自卫能力所需数量的防御物资和防御服务”。[2] 里根政府甫一就任，中国领导人马上把对台军售作为正常化遗留未决的问题再次提出，美国内部的矛盾因此而达到白热化。里根毫不掩饰他希望对台湾出售一定的武器，他的国务卿亚历山大·黑格却持相反意见。尼克松任总统时黑格是白宫班子的一员，曾做过我的副手，参与过 1971 年秘密访问中国的策划。他带领技术人员先遣队为尼克松访华打前站，同周恩来有过一次实质性的谈话。黑格属于经历过冷战开始的那一代人，深知中国加入反苏阵营会大大改变战略平衡。他认为中国作为美国事实上的盟国发挥其潜在作用将是一个突破，应作为当务之急优先考虑。于是，黑格想办法和北京达成谅解，让美国向中国大陆和台湾都供应武器。

他的计划两边都不成功——里根不同意正式向中国大陆出售武器，北京也拒绝为获得军事装备而放弃原则。形势出现了失控的危险。黑格在美国政府内部以及和北京都进行了艰苦的谈判，最后达成的协议是双方推迟这个问题的最终解决，同时为将来确定路线图。邓小平对如此不确定不完整的结果予以默认，这表明了他对维持与美国紧密关系的重视（也表明了他对黑格的信心）。

1982 年 8 月 17 日发表的所谓第三个《联合公报》成了美中关系基本架构的一部分，在后来的高级别对话和联合公报中经常重申，成为神圣不可侵犯的语词。第三个《联合公报》居然得以同尼克松访华签署的《上海公报》和卡特任内签署的《中美建交公报》相提并论，实在有些奇怪，因为这份公报内容相当模糊，作为通向未来的路线图执行起来定会困难重重。

双方一如既往都重申了自己的基本原则：中国声明台湾是中国内政，外国无权干涉；美国重申注重和平解决，甚至宣称“赞赏中国争取和平解决的政策”。这一措辞规避了中国多次声明的一贯立场，即如果和平解决行不通，它保留使用武力的自由。公报中关键的执行段落涉及对台军售的内容这样写道：

> 美国政府声明，它不寻求执行一项长期向台湾出售武器的政策，它向台湾出售的武器在性能和数量上将不超过中美建交后近几年供应的水平，它准备逐步减少它对台湾的武器出售，并经过一段时间导致最后的解决。在作这样的声明时，美国承认中国关于彻底解决这一问题的一贯立场。[3]

这里面的用语都没有精确的定义——其实根本没有定义。“逐步”一词的含义没有阐明；用来做基准的卡特时期武器供应的“水平”也没有具体说明。美国虽然郑重表示要放弃长期向台湾出售武器的政策，但没有表示它所谓的“长期”是多久。中国虽然重申坚持台湾问题最后必须解决，却没有确定最后时限，也没有发出威胁。这些限制是由双方的国内需要决定的：中国原则上不能接受它心目中自己的领土由外国供应武器；美国政策则不允许切断对台湾的武器供应，《与台湾关系法》在美国国会高票通过突出强调了这一点。自从本章叙述的这些事件后，这一状态持续了近30年，这要归功于双方高超的政治技巧。

事实表明，美国总统并未看懂第三个公报的含义。《联合公报》刚刚通过，他就对《国家评论》杂志出版人说："你可以告诉你的朋友们，我关于台湾的想法一点儿也没变。他们为了保护自己不受红色中国的攻击或侵略，需要什么武器美国都会提供。"[4] 里根在这个问题上的意见十分强硬，他甚至打电话给当时哥伦比亚广播公司晚间新闻主播丹·拉瑟，否认关于他不再支持台湾的报道，他宣布："我没有后退……我们将继续给台湾提供武器。"[5]

为执行总统的意志，白宫和台湾秘密谈判了所谓的"六项保证"来限制对刚与大陆签署的《联合公报》的执行。保证申明：美国不设定对台军售的终止期限；就此与大陆磋商对台军售；不变动《与台湾关系法》；不改变关于台湾政治地位的立场且不压迫台湾与大陆谈判，也不在两岸之间扮演调解人。[6] 国家安全委员会档案里的一份备忘录把遵守《联合公报》同和平解决中国大陆和台湾的分歧联系在一起，从而进一步加强了这些保证。政府还对《联合公报》中"减少"对台湾的"武器出售”这一概念做了宽泛的解释。华盛顿通过技术转让（严格地说不是“武器出售”）和对各种武器系统“水平”的创造性解释，给台湾提供的军事支持时间之长、内容之充实都似乎为北京所始料不及。

当然，总统必须遵守《与台湾关系法》。这一点中国领导人从来也不承认，他们不接受美国立法机构可以就对台军售规定义务，或把和平解决台湾问题作为美国给予外交承认的条件。把默认现实等同于未来无限期的同意是危险的。一种行为模式数年来一直被接受并不能消除其长期的风险，2010 年春北京对美国对台军售的激烈反应就是明证。

里根政府第一任期内的中国大陆和台湾政策因此充满了几乎不可理解的矛盾——有竞争关系的官员各不相让，政策目标彼此冲突，对北京和台北做出的保证相互矛盾，道德和战略的需要无法用同一尺度衡量。里根给人的印象是，他对其所有的幕僚、对上述相互矛盾的各种目标和承诺无一例外地全部支持，而且是坚决支持。

在学者或传统的政策分析家眼中，里根政府早期对中国大陆和台湾地区的做法违背了保持政策一贯性的所有规则。然而，正如里根许多其他富有争议、不守常规的政策一样，后来几十年间这一做法还是行之有效的。

作为总统，里根的过人之处在于他即使在申明自己一贯信念的时候，也能减少争议的尖锐性。无论里根和谁有意见分歧，他从不把异议变成人际对抗；他自己强烈的意识形态信念也只是通过言辞表达，并未付诸行动而发动战争。因此他可以在务实，甚至是善意的基础上超越意识形态的鸿沟——里根和他后来的国务卿乔治·舒尔茨与苏联的戈尔巴乔夫和谢瓦尔德纳泽关于核军备控制的一系列重要谈判就是一个例子。至于中国这边，中国领导人慢慢明白了里根的态度已经是他信念所允许的极限，美国的政治格局也只允许他做到目前这一步。因此，北京把他的一些表态看作善意的表示，尽管那些表态如果是在更加正式的场合做出，或是出自另一位总统之口，北京会予以驳斥，甚至可能是痛斥。

这些表面上的矛盾最终确立了两套时间表：立即可以做到的和留待将来再做的。邓小平似乎明白联合公报只是确定了大方向。里根政府上任初期朝这个方向的努力为形势所阻，等到客观条件改变了形势后，才可以沿着它前进。

1982年舒尔茨接掌国务院后，美国、中国大陆和台湾地区的核心利益基本上都得到了保障，尽管20世纪80年代初期彼此交往中有些谈话令人难堪，出现了一些让人面子上下不来的情形。北京对华盛顿灵活解读《联合公报》感到失望。但总的来说，中华人民共和国又得到了10年的美国援助，使它得以发展经济和军事实力，加强在世界事务中发挥独立作用的能力。华盛顿与台海两岸都保持了友好关系，并与中国就共同的反苏需要进行合作，比如分享情报和支持阿富汗抵抗运动。台湾获得了在谈判中与北京讨价还价的地位。待一切尘埃落定，自尼克松以来最直言不讳反共亲台的总统，在主政期间与中国保持了“正常”关系，没有发生重大危机。

新均势：中国和两个超级大国

20 世纪 80 年代真正富有戏剧性的不是华盛顿和北京的关系，而是它们各自与莫斯科的关系。推动这种关系的力量是战略形势的一系列重大转变。

评估中国的政策，通常可以排除“中国的决策者忽略了本来可以发现的事实”这样一种可能。因此，中国同意中美第三个《联合公报》中含糊的措辞和对有关台湾条款的灵活解释，只能是因为它认为与美国合作符合它另外的目标。

罗纳德·里根上台时，苏联于 20 世纪 70 年代晚期开始的战略攻势畅行无阻。自从美国在印度支那大败而归后，苏联及其代理人在第三世界进行了空前的、几乎是疯狂的大肆扩张，足迹遍及安哥拉、埃塞俄比亚、阿富汗，还有印度支那。但是美中和解成了苏联进一步扩张的重大障碍。在邓小平及其同人的信念的推动下，加之美国两党官员的巧妙合作，毛泽东设想的“一条线”事实上已经形成。

到 20 世纪 80 年代中期，苏联几乎在它周边各处都遭遇到协同防御，在许多情况下遇到了积极抵抗。在美国、西欧和东亚，形成了一个包括几乎所有工业化国家在内的松散的反苏联盟。在发达国家中，苏联的盟国只剩下它有驻军的东欧卫星国。同时，第三世界对在苏联和古巴羽翼下实现民众“解放”究竟有何好处心存怀疑。苏联在非洲、亚洲和拉丁美洲的扩张常常以代价高昂的僵局或丢脸的失败而告终。在阿富汗，苏联像美国在越南一样历经磨难——而且苏联面对的是美国、中国、海湾国家和巴基斯坦联手支持并训练的武装抵抗力量。在越南本土，莫斯科把河内统一控制的印度支那纳入苏联势力范围的企图遭到了中国有力的反击，美国的合作也助了中国一臂之力，正如邓小平对卡特生动讲到的那样，北京和华盛顿在“砍掉”苏联伸出的手。苏联经济停滞不前、负担沉重，其国防开支占国内生产总值的百分比已经是美国的三倍；此时，美国战略力量的加强，尤其是里根大力鼓吹的战略防御计划，对苏联构成了无法承受的技术挑战。[7]

在这个中美合作的高峰期，里根的白宫和中国最高领导层基本上一致认为苏联力量虚弱，但至于为应对这一新形势需要采取什么政策，它们得出的结论却大相径庭。里根和他政府中的高官认为苏联的混乱是采取攻势的机会。他们在大力加强军事力量的同时，在意识形态上表现出新的强硬姿态，以此对苏联在财政和地缘政治方面双线施压，争取冷战的胜利。

中国领导人也看到了苏联的虚弱，但他们得出的结论正好相反：他们认为此时应重新调整全球力量平衡。从 1969 年起，他们就向华盛顿倾斜，以此帮助支撑中国危机四伏的地缘政治地位；里根宣称他的最终目标是在全球实现美国价值观和西方自由民主的胜利，但中国领导人对此不感兴趣。北京在越南“摸了老虎屁股”后，自认经受住了苏联最大程度的威胁，现在中国应该转而扩大自己的回旋余地。

因此，20 世纪 80 年代，中国又恢复了开放初期的欢欣鼓舞，不久前还是冷战首要关注的问题迎刃而解。中美关系遂进入大国间日常交往的轨道，不再像过去那样动辄大起大落。其中苏联力量开始衰落是一个因素，不过美中双方的决策人已习惯了冷战模式，并未马上认识到苏联的衰落。中国出兵越南时苏联反应软弱，标志着它衰落的开始，这个进程开始时缓慢，后来逐渐加速。莫斯科最高领导几年内三易其人——1982 年从勃列日涅夫到安德罗波夫，1984 年又从安德罗波夫到契尔年科，1985 年再从契尔年科到戈尔巴乔夫——这至少表明应付这些国内危机耗费了苏联的主要精力。卡特任内开始重新加强美国军备，到里根任内进一步加速这一进程，结果逐渐改变了力量平衡，遏制了苏联对其周边干预的能力。

苏联在 20 世纪 70 年代的大部分所获得而复失——虽然有些是在乔治 · H · W · 布什上任后才失去的。1990 年越南结束对柬埔寨的占领，1993 年柬埔寨举行大选，难民开始准备返回家园；1991 年古巴军队撤出安哥拉；同年，埃塞俄比亚共产党支持的政府垮台；1990 年，尼加拉瓜的桑地诺运动接受劝告，同意举行自由选举，此前从未有一个执政的共产党愿意冒此风险；可能最重要的是，1989 年苏联从阿富汗撤军。

苏联的后退为中国外交提供了新的回旋余地。中国领导人不再常提军事遏制，而是开始探索同莫斯科交往的可能。他们仍然坚持与苏联改善关系的三个条件：撤出柬埔寨；停止苏联在西伯利亚和蒙古接近中国北部边境地区的军力集结；撤出阿富汗。这三个条件都在实现中，主要是因为力量平衡的变化使苏联无法维持其前哨阵地，后撤是无奈之举。中国向美国保证不会倒向苏联——中国人此举证明两国也可进行三角外交。不管怎样，这一保证有双重目的：确认中国继续遵守防止苏联扩张的既定战略，但也向美国表明中国手中的机会在增多。

中国很快就开始在全球利用它新的机会。1987 年 9 月，在我和邓小平的一次谈话中，他使用这一新的思维框架来分析当时已经打了 5 年的两伊战争。美国当时支持伊拉克——至少帮助它不被德黑兰的革命政权打败。邓小平说中国需要“余地”来对伊朗采取“更灵活的立场”，这样才能为结束战争发挥更大的外交作用。

在中国与苏联对抗时期，邓小平一直推行毛泽东的“一条线”战略。现在他又回到了“三个世界”的理念：中国不参与超级大国的竞争，奉行独立的外交政策，以便在超级大国、发达国家和第三世界这三个圈子里追求自己的利益。

邓小平的门生、时任共产党总书记的胡耀邦在 1982 年 9

月召开的中共十二大上概括了中国外交政策的总方针，其中关键的一条实质上重复了毛泽东所宣布的“中国人民站起来了”：“中国决不依附于任何大国或国家集团，决不屈服于任何大国的压力。”[8] 胡耀邦先是总览全局，就中国对美国和苏联外交政策做出关键性的评估，并提出一系列要求，要求美苏两国采取行动表现诚意。台湾问题得不到解决意味着中美关系“一直存在着阴影”；只有当美国停止干涉这个中国认为纯属其内政问题的时候，两国关系才能“取得健康的发展”。同时，胡耀邦说：“我们注意到苏联领导人一再表示愿意改善同中国的关系。但是，重要的不是言辞而是行动。”[9]

中国正在巩固自己在第三世界中的地位，它与两个超级大国都拉开了距离，在一定程度上对它们两个都反对：“当今威胁世界各国和平共处的主要力量是帝国主义、霸权主义和殖民主义……反对霸权主义、维护世界和平，是今天世界人民最重要的任务。”[10]

中国等于在宣称，作为超越超级大国竞争的最大“中立”国，它占有道义上的独特地位：

> 我们一贯坚决反对超级大国的军备竞赛，主张禁止使用和彻底销毁核武器，要求超级大国首先大规模地裁减核武器和常规武器……
>
> 中国把坚决同第三世界其他国家一起为反对帝国主义、

霸权主义、殖民主义而斗争，看作自己神圣的国际义务。[11]

这是共产党代表大会一贯宣布的中国外交政策：独立自主、道义超然、高傲优越，还有挫败超级大国野心的坚定决心。

1984年国务院提交给里根总统的一份备忘录解释道，中国的做法是：

> 既支持（美国）为对抗苏联扩张主义而加强军事力量，又攻击超级大国之间的竞争，称其为全球紧张的主要原因。结果，中国得以在追求和美国平行的战略利益的同时，加强与正在上升的第三世界集团的关系。[12]

1985年，中央情报局的一份报告称，中国和苏联举行了一系列高级别会议，并在进行频繁的党内高级别交流。这是自中苏分裂以来从未有过的，中国"在三角关系中左右逢源"。报告注意到，中国领导人恢复了对苏联领导人"同志"的称呼，并把苏联称作"社会主义"（而不是"修正主义"）国家。中苏两国高级领导人就军备控制举行了实质性磋商，而这在此前20年间是无法想象的。1985年在中国副总理姚依林对莫斯科长达一周的访问期间，双方签署了一项里程碑式的经贸合作协议。[13]

不同圈子相互重叠是毛泽东晚年在一定程度上倡导的概念，但实际执行的结果却很有限。第三世界的自我定义就是同两个超级大国划清界限；如果它明显地偏向一边，哪怕是以接纳一个超级大国加入自己的行列为掩饰，它也会失去这个地位。事实是，中国正朝着成为超级大国的方向发展，即使在改革刚刚起步的时候，它的作为就已经像超级大国了。简言之，只有当一个超级大国加入它的行列后，第三世界才能发挥重大的影响力；但若是那样，它就不再成其为第三世界了。只要苏联是核超级大国，只要中国和苏联的关系仍不稳固，中国就不会愿意脱离美国。（苏联解体后，那时的问题就是中国是会以挑战者的身份填补苏联空出来的位置，还是会选择和美国合作。）总而言之，20 世纪 80 年代中美关系正在从冷战模式向全球国际秩序过渡，这给两国的伙伴关系带来了新的挑战。这一切都假设苏联仍然是基本的安全威胁。

打开对华开放大门的设计师尼克松对世界的看法也是如此。1982 年末，尼克松以私人身份访问中国后给里根总统写了一份备忘录。他写道：

> 我认为，鼓励中国人在第三世界中发挥更大作用非常符合我们的利益。他们越成功，苏联就越不成功……
>
> 1972 年我们两国因对苏联侵略的共同关注走到了一起。虽然时至今日，这个威胁比 1972 年要大得多，但在下一个十年把我们连接得更紧密的主要因素很可能是我们在经济上的相互依存。[14]

尼克松又敦促道，在下一个十年中，美国、它的西方盟国和日本应共同努力加快中国的经济发展。他设想会出现一个全新的国际秩序，其根本实质就是利用中国的影响力把第三世界建成反苏联盟。但是，即使尼克松的睿智远见也没有料到苏联会解体，中国在一代人的时间内能够成为世界经济健康系于一身的经济强国，人们甚至猜想中国崛起是否会再次造成国际关系的两极化。

里根政府令人敬畏的国务卿、具有职业素养的经济学家舒尔茨提出了美国同心圆的概念，把中美关系置于美苏冲突的背景之外。他认为，过分强调在对付苏联威胁时中国的作用不可或缺，这使中国在和美国讨价还价中占了太大的优势。[15] 美中关系应建立在严格对等的基础上。在这样的外交中，中国扮演的角色是为了自己的国家利益。只要美中的共同努力符合两国利益，中国就应当乐意合作。对华政策的目的应当是详尽阐述两国的共同利益。与此同时，美国应重新加强和日本的联盟——几年前毛泽东曾敦促美国官员对这个国家“多花点时间”。日本和美国同是民主国家，第二次世界大战后经过几十年的高速增长，现已成为重要的全球经济强国。（从那以后几十年来，日本的经济乏力掩盖了这样一个事实：20 世纪 80 年代期间，日本的经济能力不仅远远超过中国，而且许多分析家认为马上就要超过美国。）罗纳德·里根和日本首相中曾根康弘私谊亲密，这为两国关系提供了新的基础——媒体称他们两位的关系为“罗康秀”。

以前美国和中国建立联盟，是因为它们视彼此为战略伙伴，共同面对威胁自己生存的大敌。现在两国的联盟关系渐行渐远。既然苏联的威胁开始减退，中国和美国实际上退变成了仅就某些利益一致的问题合作的权宜伙伴。

里根执政期间美中关系没有出现根本性的新的紧张，对台湾这样的历史遗留问题处理得四平八稳。里根1984年访华表现出他特有的活力——几次引用中国古诗词和《易经》中的词句来描述美国和中国的合作关系。他还试着多说普通话，这一点他比他的任何一位前任都大胆。谈到美中关系，他甚至用汉语说出了“通力合作”和“互敬互惠”。[16]然而，里根从未和哪位中国领导人建立起和中曾根那样的紧密关系——要说这一点，别的总统也没有做到。没有任何重大问题需要他访华时予以解决，因此，他访华就只限于讨论世界形势。里根不点名地批评一个“大国”在中国边境上集结重兵，威胁邻国，但中国的广播略去了他这段话。

里根时代结束时，亚洲形势进入了几十年来最平静的时期。经过半个世纪以来中国、日本、朝鲜、印度支那和东南亚海上连绵不断的战争和革命之后，亚洲国家建立了一个基本上与威斯特伐利亚和约相似的体系——沿袭1648年30年战争结束后欧洲主权国家形成的模式。除了贫穷孤立的朝鲜时不时进行挑衅和阿富汗反抗苏联占领之外，现在的亚洲国家都是确定的主权国家，有彼此承认的国界，几乎一致心照不宣地同意互不卷入彼此内部的政治和意识形态联盟。中国、朝鲜和北越都曾热心于输出共产党革命，现在此一雄心已然不再。各权力中心之间的平衡得到了保持，因为争斗各方都已筋疲力尽，也因为美国（后来是中国）击退了争霸各方。在这种背景下，亚洲经济改革和繁荣的新时代开始扎根——它使亚洲在21世纪重现历史辉煌，成为世界上生产力最高、最繁荣的大陆。

邓小平的改革方案

邓小平所谓的"改革开放"不仅是经济上，而且也是精神上的壮举。先是稳定经济濒临崩溃的社会，然后采取共产党历史和中国历史上都绝无仅有的新办法来激励国家寻求前进的内在力量。

邓小平复职时，中国的经济几乎处于绝境。集体化组织的农业生产几乎无法满足中国巨大的人口需求，人均粮食消费量与毛泽东时代早期基本相同。据报道，一位中国领导人承认中国有1亿农民吃不饱，这个数字几乎相当于美国1980年总人口的一半。[17]"文化大革命"期间学校停课造成了灾难性的后果。1982年，中国34％的劳动力只有小学教育程度，28％被列为"文盲"或"半文盲"；只有0.87％的劳动力受过大学教育。[18]邓小平呼吁实现经济快速增长，但他面临的挑战是如何把教育低下、与世隔绝且大部分生活贫困的中国民众转变为生产率高、竞争力强，并在世界经济有时出现低潮时能够顶得住压力的劳动大军。

传统的手段和方法更加大了改革者的困难。邓小平坚持通过对外开放实现中国的现代化，这和19世纪后半叶维新派初次尝试却终告失败的努力同出一辙。旧时的障碍是中国人不肯放弃心目中关系到中国特殊地位的生活方式；现在的困难在于如何推翻社会主义国家此前通行的做法，同时又维护毛泽东时代以来赖以凝聚社会的哲学原则。

20世纪80年代初期，所有社会主义国家仍采用中央计划经济体制。它的弊病显而易见，但苦于找不到补救办法。在计划经济高度发达的社会主义国家中，奖励方法完全颠倒，被动守成有功，积极主动受罚。在中央计划经济中，商品和服务的分配由官僚机构决定。久而久之，行政法令确定的物价就脱离了和成本的联系，定价机制变成了为政治需要服务的手段。

事实证明，社会主义建设绕不过经济学的规律，真正的代价总要有人承担。实施中央计划经济和补贴物价带来的恶果是设施陈旧、缺乏创新和人浮于事——换言之，即经济停滞和人均收入下降。

另外，中央计划经济不注重产品质量或发明创造，几乎没有这方面的奖励措施。既然生产的所有产品都会被相关部门买去，质量就不在考虑之列。发明创造实际上遭到阻止，以免计划经济的大厦因此而失衡。

在没有市场帮助确定优先次序的情况下，计划者只能想当然地做出决定。结果，需要的货物没有生产，而生产出来的货物又不需要。

最重要的是，中央计划经济体制的国家不仅没能创造无阶级的社会，反而滋生了特权阶层。当货品靠分配不靠购买的时候，真正的好处在于职位带来的特权：干部有专供商店和医院，还能享受普通人得不到的教育机会。少数官员大权在握必然滋生腐败，工作、教育和大部分特权都要靠个人关系实现。事实证明，中央计划无法管理现代经济，但没有一个社会主义国家不是采用中央计划经济体制的。

邓小平的改革开放就是为了克服体制固有的停滞。他和他的同事们推行市场经济，下放决策权，向外部世界开放——这些都是前所未有的变化。他们进行的这场革命靠的是发挥中国人民的聪明才智。中国人民有着天生的经济活力和企业家精神，只不过长期以来受到战争、意识形态的教条和对私人投资严厉打压的束缚。

改革中，邓小平的主要助手之一是胡耀邦。胡耀邦是长征时的“红小鬼”，受邓小平一手提拔，在“文化大革命”中又和邓小平一起失势；邓小平官复原职后，把胡耀邦安排在共产党的高级职位上，最终担任共产党总书记。胡耀邦任职期间，在政治和经济问题上的立场相对开放，他以他直率的方式不断地挑战党和社会所能接受的极限。他是第一位且经常穿西装在公共场合露面的共产党领导人，而且还因提议中国人吃饭弃用筷子、改用刀叉而引发了一场争议。[19]

改革的另一个得力助手，赵紫阳于1980年就任总理，1987年1月担任共产党总书记。他在任四川省委书记时率先实行包产到户，大大提高了农民的生活水平，赢得了民心。他和胡耀邦一样，政治上不墨守成规，但是后来在1989年被中共中央解除了总书记的职务。

邓小平和他的同事们努力改革，首先是因为他们都反对“文化大革命”。中国所有的领导人在“文革”期间都遭到贬黜，许多人受过殴打虐待。中国领导人的谈话中经常提及“文革”的经历。1982年9月，我对中国进行私人访问，和邓小平谈话时就涉及了那个时期：

基辛格：我是1974年4月第一次见到您的，那时您来出席（联合国）第六次特别大会。后来我见毛泽东时您也在座，可您一句话也没说。

邓小平：后来1974年11月那次（在北京）咱们两个谈得最多，因为那时周总理生病，我负责国务院工作。1975年我负责党和政府工作，只干了一年就被打倒了。回顾这段历史时期真是很有意思，就是这样的挫折才让我们变得更聪明……从1979年到1981年，经验证明我们的政策是正确的。您三年半没来了，看到什么变化了吗？

基辛格：我上次来的时候——可能是我无知——感到高层有很多人反对顾问委员会主席（邓小平）……

邓小平：……国外的人常常猜测中国政治不稳定。看中国政治是不是稳定要看8亿中国人生活的地方是不是稳定。今天农民们最高兴了。城市也有一些变化，但不像农村变化那么大……（人们）对社会主义经济制度更有信心，更加信任党和政府。这具有深远的意义。“文革”前党和政府的威信很高，但是威信在“文革”期间被破坏了。

改革没有过去的经验可资借鉴。1987年我再访中国的时候，赵紫阳跟我谈到了将于当年10月提交给党代会的计划。他强调说，中国正在经历把资本主义和社会主义相融合的复杂而漫长的过程：

要解决的关键问题是如何合理地解释社会主义和市场力量的关系。报告会指出社会主义计划应利用而不是排除市场力量。自从（约翰·梅纳德·）凯恩斯以来，所有国家，包括资本主义国家，都对经济活动进行一定程度的政府干预。美国和韩国就是例子。政府进行管理或是通过计划或是通过市场；中国准备双管齐下。企业将充分利用市场力量，国家将通过宏观经济政策引导经济。有必要的话还会计划，但将来的计划管理只是手段之一，不会把它当作社会主义的本质。

邓小平实现这些目标采取的是渐进的办法。用中国的说法，领导层是“摸着石头过河”，看什么办法奏效，就把它作为制定路线的基础的一部分。毛泽东的继续革命实际上和乌托邦式的理想一起被扔在了一旁。中国领导人不会让意识形态束缚改革；他们要重新定义“有中国特色的社会主义”，只要能给中国带来更大的繁荣，就是“中国特色”。

为促进这一进程，中国欢迎外国投资，办法之一是在沿海设立经济特区。特区里的企业在经营上有较大的灵活度，投资者享受特殊待遇。考虑到19世纪中国在沿海地区与“外国投资者”的不愉快经历——以及这一经历在中国历史上的显要作用——设立经济特区是相当大胆的举措。它也表现出中国愿意加入国际经济秩序，从而放弃几个世纪以来经济自给自足的理念，这在一定程度上是史无前例的。到1980年，中华人民共和国加入了国际货币基金组织和世界银行，外国贷款开始流入中国。

其后，中国开始了有系统的权力下放。人民公社解散了，鼓励建立土地承包责任制，实际上等于包产到户。企业的所有权和经营权分开——所有权仍然属于国家，经营权则基本上由管理人掌握。政府和管理人签订协议，职责分明，给管理人以很大的回旋空间。

这些改变带来的结果令人惊叹。从1978年经济改革开始到1984年，中国农民的收入翻了一番。在鼓励私人创业措施的推动下，私营部门在工业总产出中占了近50%，而过去经济几乎完全是由政府指令管理的。整个20世纪80年代期间，中国的国内生产总值年增长率一直在9%以上——直到本书成书之际，这一几乎没有间断的空前高速增长期还在继续。[20]

如此宏大的努力首先取决于负责推行改革的官员的素质。1982年我同邓小平谈话时谈到了这个问题。我问他干部年轻化进行得是否顺利，他做了回答。

邓小平：是的，可以这么说。可是还没有完，还得继续。农业问题还没有解决。要有耐心。两年前我们把赵紫阳总理和胡耀邦推上了第一线。可能您也注意到了中央委员会成员中有60%在60岁以下，还有不少40来岁的。

基辛格：我注意到了。

邓小平：这还不够，我们还得给老同志安排去处，所以我们才成立了中央顾问委员会。我毛遂自荐当中顾委的主席。这就是说我本人想慢慢辞去各种职务，只保留顾问的位子。

基辛格：我注意到有些人比主席年龄还大，却没有进中顾委。

邓小平：那是因为我们的党年纪很大了，需要把一些老人留在第一线。但是这个问题会慢慢解决的。

基辛格：我听说因为“文化大革命”，很多人没达到该有的教育水平就当了干部。这是个问题吗？能解决吗？

邓小平：能。我们选择领导干部的标准是：他们必须是革命者，必须年轻，受过良好教育，有工作能力。我说过，十二大不仅表现了新政策的继续，而且为新政策的继续提供了保证。人事安排也确保了政策的继续。

5 年后，邓小平还在关心党的干部年轻化的问题。1987 年 9 月，他提前向我透露了对 10 月即将举行的党代表大会的计划。83 岁高龄的他依然精力充沛，面色晒得黑黑的，意态悠闲。他说他要为这次党代会取名为“改革和对外开放大会”。赵紫阳将取代胡耀邦担任共产党总书记的关键职务，这就需要选一位新总理。邓小平说，胡耀邦“犯了一些错误”——大约是对 1986 年的几场学生示威过于宽容——但还会留在政治局里（这是与过去不同之处，过去高级干部一旦被解除职务，就不能再参加政治生活）。政治局常务委员会（共产党的执行委员会）委员不得身兼二职，因而加速了最高层职位向下一代过渡。其他“老人”将退休。

邓小平解释说，他现在要从经济体制改革转向政治体制改革，这会比经济改革困难得多，因为“要涉及几百万人的利益”。党和政府的分工会发生变化，专业管理人员将接替党的书记的工作，许多党员得另找工作。

但是，区分决策和行政管理的界限在哪里？邓小平回答说意识形态问题归党管，具体操作的政策归管理人管。我请他举例说明时，他说与苏联改善关系就明显是意识形态问题。我和邓小平进行过多次谈话，但这个问题在谈话中很少出现。细想起来，我猜测邓小平提到这个过去无法想象的主意，也许就是表示中国正在考虑往回倾斜，扩大外交活动的空间。

邓小平提出的政治方面的建议在共产党历史上没有先例。他似乎是建议共产党维持对国家经济和政治结构的总的指导作用，但会逐渐减少先前对中国人生活各个方面巨细无遗的控制，中国人会得到宽广的个人发挥空间。邓小平坚持说，这些全面的改革将“按部就班”地进行。中国现在是稳定的，“为了发展必须继续保持稳定”。中国政府和人民“没有忘记‘文革’的混乱”，他们绝不会允许混乱重演。中国的改革是“史无前例的”，其间“犯些错误”是不可避免的。他说，绝大多数人民支持目前的改革，但是实现改革的成功需要“勇气”和“谨慎”。

事实证明，这些不是抽象的问题——很快，邓小平就要被迫面对他“按部就班”的改革方案必然带来的紧张。中国的经济迅猛增长，成千上万的学生被派往国外留学，人民的生活水平大为改善。当世界在为之惊叹的时候，一些重要的迹象表明中国内部正在涌动着新的潮流。

改革进程早期，计划的问题和市场的问题混杂在一起。让物价反映实际成本必然导致物价的上涨，至少在短期内是这样。物价改革使得老百姓纷纷取出储蓄去购买货物以防物价进一步上涨，从而造成囤积货物和通货膨胀加剧的恶性循环。

赵紫阳在 1987 年 9 月的一次会议上概述了国内生产总值 50%要转而依靠市场力量来实现的计划。除了技术性的经济问题之外，这需要对指令性体制做出重大的改变。要像欧洲国家一样，更加注重对经济进行间接的控制，办法是控制货币供应以及采取干预手段预防通货膨胀。中国的许多中央机构因此必须取消，其他机构的职能需要重新确定。为推动这一进程，中央命令进行党员重新登记和精简机构。这牵涉到 3 000 万人，而且负责这项工作的人员本身也面临职责更改的问题，因此，党员重新登记遇到了重重障碍。

经济改革的相对成功造成了一批人后来对改革心怀不满。一些干部的工作因改革受到威胁，他们对政府的忠诚度随之降低。

价格双轨制滋生了许多腐败和裙带关系的行为。向市场经济的转移实际上增加了腐败的机会，至少在一段时期内是这样。两个经济部门共存——一个是正在收缩但依然十分庞大的国营部门，另一个是成长中的市场经济——造成了两套价格，于是道德败坏的官员和企业家就可以把商品在这两个部门之间调来调去以从中牟利。中国私营部门中的一部分利润无疑是通过普遍的贪污贿赂和裙带关系得来的。

裙带关系一直是注重家庭的中华文化特有的问题。在乱世，华人靠家庭支撑。在所有华人社会中，无论是中国大陆、台湾地区、香港地区还是新加坡，最终的依赖是家人，而决定家人是否可以分一杯羹的是家庭标准，与抽象的市场力量无关。

市场本身也造成人们的不满。假以时日，市场经济会使人民的生活普遍改善，但竞争的本质就是有人赢有人输。在市场经济早期，赢者常常会一夜暴富，输者则容易把自己的失意归咎于“制度”而不是自身的不足——他们经常是对的。

在公众层面上，经济改革提高了老百姓对生活水平和个人自由的预期，同时也造成了紧张和不平等，许多中国人认为这些问题只有通过更开放、更有民众参与的政治制度才能解决。中国领导层也因中国要走什么样的政治和意识形态道路而日益意见不合。戈尔巴乔夫在苏联改革的例子更使得中国领导层的辩论利害攸关。有人把戈尔巴乔夫的开放和改革视为危险的异端邪说，类似赫鲁晓夫扔掉了“斯大林这把刀子”；其他人，包括许多青年学生和年轻的党员干部，则认为戈尔巴乔夫的改革可以成为中国的榜样。

邓小平主持的经济改革改变了中国人的日常生活。与此同时，毛泽东时代铲除了的一些现象——收入不均、奇装异服和公开宣扬“奢侈品”——再次出现，传统的共产党干部因此而发牢骚说人民共和国正在像约翰·福斯特·杜勒斯曾经预见的那样，发生着可怕的“和平演变”。

虽然，中国官员和知识分子经常用马克思主义的观点为这场辩论确定框架，比如发动了一场大张旗鼓的“反对资产阶级自由化”的运动，其实归根结底，分歧还得追溯到自19世纪以来一直困扰着中国人的问题：中国对外开放是实现它的历史宿命，还是在精神信仰上做出妥协？它应该向西方的社会和政治制度学习什么？

| 第十五章 |

美国的窘境

1989 年初，铁板一块的苏联阵营在东欧开始显出裂痕。同年 11 月，柏林墙倒塌，最终苏联自身也走向解体。然而中国似乎国内稳定，与世界各国的关系处于自 1949 年共产党取得胜利，宣布成立中华人民共和国以来的最好时期。中国与美国关系的改善尤其显著。两国为挫败苏联对阿富汗的占领相互配合；美国向中国出售了相当数量的武器；双边贸易逐步增长，从内阁部长到海军舰只的交流极为频繁。

仍然执掌苏联的戈尔巴乔夫计划在 5 月份访问北京。莫斯科在很大程度上满足了北京提出的三个条件：苏联从阿富汗撤军；苏军从中苏边境回撤；越南撤出柬埔寨。在北京举办的国际会议越来越多，包括当年 4 月的亚洲开发银行理事会会议。该行是一个多边发展组织，三年前中国刚刚加入。令人意想不到的是，亚行的这次会议为正在演变中的戏剧性事件埋下了伏笔。

1981 年，在邓小平的支持下，胡耀邦成为中共中央总书记，1986 年赵紫阳接替胡耀邦任总书记后，胡耀邦依然是政治局委员。在 1989 年 4 月 8 日的一次政治局会议上，73 岁的胡耀邦突发心脏病。经他的同事现场抢救后，胡耀邦被送往医院。住院期间，胡耀邦心脏病再度复发，于 4 月 15 日逝世。

和 1976 年周恩来去世一样，胡耀邦的去世引发了政治色彩浓厚的悼念活动。不过 1976~1989 年间，政府放松了对言论的限制。1976 年，悼念周恩来的人借批评封建朝代的宫廷政治影射毛泽东和江青；而 1989 年悼念胡耀邦的示威者则指名道姓抨击他们的批评对象。由于“五四运动”70 周年即将来临，气氛本已十分紧张。“五四运动”是 1919 年中国民族主义者发动的一次运动，抗议中国政府的软弱和《凡尔赛和约》中的不平等条款。[1]

胡耀邦的崇拜者在天安门广场的人民英雄纪念碑前敬献花圈和挽诗，很多人赞扬这位前总书记热情支持政治自由化，呼吁在今后的改革中将他的精神发扬光大。北京和其他城市的学生利用这一机会表达他们的不满。北京的学生团体提出了 7 项主张并威胁上街示威，直到政府接受他们的要求。其实并不是所有学生团体都支持每项主张。各种各样的不满情绪前所未有地汇集在一起，将局势推向动荡。最初的一场示威逐渐演变成抗议者占据天安门广场并对政府权威提出挑战。

局势迅速升温，无论旁观者还是参与者在月初都不曾料到形势会发展到这一步。5 月底，人数不等的各种反政府抗议活动蔓延到全国 341 个城市。[2] 示威者拦下火车，接管了学校，封堵了首都的主要街道。在天安门广场，学生宣布绝食抗议，引起国内外观察家和其他非学生团体的广泛关注，后者开始加入抗议者队伍。中国领导人被迫取消在天安门广场欢迎戈尔巴乔夫的仪式，改在北京机场举行。欢迎仪式规格压低，而且没有公众参加。中国西部边疆的事态发展突显了中国面临的政治挑战。当地的藏人和维吾尔人开始就本民族的文化问题表示不满（比如，当时出版的一本书据说伤害了维吾尔族伊斯兰信徒的感情）。[3]

一旦事态逐渐失控，它往往就会形成自己的发展势头，最初的主要发起人反而成了再也看不懂剧本的剧中人。对邓小平而言，抗议活动勾起了历史上中国人对动乱的恐惧和对"文化大革命"的记忆，无论示威者提出的目标是什么。学者黎安友（Andrew J. Nathan）对这一僵局做了精辟的总结：

> 学生并不想对他们晓得是一个危险的政权提出致命的挑战。这一政权也不情愿对学生动武。双方有很多共同的目标，也有共同的语言。然而由于沟通不畅和错误的判断，各自将对方逼到越来越不可能妥协的境地。有几次似乎马上就找到了解决办法，但最后关头又溜走了。最初滑入灾难的速度似乎很慢，但随着双方分歧的加深，这一速

度随之加快。在已知最终结果的今天，重温这一事件给人们带来的震撼不亚于从真正的悲剧中感受到的震撼。[4]

这里不对导致天安门事件发生的原因做过多分析。每一方根据自己参与这次危机的不同的，甚至是截然相反的原因各持己见。学生骚乱起于要求解决他们感到不满的一些具体问题。然而占据一个国家首都的主要广场，即便完全是和平占据的，同样也是一种策略，以证明本国政府无能并削弱该政府，诱使它草率行事，从而置自己于不利境地。

最终，经过几周的内部争论后，政治局平息了抗议活动。这一切通过来自世界各地的新闻媒体报道了出去，而这些记者本来是来报道戈尔巴乔夫和中国领导人意义重大的会晤的。

美国的窘境

国际社会对此反响强烈。尽管中华人民共和国从来没有自称是一个西方式的民主国家，但如今在某些世界媒体口中却成了一个专制国家。此前被广泛称赞为改革者的邓小平也受到他们激烈的抨击。

在这种气氛下，整个中美关系，包括两国之间业已建立的定期磋商受到各政治党派的广泛抨击。传统的保守派认为自己笃信的观点得到了验证，即中国在共产党的领导下永远不可能是一个可靠的伙伴。来自各党派的人权活动家怒不可遏。自由派人士称，鉴于事件的严重后果，美国有义务履行自己传播民主的终极使命。无论他们的目标多么不同，批评者一致认为需要制裁北京，迫使其改变国内体制。

就职不足5个月的布什总统对制裁的长远后果感到不安。布什和他的国家安全事务助理斯考克罗夫特将军均在尼克松政府内任过职。两人任职期间见过邓小平，还记得他不顾“四人帮”的阻挠坚决维护与美国的关系，并致力于扩大个人的自由空间。两人对邓小平的经济改革十分钦佩，并没有忘记自从打开对华大门后世界发生的变化。布什和斯考克罗夫特参与执行外交政策时，美国的每一个敌手都可以指望得到中国的支持，所有的亚洲国家都害怕中国孤立于世界之外，当时的苏联也可以对西方采取高压政策，而无须顾忌自己的侧翼。

10年前两国关系紧张时期，布什总统曾担任过美国驻北京联络处主任。经验告诉他，经历过长征、住过延安窑洞、20世纪60年代同时与美国和苏联对峙的中国领导人，不会屈从于外国压力或孤立中国的威胁。美国的目标是什么？推翻中国政府？改变其体制？改变成什么样呢？一旦开始干预，又怎么收场？会付出什么样的代价？

1989年春夏之前，美国民众对有关美国外交促进民主的作用之辩论耳熟能详。简而言之，这场辩论使理想主义者和现实主义者针锋相对——理想主义者坚持认为，一国的国内体制对其外交政策有影响，因此，理应将其列入外交工作范畴；而现实主义者认为，这一范畴超出了任何一国的能力范围，因此，外交应该把重点放在对外政策上。美国既要考虑绝对的道德原则，又要考虑结合国家的各种利益制定外交政策的不测事件。两派的实际歧见则更加细微。理想主义者试图应用其价值观时，不得不考虑特定的具体形势；而审慎的现实主义者清楚，价值观是现实世界的一个重要组成部分。在最后决定做出时，双方很少有绝对的差别，通常只不过是一些微妙的差别而已。

就中国而言，问题不在于美国是否希望民主价值观获胜。美国绝大多数公众对这一问题的回答会是肯定的，所有参加辩论中国政策的人也是一样。问题是，他们愿意付出什么样的具体代价？在多长的时间内？在任何情况下，他们为实现希冀的结果具有什么样的能力？

公开辩论对付专制政权的策略时，出现了两大类政策主张。一派主张对抗，敦促美国通过拒绝给予任何利益的方式抵制中国政府的做法，而不计美国要付出多大的代价。这一派中最极端的观点是积极推动政权更迭。在中国问题上，则要求中国毫不含糊地走向民主，并把它作为任何双边利益的一个条件。[5]

与此截然相反的观点认为，接触政策通常是促进民主自由的最好方式。一俟有了足够的信心，即可为了共同的目标，至少是为了维护共同的利益而推动政府的变革。

至于哪一种方式更合适，在一定程度上取决于具体情况。由于公开施压要么导致政权更迭，要么是以某种形式交出权力，所以美国很难对与之保持关系对美国安全至关重要的国家使用这一办法——特别是对西方国家干预的屈辱历史记忆犹新的中国。

中国将是世界政治中的一个重要力量，无论 1989 年事件的结果是什么。倘若领导层巩固了自己的执政格局，中国将继续推行其经济改革计划并走向强大。美国和世界为此将面临一个抉择：是采取措施恢复与一个正在崛起的大国的合作关系，还是寻求孤立中国，促使它采取符合美国价值观的国内政策？孤立中国会导致美国与这个国家长期对抗。即使它唯一的外援苏联在 1959 年断绝援助时，它都没有屈服。布什政府在头几个月里仍然遵循冷战时期的信条，即美国需要中国以对付苏联。但随着苏联威胁的减弱，使中美走到一起的对苏联的恐惧会逐渐消退，从而中国越来越有可能会独自行动。

无论选择对抗还是保持接触，美国对中国国内体制的影响都有其客观局限性。我们对中国的了解足以影响一个像中国这样庞大、人口众多、情况复杂的国家的内部事务吗？会不会有因为中央政府的垮台导致内战复燃的风险？ 19 世纪的中国内战至少因为外国干预而变得更加复杂。

1989 年春夏之后，布什总统处境微妙。作为前美国驻北京联络处主任，布什了解中国人对他们眼中的外国干预的敏感，而布什在美国的漫长政治生涯又使他深谙美国的国内政治现实。布什知道，大部分美国人认为，华盛顿的对华政策应该如当时来自加利福尼亚州的民主党众议员佩洛西所说的那样，设法“向北京的领导人发出一个表达我们愤怒的清楚信息”。[6] 但布什同样认识到，美国与中国的关系符合美国的攸关利益，且不受中华人民共和国政治制度的左右。他担心会招致与中国政府的对抗，而冷战期间中国与美国在一些最根本的安全问题上合作了将近 20 年。正如他本人日后写到的那样 ：“对这个可以理解的骄傲、古老而又内向的民族来说，外国的批评（来自他们仍然看作是‘蛮夷’和殖民主义者的人）是一种侮辱，对他们采取的措施则是昔日强权行为的复活。”[7] 面对来自左翼和右翼要求采取更强硬措施的压力，布什认为 ：

> 涉及政治改革问题时，我们不能视而不见，但我们可以肯定他们取得的进步（自从毛泽东去世后进步显著），以此方式亮明我们的观点，而不是无休止地加以抨击。对我来说，问题是如何谴责我们认为的错误行为并做出适当的反应，与此同时又保持与中国的接触，即使这种关系现在必须“搁置起来”。[8]

布什巧妙而又优雅地在钢丝上行走。国会对北京实行惩罚措施时，他在某些方面采用了更温和的手法。与此同时，为了表达他的信念，6 月 5 日和 20 日布什中止了高级别的政府交往，停止了军事合作和出售军警设备及具有双重用途的设备，并表示反对世界银行和其他国际金融组织对中国发放新贷款。美国的制裁措施密切配合了欧洲共同体、日本、澳大利亚和新西兰采取的类似制裁措施。作为对公众压力的回应，国会要求采取更强硬的措施，包括立法制裁（比总统采取的行政制裁更难取消）、制定法律自动延长所有在美中国学生的签证。[9]

之前的10年里，美国和中国政府大部分时间是事实上的盟友，而现在两国渐行渐远。由于没有高层接触，双方积怨愈深，相互指责愈甚。布什决心避免关系不可弥补地破裂，转而求助他与邓小平的老关系。6月21日，布什绕过了政府机构和他本人对高层接触下的禁令，给邓小平起草了一份很长的私人信函，称邓小平是“一位朋友”。[10]布什以娴熟的外交技巧表达了他“对中国历史、文化和传统的敬仰”，并避免使用任何有可能表示他对邓小平发号施令、告诉他如何治理中国的措辞。同时，布什恳求中国这位最高领导人理解美国公众的愤怒情绪，这是美国理想主义的自然流露。[11]

布什告诉邓小平，他本人只能在他对本国政治影响的范围内尽力而为：

> 对以后发生的事，我想留待历史去评判。然而世界人民目击了这场风波，各国以不同方式做出了回应。根据我前面讲述的那些原则，我作为美国总统采取的行动不可避免。

布什呼吁邓小平能够宽大为怀，因为这样做会对美国公众产生影响，言外之意也会对布什自己的活动空间产生影响：

> 中国若能发表一个声明，重申以前的声明中所含的和平解决同抗议者的争执的内容，都会在我们这一边产生很好的效果。宽大处理参与示威的学生会受到全世界的称许。[12]

为了探讨以上想法，布什提议派一位高级别特使“在完全保密的情况下”访问北京，“开诚布公地向您转达我在这些问题上所持的赤诚信念”。布什没有避而不谈两国看法上的分歧，但在结尾处呼吁继续现存的合作关系：“我们决不能让最近发生的不幸事件的后果损害过去17年来耐心建立起来的重要关系。”[13]

邓小平次日对布什的提议做出了回应，欢迎一位美国特使来北京。7月1日，布什派遣国家安全事务助理斯考克罗夫特和副国务卿伊戈尔伯格前往北京，这反映了布什对中美关系的重视和对邓小平的信任。这次访问严加保密，只有华盛顿的少数几位高级官员和李洁明大使知情。李洁明被召回美国，亲自听取关于即将开始的这次访问的通报。[14]斯考克罗夫特和伊戈尔伯格乘坐一架C–141军用运输机飞往北京，机身外部经过伪装，涂掉了标记。由于对他们的到来严格保密，据说中国的防空部队打电话请示杨尚昆主席，是否应该击落这架神秘飞机。[15]飞机可以空中加油，以避免沿途降落，并携有自己的通信设备，从而这一行人可以直接与白宫联系。举行的会议和宴会一律没有布置两国国旗，对这次访问，媒体也没有任何报道。

斯考克罗夫特和伊戈尔伯格会见了邓小平、李鹏总理和外交部长钱其琛。邓小平称赞了布什，并表达了友好的意愿，但指责美国应对目前两国的紧张关系负责：

> 这是一次惊天动地的事件。极为不幸的是，美国这次卷入得太深了……自从两个多月前事态发生之初以来，我们感到美国外交政策实际上从各方面将中国逼到了墙角。我们这边就是这种感觉……其目的是要推翻中华人民共和国和我们的社会主义制度。如果他们得逞的话，世界将会是另一个样子。坦率地说，这甚至会引发战争。[16]

邓小平是指内战，还是指对中国心怀不满或伺机报复的邻国发动战争？抑或是两者兼而有之？他警告说："中美关系现在正处于极为敏感，甚至可以说极为危险的时刻。"邓小平称，美国的惩罚措施"正在导致中美关系走向破裂"，不过他仍对两国关系终将维持下去抱有希望。[17] 邓小平随后回到了传统的坚定立场上，不厌其烦地讲中国不在乎外来压力，以及中国领导人特有的久经考验的坚定决心。邓小平告诉美国来使："制裁措施我们不在意，吓不倒我们。"[18] 他说，美国人"必须懂得历史"：

> （我们）打了22年的仗，死了2 000多万人，赢得了胜利，建立了中华人民共和国。这是一场中国人民在共产党领导下打的战争……没有任何力量能够取代以中国共产党为代表的中华人民共和国。这不是一句空话。过去几十年的经验已经证明了这一点。[19]

邓小平强调说，改善关系取决于美国的努力。他引用了一句中国成语——解铃还须系铃人。[20]邓小平誓言北京“对那些煽动动乱的人绝不会手软”，否则，中华人民共和国何以继续存在下去？[21]

斯考克罗夫特强调了布什在写给邓小平的信函里强调过的主旨。美国和中国之间的密切关系反映了两国的战略和经济利益；同时，这种关系也使两个具有“不同文化、不同背景和不同观点”的社会彼此有了密切的接触。如今北京和华盛顿处在一个新的世界，这个世界里，中国国内的行为通过电视报道可以对美国公众产生深远的影响。

斯考克罗夫特解释说，美国这次的反应体现了其笃信的价值观，这些价值观“反映了美国自己的信仰和传统”。它们和中国人对外国干涉的敏感一样，都是我们两国之间差异的一部分。[22]

斯考克罗夫特承认，中国政府如何处理这一事件“完全是中国的内政”。然而“一个明显事实”是，这种处理方式引起了美国公众的抗议。“这种抗议是实际存在的，总统无法回避。”布什坚信维护美中关系的长期发展无比重要，但他不能不尊重“美国人民的情感”，他们要求本国政府以某种具体方式表达他们的不赞成。走出僵局需要双方尊重对方的感情。[23]

困难在于，双方都有其道理。邓小平感到自己的政权四面受敌，布什和斯考克罗夫特则认为美国根本的价值观受到了挑战。

李鹏和钱其琛也强调了类似的观点，中美双方分手时没有达成任何具体协议。如同外交官常常对僵局所的解释一样，斯考克罗夫特把僵局解释为为了保持沟通渠道畅通而做的一次成功的尝试：“双方都开诚布公，彼此表达了我们各自的不同观点，并听取了对方的看法。但弥合分歧还有一段路要走。”[24]

然而，事情并没有就此结束。1989 年秋，中美关系处于自 1971 年恢复接触以来的最低点。无论中国还是美国政府都不希望关系破裂，然而，双方似乎都无力避免这一结局。一旦关系破裂，事态将难以控制，正如中苏分歧从一连串的战术争议演变成为战略对抗一样。美国有可能丧失其外交灵活性；而中国则可能不得不放慢经济发展势头，甚至在相当长的一段时期内放弃经济发展，从而对它的国内稳定造成严重后果。如此，双方将失去机会，以便进一步拓宽自 20 世纪 80 年代末以来迅速扩大的双边合作领域，携手克服世界各地的剧变引发的风险。

正当两国关系紧张时，我接受了中国领导人的邀请，定于当年 11 月去北京访问，以得出自己的看法。总统和斯考克罗夫特事先获知了我计划中的这次私人访问。动身去北京前，斯考克罗夫特向我通报了美中关系的现状。鉴于我多年参与对中国的事务，此后的历届政府也沿袭了这一做法。斯考克罗夫特向我介绍了与邓小平会谈的情况。他并没有要我递送任何具体口信，但他希望如果有机会的话，我能再次强调政府的观点。依照惯例，我会向华盛顿汇报我的访华印象。

和大多数美国人一样，1989 年事件的结局令我震惊。但我和大多数美国人不同，曾有机会观察邓小平在过去 15 年里为改造自己的国家而开始的规模宏大的事业：推动共产党人接受权力下放和改革；从传统的封闭中国走向现代化和一个全球化的世界——一个中国常常拒绝的目标。我还目睹了邓小平为改善中美关系做出的不懈努力。

此次访问，我看到了中国心态上的变化。在毛泽东时代，以周恩来为代表的中国领导人的行为举止中透着一股强烈的自信，他们对国际事务的判断基于 1 000 年的历史记忆的沉淀。邓小平时代早期的中国显示出了一种信念：走出对“文革”苦难回忆的阴影，将为发挥个人主观能动性的经济和政治进步指明方向。然而在邓小平 1978 年首次宣布他的改革计划后的 10 年里，中国除了有成功的狂喜外，还遇到了一些挫折。从计划经济过渡到更大程度的权力下放，始终受到来自两方面的威胁：主张维持现状的既得利益者的抵制，因改革进程缓慢而心急的激进者的压力，以及经济权力下放导致要求政治决策多元化。从这一意义上讲，中国的巨变反映了社会主义国家改革的棘手难题。

1989 年，中国领导人选择了政治稳定。经过将近 6 周的内部争论，他们不无迟疑地走出了这一步。我没有听到过有谁为 6 月份的事件激动地辩护过，人们把它看作一个从天而降的不幸事件。中国领导人对外部世界的反应和自己内部的分歧感到震惊，他们关心重新恢复自己在国际上的地位。纵使中国一向有着令外国人疲于防守的技巧，接待我的中国领导人仍然处境艰难。他们不理解为什么美国对这样一个不伤及任何美国实质利益，而且中国认为别国无权干涉的事件如此愤怒。中国人觉得这要么是西方“霸道”的一种表现，要么显示了一个自己也有问题的国家毫无道理的自我标榜。

在会谈中，中国领导人寻求达到自己的基本战略目标，即恢复与美国的工作关系。在某种意义上，会谈回到了早期与周恩来会谈的模式上。两国是否能找到合作的途径？如果能的话，又建立在什么基础上？这一次双方的角色颠倒了过来。以前的会谈中，中国领导人强调社会主义意识形态的独特性；现在他们寻求达成一致观点的理由。

邓小平确立了一个主题，即世界和平在很大程度上取决于中国的稳定：

> 乱很容易，维护秩序和稳定却很难。如果中国政府没有采取断然措施的话，中国就会爆发内战。鉴于中国占世界人口的 1/5，中国局势不稳会导致世界局势的不稳。一些大国甚至会卷入其中。

对历史的诠释是一个国家记忆的映照。对这一代中国领导人来说，中国历史上最痛苦的一页是 19 世纪中央政府的崩溃，外国于是趁虚而入；中国沦为半殖民地，成为殖民国家争夺的对象。由此爆发的内战令中国尸横遍野，譬如太平天国运动。

邓小平说，维持一个稳定的中国是为了对一个新的世界秩序做出建设性的贡献。他对我说，与美国的关系至关重要：

> 这是我退休后必须向其他人交代清楚的一件事。[25] 我出来工作干的第一件事就是努力推动中美关系发展。我还希望结束最近发生的事，从而中美关系得以恢复正常。我想告诉我的朋友布什总统，在他任职期间，我们会看到中美关系得到进一步的发展。

据李瑞环称，障碍在于“美国人认为，他们比中国人民自己更了解中国”。中国无法接受外国对它指手画脚：

> 自从 1840 年以来，中国人民一直受到外国的凌辱。当时中国是一个半封建社会……毛泽东毕生为了一个信念而奋斗：中国应当与平等对待我们的国家保持友好关系。

1949年，毛泽东说“中国人民站起来了”。所谓“站起来了”是指中国人民将与其他国家人民平起平坐。我们不想别人对我们指手画脚，但美国人通常喜欢对别人指手画脚，中国人民不想屈从任何人的指令。

我试图向主管外交的副总理钱其琛解释促使美国采取行动的国内压力和价值观，而他根本不想听。中国将根据自己确定的国家利益按照自己的步骤行事，外国人没有理由对此说三道四。

钱其琛：我们正在努力维护政治和经济稳定，继续推进改革和与外部世界的接触。我们不能在美国压力下行事。再说我们正在朝这个方向迈进。

基辛格：但这恰恰是我的意思。你们朝着这个方向迈进的同时，会给你们的对外形象带来好的影响。

钱其琛：中国开始经济改革是为了中国自身的利益，不是为了迎合美国的需要。

中国人认为，国际关系是由国家利益和国家目标决定的。如果国家利益相吻合，就有可能合作，甚至必须合作。没有什么能取代共同的利益，一国国内体制与这一过程毫不相干。这个问题在对红色高棉的不同看法上已经出现过。据邓小平称，每当以上原则得到遵守时，中美关系发展就很顺利：

你和尼克松总统决定与中国重新建立关系时，中国不仅在努力建设社会主义，而且努力实现共产主义，“四人帮”喜欢一个共产主义贫困制度。当时你们接受了我们的共产主义，因此现在也没有任何理由不接受中国的社会主义。根据社会制度处理国与国之间关系的时代一去不复返了。具有不同社会制度的国家现在可以保持友好关系。中美两国之间有很多共同利益。

今天的中国领导人说，意识形态时代已经宣告终结，国家利益将成为中国制定外交政策的原则。美国的著名人士却坚持说，共同的国家利益需要民主制度做保障。很多美国分析家几乎把这一命题奉为宗教信条。不过从实际的历史经验看，这一命题很难证明。第一次世界大战爆发时，欧洲大多数国家的政府（包括英国、法国和德国）基本上都是民主政体。尽管如此，第一次世界大战——欧洲从未完全从这次灾难中恢复元气——仍然得到了所有选举产生的议会的狂热支持。

然而，国家利益的权衡并非那么容易，国家实力或国家利益也许是最难精确计算的最复杂的国际因素，大多数战争皆源于对大国关系判断错误外加国内压力。在此处讲述的这段时期内，面对如何在支持美国政治理想与发展和平而富有成果的美中关系两者之间寻求平衡的难题，各届美国政府提出了不同的方案。布什政府选择通过接触促进美国的目标，克林顿在第一任期间尝试过施加压力。两人不得不面对一个现实：在外交政策上，一国的最高理想往往只能在不完美的过程中才能实现。

一国社会的基本走向受其价值观的影响，价值观阐明了社会的终极目标。与此同时，承认自己能力有限是对政治家韬略的考验之一，它意味着必须判断出什么是可能实现的目标。哲学家相信自己的直觉，评价政治家则看他们提出的理念是否能经受时间的考验。

试图从外部改变中国这样一个庞大国家的国内体制，有可能带来始料不及的严重后果。美国社会永远不应放弃对人的尊严的承诺。在西方政治和新闻取向占主导地位的一段有限时期内，西方的民主自由理念并不一定能直接照搬到一个几千年来依照不同理念组织自己生活的文明中。承认这一点并不减损这一承诺的重要性；同样，也不能简单地认为中国对政局混乱的担心是不合时宜的，需要得到西方启蒙的"纠正"。中国历史上，尤其是近两百年的历史上有无数的例子表明，政权的四分五裂——有时是因为对更大自由的极大期待——往往导致社会和族裔的剧烈动荡；而最后胜出的一方往往不是最开明的一派。

根据同一原则，与美国打交道的国家需要懂得，美国对事物的判断永远不可能与美国对民主制度的看法分开。有些事件必然会引起美国的反应，即使会损害总体关系也在所不惜。在这种事件面前，美国的外交政策会超出对国家利益的考虑。没有任何一位美国总统可以对这类事件视而不见，但在界定这些事件时他必须小心谨慎，而且要知道意外后果的要义。任何一位外国领导人都不应对此不屑一顾。如何界定这类事件并建立平衡将决定美国对华关系的性质，可能也将决定世界的和平。

1989 年 11 月，两国的政治家就面临这一抉择。一向讲求实际的邓小平建议发展一种新的世界秩序观，将不干涉内政作为一项总的外交方针政策：“我认为，我们应该提出建立一个新的国际政治秩序。在建立一个新的国际经济秩序问题上没有什么进展，因此现在我们应该致力于建立一个遵守和平共处五项原则的新政治秩序。”其中一项自然是禁止干涉他国内政。[26]

除了这些战略性原则外，还有一项至关重要的内容，即权衡国家利益不单是一个数学公式，必须重视国家的尊严和自尊。邓小平敦促我向布什转达他希望与美国达成协议的愿望，因为作为更强的一方，美国应该迈出第一步。[27]

方励之纠纷

1989 年 11 月我访华时，持不同政见的物理学家方励之已经成了美中分歧的一个象征。方励之宣扬西方式的议会民主和个人权利，长期以来一直挑战官方容忍的极限。在 1957 年的反右运动中，他被开除党籍。“文化大革命”期间，因为从事“反革命”活动，他被监禁一年。毛泽东去世后他恢复名誉，在学术上卓有成就，并公开表示支持扩大政治自由。1986 年的民主示威后，方励之再次受到批评，但他继续到处演讲。

1989 年 2 月布什总统访华时，美国使馆将方励之列入建议白宫邀请参加布什总统在北京举行的国宴的客人名单中。当年里根访问莫斯科时会晤了自称是持不同政见者的人士，因此美国使馆沿袭了这一先例。白宫核准了这一名单，但很可能不了解中国人对方励之问题的高度重视。方励之被列入受邀者名单引发了美国和中国政府之间以及布什新政府内部的争论。[28]最终美国大使馆和中国政府达成协议，安排方励之坐在远离中国政府官员的地方。举行宴会的当天晚上，中国安全部门拦住了方励之的汽车，不让他进入宴会现场。

6 月 4 日之后，方励之及其夫人来到美国大使馆寻求庇护。几天后，中国政府对方励之及其夫人发出了逮捕令，指控他们“动乱前后犯有从事反动宣传和煽动的罪行”。政府刊物要求美国将“制造这次暴力事件的罪犯”交出来，否则将承担中美关系恶化的后果。[29]布什在日记里写道：“我们别无选择，只能接纳他。但中国人一定会如鲠在喉。”[30]

方励之滞留美国使馆成了两国关系持续紧张的一个主因。中国政府不愿意让这位反对派人士离开中国，担心他会在国外搞煽动活动；而华盛顿不愿意交出这位持不同政见者，由中国政府自己处理。[31]

6 月 21 日布什致函邓小平，提出了“方励之问题”，对

“在我们之间插入的这一瞩目的橛子”感到遗憾。布什为美国给予方励之庇护的决定做了辩护。他说，这一决定是基于“我们对国际法的解读，而且这个解读已被普遍接受”，并坚称“在得到某种保证方励之不会有人身危险之前，（我们）现在不能让他离开美国使馆”。布什主动建议是否可以慎重解决这个问题，并指出其他政府曾通过“悄悄驱逐出境”的办法解决过类似的问题。[32] 然而谈判毫无进展，方励之和夫人继续滞留美国使馆。我动身去北京前听取斯考克罗夫特的通报时，他提醒我不要提出这个问题，因为美国政府已经把该说的话都说了；但在目前的政策范围内，我可以对中国人主动提出的建议做出回应。我遵循了他的意见，没有提方励之的问题，中方也没有任何人提起。我离开中国，临行前拜会邓小平时，就方励之问题达成一揽子方案。[33]

就方励之问题进一步交换了意见后，邓小平结束了这部分谈话：

> 邓小平：布什会喜欢并同意这项建议吗？
>
> 基辛格：我认为，他会对此感到高兴的。

我估计布什会欢迎中国表现出的关切和灵活，但我怀疑改善关系的步伐不会像邓小平设想的那样快。

苏联和东欧局势的剧变似乎侵蚀了现存的三角关系的前提，因此中国和美国再次达成谅解变得更为重要。随着苏联帝国的解体，当初美中和解的动机发生了什么变化呢？结束与邓小平会见后我离开北京的当天晚上，抵达美国境内第一站时获知，柏林墙已经倒塌，冷战时期的外交政策前提随之被打破。

东欧的政治革命几乎吞没了一揽子方案。三天后我返回华盛顿，在参加白宫的一次晚宴时向布什、斯考克罗夫特和国务卿贝克汇报了我同邓小平的谈话——结果发现中国不是主要话题。对于他们来说，当时压倒一切的问题是柏林墙倒塌后的影响和定于12月2~3日在马耳他举行的布什与戈尔巴乔夫的首脑会谈。两个问题均需要马上就策略和长期战略做出决定。驻有苏联20个师的东德卫星国难道要走向垮台吗？是不是今后会有两个德国，只不过有一个是非共产党的东德？如果目标是统一的话，应该通过什么外交手段达到这一目的？在未来可预测的事件中，美国应该怎么办？

在苏东剧变这一动荡的背景下，邓小平的一揽子方案没有受到应有的重视。

我与邓小平讨论的特使访问直到12月中旬才成行，这是斯考克罗夫特和伊戈尔伯格半年内第二次访问北京。这次访问不像6月之行那么秘密（直到此时仍然保密），但美方不想大肆声张，以避免引起国会和媒体的反对。然而，中国方面在斯考克罗夫特给钱其琛祝酒时拍了一张照片，在美国国内引起不小的惊恐。斯考克罗夫特日后回忆道：

> 中国外长的欢迎宴会即将结束时，例行的祝酒开始了。电视摄制组再次出现。当时的局面令我感到很尴尬。我可以参加祝酒，留下碰杯的照片，也可以拒绝祝酒，从而危及此次访问的整个目标。我选择了前者。令我懊恼的是，我马上成了名人——而且“名人”这个词在这里是其最负面的意义。[34]

这件事显示了双方截然相反的需要。中国想向公众显示，它的孤立状态正在结束。华盛顿在达成协议前不想声张，以避免在国内引起争议。

斯考克罗夫特和伊戈尔伯格访华期间，对苏联的讨论不可避免地成为主要议题之一，不过同以往的内容截然相反——现在的主题再也不是苏联的军事威胁，而是它的日益虚弱。钱其琛预见到了苏联的解体，告诉我们说，5 月份天安门广场示威达到高潮时，戈尔巴乔夫要求中国提供经济援助。北京为之一震。斯考克罗夫特后来回忆了中方对这件事的叙述：

> 苏联人没有抓好经济，戈尔巴乔夫自己也不大懂经济。钱其琛预见到，苏联经济的崩溃和民族问题会导致动荡。他补充道：“我没有看到戈尔巴乔夫采取任何措施。他吁请中方提供基本消费品……我方可以提供消费品，他们用原料支付。他们还要我们贷款。他们刚提出这一要求时，我们十分吃惊，但同意提供一部分贷款。”[35]

中国领导人对斯考克罗夫特提出了他们的“一揽子”方案，把释放方励之与取消美国制裁相挂钩。美国政府则希望把方励之问题作为一个单独的人道主义问题加以解决。

苏联阵营内的进一步剧变——包括推翻罗马尼亚的共产党领导人齐奥塞斯库——更加深了中国共产党的被围困感。东欧共产党国家的解体还加强了华盛顿一些人的立场，他们认为美国应该静观北京政府似乎不可避免的垮台。在这种气氛下，任何一方都难以偏离自己的既定立场。关于释放方励之的谈判通过美国使馆继续进行。直到 1990 年 6 月，双方才达成协议——此时距方励之和夫人寻求庇护已一年有余，距邓小平提出的一揽子方案也过了 8 个月。[36]

与此同时，每年审核延长中国的最惠国待遇——根据 1974 年《杰克逊–瓦尼克修正案》条款，适用于“非市场经济”国家——演变成了国会对中国人权状况的谴责大会。该修正案规定，给予最惠国待遇是以该国是否有移民自由为前提条件的。这场辩论的基本假定是：同中国达成的任何协议都是给予的一种恩惠。在当时的形势下，这样做完全违背了美国的民主理念。因此，贸易特权应当取决于中国是否逐渐接受美国的人权和政治自由观念。北京开始感到孤立，而华盛顿因胜利在望而喜上眉梢。1990 年春天，东德、捷克斯洛伐克和罗马尼亚的共产党政府垮台后，邓小平对中共党员们发出了警告：

所有人应该清楚地认识到，在目前的国际形势下，敌人的全部注意力将转向中国。敌人会使用一切借口找我们的麻烦，制造困难，向我们施加压力。（因此中国需要）稳定，稳定，再稳定。今后三五年对我们党和国家会极为困难，也极为重要。如果我们挺过来了，我们的事业就会更加发达；如果我们垮了，中国的历史将倒退几十年，甚至一百年。[37]

24 字指示

在这不平凡的一年临近尾声时，邓小平选择落实他早就计划的退休。20 世纪 80 年代，他采取了很多措施结束权力高度集中的制度。此前只有在位者死亡或丧失天命，权力才会易手。而这两条标准既模糊不清，又容易招致混乱。邓小平成立了一个由元老组成的顾问委员会，安排让那些不肯放弃权力的人退休，然后去该委员会。邓小平告诉来访客人，包括我在内，他打算很快退下来，担任这一机构的主席。

自 1990 年初起，邓小平开始逐渐淡出高层。他是近代以来第一位这样做的中国领导人。1989 年事件也许更促使他下决心退下来，确保在过渡期间一位新的领导人能站稳脚跟。1989 年 12 月，斯考克罗夫特是邓小平接见的最后一位外国客人。与此同时，邓小平不再出席公众场合的活动。一直到

1997年去世为止，邓小平深居简出。

邓小平从公众视野中消失后，决定给他的接班人和下一代领导人留下几句指示，作为他们的工作指南。他向共产党官员做出这些指示时，选择采用了中国历史的传统文体，文字言简意赅。其中被广为人知的一项是24字指示，而另一项是12字说明，传达对象仅限于高级官员。24字指示如下：

> 冷静观察，稳住阵脚，沉着应付，韬光养晦，善于守拙，决不当头。[38]

寥寥几行的指示并没有具体指明中国当前面临的困难和敌人，很有可能是因为邓小平自知，听取他指示的人已本能地认识到自己的国家处境维艰，无论在国内还是国外，尤其是在国外。

想想中国历史上被潜在的敌对势力包围的年代。中国强盛时期，会镇抚四邻；衰微时期，则以拖待变，争取时间，坚信凭借它的文化和政治知识的沉淀，中国终将恢复其大国地位。外部世界一向难于与中国这一独特的国家打交道——它若即若离，但又遍及四海；恢宏威严，又偶尔陷入混乱。现在，感到四面受敌的危险，这个国家正在试图自我改革。邓小平本来可以轻而易举地靠煽动情感或中国的民族主义去号召本国人民，但他没有这样做，而是求助于中国古老的价值观：面对困难镇定自若；注重调研；目标专一。邓小平看到，最大的挑战不是挺过困难时期，而是眼前的危险过去后为未来做好准备。

24 字指示用意何在？是作为困难时期的指南，还是一条永恒的箴言？当时，中国的改革受到国内动荡和外国压力的双重威胁。然而在下一阶段，待改革胜利后，中国的增长也许会引起世界新的关注，那时国际社会也许会设法抵制中国迈向大国地位。面临重大危机之时，邓小平是否预见到，对中国的最大威胁或许在它最终崛起之后？据此，邓小平敦促本国人民“韬光养晦”，“决不当头”；换言之，不要因为过分自信而引起不必要的恐慌。

在中国处于动荡和孤立的低潮时期，邓小平很可能担心两件事：一是中国也许会在这场危机中自我毁灭；二是中国的未来也许取决于下一代领导人是否有足够的眼光，认识到过分自信的危险。此时，邓小平的思想是针对中国眼前的困难，还是针对中国强大到无须低姿守拙后是否仍会这样做？中美关系的未来在很大程度上取决于中国对以上问题的回答。

| 第十六章 |

什么样的改革？邓小平南方视察

1989 年 6 月，中国共产党领导层产生分歧。经过调整，上海市委书记江泽民升任共产党最高领导人。

江泽民所面对的是这个人民共和国历史上最为复杂的危机之一。中国陷入孤立，外有贸易制裁，内有这场全国性动乱的余波。除了朝鲜、古巴、越南，世界其他国家的共产主义都处于崩溃进程之中。中国著名的“持不同政见者”或逃往国外，或寻求避难，获得了同情和组织活动的自由。西藏和新疆也不稳定。达赖喇嘛在国外备受欢迎，并在 1989 年获得了诺贝尔和平奖，国际上对西藏地位问题的关注急剧上升。

每次社会政治动荡之后，最严峻的挑战是如何恢复凝聚力。但以什么名义推进呢？对中国的改革来说，国内对这场危机的反应比来自外部的制裁更具威胁。中央内部有声音说：如果我们不对自由化和资本主义式的改革开放发起坚决斗争，我们的社会主义事业就会遭到毁灭。[1] 邓小平和江泽民所持观点与这种声音正好相反。在他们看来，只有加快改革，中国的政治结构才能被赋予新的动力。他们认为提高生活水平、提高生产力是社会稳定的最佳保障。

在这种气氛中，1992 年初，已经退休的邓小平走上前台，进行他最后一次伟大的公开亮相。他以视察中国南方的方式，敦促继续推进经济开放，为江泽民等改革派领导人积聚民众支持。眼见改革努力处于停滞，自己的跟随者在党内传统主义者面前节节失利，87 岁的邓小平在女儿邓楠及几位下属的陪同下，动身前往南方的经济中心，包括根据 20 世纪 80 年代改革方案设立的两个经济特区——深圳和珠海。这是一次为“有中国特色的社会主义”而进行的改革行动，意味着要发挥自由市场的作用，扩大外国投资的范围，倡导个人首创精神。

这时候的邓小平既没有官方头衔，也没有正式职务。不过，他出现在学校、高科技公司、示范企业以及其他象征中国改革前景的地方，鼓励全国同胞加倍努力，并为中国的经济和文化发展设定了远大目标。全国性媒体当时还保守地没有理会这些讲话，但是，香港媒体的报道最终还是传回了中国大陆。

最后，邓小平南方视察几乎产生了神话般的意义，他的讲话成了中国后来 20 年政治经济政策的蓝本。甚至今天，中国的广告牌上还展示着邓小平南方视察时的形象和话语，包括他的名言“发展才是硬道理”。

邓小平全力维护改革计划，反击所谓背叛中国社会主义传统的指责。他认为，经济改革和发展是“革命”行为。邓小平警告说，中国不改革开放只能是“死路一条”。改革开放这条基本路线“要管一百年，动摇不得”；“只有坚持这条路线，人民才会相信你，拥护你”。邓小平坚持认为，改革开放让中国在1989年避免了内战。他再次提到对“文化大革命”的批评，说它不仅是一场失败，更是一场内战。[2]

毛泽东的继承人现在也开始提倡市场原则、敢于冒险、个人创新以及生产力、创业精神了。邓小平称，利润原则不是马克思主义的替代理论，而是顺从人的本性；如果因为企业家经营成功而惩罚他们，政府就会失去民众的支持。邓小平建议：“改革开放胆子要大一些，敢于试验，不能像小脚女人一样，看准了的，就大胆地试，大胆地闯……不冒点风险，办什么事情都有百分之百的把握，万无一失，谁敢说这样的话？”[3]

邓小平驳斥了有关他的改革将中国带上“资本主义道路”的批评。他没有遵循数十年的毛泽东思想灌输，而是援引他熟悉的那句格言，即重要的是结果，不是什么主义。中国也不应害怕外商投资：

> 我国现阶段的“三资”企业，按照现行的法规政策，外商总是要赚一些钱。但是，国家还要拿回税收，工人还要拿回工资，我们还可以学习技术和管理，还可以得到信息、打开市场。[4]

最后，邓小平抨击了共产党内的“左”派。从某种意义上说，他自己早期也是“左”派，当时他是毛泽东创建人民公社的“执行者”。“现在，有右的东西影响我们，也有‘左’的东西影响我们，但根深蒂固的还是‘左’的东西……‘左’的东西在我们党的历史上可怕呀！一个好好的东西，一下子被他搞掉了。”[5]

邓小平催促同胞发扬民族自豪感，促使中国赶上邻国的发展速度。为了表明中国在不到20年时间内取得的成就，邓小平在1992年南方视察时提到了“四大件”，即自行车、缝纫机、收音机、手表。他宣称，中国经济能够“隔几年上一个台阶”，如果中国人在发展的过程中敢于“解放思想，放开手脚”，迎接挑战，中国就会成功。[6]

科学技术是关键。作为对其20世纪70年代开创性讲话的回应，邓小平坚持认为“知识分子是工人阶级的一部分”；换言之，他们可以成为共产党员。邓小平敦促所有出国学习的人回国。如果他们有专业知识和技能，不管以前的政治态度如何，都将受到欢迎：“告诉他们，要做出贡献，还是回国好。希望大家通力合作，为加快发展我国科技和教育事业多做实事……对我们的国家要爱，要让我们的国家发达起来。”[7]

他曾经帮助建立了这套经济制度，现在又要打破它，对于这个耄耋之年的革命家来说，信念的转变是多么非同寻常啊！国共内战期间，邓小平与毛泽东一起在延安工作。直到“文化大革命”，他一直是毛泽东的主要助手。当时毫无迹象表明几十年后，他会周游全国，敦促改革他亲手创造的革命成果。

几十年来，逐渐出现了一个变化——邓小平开始用普通人的幸福和发展来重新定义善政的标准。他专注于快速发展——其中也展现出相当多的民族特性——即使这要求采用昔日敌对的资本主义世界的方法。邓小平的儿女后来对美国学者、美中关系全国委员会主席戴维·兰普顿说：

> 20世纪70年代，我父亲环顾周边，看到“四小龙”（新加坡、中国香港和台湾以及韩国）的发展。它们每年增长百分之八到十，对中国保持着相当大的技术优势。如果我们想超过它们，恢复我们在本地区以至全世界的应有地位，中国必须比它们增长得还快。[8]

为了实现这一愿景，在其改革计划中，邓小平倡导美国的许多经济与社会原则。但是他所称的社会主义民主与多元民主有天壤之别。他一直深信，在中国，西方政治原则将制造混乱、阻碍发展。

虽然邓小平支持建立威权主义政府，但他认为自己的最终使命是将权力交给下一代人。如果他的发展计划得以成功，下一代人自然会形成自己的政治秩序观。邓小平希望改革计划的成功能够消除民主化演变的诱因。可是他肯定知道，他所倡导的变化最终必定带来难以预测的政治后果。这就是他的接班人现在面临的挑战。

对于不远的将来，邓小平在 1992 年给出了相对温和的目标：

> 我们要在建设有中国特色的社会主义道路上继续前进。资本主义发展几百年了，我们干社会主义才多长时间！何况我们自己还耽误了二十年。如果从建国起，用一百年时间把我国建设成中等水平的发达国家，那就很了不起！[9]

他指的是到 2049 年，可实际上，仅用了一代人的时间，中国做的已经好得多了。

毛泽东逝世十多年后，他宣扬的革命精神又出现了，但这是一种不同的“革命精神”——推崇个人的创造力，而非意识形态的热情；依靠与外部世界相联系，而非自给自足。它将像“伟大舵手”设想的那样彻底改变中国，但方向正好相反。这就是为什么在南方视察结束时，邓小平简单谈到他希望新一代领导人有自己的新观点。他说，现在中央这个班子年龄还是大了点，像他今天这样，聊聊天还可以，做决策就不行了。他这个年龄的人应该让位，这对他这样的活动家来说，是多么难能可贵的表白！

> 我坚持退下来，就是不要在老年的时候犯错误。老年人有长处，但也有很大的弱点，老年人容易固执，因此

老年人也要有点自觉性。越老越不要最后犯错误，越老越要谦虚一点。现在还要继续选人，选更年轻的同志，帮助培养。不要迷信……他们成长起来，我们就放心了。现在还不放心啊！[10]

邓小平的建议中，除了实事求是的态度，还有伟人迟暮的伤感。他意识到，对于自己所倡导和规划的未来，他已不可能亲手实现。由于目睹了太多的动荡，他希望留下的是一个稳定繁荣的中国。尽管他的信心溢于言表，但确实需要新的领导人来实现他的理想，这样他才能“放心睡大觉”。

南方视察是邓小平最后一次公开活动，落实执行的责任落在了江泽民及其同事肩上。之后，邓小平逐渐隐退，远离人们的视线。1997 年他逝世时，江泽民已经担任了中共中央总书记。在卓越的朱镕基总理的协助下，江泽民实践了邓小平南方视察留下的遗产。江泽民执政娴熟，到 2002 年任期结束时，人们讨论的不再是航向是否正确，而是不断崛起、充满活力的中国对世界秩序和全球经济的影响。

| 第十七章 |

又一次和解：江泽民时期

1989 年夏季之后，美中关系几乎又回到起点。1971~1972 年，美国与中国谋求和解，之后在“文化大革命”末期，它深信对华关系对建立和平的国际秩序至关重要，于是改变了对中国激进治理方式的保留态度。而今，美国又开始对华实施制裁。中国的国内改革成了美国重要的政策目标。

我曾经见过江泽民，当时他任上海市长。我没有预料到他会成为领导人，引领中国从灾难走向崛起，让中国爆发出令人震惊的活力和创造力。尽管他开始时有些犹疑，但他实现了人类历史上最快的人均国内生产总值增长，完成了香港的和平回归，重构了中国与美国及世界的关系，让中国走上了成为全球经济强国之路。

在江泽民任职后不久，1989 年 11 月，邓小平竭力对我强调他对这位新任总书记的高度评价：

邓小平：你已经见过江泽民总书记了，将来还会有机会见他。他这个人有自己的思想，非常能干。

基辛格：我对他印象很深。

邓小平：他是一个真正的知识分子。

外界观察家很少料想到江泽民会成功。作为上海市委书记，他因慎重处理学潮而受到赞扬。但是作为总书记，他被普遍认为是过渡性人物，与前辈相比，他没有统帅一切的光环，权力基础也相对缺少。他是第一位没有军事资历的中国共产党最高领导人。像其继任者一样，他的领导能力来源于政治履历和经济业绩。[1]

以前的中共领导人为人处世带有伟人的光环，既有新型马克思唯物主义的风格，也有中国儒家传统的痕迹。江泽民则不同，他更像一位平易近人的家人，热情而不拘礼节。毛泽东是从奥林匹亚山巅俯视谈话对象，好像面对正在考试的研究生，考察他们的哲学见解恰当与否。周恩来谈话轻松、优雅，充满儒家圣人般的智慧。邓小平会打断讨论，直奔主题，视离题寒暄为浪费时间。

江泽民不追求哲学上高人一等。为了拉近关系，他时而面带微笑，时而放声大笑，讲些轶闻趣事，感染谈话对象。他为自己的外语天赋和西方音乐知识感到自豪，时常为此兴高采烈。接见非华人来访者时，为了强调一个论点，他讲话中经常夹杂着英语、俄语甚至罗马尼亚词句，时而不经意间在大量中国古典成语与美国俗语间转换，如It takes two to tango（一个巴掌拍不响）。如果场合允许，他可能会放声高歌来调节气氛，或者强调同志之间的友情。

中国领导人与外国来宾谈话时，通常带有一些随行人员，有顾问，也有记录员，他们不说话，也很少给首长传递便条。江泽民正好相反，他总想把他身边的人变成一个罗马合唱团。他通常提出一个想法，然后把它抛给一位顾问来总结，其方式自然而然，让人觉得面对的是一个团队，而江泽民是队长。他博览群书，受过高等教育，总是试图把谈话对象带入友好的氛围，至少接待外国人是这样。对话时，他的观点很重要，但对方甚至同事的观点也能受到重视。从这个意义上说，在我见过的中国领导人中，江泽民是最没有中央王国气派的人物。

江泽民被提升为中国国家最高领导人之际，美国国务院的一篇内部报告称，他"温文尔雅，精力充沛"，还讲述了1987年上海国庆节庆祝活动中的一件事，"他从贵宾席上站起来，激情四射地指挥交响乐团演奏国际歌，会场上满是闪光灯和舞台烟雾"。[2] 1989年尼克松私下访问北京时，江泽民突然站起来，用英语背诵了《葛底斯堡演说》。

对于中国或苏联共产党领导人来说，这样的不拘礼节简直是史无前例。外界许多人低估了江泽民，误把他的慈爱风范当成不够严肃。事实正好相反。他的友好是用来划定界限的，划定之后，就不能改变。当认为涉及国家重要利益时，他也像其伟大的前辈一样意志坚定。

江泽民有足够的世界眼光，知道中国不得不在国际体系中运作，而非通过中央王国来遥控和主导。周恩来知道这一点，邓小平也一样。江泽民亲切和蔼的外表之下是一种严肃和精明，他努力把中国引入新的国际秩序，恢复国际自信，既帮助中国治愈国内的创伤，也软化中国的国际形象。江泽民不时用其热情的面目缓和批评，给人留下深刻印象，彰显他的政府致力于摆脱孤立，使其体制免遭苏联的厄运。

在实现国际目标的过程中，江泽民非常幸运，身边有我认识的最为老练的外交部长钱其琛，以及智慧超群、品格坚韧的首席经济决策者——副总理朱镕基。他们两人都坚定地认为中国优越的政治体制最符合本国利益；两人同时也认为，中国要继续发展，需要深化与国际机制、世界经济的联系，包括经常严厉批评中国国内政治的西方世界。钱其琛和朱镕基遵循江泽民的积极乐观主义路线，亲自开展广泛的对外访问，参加国际会议，接受采访，进行外交和经济对话，以坚定的意志和良好的心态直面常常心怀疑虑、吹毛求疵的听众。并非所有的中国观察家都欣赏与蔑视中国现实的西方世界打交道，也并非所有的西方观察家都赞成与不符合西方政治期待的中国进行接触。评判政治才能要看如何处理不确定性，而不是看如何处理确定性。江泽民、朱镕基、钱其琛及其高层同事们成功地将中国推上世界的舞台，让充满狐疑的西方世界了解中国，并建立了初步的信任。

1989 年 11 月，江泽民刚任总书记不久后曾邀我见面。谈话中，他回到传统外交的视角，历数当时发生的事件。他不能理解为什么中国对国内问题的反应会导致与美国关系的障碍。“除了台湾，中美之间没有大的问题，”他强调说，“我们没有边界争议。在台湾问题上，《上海公报》确立了一个良好的方案。”中国不主张国内原则适用于外国，他说：“我们不输出革命。但是，每个国家的社会制度必须由这个国家自己来选择。中国的社会主义制度来自于我们的历史定位。”

无论如何，中国都继续经济改革：“就中国而言，大门一直是敞开的。我们愿意对美国的任何积极姿态做出反应。我们有许多共同利益。”但改革必须是自愿的，不能是外界强加的：

> 中国历史证明，压力越大，反弹就越大。我是学自然科学的，所以我想用自然科学规律来说明问题。中国有 11 亿人口。她很大，有许多动力，把她向前推并不容易。作为老朋友，我讲的都是实话。

约一年之后，1990 年 9 月，我又见到了江泽民，当时中美关系依然紧张。从某种意义上说，失望的结果并不意外。美国人坚持认为他们的价值观具有普世性。中国领导人根据他们对中方利益的看法，正在做一些调整。而美国的一些激进人士，尤其是非政府组织，不愿意因为有部分进展就宣告实现了目标。对他们来说，北京所认为的让步意味着他们的目标可以讨价还价，因而变得不具普世性了。激进人士强调的是道义目标，不是政治目标，而中国领导人关注的是继续推进政治进程，首先要结束眼前的紧张关系，返回“正常的”中美关系。而正是这种正常化，激进人士要么一概拒绝，要么必须附加条件。

后来，这场辩论中出现了一个贬义词，指责传统外交是“做交易”。这一路线的倡导者认为，真正持久和平的前提是民主国家结成的国际社会。这就是为什么在实施《杰克逊–瓦尼克修正案》时，福特政府和20年之后的克林顿政府都未能与国会达成妥协，即使苏联和中国看似已经准备好做出让步。激进人士拒绝不完整的步骤，认为坚持不懈就能实现最终目标。

美国信仰的核心像所有价值观一样，它们具有绝对性特征，这对外交政策运作的细微精妙构成了挑战。如果将美国的治理原则作为中美关系所有其他领域取得进展的核心条件，那么僵局不可避免。在这一时刻，双方都必须权衡国家安全主张与治理原则要求。北京强烈反对这一原则，克林顿政府只好调整立场，这一点将在本章后半部分看到。问题变成了美国与其外交对象之间调整轻重缓急，换言之，回到了“做交易”的传统外交上，否则就得摊牌。

这一选择必须要做，不能敷衍。我尊敬那些准备为传播美国价值观而战斗的人，可是外交政策既要确立目标，也要确定方法，如果采用的方法与国际框架相抵触，或者伤及对国家安全至关重要的对外关系，就必须做出选择。我们绝对不能贬低这种选择的性质。在美国国内的辩论中，最佳结果是将两种途径合二为一——理想主义者承认实现原则需要时间，因而必须根据情况时常调整；“现实主义者”接受价值观有它的道理，必须纳入政策运作之中。这样的方法认为，每个阵营中都有许多层次，应当努力让它们相互补充。但在实际运作中，这一目标经常被狂热的争论所淹没。

20 世纪 90 年代，美国国内的辩论在与中国领导人的讨论中也得到反映。共产主义在中国取得胜利 40 年之后，中国领导人主张独立自主，不干涉他国内政，不向国外传播意识形态（这曾经是共产党政策的神圣原则），而美国坚持通过施压和激励来实现价值观的普世性，也就是要干涉别国的内政。

我 1990 年访问北京时，江泽民对我讲的正是这样一些说法。他和其他中国领导人一再强调：中国和美国应当共同努力，在 1648 年以来传统欧洲国家体系的原则基础上，建设国际新秩序。也就是说，国内事务不属于外交政策的范围，国家间关系应遵循国家利益原则。

1991 年 9 月，我再次访问北京，江泽民又回到了传统外交这个主题上。国家利益压倒了对中国国内行为的反应：

> 我们两国之间没有根本的利益冲突，没有理由不把两国关系恢复正常。如果相互尊重，如果避免干涉内部事务，如果在平等互利的基础上处理两国关系，我们就能找到共同利益。

随着冷战式对抗的消退，江泽民认为“在当今的形势下，意识形态因素在国家关系中不重要”。

1990 年 9 月，江泽民趁我访问之际向我表示，他已经接过了邓小平的职责：

> 邓小平知道您的来访。他通过我向您表示欢迎，向您问好。其次，他提到了布什总统给他的信，对此他想表达两点。第一，他要求我作为总书记，通过您向布什总统问好。第二，他于去年退休之后，已经把处理这些事务的全权交给我这个总书记。我不打算写信答复布什总统给邓小平的信，但是我所对您说的，虽然是我的话，也符合邓小平想说的思想和精神。

江泽民向我传达的信息是中国已经做出足够让步，现在华盛顿有责任改善关系。江泽民说：“就中国而言，我们一直珍惜两国之间的关系。”他宣称，中国不再让步：“中方做得足够了。我们已经尽力，我们已经做了最大努力。”

江泽民重复了毛泽东和邓小平的传统话题，即中国不接受任何压力，坚决抵制任何外来威吓。他还认为，像华盛顿一样，北京也面临来自民众的政治压力："还有一点，我们希望美方注意这一事实。如果中国单方采取措施，而美国没有相应举动，中国人民是不允许的。"

中国与苏联解体

所有这些讨论之下有一股暗流，那就是苏联的解体。1989年前期，米哈伊尔·戈尔巴乔夫身在北京。中国陷入国内争议，苏联的政治基础却要崩溃了，全世界的电视都在像播慢动作画面一样，对其进行实时转播。

戈尔巴乔夫的困境甚至比北京更令人困扰。中国人之间的争论是共产党如何执政，而苏联的争议是共产党是否应该执政。戈尔巴乔夫认为政治改革（开放）优先于经济调整（改革），于是对共产党统治合法性的争论成为必然。戈尔巴乔夫承认出现了普遍的经济停滞，但缺乏打破内在僵化的想象力和技巧。随着时间的推进，这一体制中各种监督机构也成了问题。苏联共产党以前是革命的工具，但在其苦心经营的共产主义体制中，除了监管它不懂的东西，毫无其他作用。对于管理现代经济这个问题，苏联共产党的解决办法是与其原来声称要控制的东西合流。苏联共产党精英成了特权官僚阶级，理论上掌管着国家的正统，实际上却专注于维护其特权。

开放和改革产生了冲突。戈尔巴乔夫最终把塑造他、成就他的这一体制带向了崩溃。但在此之前，他重新定义了和平共处。前任领导人确立了它，毛泽东与赫鲁晓夫曾为此争吵。但是戈尔巴乔夫的前辈倡导的和平共处是最终对抗和胜利之前的暂时缓和，而戈尔巴乔夫在1986年苏共第二十七次代表大会上宣称，和平共处是共产主义与资本主义关系的永恒状态。他以这种方式重新进入了俄国早在苏联之前就已经跻身其中的国际体系。

我多次访问中国，中国领导人总是竭力把中国与苏联尤其是戈尔巴乔夫区别开来。1990年9月会面时，江泽民强调：

> 想找到一个中国的戈尔巴乔夫是徒劳的，你从与我们的讨论中可以看出这一点。你的朋友周恩来一直讲和平共处五项原则。今天它还管用。世界上只有一种社会制度是不行的。我们不想把自己的社会制度强加给别人，也不想别人把他们的社会制度强加给我们。

中国领导人像戈尔巴乔夫一样也肯定了共处原则，但他们不像戈尔巴乔夫一样取悦西方，而是对西方敬而远之。北京认为戈尔巴乔夫无足轻重，更谈不上误入歧途。他的现代化计划遭到严词拒绝，因为它考虑不周，将政治改革置于经济改革之前。在中国人的观念中，政治改革长远来看是需要的，但经济改革必须先行一步。李瑞环解释了为什么价格改革在苏联行不通：几乎所有商品都供应不足时，价格改革必将导致通货膨胀和恐慌。朱镕基 1990 年访问美国时，不断被人赞许为“中国的戈尔巴乔夫”，他竭力强调：“我不是中国的戈尔巴乔夫。我是中国的朱镕基。”[3]

我 1992 年再次访问中国时，钱其琛把苏联的解体描述为“爆炸的余波——震荡波四处扩散”。苏联解体的确创造出了新的地缘政治版图。北京和华盛顿评估这一新版图时，发现它们的利益不再像准同盟时期那样明显一致了。那时，分歧主要是在抵制苏联霸权的策略上；而现在，共同的对手消失了，两国领导人价值观和世界观的差异必然走上前台。

在北京，冷战结束既是一种解脱，也是一种忧虑。从某种意义上说，这代表毛泽东和邓小平的积极甚至进攻性威慑战略取得了胜利。与此同时，中国领导人难免拿苏联的解体与自己的国内挑战做比较。他们也继承了一个古老的多民族帝国，并试图按照现代化社会主义国家进行管理。虽然与苏联的非俄罗斯族比例（约 50%）相比，中国的非汉族人口所占比例（约 10%）小得多，但具有不同传统的少数民族的确存在。而且，这些少数民族居住在与越南、俄罗斯、印度接壤的战略敏感地区。

20 世纪 70 年代，苏联依然是战略威胁，没有一位美国总统愿意冒险与中国对抗。然而，在美国方面看来，苏联解体代表着民主价值观取得了永久性全球胜利。两党都有一种情绪，认为传统的“历史”已被超越：同盟和敌人都在毫不动摇地走向多党议会民主和开放市场（美国人认为，两种机制之间有必然联系）。阻碍这一潮流的任何障碍都将被肃清。

于是产生了一种新观念，即民族国家的重要性在下降，国际体系今后将建立在跨国原则基础之上。由于认为民主国家在本质上是爱好和平的，而专制国家倾向于暴力和国际恐怖主义，因而促进政权更迭被认为是合法的外交政策行动，不是干涉他国内政。

中国领导人拒绝美国人关于西方自由民主已全面胜利的预言，但他们也知道改革计划需要美国的合作。于是 1990 年 9 月，他们通过我向布什总统传递了一则“口信儿”，结尾呼吁美国总统：

> 一个世纪以来，中国人民一直遭受着外国列强的欺侮和羞辱。我们不想再次揭开这一伤疤。我认为，总统先生作为中国的老朋友，您了解中国人民的感情。中国珍惜来之不易的中美友好合作关系，但更珍惜自己的独立、主权和尊严。
>
> 在新的背景下，中美关系更有必要尽快恢复正常。我相信您能找到实现这一目标的方法。为了改善中美关系，对于您采取的任何积极行动，我们都将做出必要的回应。

为了强调江泽民亲口对我讲的话，中国外交部官员交给我一份书面口信，让我转交给布什总统。信上没有签名，被称为书面口头信息——比谈话更正式，比官方照会更含蓄。此外，这位外交部副部长陪同我到机场，亲手交给我一份书面答复，澄清了我与江泽民会谈时提出的一些问题。他们选择书面形式以示强调：

问：邓小平不答复总统的来函，有什么含义吗？

答：邓小平去年就退休了。他已经向总统致过口信儿，说所有此类事务的处理权都交给江泽民了。

问：为什么答复是口头的，而不是书面的？

答：邓小平看过来信，但他把这些事情委托给江泽民了，他让江泽民来做答复。我们想给基辛格博士这个机会，由他向总统传递口信儿，因为基辛格博士对中美关系发挥了积极作用。

问：邓小平了解复函的内容吗？

答：当然。

问：您提到美国没有采取“相应措施”，指的是什么？

答：最大的问题是美国还在制裁中国。总统能够解除或事实上解除（制裁），不是最好吗？美国在世界银行贷款上也有决定性发言权。另外一点涉及一揽子协议中的高层互访……

问：您愿意再签一份一揽子协议吗？

答：这没道理，第一份一揽子协议根本就没实现。

基于个人经验，乔治·H·W·布什总统认为，对一个人口最多、连续执政历史最长的国家实施干涉政策是不可取的。在特殊情况下，他愿意代表个人或特定团体进行干预，但他认为就中国的国内结构进行全面对抗，将危及对美国国家安全至关重要的关系。

为了回应江泽民的口信儿，布什突破了对华高层互访禁令，派国务卿詹姆斯·贝克访问北京，进行磋商。两国关系在这段时间趋于平稳。但 18 个月后，克林顿政府上台，在其第一任期的大部分时间里，两国关系又陷入过山车般的起伏。

克林顿政府的对华政策

1992 年 9 月，比尔·克林顿在竞选过程中向中国的执政原则发起了挑战，批评布什政府在 1989 年后“纵容”北京。“中国不可能永远抵制民主变革的力量，”克林顿说，“终有一天，它也会走上东欧和前苏联共产党政权的道路。美国必须尽其所能，鼓励这一进程。”[4]

1993 年上台以后，克林顿把“扩展”民主确定为首要外交政策目标。1993 年 9 月，他在联合国大会上宣称，目标是“扩展和加强世界市场民主国家体系”和“扩大生活在自由体制之下国家的数量”，直到人类实现“相互合作、和平相处的繁荣的民主世界”。[5]

这一新政府的进攻性人权姿态并非弱化中国或获取战略优势的战略。它反映了一种世界秩序观，期望中国作为令人尊敬的成员参与进来。从克林顿政府的角度看，这是真诚地支持总统及其顾问所做的努力，也有利于中国。

然而在北京看来，美国的压力以及其他西方国家的附和，是以 19 世纪殖民主义者的手段干涉中国内政、弱化中国的阴谋。中国领导人把这届新政府的声明解读为资本主义国家企图推翻全世界的共产党政府。他们心里怀疑，随着苏联解体，美国很可能像毛泽东预言的那样：消灭一个共产党大国，然后在另一个共产党大国背后指指点点。

在确认听证会上，国务卿沃伦·克里斯托弗更为简练地表达了转变中国的目标：美国将“通过鼓励这一大国的经济和政治力量，努力促进中国从共产主义向民主国家和平演变”。[6] 无论有意无意，克里斯托弗所说的“和平演变”让人想起了约翰·福斯特·杜勒斯，他曾用这个词预言共产党国家将最终崩溃。在北京看来，这不是一个好的动向，而是西方试图在不付诸战争的情况下将中国转化为资本主义民主国家。[7] 在美国，克林顿和克里斯托弗的言论毫无争议，但两人在北京都成了被诅咒的对象。

克林顿政府也许没有充分认识到这一挑战多么巨大，他们扔下保护手套，宣称已经准备好与中国就一系列广泛的议题进行“接触”，包括中国国内改革状况和融入更广阔的世界经济。

与这个刚刚声称要取代中国政治制度的美国高官进行对话，中国领导人很可能心有不安，但克林顿政府显然不认为这是不可逾越的障碍。这一倡议的命运说明了这一政策的复杂性和不确定性。

中国领导人不再声称代表可以输出的独特革命真理。相反，他们拥护一种实质上是防御性的目标，即致力于建立一个与他们的执政体系和领土完整不公然敌对的世界，换取时间来发展经济，以自己的节奏来解决国内的问题。这种外交政策姿态更接近俾斯麦而不是毛泽东：循序渐进，注重防御，筑起堤坝，抵御不利的历史潮流。即便时移势易，中国领导人仍然表现出强烈的独立意识。他们不失时机地宣称竭力抵制外来压力，借此掩盖他们的担心。江泽民 1991 年对我说："我们从不屈服于压力。This is very important.（这一点非常重要。）这是个哲学原则。"

中国领导人也不接受把冷战结束解读为进入美国超强时代。在 1991 年的一次谈话中，钱其琛告诫道，国际新秩序不能永远维持单极状态，中国将致力于建设多极世界，即致力于反对美国的超强地位。他用人口状况来支持其观点，包括略带威胁地指出中国有巨大的人口优势：

> 我们认为这样一种单极世界不可能存在。有些人好像认为，海湾战争和冷战结束后，美国可以为所欲为了。

> 我认为这不正确……伊斯兰世界有10亿多人口，中国有11亿人口，南亚的人口也超过10亿。中国人口超过美国、苏联、欧洲和日本的总和。所以这还是一个多样化的世界。

李鹏总理就人权问题给出了可能最为坦率的评估。1992年12月，我陈述了三个需要改善的政策领域，他答复说：

> 至于你提到的三个领域，我们可以谈一下人权。但由于我们之间的重大分歧，我怀疑不大可能有大的进展。人权概念包括传统、道德和哲学价值观，这在中国与西方是不同的。我们认为中国人民应该有更多民主权利，在国内政治中发挥更重要的作用，但这应以中国人民可以接受的方式推进。

李鹏承认民主权利应有进展，但他也坦率地指出了中方灵活性的极限："在人权等问题上，我们当然可以做一些事情。我们可以进行讨论，在不丧失原则的情况下，我们可以采取一些灵活的措施。但我们不可能与西方达成全面一致，这会动摇我们的社会基础。"

克林顿第一任期的标志性对华倡议到了非改不可的时候了。该政府试图给中国的最惠国贸易地位附加条件，即中国人权记录的改善。"最惠国"这个说法有些误导，因为大多数国家都享有这一地位，与其说是给予特殊好处，倒不如说是承认一国享有正常的贸易特权。[8] 有条件最惠国待遇这个概念具有道德目的，是美国典型的实用的奖罚概念（即“胡萝卜”加“大棒”）。正如克林顿的国家安全顾问安东尼·雷克解释的那样：如果产生效果，美国才会给予实惠，“否则就给予惩罚，增加压迫与侵略行为的成本”，直到中国领导人基于利益做出理性判断，放开其国内体制。[9]

温斯顿·洛德是主管东亚太平洋事务的助理国务卿，也是20世纪70年代打开中国大门时我不可或缺的同事。1993年5月，他访问北京，向中方官员介绍这届新政府的思路。在访华之行结束之际，洛德警告说，如果中国想避免中止最惠国地位，就有必要在人权、核不扩散和其他问题上有“重大进展”。[10] 中国政府认为任何附加条件都是不合理的，而美国政治人物要求附加更为严苛的条件，洛德被夹在中间一筹莫展。

洛德访华后不久，我访问了北京，发现中国领导人正在努力规划走出“有条件最惠国待遇”困局的路径。江泽民提出一个“友好建议”：

> 中美两个大国应从长远角度看待问题。中国的经济发展和社会稳定符合中国的利益，也能把中国变成有利于亚洲及其他地区和平与稳定的重要力量。我认为，在看待其他国家时，美国应考虑到他们的自尊与主权。这是一条友好的建议。

江泽民再次劝说美国不要把中国当成潜在威胁或竞争对手，从而削弱美国牵制中国的动机：

> 昨天在研讨会上我讲到了这个问题。我也提到《泰晤士报》上的一篇文章，它暗示中国终有一天会成为超级大国。我再三说过，中国永远不是任何国家的威胁。

在克林顿的强硬言辞和国会的敌对情绪下，洛德与参议院多数党领袖乔治·米歇尔、众议员南希·佩洛西达成妥协，同意延长最惠国待遇一年。它以较灵活的行政命令形式公布，而非约束性的法案；它只对人权附加了条件，而不包括许多国会议员强烈要求的其他民主化领域。但对中国而言，附加条件是一个原则问题，就像苏联拒绝《杰克逊–瓦尼克修正案》时一样。北京反对附加条件本身，并不在意附加什么内容。

1993 年 5 月 28 日，克林顿总统签署了这一行政命令，将中国的最惠国地位延长了 12 个月，到期后根据中国的行为延长或取消。在此期间，克林顿强调，这届政府对华政策的“核心”是“坚持中国的人权状况必须取得重大进展”。[11] 他解释说，对最惠国待遇附加条件既是一项原则，也是表明美方对 1989 年事件的愤怒，以及对中国执政方式的“持续关切”。[12]

伴随这一行政命令而来的是比 20 世纪 60 年代以来任何一届美国政府对中国都更为贬损的言辞。1993 年 9 月，国家安全顾问雷克在一次讲话中表示，除非中国满足美方要求，否则它将被列入所谓“凭借军队、政治监禁、虐待”和“不可容忍的种族主义、宗教迫害、仇外主义、民族主义”，坚守过时执政方式的“反动的对抗性国家”。[13]

还有一些事情深化了中方的疑虑。中国加入关贸总协定（GATT，后被世界贸易组织所取代）的谈判因大量问题陷入停滞。北京申办2000年奥运会备受攻击。国会参众两院多数议员不同意申办要求，美国政府谨慎地保持沉默。[14]中国申办奥运会以微弱劣势被击败。美国怀疑中国一艘船向伊朗运送化学武器零件而贸然进行检查（最终未成功），更加煽动了紧张气氛。所有这些事件，虽然各有各的理由，但中国按照孙子兵法的逻辑进行分析，认为并非单一事件，而是整体趋势反映出了大的阴谋。

1994年3月，国务卿克里斯托弗访问北京，事情终于到了紧急关头。最惠国待遇延期一年即将于6月到期，克里斯托弗后来回忆道，他此行的目的是寻求最惠国待遇问题的解决方案，“向中方强调根据总统的政策，他们仅剩有限的时间去修补人权记录。如果他们想保留低关税贸易特权，必须有显著的进展，而且马上”。[15]

克里斯托弗预定于中国立法机构——全国人民代表大会年度会议开幕的当天抵达，中方官员曾暗示此访时机不太恰当。美国国务卿就人权问题来挑战中国政府，预示着要么抢全国人大的风头，要么诱使中国官员采取攻势，证明他们不惧外来压力。克里斯托弗后来承认，这成了“他们展示对抗美国决心的完美论坛”。[16]

他们的确这么做了，结果成了中美关系缓和以来最为针锋相对的一次外交接触。陪同克里斯托弗访问的洛德称，克里斯托弗与李鹏的会谈成了“他所参加过的最令人不快的外交会晤”。[17] 当年在我与北越的所有谈判中，洛德也一直在我身边。

克里斯托弗在其回忆录中讲述了李鹏的反应：李鹏声称，中国的人权政策与美国无关，美国自己也有许多人权问题需要管……“为了确保我了解他有多么不悦，中方突然取消了当天晚些时候我与江泽民主席的会谈。”[18]

这些紧张事态好像破坏了20多年富有创意的对华政策，结果美国政府内部经济部门与负责人权问题的政治部门产生了巨大分歧。面对中方的抵制以及美国在华公司的压力，这届政府只好低声下气地请求北京在最惠国待遇到期前几个星期内做出适当让步，以便有理由延长最惠国待遇。

克里斯托弗回国后不久，自我设定的最惠国待遇期限已到，政府悄悄地放弃了附加条件的政策。1994年5月26日，克林顿宣布这项政策不再有效，中国的最惠国地位基本上毫无条件地又延长了一年。他许诺通过其他方式寻求人权进展，比如支持中国的非政府组织、鼓励改善商业行为。

必须再说一次，克林顿一直愿意支持两党五届政府维系对华关系的政策。但是作为刚刚当选的总统，他关注中国外交政策态度中无形的东西，更关注美国的国内舆论。他附加条件是出于信念，但首先是为了保护对华政策。国会的攻击日益强烈，他们试图直接取消中国的最惠国地位。克林顿认为美方恢复了高层接触，延长了最惠国待遇，作为交换，中国人“欠”美国政府一些人权让步。但中国人认为他们“理应享有”所有其他国家都享有的无条件高层接触和贸易条件，他们不认为取消单边威胁是让步，而且对于任何干涉内政的暗示都尤其敏感。只要人权依然是中美对话的主要议题，僵局便不可避免。当今鼓吹对抗政策的人应当认真研究一下这段历史。

在第一任期余下的时间里，克林顿降低了对抗策略的论调，转而强调“建设性接触”。洛德召集美国驻亚洲国家大使，在夏威夷讨论一项全面的亚洲政策，平衡人权目标与地缘政治需要。北京承诺继续进行对话，以成功推进改革计划，加入世界贸易组织。

像其前任乔治·H·W·布什一样，克林顿同情民主变革、人权倡导者的关切，但是他也像前任后任一样，逐渐了解了中国领导人信念的力量，以及面对公开挑战时的坚韧。

中美关系很快得到了修补。酝酿已久的江泽民访问华盛顿于 1997 年实现，1998 年克林顿对北京进行了八天的回访，两位领导人都表现得热情洋溢。内容广泛的联合声明得以发表。双方建立了磋商机制，处理了一系列技术问题，结束了近十年的对抗气氛。

这一关系中缺少的是曾经团结北京和华盛顿抵制苏联“霸权主义”的明确的共同目标。美国领导人不能持续无视人权方面国内政治和信念导致的各种压力；中国领导人继续认为美国的政策至少部分上是阻止中国获得大国地位。1995年李鹏的谈话听起来让人欣慰，平息了美国对复兴的中国寻求什么目标的恐惧：“一些人没有必要担心这种快速发展，中国需要30年才能赶上中等国家。我们的人口太多了。”反过来，美国不断许诺没有改变其政策转而对华进行遏制。两种保证的含义是，双方都有能力兑现给对方的承诺，都能在某种程度上自我克制。保证就这样与威胁融合到了一起。

第三次台海危机

当围绕着最惠国地位的紧张状态就要消除的时候，台湾问题再次浮出水面。中美关系正常化的基础是三个联合公报，在这个相互默契的框架下，台湾建立了充满活力的经济和民主体制。在北京的默许下，台湾加入了亚洲开发银行、亚太经合组织，参加了奥运会。北京方面于20世纪80年代提出了统一提议，台湾将获得完全的自治权。北京承诺，只要台湾接受中华人民共和国“特别行政区”的地位（与香港、澳门将获得的法律地位相同），将允许台湾保留自己独特的政治制度，甚至可以保留军队。[19]

台湾对这些提议的反应非常谨慎，但它受惠于中国大陆的经济转型，在经济上日益相互依赖。20 世纪 80 年代末放松双边贸易和投资限制后，许多台湾公司把生产转移至大陆。到 1993 年末，台湾地区超过日本，成为中国大陆第二大海外投资来源地。[20]

双方的经济相互依赖日益加深，但政治道路距离却越来越远。1987 年，台湾年迈的领导人蒋经国取消了戒严令。台湾岛内体制大幅度开放接踵而至：报禁被放开，竞争性政党被允许参与立法选举。1994 年，《宪法修正案》为通过全民公投选举台湾“总统”打了下基础。台湾政治舞台上出现了新声音，“动员戡乱时期”被限制的活动得以开展，他们开始倡导迥然不同的国家认同，甚至可能宣布正式独立。其中最为突出的是反复无常的农业经济学家李登辉，他从国民党基层一直奋斗上来，1988 年被任命为党主席。

作为一名台湾官员，李登辉的一切表现都为北京所憎恨。他成长于日本占领台湾期间，取了一个日本名字，在日本学习，“二战”期间在日本皇军中服过役。后来他在美国康奈尔大学接受了高等教育。与多数国民党官员不同，李登辉是台湾本土人，他直言不讳，说自己“首先是台湾人，其次才是中国人”，并骄傲而不懈地支持台湾拥有独特的体制和历史经验。[21]

1996 年选举越来越近，李登辉及其内阁采取了一系列行动，试图逐步扩大台湾所谓的“国际生存空间”。让北京（和华盛顿的许多人）不悦的是，李登辉及其高级部长们开始采取“度假外交”路线，台湾的大型官方代表团“以非正式身份”访问各国首都，偶尔参加国际组织的会议，然后通过运作尽可能多地被贴上独立国家的标签。

克林顿政府试图与这些事情保持距离。1993年，太平洋两岸国家和地区的领导人来到西雅图，召开亚太经合组织峰会。克林顿与江泽民会晤并召开了新闻发布会，克林顿说：

> 在会晤中我重申，美国支持把三个联合公报当成一个中国政策的基石……
>
> 美国的一个中国政策对美国来说是正确的政策。它既不妨碍我们执行《与台湾关系法》，也不妨碍我们与台湾建立强大的经济关系。如你们所知，这次会议也有（台湾的）代表。所以我对现在的状况感到满意。但我认为这不会成为我们与中国关系的绊脚石。[22]

克林顿的策略要想奏效，台湾领导就必须克制，但是李登辉决定推进台湾的“国家认同”。1994年，他征得同意在去中美洲的途中经停夏威夷，为飞机加油，这是台湾领导人首次踏上美国的土地。李登辉的下一个目标是1995年康奈尔大学的校友聚会，他曾于1958年在那里获得经济学博士学位。在新当选的众议院议长纽特·金里奇的强烈敦促下，众议院全票支持李登辉此访，参议院只有一票表示反对。沃伦·克里斯托弗曾于 4 月向中国外交部长做出保证，称李登辉访美“与美国的政策不一致”。但在强烈的压力下，克林顿政府改变了主意，批准了李登辉个人非官方访问的请求。

一到康奈尔大学，李登辉就发表了一篇讲话，破坏了“非官方”的定义。李登辉对在康奈尔大学的美好时光稍作回忆之后，便开始兴奋地谈起台湾人民对获得正式承认的渴望。李登辉不断提及他的“国家”和“民族”，说共产主义即将灭亡，这些狡猾的措辞和粗鲁的言论都让北京不能容忍。

北京召回了驻华盛顿大使，推迟批准美国大使提名人选尚慕杰，取消了与美国政府的其他官方接触。接着，按照 20 世纪 50 年代台海危机的脚本，北京开始在东南沿海进行军事演习和导弹试验。这既是军事威慑，也是政治姿态。在一系列威慑性举动中，中国向台湾海峡发射了导弹以展示军事实力，警告台湾领导人。但它使用的是哑弹，以此表明这些发射具有象征性的意涵。

任何一方都不挑战三个联合公报，台湾的平静才能保持。因为公报有许多模糊地带，任何一方试图改变这个结构或强制实施自己对条款的解释都会终结这一框架。北京并没有强求澄清，但一旦受到挑战，它就被迫最低限度地表明它是多么严肃地对待这个问题。

1995 年 7 月初，当危机势头正劲时，我率美中协会（America-China Society，美国两党前涉华高官组成的团体）代表团访问北京。7 月 4 日，我们会见了副总理钱其琛和驻美大使李道豫。钱其琛阐明了中方的立场——主权不容讨价还价：

> 基辛格博士，您肯定知道，中国非常重视中美关系，尽管我们不时有争吵。我们希望看到中美关系恢复正常，有所改善。但美国政府应该清楚这一点：我们在台湾问题上没有回旋空间。我们绝不会放弃在台湾问题上的原则立场。

对华关系已经到了关键时刻，美中两国最可能的选择就是中止高层接触，但这反而造成一个悖论，即在最需要的时候，双方却自愿放弃了处理危机的机制。苏联解体后，每一方都宣称与另一方保持友好关系，但为的不是寻求共同战略目标，而是找到一个代表合作的符号——尽管在这一时刻，合作实际上也不存在。

我抵达后不久，中国领导人用一个他们熟稔的微妙姿态，表明他们希望达成和平的结果。在美中协会的正式日程开始之前，我应邀去天津周恩来曾经就读的中学发表演讲。在一位外交部高官的陪同下，我在周恩来塑像旁拍照，介绍我的这位官员利用这个场合回忆起中美密切合作的高潮时期。

另一个不容忽视的重要信号来自江泽民。在各方唇枪舌剑之中，我问江泽民，毛泽东说过台湾问题可等上 100 年，现在是否还算数。不行，江泽民回答。我问江泽民为什么不行，江泽民回答说：“毛主席这个话是 23 年前说的，现在只剩 77 年了。”

然而，双方1989年以来一直没有高层对话，也没有部长级访问，6年来仅有的高层讨论也只是在国际会议间隙或在联合国。让人费解的是，台湾海峡的军事博弈之后，迫在眉睫的问题自己变成了程序性问题，即如何安排领导人之间会晤的问题。

事情又回到了25年前秘密访问结束时的讨论，双方为谁邀请谁僵持不下。当时毛泽东提出的方案打破了僵局，即可以理解为双方都向对方发出了邀请。

国务卿克里斯托弗与中国外交部长在文莱的东盟会议上见面，也找到了类似的解决方案，回避了决定谁先走第一步的必要。克里斯托弗转达了美方在处理台湾高级官员访美以及邀请江泽民与总统会面等问题上的保证，还递交了一封至今尚未解密的表明美方意图的总统信函。

江泽民与克林顿于10月举行了会谈，但会面方式没有充分考虑中国的自尊。它既不是国事访问，也不在华盛顿，而是在纽约联合国庆祝成立五十周年的场合。克林顿在林肯中心会见了江泽民，还先后与参加联合国会议的其他主要国家高级领导人举行了类似会晤。中国在台湾海峡军事演习之后，国家主席访问华盛顿恐怕不会受到良好的接待。

在这种模棱两可、欲拒还迎的氛围中，1995年12月2日进行的台湾“立法院”选举让局势再次升温。北京在福建沿海开始了新一轮军事演习，海陆空三军联合行动，模拟在敌对领土上实施两栖登陆。同样咄咄逼人的心理战同步展开。12 月“立法院”选举前一天，解放军宣布将于 1996 年 3 月，即台湾“总统”选举前夕，再进行一次演习。[23]

随着选举临近，导弹射击演习击中台湾岛东北和东南部重要港口城市的附近海域。美国也做出反应，成为 1971 年缓和关系以来针对中国的最大军事集结。美国派出两个航空母舰战斗群，“尼米兹”号航空母舰以躲避“恶劣天气”为借口穿过台湾海峡。同时，华盛顿如履薄冰，向北京保证没有改变一个中国政策，还要警告台湾不得采取挑衅举动。

危急关头，华盛顿和北京认识到没有值得付诸武力的战争目标，也没有强行改变现实的条件。马德琳·奥尔布赖特说，中国“非常特别，中国太大，美国不能予以忽视，也很强硬，难以拥抱她；中国很难被左右，因为中国非常非常自豪”。[24] 对中国而言，美国太强大，难以胁迫，而且致力于与中国发展建设性关系，中国也需要这种关系。超级大国美国、充满活力的中国、全球化的世界，以及世界事务重心逐渐从大西洋向太平洋转移，都需要一个和平合作的中美关系。危机之后，中美关系显著改善。

正当美中关系开始走向以前的高点，又一场危机如夏日惊雷一样震撼了两国关系。科索沃战争本应成为美中关系的顶点，可是 1999 年 5 月，美国一架B-2 轰炸机从密苏里起飞，摧毁了中国驻贝尔格莱德大使馆。抗议风暴席卷整个中国。学生与政府同仇敌忾，认为这再次证明美国不尊重中国的主权。江泽民称之为“蓄意挑衅”，他无所畏惧地说：“伟大的中华人民共和国是不可欺的，伟大的中华民族是不可侮的，伟大的中国人民是永远不可战胜的！”[25]

尽管已是深夜，国务卿马德琳·奥尔布赖特一得到通知，便要求参谋长联席会议副主席陪同她去中国驻华盛顿大使馆，表达美国政府的遗憾。[26]然而，面对公众的情绪，江泽民觉得有义务表达自己的愤怒，但他之后也用那些话来平息民众（美国总统在人权问题上也是这样）。

中国义愤填膺，美国则声称必须压制中国。两种观念都反映了各自严肃的信念，也说明两国关系有对抗的潜力，双方有可能被现代外交政策的本质拖入世界各地的紧张事态中去。双方政府依然认为有必要进行合作，但他们不能控制两国相互撞击的方式。这是中美关系中尚未解决的挑战。

中国的复兴与江泽民的思考

在不时发生危机的同时，20 世纪 90 年代也见证了中国经济的快速增长以及国际角色的不断扩大。80 年代，中国的改革开放部分上还是一个展望：效果是明显的，但深度和持续性仍值得讨论。在中国内部，发展方向还备受争议。1989 年后，中国的一些学术和政治精英鼓吹走内向路线，减少中国经济与西方的联系，邓小平通过南方视察挑战了这一论调。江泽民上任时，苏联模式的国有企业大多没有改革，仍占经济总量的50%以上。[27]中国与世界贸易体系的联系只是局部的和尝试性的；外国企业对投资中国仍心存疑虑，中国公司则很少到境外创业。

20世纪90年代末，看似不可能的前景成为现实。整个10年中，中国的年均增长速度不低于7%，有些年份甚至达到了两位数。这段时期也成为中国历史上人均国内生产总值增长最持久、最强大的时期之一[28]，人均收入约为1978年的3倍，城镇地区的收入水平提高更快，约为1978年的5倍。[29]

在这些变化之中，中国与周边国家的贸易方兴未艾，发挥着日益重要的地区经济作用。它通过实施资本控制和财政紧缩政策，抑制住了90年代初节节攀升的通货膨胀，使其后来躲过了1997~1998年亚洲金融危机这段最糟糕的时期。中国在经济危机中首次成为世界经济增长和社会稳定的堡垒，并担当起以前不太习惯的角色：以前它经常是外国特别是西方经济处方的接受者，现在则日益独立地倡导自己的方案，成为危机中向其他经济体提供紧急援助的国家。2001年，随着北京成功申办2008年奥运会，以及结束加入世界贸易组织的谈判，中国的这一新地位更加巩固。

中国国内思想体系的重新调整助推了这一转型。江泽民沿着邓小平的改革道路继续向前，开始扩展共产主义的内涵，从排他的阶级精英向更宽的社会阶层敞开大门。在2002年中国共产党第十六次全国代表大会上，他推出了自己的思想理念，即众所周知的“三个代表”。这是他最后一次以国家主席身份参加党代表大会，也是中国现代史上第一次和平权力移交。这个理念阐明了为什么这个通过革命赢得支持的党，现在也需要代表包括企业家在内的前意识形态敌人的利益。尽管中国还是一党执政的国家，但江泽民把共产党向商界领袖开放，使共产党的内部管理更加民主。

在这一进程中，中国和美国在经济上日益交织在一起。20世纪90年代初，美国和中国大陆的贸易总额还只是美国与台湾地区贸易总额的一半；到了90年代末，美中贸易额已翻了两番，中国对美出口总额增加了6倍。[30]美国的跨国公司视中国为其商业战略的重要组成部分，既是生产基地，也是日益重要的货币市场；反过来，中国用越来越多的现金储备投资购买美国政府债券（2008年成为美国债务最大的外国持有者）。

与此同时，中国日益承担起新的世界角色，利益遍及全球每个角落，与更宽广的政治经济趋势前所未有地融合起来。马嘎尔尼与中国清廷就贸易和外交承认首次进行了相互误解的谈判；两个世纪后，中国和西方都认识到，不管有没有准备好迎接挑战，他们已经处于相互交往的新阶段。正如时任副总理朱镕基1997年所说：“现在可以说是中国有史以来与世界交往、联系最密切的时期。”[31]

在以前的年代，例如马嘎尔尼时期甚至冷战时期，“中国世界”与“西方世界”只是就有限事务按照沉稳的步伐进行交往。现在无论是好是坏，现代技术和经济相互依赖已经使双方不可能再以如此缓慢的方式处理相互关系。结果，双方都面临着一个有些矛盾的处境，他们有更多机会相互了解，也有新的机会冲击对方的敏感神经。全球化的世界把他们结合在一起，但在危急时刻，紧张状态也经常更快地恶化。

随着任期即将结束，江泽民认识到了这种危险。这种态度在冷淡、理性、自制的中国领导人中间一般难以找到。2001年，江泽民会见了美中协会的一些成员。当时他正处于12年任期的最后一年，但已经陷入怀旧之中。他的一举一动都曾举足轻重，但他就要离开舞台，成为这些重大事件的旁观者。他主掌了一段动荡的时期，开始时中国被国际社会孤立，至少是被民主发达国家所孤立，而中国实施改革计划急需它们。

江泽民克服了这些挑战。与美国的政治合作重新确立；改革计划加速推进，创造了非凡的增长率，再过十年，中国即将变成一个全球金融和经济大国。以动荡和疑虑开始的十年，结果成了一段成就卓越的时期。

在中国悠久的历史中，不论是与另一个超级大国合作还是与之对抗，在如何参与国际秩序方面都毫无先例可循。实际上，这个超级大国（美国）即使愿意面对，也缺乏应对这一局面的经验。无论愿意与否，一个新的国际秩序注定要出现，这一秩序的性质和标准是两国尚未克服的挑战。或为伙伴或为敌人，他们注定要相互交往。当前的领导人都宣示建立伙伴关系，但都还没有确定其内涵，也没有建造躲避前方暴风骤雨的避风港。

江泽民现在面对的是一个新世纪和新一代美国领导人。乔治·H·W·布什在任时，江泽民被无人预见到的事件意外推上了最高位置。而后美国产生了一位新总统——老布什的儿子。江泽民与这位新总统的关系开始于又一场不期而遇的军事冲突。2001 年 4 月 1 日发生了中美撞机事件。江泽民和布什都不允许这一事件破坏中美关系。两天后，江泽民离开北京，展开早就安排好的南美之行，这表明他作为中央军委主席，不希望启动危机行动。布什对中国飞行员之死表示了遗憾。

在与美中协会成员会晤之中，江泽民脑海之中好像已经预感到了世事难料的危险。他侃侃而谈，一会儿引用中国的古典诗词，一会儿突然插入英文短语，大谈特谈中美关系的重要性。他看似离题万里，其话语中却反映出一种希望和困惑：希望两国找到办法，避免双方社会变化引起的风暴，也担心两国可能错过机会。

江泽民开场白的主题是中美关系的重要性："我不是夸大我们自己的重要性，但中美之间的良好合作对世界很重要。We will do our best to do that.（我们会尽最大的努力来实现这一点。）这对整个世界都很重要。"可是如果把整个世界作为主体，领导人真的有资格应对吗？江泽民指出，他开始时接受的是传统儒家教育，后来接受西方教育，接着又在前苏联的学校求学。现在，他正领导一个国家的转型，与所有这些文化打交道。

中国和美国正面对一个迫在眉睫的问题，即台湾的未来。江泽民没有使用我们已经习以为常的熟悉言辞。相反，他讲的是关于双方对话的内在动态性，以及不管领导人愿意与否，局势可能怎样失控——而到那时，领导人可能会迫于公众的压力而采取本不愿采取的行动。他表示："美中之间最大的问题是台湾问题。比如，我们常说'和平解决'和'一国两制'。一般来说，我自己只愿说这两句话，但有时我还得加上'我们不承诺放弃使用武力'。"

当然，江泽民不能回避这个中国打开大门之前曾让 130 多次中美会谈陷入僵局的问题，也不能回避从那时开始故意留下的模糊态度。可是，尽管中国拒绝放弃使用武力，因为这意味着主权受到了限制，但到江泽民说这些话时，中国实际上已经自我克制 30 年了。而且，江泽民也是用最温和的方式表述这一神圣话语的。

江泽民不要求立即出现变化。相反，他指出美方的立场有些反常。美国不支持"台湾独立"，但另一方面也没有促进统一。实际后果是台湾变成了美国"不沉的航空母舰"。在这种形势下，不管中国政府的意愿如何，民众的诉求都有可能产生对抗的动力：

> 我在中央政府近12年中，非常强烈地感受到了12亿中国人民的感情。我们当然对你们怀有最好的期望，可一旦冒出火星，12亿人民的情绪就难以控制了。

不管多么令人遗憾或者表述起来多么委婉，我觉得有必要对这一武力威胁做出回应：

> 如果讨论涉及使用武力，这会强化所有想用台湾问题伤害我们关系的力量。在美中军事对抗中，即使我们这些人会感到伤心，但也只能支持我们自己的国家。

江泽民回答时没有沿用中国不惧怕战争威胁等传统的口径。他从世界的角度指出，未来取决于中美合作。他呼吁拥有全球眼光，这是最需要的，也正是各国历史上都难以实现的：

> 不清楚中国和美国能不能找到共同语言，解决台湾问题。我曾经说过，如果台湾不是在美国保护下，我们早就能解放它了。因此，问题是我们如何达成妥协，找到令人满意的解决方案。这是我们关系中最敏感的部分。我们是老朋友。我不必使用外交语言。总之，我希望布什总统在任时，我们两国能从战略和全球角度处理中美关系。

我以前见过的中国领导人都有长远眼光，但大多来自以往的教训。他们也处于为遥远未来建设重大工程的进程中，但他们很少描述中期未来的样子，认为其特征只能从他们所做的众多努力中显现出来。江泽民所呼吁的东西可能不那么激动人心，但可能更为深远。在其任职结束时，江泽民认为双方有必要重新确定自己的思想框架。毛泽东尽管有战术调整，但苛求意识形态正确。江泽民好像是说双方都应该认识到，如果想真诚合作，他们需要知道必须对传统态度做一些修正。他敦促双方重新研究各自的内部信条，并愿意进行重新解释，包括社会主义：

> 这个世界应该是一个丰富多彩、多种多样的地方。比如，中国1978年决定进行改革开放……1992年我在十四大上讲到，中国的发展模式应当是社会主义市场经济。对那些习惯了西方的人来说，你认为市场不足为奇，但在1992年，在这里说市场是有很大风险的。

由于这个原因，江泽民敦促双方让意识形态适应相互依赖的现实：

> 简单地说，西方最好放弃过去对待共产党国家的态度，不再以天真、简单的方式看待共产主义。邓小平在1992年南方视察讲话中说得很好，巩固和发展社会主义需要几代、十几代甚至几十代人。我是个工程师。我算了算，从孔子到现在有78代了。邓小平说社会主义需要

这么长的时间。我现在认为，邓小平为我创造了非常好的环境条件。关于你说的价值体系，东西方必须增进相互了解。也许我有一点天真了。

提及78代这个说法，是想让美国放心，不必害怕强大中国的崛起，它需要那么多代才能完全实现自己的抱负。但中国的政治环境的确发生了变化，毛泽东的继承人已经可以说共产党人不再幼稚、简单地谈论他们的意识形态，也可以说西方世界与中国可以对话，谈论如何相互调适思想框架。

在美国方面，其面临的挑战是从一系列迥异的评估中找到一条出路。中国是伙伴还是敌人？未来是合作还是对抗？美国的使命是向中国扩展民主，还是与中国合作实现和平的世界？或者是否可能两者兼得？

从此，双方都有义务克服内部的矛盾心理，确定中美关系的最终性质。

第十八章
新千年

江泽民任期结束成为中美关系的重要转折点。之前，中美对话的首要话题是中美关系本身，而江泽民作为领导人是美国的最后一位对话对象。在此之后，双方的兴趣开始有所交集，如果说信念还不一致的话，做法上却已经形成合作共处的模式。中国和美国不再拥有共同敌人，但也没有形成共同的世界秩序观。前一章提到，江泽民在与我们的那次长时间谈话中显然深思熟虑，这阐明了一个新的现实：美国和中国之所以认为彼此需要，是因为两国都太大，不可能被他人主导；太特殊，不可能被转化；太相互依赖，承受不起彼此孤立。除此之外，还有可以达成的共同目标吗？希望达成什么结果？

新千年象征着新的双边关系的开始。中国和美国的新一代领导人上台主政：中国方面是以胡锦涛主席和温家宝总理为首的“第四代领导人”，美国方面是乔治 · W · 布什政府以及 2009 年开始的奥巴马政府。双方对之前几十年的颠簸起伏都怀着矛盾心理。

胡锦涛和温家宝以前所未有的观点看待管理中国发展、确定国际角色的任务。他们也是在中国毫无争议地崛起为大国之后首批承担国家重任的人。

胡温二人都亲身经历过国家的虚弱，见识过复杂的国内挑战。20 世纪 60 年代，在“文化大革命”的混乱中所有大学都被关闭，胡锦涛和温家宝是在此之前最后一批接受正规高等教育的学生。胡锦涛在清华大学（红卫兵活动的中心）就读，他留校任政治辅导员和研究助理，亲眼看到了各派之间争斗导致的混乱，而且有时还成为斗争的目标。[1] 后来毛泽东决定制止红卫兵捣乱破坏，派这一代年轻人去农村劳动。胡锦涛也难逃这种命运，他被派往中国最荒凉的地区之一甘肃省，在一座水电站工作。温家宝刚从北京地质学院毕业，也接到了类似的分配，被派往甘肃参加采矿工程，一干就是十多年。在这个多灾多难的国家遥远的西北边陲，胡温二人在党内的职务一步步提升。胡锦涛升任甘肃省团委书记，温家宝则成为省地质局的副局长。在那个动荡和革命的年代，两人都凭借坚定的意志力和出类拔萃的能力脱颖而出。

胡锦涛再一次被提拔是在北京的中央党校。1982 年，他受到了时任党总书记胡耀邦的关注。胡锦涛 1985 年被提升为中国西南地区贵州省委书记，他当时 43 岁。[2] 他在贵州这个有大量少数民族的贫困省份的工作经历，为他获得再次任命做好了准备。1988 年，他被任命为西藏自治区党委书记。温家宝是 1982 年被调回北京工作的，在中共中央的岗位责任越来越重要，成为连续三任中国领导人值得信任的高级助手。

胡锦涛和温家宝都亲身经历过 1989 年的风波，因此到 2002~2003 年担任国家最高领导时，他们已经对中国的复兴有了与众不同的看法。他们在严酷而不稳定的边陲得到了历练，在 1989 年事件时担任中层领导，深刻意识到中国国内挑战的复杂性。在长期持久的国内增长、成功进入国际经济秩序之后，他们掌舵的中国已经无可置疑地成为世界大国，影响力遍及全球每个角落。

十一届三中全会的召开冲破了“两个凡是”的禁锢，让中国人能够重新找到其历史优势。但是像其他中国领导人时常暗示的那样，邓小平时代是试图弥补失去的时间。在这个时期，有一种特别吃力的感觉，人们对中国的失策也有一种几乎无辜而窘迫的情绪。江泽民表现出毫不动摇的自信和温和，但他执掌的中国仍在从国内危机中复苏，努力重新获得国际地位。

直到世纪之交，邓小平和江泽民时期的努力才结出果实。胡锦涛和温家宝主政的中国已经不再感觉受制于向西方技术和体制学习。中国已经足够自信，可以拒绝甚至巧妙地嘲讽美国的改革训诫。它现在可以按照实际力量而非长远潜力、最终战略角色来实施外交政策。

运用实力达到什么目标呢？北京最初的策略大多是渐进的、保守的。江泽民、朱镕基通过谈判让中国加入了世界贸易组织，完全参与国际经济秩序。胡锦涛和温家宝的中国首先追求常态和稳定——在官方的表述中，目标是建立“和谐社会”与“和谐世界”。国内议程是集中精力继续推动经济发展，维护社会和谐。因为众多民众既经历了前所未有的繁荣，也感受到了难以适应的不平等。外交政策避免采取剧烈动作，慎重应对国外要求中国发挥更大国际领导作用的呼吁。中国外交政策的首要目标是维护和平的国际环境（包括与美国的良好关系），获得原材料以确保经济的持续增长。而且即便已经跻身经济超级大国行列，中国依然对发展中国家情有独钟，这也是毛泽东“三个世界”理论的遗产。

新一届美国政府也象征着同样的代际变化。胡锦涛和布什都旁观了 20 世纪 60 年代国家的创伤经历：中国是“文化大革命”，美国是越南战争。胡锦涛得出结论，社会和谐应是他主政期间的指导方针。布什在苏联崩溃的余波中上台，美国的必胜主义者认为，美国有能力重塑世界的面貌。小布什毫不犹豫地打起美国价值观旗帜，实施外交政策。他热情洋溢地谈论个人自由和宗教自由，访问中国时亦是如此。

布什的自由议程所规划的是非西方社会极其迅速的演变，然而，在外交实践中，布什克服了历史上美国在布道方式与实用手段之间的模棱两可。他没有通过理论建设来做到这一点，而是明智地调整了战略重点。他从不质疑美国对民主体制和人权的承诺；同时，他也关注国家安全，认为如果没有国家安全，任何道义目标都只能是空谈。尽管在美国内部辩论中被批评支持单边主义，但布什在与中国、日本、印度等以国家利益考虑为重的国家打交道时，成功地改善了与它们的关系，成为美国有建设性的亚洲政策的范本。布什担任总统期间，中美这两个大国实事求是地对待对方，任何一方都不奢望对方支持自己的所有目标。在国内治理等问题上，双方的目标并不相容，但双方依然在足够多的领域找到了利益契合点，培养出越来越深的伙伴关系意识。

2003 年，台湾地区领导人陈水扁提议就以“台湾”名义申请加入联合国举行全民公投，华盛顿和北京的立场逐渐拉近。这样的举动将违背美国在三个联合公报中的承诺，于是布什政府官员向台北转达了反对意见。2003 年 12 月温家宝访问华盛顿时，布什重申坚持中美三个联合公报，并补充说华盛顿“反对中国大陆和台湾任何单方面改变现状的决定”，暗示提高台湾政治地位的公投得不到美国的支持。温家宝以相当直白的语言表明希望和平统一：“我们解决台湾问题的基本方针是‘和平统一、一国两制’。我们以最大的诚意、尽最大努力实现祖国的和平统一。”[4]

这一新合作的原因之一是“9 · 11”恐怖袭击把美国的战略重心再次从东亚转移至中国和西南亚，在伊拉克和阿富汗开辟战场，执行打击恐怖主义网络的计划。中国不再是国际秩序的革命性挑战者，而开始关注全球恐怖主义对自己少数民族地区的影响，特别是新疆。中国马上谴责“9 · 11”袭击，提供情报和外交支持。伊拉克战争前夕，中国在联合国显然比美国的一些欧洲盟国还不愿对抗美国。

然而在更为根本的层面上，中国和美国对如何应对恐怖主义开始产生分歧。对美国向伊斯兰世界出兵、布什政府明确宣称推动民主化转型等做法，中国依然只是勉强旁观。对于国家同盟以及外国政府的构成，北京依然愿意不加道德判断地调整立场。它主要关注的是继续获得中东的石油，以及（塔利班倒台之后）保护中国对阿富汗矿产资源的投资。这些利益得以实现之后，中国并不质疑美国在伊拉克、阿富汗的行动（可能在一定程度上还欢迎这些行动，因为这代表美国的军事力量移出东亚）。

中美交往的范围标志着中国在地区和世界事务中重新确立了重要角色。中国追求平等的伙伴关系，这不再是一个弱者不自量力的要求，而是日益成为由经济和金融实力支撑的现实。同时，在新的安全挑战和不断变化的经济现实的推动下，以及政治经济影响相对变化之下，两国都在就国内目标、世界角色以及相互关系进行彻底的辩论。

中美观点的分歧

迈入新世纪之后，逐渐呈现出两种趋势，而这两种趋势在某些方面是相互矛盾的。在许多问题上，中美关系主要是以合作方式向前发展；与此同时，植根于历史和地缘政治倾向的分歧开始显现。经济问题和大规模杀伤性武器的扩散就是很好的例子。

经济问题：当中国在世界经济中是次要角色时，货币汇率不是一个问题，甚至在20世纪80年代和90年代，人民币的币值还不大可能成为美国政治争论、媒体分析的日常话题。但是中国的崛起和中美经济上日益紧密的相互依赖，将昔日这个隐晦的问题变成了一个街谈巷议的热点。美国日益众口一词地表示困惑，中国则对美国的意图充满怀疑。

根本分歧在于双方各自货币政策背后的理念。在美国看来，人民币币值过低是一种货币操控手段，有利于中国公司，却伤害了在相同产业运作的美国公司。人民币被低估据说造成了美国就业岗位的流失，在美国经济开始紧缩的时期，这一论点具有严肃的政治和感情意义。中国认为，追求有利于国内制造商的货币政策不是一项经济政策，而是表明中国需要政治稳定。因此，2010年9月，在向美国听众解释为什么人民币不能大幅度升值时，温家宝阐述的是社会观点而不是金融观点：“你不知道多少中国公司会破产，这将会出大乱子的。只有中国的总理肩上有这种压力。这就是现实情况。”[5]

美国从全球增长的需要出发看待经济问题，而中国考虑的是国内国际的政治影响。当美国敦促中国增加消费、减少出口时，它拿出的是经济原理。但对中国来说，出口部门缩小意味着失业人员大量增加，会产生严重的政治后果。具有讽刺意味的是，从长远来看，如果中国真的采纳了美国的老生常谈，它将可能因为不再那么依赖出口而降低与美国加强关系的动机，转而增强与周边国家的经济关系，从而推动亚洲集团的发展。

因此，深层的问题是政治而不是经济。必须秉承互利互惠的观念，而非对不当行为进行指责。因此，本书后记中讨论的共同进化概念、太平洋共同体概念极其重要。

防止大规模杀伤性武器扩散与朝鲜问题：整个冷战期间，核武器主要掌握在美国和苏联手中，由于意识形态和地缘政治敌对，它们的风险评估基本一致。它们掌握着保护自己、防范事故、越权发射和突然袭击的技术手段。但随着核武器的扩散，这一平衡岌岌可危：风险评估不再具有对称性；防范发射事故甚至盗窃的技术保障措施更难实施，尤其是对那些没有超级大国专业技能的国家来说。

随着核扩散的加速，威慑变得越来越难以预测，确定谁威慑谁、出于什么考虑进行威慑变得越来越困难。即便假设新的核国家与原有核大国同样不情愿首先挑起核对抗，它们也依然可能使用核武器，保护国际秩序不受恐怖分子、无赖国家的进攻。最后，巴基斯坦通过“私人”网络向朝鲜、利比亚、伊朗等友好国家扩散核武器的事例表明，即便扩散国不符合无赖国家的正式标准，核扩散对国际秩序也会产生严重后果。

这些武器落入不像大国一样具有历史、政治责任的人之手，将预示着甚至连我们的种族杀戮时代也难以匹敌的世界毁灭和生命丧失。

具有讽刺意味的是，朝鲜的核扩散竟然会出现在华盛顿和北京的对话议程上，因为美国和中国 60 年前在战场上首次遭遇就是因为朝鲜问题。1950 年，刚成立的中华人民共和国与美国陷入战争，是由于中国认为美国在中朝边境的永久军事存在是对中国长期安全的威胁。60 年后，朝鲜致力于军事核计划，使同样一些地缘政治问题再次浮出水面，从而带来了全新的挑战。

在朝鲜核计划的前十年中，中国的立场是：这是美国与朝鲜之间的问题，应由两国自己解决。因为朝鲜感觉主要受到美国的威胁，所以中国政府认为，应主要由美国提供必要的安全感，以替代核武器。然而，随着时间的推移，朝鲜拥核显然迟早会影响中国的安全。如果朝鲜被新接纳为核国家，越南和印尼等其他亚洲国家最终也会加入核俱乐部，从而改变亚洲的战略格局。

中国领导人反对这样的结果。但同样，中国也担心朝鲜的灾难性崩溃，因为这将导致边境地区重新出现 60 多年前用战争来防止出现的情况。

朝鲜政权的内部结构使问题更加复杂。它虽然自称是社会主义国家，但实际权力掌握在一个家族手中。2011 年本书写作之时，这个家族的首脑正准备把权力移交给其 27 岁的儿子。其甚至没有管理共产党的经验，更别说国际关系了。由于未知事件发生内爆的可能性一直存在，受影响的国家可能被迫通过单边措施保护重要利益。到那个时候，要协调行动可能已经太晚了。防止出现这种后果，必须成为中美对话的重要内容，也应该成为包括美国、中国、俄罗斯、日本、朝鲜、韩国在内的六方会谈的重要内容。

如何界定战略机遇

面对越来越长的问题清单，北京和华盛顿在 21 世纪头 10 年开始寻找确定双边关系的全面框架。在小布什政府第二任期，中美高层对话和中美战略经济对话（现已合并为战略与经济对话）开始举行，标志着这一努力取得成效。这在一定程度上是想重拾 20 世纪 70 年代华盛顿和北京就理论问题进行坦率交流的精神（如本书最初几章所述）。

在中国，寻求这一时期组织原则的努力体现为政府首肯的分析结论，即 21 世纪头 20 年是中国难得的“战略机遇期”。这一概念既承认了中国的发展和战略潜力，也反映了对其脆弱性的持续忧虑。胡锦涛在 2003 年 11 月中共中央政治局第九次集体学习时表述了这一理论，他指出国内国际趋势独特交织，中国有条件实现“跨越式”发展。胡锦涛说，有机遇也有风险，就像历史上的大国一样，如果“丧失了机遇”，中国“就会成为时代发展的落伍者”。[6]

在 2007 年的一篇文章中，温家宝也肯定了同样的评估，他警告说“机遇难得，稍纵即逝”，并回忆说由于“某些重大失误，特别是‘文化大革命’十年浩劫”，中国丧失了一次大的发展机遇。新世纪头 20 年是“我国必须紧紧抓住并且可以大有作为”的重要战略机遇期。温家宝说，抓住并用好这一战略机遇期，对实现中国的发展目标“具有极其重大的意义”。[7]

中国要用这一战略机遇实现什么目标呢？中国对这个问题的辩论据说有一个正式的开端，这可以在 2003~2006 年中国学术界及高层领导举办的一系列专题讲座和学习会议中找到端倪。这些活动涉及历史上大国的兴衰：崛起的方式；频繁交战的原因；现代大国能否和如何不与国际秩序主导国家发生军事冲突而实现崛起。这些讲座后来被编入 12 集电视片《大国崛起》，2006 年在中国中央电视台播放，数亿观众观看了这部电视片。学者沈大伟（David Shambaugh）指出，这可能是大国政治历史上独具哲理的时刻：“其他大国和有抱负的国家很少有这样自省的论述。”[8]

中国从这些历史先例中得到了什么教训呢？北京提出了

中国“和平崛起”的主张，试图安抚其他国家对中国实力增长的不安，这是中国第一次也是最全面地回答这个问题。美国《外交》杂志2005年发表了富有影响力的中国知名政策人士郑必坚撰写的文章，可以算是一篇准官方政策声明。郑必坚做出保证，称中国已经采取了“超越大国崛起传统道路的战略”。中国寻求建立“国际政治经济新秩序”，但这可以“通过渐进改革和国际关系民主化来实现”。郑必坚写道，中国“不走‘一战’时的德国和‘二战’时的德国、日本依靠暴力掠夺资源、争夺霸权的老路。中国也不走冷战中大国争夺主导权的道路”。[9]

华盛顿的回应是提出中国作为国际体系“负责任的利益攸关方”概念，要求中国遵守规范和限制，承担与其不断增长的实力相适应的更多责任。在2005年美中关系全国委员会的讲话中，时任美国常务副国务卿罗伯特·佐利克代表美方对郑必坚的文章做了回应。尽管中国领导人不愿接受暗示他们曾是“不负责任的”利益攸关方，但佐利克的讲话相当于邀请中国成为国际体系的特权成员和塑造者。

几乎同时，胡锦涛在联合国大会上发表了题为《努力建设持久和平、共同繁荣的和谐世界》的讲话，与郑必坚的文章是同一主题。胡锦涛再次确认联合国作为国际安全和发展框架的重要性，列举了“中国所支持的东西”。虽然重申中国支持世界事务民主化趋势（当然实际上是指美国实力在多极化世界中相对降低），但胡锦涛也坚称中国将在联合国框架内和平实现其目标：

> 中国将一如既往地遵守联合国宪章的宗旨和原则，积极参与国际事务，履行国际义务，同各国一道推动建立公正合理的国际政治经济新秩序。中华民族是热爱和平的民族。中国的发展不会妨碍任何人，也不会威胁任何人，只会有利于世界的和平稳定、共同繁荣。[10]

"和平崛起"与"和谐世界"理论唤醒了古代维系中国大国地位的原则：渐进主义；顺应趋势，避免公开冲突；既占据有形的主动权（如资源或领土），又强调和谐世界的道义主张。它们所描述的获得大国地位的路径，对在"文革"中成熟的这一代领导人充满了吸引力，因为他们知道当今的合法性部分取决于为中国人民提供适度的财富和舒适，摆脱20世纪的动荡和贫困。据报道，由于担心"崛起"概念太具威胁性、过于好胜，"和平崛起"改成了正式官方用语"和平发展"，反映了一种更有分寸的姿态。

在接下来的三年中，各种事件不期而遇，历史潮流因而改变。大萧条以来最严重的金融危机，久拖不决的伊拉克、阿富汗战争，炫目的2008年北京奥运会，还有中国经济持续强劲增长等事件接踵而至。所有这些事件让一些中国精英，包括中国政府的部分高层人士开始重新思考2005~2006年阐明的渐进主义路线背后的论断。

金融危机的原因和糟糕后果主要在美国和欧洲，这导致了中国向西方国家和公司紧急注资。西方决策者呼吁中国改变人民币币值，增加国内消费，促进世界经济健康发展。

自从邓小平号召“改革开放”以来，中国一直把西方的实力和金融经验当成典范。人们认为，不管西方国家有什么意识形态和政治缺点，它们都能独特有效地管理经济和世界金融体系。尽管中国拒绝靠接受西方政治指导来获取这些知识，但许多中国精英默认西方有值得研究和借鉴的某些知识。

2007、2008 年美国和欧洲金融市场的崩溃，再加上西方的混乱失策与中国的成功形成鲜明对比，严重破坏了西方经济威力的神秘感。这在中国掀起了一波新的舆论潮流，尤其是直率的年青一代学生、互联网用户，甚至可能还有部分政治军事领导人，他们认为国际体系正在发生根本性变化。

这段时间的象征性顶点是北京奥运会这幕大戏，它上演时正值经济危机在西方肆虐。这届奥运会不单纯是一项体育盛事，更被认为是中国复兴的标志。开幕式颇具象征性。巨大的体育场中，灯光暗了下来。在这一年第八个月的第八天，正好晚上八点整（中国人认为 8 是吉祥数字，所以将开幕时间选定为此[11]），随着一声巨响，2 008 尊大缶打破寂静，持续演奏了 10 分钟，仿佛在说：“我们来了！我们已成事实，不再被漠视，不再被嘲弄，我们准备向世界奉献文明！”之后，全球观众看到了长达一个小时的中华文明大戏。中国积贫积弱的时期，即所谓“漫长的 19 世纪”，正式宣告结束。北京再次成为世界的中心，中华文明再次成为人们敬畏与羡慕的焦点。

奥运会后，在上海举办的世界中国学论坛会议上，“和平崛起”理论的创始人郑必坚对一位西方记者说，中国终于克服了鸦片战争的遗毒，告别了一个世纪与外来侵略斗争的历史，正处于国家复兴的历史进程之中。郑必坚说，邓小平发起的改革让中国解决了“世纪难题”，快速发展让数百万人摆脱了贫困。中国已经崛起为大国，将依靠自己发展模式的吸引力，与他国的关系将是“开放的、非排他的与和谐的”，旨在“共同开辟世界发展之路”。[12]

讲究和谐并不排斥追求战略优势。在 2009 年 7 月中国驻外使节会议上，胡锦涛发表讲话，评估新的趋势。他确认 21 世纪头 20 年依然是中国的“重要战略机遇期”，这一点没有改变。但在金融危机及其他重大事件之后，“势”正在不断变化。由于正在发生“复杂而深刻的变化”，“我们面临的机遇与挑战出现了一些新的变化”。面前的机遇“非常重要”，挑战“非常严峻”。如果中国谨防可能的陷阱，认真做好自己的事情，这段动荡时期有可能变成好事。胡锦涛强调，进入新世纪新阶段以来，国际上发生了一系列具有全局性和战略性影响的重大事件，对国际政治经济格局产生了重大而深远的影响。综观世界，和平与发展仍然是当今时代的主题，但综合国力竞争日趋激烈，广大发展中国家平等参与国际事务的要求日益强烈，国际上实现国际关系民主化的呼声增强，国际金融危机使现行国际经济金融体系、世界经济治理结构受到严重冲击，世界多极化前景更加明朗，国际形势出现了一些值得高度重视的新特点和新趋势。[13]

世界事务正处于变化之中，中国的任务是审时度势，驾驭新的局面。渡过危机，机遇就会出现。可是这些机遇是什么呢？

国家命运之辩：必胜主义观

中国与现代西方国际体系的碰撞在中国精英中间引发了一个特殊趋势。他们全面地分析、辩论国家命运及其实现之道。实际上，自从西方撬开中国的大门之后，中国不时出现有关中国实力、影响和抱负的辩论，世界正目睹这场全国对话进入新的阶段。中国以前的国家命运辩论出现在中国特别虚弱的时期，而此次辩论源自中国的实力而不是危险。在一段不确定且有时痛苦的旅程之后，中国终于实现了过去两个世纪改革者和革命者共同怀有的梦想——一个掌握现代军事实力、保持独特价值观的繁荣的中国。

以前的国家命运辩论探讨的是，中国是应该向外寻求知识以摆脱虚弱，还是应该眼光向内以远离技术先进但动机不纯的世界。而当前阶段辩论的重点则是，在认识到自立自强的伟大工程已经成功、中国正在赶超西方的大背景下，确定中国与世界交往的条件。在中国当代许多人甚至自由派国际主义者看来，世界对中国曾经严重不公，中国现在已从其蹂躏中恢复过来。

2008 年奥运会后，经济危机蔓延至整个西方，新的非官方、准官方声音开始质疑中国“和平崛起”的论调。这种观点认为，胡锦涛对战略趋势的分析是正确的，但西方依然是一股危险力量，绝不会允许中国和谐地崛起，因此，中国理应巩固战果，坚持追求世界大国甚至超级大国地位。

两本广为阅读的中国书籍代表了这种趋势：论文集《中国不高兴：大时代、大目标及我们的内忧外患》（2009 年），以及《中国梦：后美国时代的大国思维与战略定位》（2010 年）。这两本书都极具民族主义色彩。其出发点都是认为西方远比想象的虚弱，但是“一些外国人没有醒悟过来，他们没有真正理解中西关系的力量对此正在发生变化”。[14] 这种观点认为，中国应摆脱自我怀疑和被动应对，放弃渐进主义，通过“大目标”来重拾历史使命感。

两本书都遭到了中国媒体和中国网站匿名帖子的批评，认为他们不负责任，没有反映出大多数中国人的观点。但这两本书都通过了政府审查，并成为中国的畅销书，所以，它们可能至少反映了中国体制结构内一部分人的看法。中国国防大学教授、解放军大校刘明福撰写的《中国梦》尤其如此。在这里提及这两本书不是因为它们代表中国政府的正式政策——实际上它们与胡锦涛在联合国大会上的讲话以及2011年1月对华盛顿进行国事访问时的政策宣示正好相反——而是因为它们代表着某些冲动，连中国政府都感觉有必要做出回应。

《中国不高兴》中的一篇代表性文章奠定了全书的基调。该文章的标题是“美国不是纸老虎”（毛泽东曾戏谑地称美国反动派为纸老虎），而是“老黄瓜刷绿漆”。[15] 作者宋晓军开篇就认定即使在当前情况下，美国和西方也是一支危险的敌对力量：

> 无数的事实已经证明，西方几百年来形成的“持剑经商”的传家宝是不会丢弃的，你想靠自己刀枪入库、马放南山[16]感化人家放下手中的剑，跟你温和地做买卖，这可能吗？[17]

在中国经济快速发展30年之后，宋晓军呼吁，中国已经处在有利的位置上，“更多的民众和年轻人”开始意识到“现在机会来了”。[18] 他写道，金融危机之后，俄罗斯对与中国发展关系越来越感兴趣，欧洲也表现出类似的态度。美国的出口控制现在已经无足轻重，因为中国已经拥有成为综合工业化国家所需的大多数技术，很快就会有自己的农业、工业和“后工业”经济基地。换言之，中国不再依赖别人的产品和善意。

作者呼吁民族主义青年和群众随机应变，并拿他们与现在的精英做比较：“作为一个工业化尚未完成的大国，一个号称要崛起、改变世界不公正不合理政治经济秩序的大国，这么好的机会，怎么就没有精英们想到呢？”[19]

解放军大校刘明福2010年出版的《中国梦》确立了一个“大目标”：“成为世界第一”，恢复现代中国的历史荣耀。他写道，这需要超越美国。[20]

刘明福断言，中国的崛起将带来亚洲繁荣的黄金时代，中国的产品、文化和价值观将成为世界的标准。世界将变得和谐，因为中国领导人比美国领导人更明智、更温和，也因为中国回避霸权，只承担团队发言人的角色。[21]（在另外一段中，刘明福积极评价了中国传统帝王的角色，对小国、弱国的国王而言，其就像仁慈的“大哥”。）[22]

刘明福拒绝“和平崛起”的概念，认为中国不能仅依靠传统和谐美德来维护国际新秩序。他写道，由于大国政治的竞争性和不道德性，要保障中国的崛起以及世界的和平，中国必须培养“尚武精神”，集中足够的军事力量威慑甚至击败敌人。因此，他主张，除了“经济崛起”，中国还需要“军事崛起”。[23]在战略优势竞争中，要想斗争并取得胜利，必须在军事上和心理上做好准备。

这些书的出版正好遇上南海的危机局面、中国与日本的关系紧张以及与印度的边界争议。这些事情接踵而来，性质类似，不得不让人猜想这些插曲是故意而为的结果。在每个事件中，中国都可能是被错怪的一方，但这些危机本身为正在进行的关于中国地区和世界作用的辩论提供了舞台。

如果精英们禁止的话，被讨论的这些书，包括对中国所谓消极“精英”的批评，都不会得以出版并轰动一时。这是某个部门影响政策的一种办法吗？这反映了这一代没有经历过“文革”的年轻人的态度吗？领导人允许辩论自由发展是一种心理博弈，好让世界知道中国面临必须考虑的内部压力吗？或者这只是一个例子，表明中国正变得更加多元化，允许各种各样的声音出现？还是审查者碰巧更为容忍民族主义的声音？[24]

戴秉国——再次确认和平崛起

这个时候，中国领导人决定介入辩论，表明这些书中的必胜主义论调并非领导人的倾向性看法。2010 年 12 月，外交部负责中国外交政策的最高级官员戴秉国加入辩论，发表了一篇题为“坚持走和平发展道路”的全面的政策声明。[25] 戴秉国的文章被认为既是对担心中国心怀侵略意图的外国观察家的回应，也是对中国内部那些主张采取更加进取姿态的人（有人断定也包括中国领导层的一些人）的回应。

戴秉国声称，和平发展既不是中国“韬光养晦”的阴谋诡计（一些外国人这么猜想），也不是浪费中国优势的天真幻想（一些中国人这么指责）。这是中国真诚而长久的政策，因为这最符合中国的利益，最符合国际战略形势：

> 坚持走和平发展道路，并非主观想象或拍拍脑袋的产物，而是我们深刻认识到当今世界发生了很大变化，当今中国发生了很大变化，当今中国与世界的关系也发生了很大变化，必须因势利导，因时适变。[26]

戴秉国说，世界变得越来越小，重大问题的解决需要前所未有的全球互动。因此，全球合作符合中国的利益，这不是单纯推进国家政策的策略。戴秉国继而一如既往地肯定了世界人民对和平与合作的要求，虽然字里行间更像是警告好战的中国将面临的障碍（很可能是讲给这两种人听的）：

> 由于经济全球化与信息化深入发展，科学技术迅猛进步，世界变得越来越“小”，俨然成了“地球村”。各国相互联系、相互依存、利益交融达到前所未有的程度，共同利益变得越来越广，需要携手应对的问题越来越多，互利合作的愿望越来越强。[27]

戴秉国写道，中国可以在这样的形势下稳定发展，因为中国已经和世界广泛地联系在一起。过去 30 年中，中国将人才和资源与广阔的国际体系相联系，实现了增长，这不是战术策略，而是满足现阶段需要的方式：

> 当代中国正在发生广泛而深刻的变革。经过三十多年的改革开放，我们从“以阶级斗争为纲”到以经济建设为中

> 心，全面推进社会主义现代化事业；从搞计划经济到推进各方面改革，建立起社会主义市场经济体制；从封闭状态和片面强调自力更生，到实行对外开放、发展国际合作。[28]

这些“翻天覆地”的变化要求中国在更大程度上对外开放。戴秉国坚称，如果中国不能正确分析形势，“很好地处理同外部世界的关系”，当前战略机遇期所提供的机会“就可能丧失”。他强调，中国“是国际大家庭的一员”，中国的和谐合作政策不仅仅是道义追求，它是“最符合自己和别国利益的”政策。[29]虽然没有明言，但这一分析的言下之意是认识到，中国的许多邻国拥有可观的军事、经济实力，中国与邻国的关系在过去一两年间明显出现了一些分歧，中国领导人试图扭转这种局面。

每个国家的领导人都谈战略，但从来不排除战术考虑，如同中国将“和平崛起”一词修改为更为温和的“和平发展”一样。在戴秉国的文章中，他特别提到，外国人有可能怀疑他的观点主要是战术性的：

> 国际上有些人说，中国有句话叫“韬光养晦，有所作为”，猜想中国宣布走和平发展道路，是在自己还不强大的情况下施展的一种阴谋诡计。

戴秉国写道，这是“无端猜疑”：

这句话是邓小平同志在上世纪80年代末、90年代初讲的，主要内涵是中国要保持谦虚谨慎，不当头、不扛旗、不扩张、不称霸，与走和平发展道路的思想是一致的。[30]

戴秉国强调，和平发展是许多代人的任务，而过去数代人遭受的苦难更突出了这一任务的重要性。中国不想革命，也不想打仗和复仇，只想让中国人民“告别贫困，过上比较好的日子”，让中国成为国际社会“最负责任、最文明、最守法规和秩序的成员”。[31] 这些宣示与毛泽东的嘲讽排斥明显不同。

当然，不管放弃了多么宏大的目标，本地区国家也可能觉得，这些承诺很难与中国日益增长的实力和历史记录协调起来。这些国家曾经目睹过中华帝国的兴衰，有些时期帝国的幅员比中华人民共和国当前的政治疆域还辽阔得多。中国历史文化悠久，处于文明的巅峰，近两个世纪以来被西方、日本等殖民国家侵占掠夺而丧失了独特的世界道义领导地位。这样一个国家能够满足于“全面建设小康社会”的战略目标吗？[32]

戴秉国回答道，必须如此。中国“没有任何骄傲自大的本钱”，因为依然面对巨大的国内挑战。无论中国的国内生产总值绝对值有多大，都要分摊到13亿人头上，而且其中还有1.5亿人生活在贫困线以下，因此“我们遇到的经济、社会问题可以说是世界上最大、最难解的课题，没有任何骄傲自大的本钱”。[33]

有人说中国试图主导亚洲或者取代美国称霸世界，戴秉国斥之为与中国历史记录和当前政策相矛盾的“神话”。他引用了邓小平的一项惊人建议（与毛泽东通常坚持的自力更生正好相反），大意是允许世界“监督”中国，确认中国从不谋求霸权：“邓小平同志曾经说过，如果中国有朝一日在世界上称霸，世界人民就应当揭露、反对并打倒它。这一点国际社会可以监督我们。”[34]

戴秉国的陈述雄辩有力。十多年间，我与这位富有创见、负责任的领导人共处过许多小时，我不怀疑他的真诚和意图。可是，即便胡锦涛、戴秉国及其同事完全坦诚地阐明了中国下一段的政策，我们仍然很难确信这是中国世界角色的最终定论，也难以想象该论断会否继续面临考验。更年轻的新一代领导人和崛起的党内军内精英将于 2012 年走上前台。在他们执政的年代中国是和平稳定的，没有“文革”般的动荡，经济表现也好于世界其他多数地方。这是 19 世纪以来中国最幸运的一代领导人。像其前任一样，中国现任的领导核心也会把自己的经历注入世界观和国家发展远景。美国战略思维需要密切关注如何与这一代人对话。

奥巴马入主白宫时，两国关系陷入了一个独特的模式。两国领导人都宣称致力于协商，甚至建立伙伴关系，但他们的媒体和精英却日益支持不同的观点。

胡锦涛 2011 年 1 月对美国进行国事访问，广泛的磋商机制得以加强。他们同意中美就朝鲜等问题开展对话，也试图解决一些悬而未决的问题，例如人民币汇率、对南中国海航行自由定义的不同看法。

留待处理的问题是从危机管理转向确定共同目标，从解决战略争议转向避免战略分歧。中美关系有可能演变成为真诚的伙伴关系和以合作为基础的世界秩序吗？中国和美国能够培养真正的战略互信吗？

| 后记 |

克劳备忘录：历史会重演吗?

一些评论家，包括中国的一些评论家，重新研究了 20 世纪英德两国对抗的史例，并认为这是 21 世纪美中关系的预兆。两者的确有战略相似性。从表面上看，中国如同昔日的德意志帝国，是一个复兴的大陆大国；而美国如同英国，是一个与这个大陆有着深厚政治经济关系的海洋大国。在漫漫历史长河中，中国曾比任何一个邻国都强大得多，但那些邻国若是联合起来，就有可能威胁、也确实威胁过帝国的安全。如同 19 世纪德国的统一一样，所有这些邻国的谋略必然受到中国这个强大统一国家复兴的影响。在历史发展的过程中，这样一个体系演变成了以平衡的相互威胁为基础的均势。

战略互信能够取代一个战略威胁体系吗？许多人认为战略互信一词本身即自相矛盾。战略家只在有限范围内依赖假想敌的意图，因为意图是可以变的，主权的本质是不受另一权威影响而做出决策的权利。因此，以一国实力为基础的、一定程度上的威胁与主权国家间的关系密不可分。

尽管罕见，但国家间关系可以变得非常密切，从而不必考虑战略威胁。北大西洋沿岸国家之间的关系中，战略对抗是不可想象的。这些国家的军事力量不是针对彼此。在他们看来，战略威胁来自大西洋地区以外，需要以联盟框架来应对。北大西洋国家间的分歧一般围绕着对国际问题的不同评估，以及处理这些问题的不同方式。即便是争论最为激烈的时候，仍不失家庭内部争吵的特征。软实力和多边外交是最主要的外交政策工具。一些西欧国家几乎已把军事行动排除在合法的国家政策工具之外。

亚洲的情况正好相反，这些国家认为与邻国处于潜在对抗状态。它们不一定在策划战争，只是不能完全排除战争的可能。如果无力自卫，它们便力求加入联盟体系，获得额外保护。东南亚国家联盟（ASEAN）即为一例。许多亚洲国家经历过外国殖民，不久前才重获主权。对他们来说，主权是绝对的。威斯特伐利亚体系原则在亚洲大行其道，更甚于其发源地欧洲大陆。主权概念被认为至高无上；侵略被定义为有组织的部队跨越边境；不干涉内政成为国家间关系的基本准则。在这样一个国家体系中，外交的目的是寻求维持均势的关键要素。

如果成员所需的安全保障可通过外交获得，国际体系就相对稳定。当外交失去作用，国家间关系就会日益着重于军事战略，先是军备竞赛，继而冒着对抗风险获取战略优势，最终走向战争。

第一次世界大战前的欧洲外交是自我推动型国际机制的典型范例。当时，世界政策就是欧洲政策，因为世界大多数地方都处于被殖民地位。从 1815 年拿破仑时期结束到 19 世纪下半叶，欧洲一直没有重大战事。欧洲国家大体处于战略均衡状态，它们之间的冲突并不危及生存。没有一国认为另一国是不可调和的敌人，合纵连横因此成为可能。没有一国足够强大，可以确立统治他国的霸权。任何此类尝试都将激起一个联盟起来反对它。

1871 年德国统一带来了结构性变化。今天难以想象的是，在此之前，中部欧洲还有大大小小的 39 个主权国家，只有普鲁士和奥地利算得上欧洲均衡中的大国。众多日耳曼小国组织成一个类似当今联合国的机制，即所谓的德意志邦联。像联合国一样，德意志邦联难以采取主动，但时常采取一致行动，对抗大的威胁。德意志邦联过于离散，不可能主动侵略，但防御起来足够强大，为欧洲均衡做出了重大贡献。

但推动 19 世纪欧洲变化的动力不是均衡，而是民族主义。德国统一反映了长达一个世纪的抱负。随着时间的推移，它也带来了一种危机气氛。德国的崛起削弱了外交进程的弹性，加大了对这一体系的威胁。在曾经有 37 个小国、两个较大国家的地区，一个单一政治实体脱颖而出，统一了其他 38 个国家。以前欧洲外交通过多国合纵连横取得了一定灵活性，德国统一则减少了可能的组合方式，产生了一个强于任一邻国的国家。这就是为什么英国首相本杰明 · 迪斯累里说德国统一甚至比法国大革命更为重要。

德国现在非常强大，可以击败任何一个邻国，但如果欧洲主要国家群起而攻之，它也面临极大危险。可是现在只有五个大国，组合方式非常有限。德国的邻国，尤其是法国与俄国，有相互结盟的动力。法俄也确实在 1892 年结为同盟。德国出于自身的需要，自然想设法拆散这些联盟。

这一体系的结构内含固有的危机，任何一个国家都无法逃避，尤其是德国这个崛起的大国。可是它们可以避免采取扩大潜在紧张状态的政策。然而没有哪一国这么做，尤其是德意志帝国。德国分化敌对联盟的策略被证明是不明智的，也是不幸的。它试图利用国际会议把自己的意志公开强加到与会者头上。德国的理论是，德国施压的对象受到羞辱后会感到被盟国抛弃，从而离开联盟，在德国的轨道上寻求安全。结果事与愿违。被羞辱的国家（1905 年摩洛哥危机中的法国、1908 年在波黑问题上的俄国）更加铁了心拒不臣服，因而强化了德国试图弱化的联盟体系。德国在布尔战争（1899~1902 年）中公开同情英国的对手荷兰定居者，触怒了英国，结果英国于 1904 年加入了法俄联盟。此外，尽管德国已拥有欧洲大陆上最强大的陆军，它同时又建设了一支庞大的海军，挑战了英国对海洋的控制。欧洲实际上已经悄悄进入没有外交灵活性的两极体系。外交政策成了零和博弈。

历史会重演吗？如果美国和中国陷入战略冲突，类似“一战”前欧洲结构的形势无疑会在亚洲逐步发展，形成相互竞争的集团，每个集团都试图破坏或者至少限制其他集团的影响和范围。但在我们无奈地接受这一假定的历史机制之前，让我们先思考一下当年英国和德国的对抗是如何演进的。

1907 年，英国外交部高官艾尔·克劳针对欧洲政治结构和德国崛起撰写了一篇杰出的分析文章。他提出的重要问题在今天也有着显著意义，即导致“一战”的危机，是起因于德国崛起引起了针对新的强大力量的某种有组织对抗，还是源于德国采取的一些具体的，因而也是可以避免的政策？[1] 危机是源于德国的能力还是德国的行为？

在 1907 年元旦提交的备忘录中，克劳倾向于认为冲突是各国关系的固有结果。他对这个问题的分析如下：

> 尤其对英国而言，知识与道义的密切关系使其同情并钦佩德国人最优秀的思想成果。为了人类的进步，英国自然倾向于欢迎一切增强德国实力和影响的事情。不过有一个条件：德国必须尊重他国的个性。其他国家在以各自的方式参与人类进步事业中同样是宝贵的同伴，同样有权在自由的活动空间内，为向更高文明的演变做出贡献。[2]

可是德国的真正目标是什么呢？是在德国外交的传统支持

下，让德国的文化和经济利益在欧洲和世界自然发展吗？还是要寻求“全面政治霸权和海上崛起，威胁邻国的独立并最终危及英国的生存”？[3]

克劳的结论是，德国宣称追求什么目标没有关系。无论德国遵循什么路线，“德国打造一支尽可能强大的海军显然是明智之举”。一旦德国取得海上优势，克劳评估称，不管德国的意图是什么，这本身就是对英国的客观威胁，“与大英帝国的生存互不相容”。[4]

在这样的条件下，正式保证没有意义。无论德国政府如何表白，结果依然是“对世界形成巨大威胁，如同通过‘预谋’蓄意占领一块阵地”。[5]即便德国温和的政治家想要表达诚意，德国温和的外交政策也能“随时消失”在追求霸权的阴谋诡计中。

因此，在克劳的分析中，结构性要素排斥合作甚至互信。克劳不无挖苦地说：“一国针对邻国的野心一般不公开宣示，因此不宣示自己的野心，甚至向所有国家表示无限的政治善意，都证明不了该国是否存在不可告人的目的。这样说算不上不公平。”[6]由于事关重大，这“英国冒不起任何风险”。[7]伦敦必须做最坏的设想，并基于这一设想而采取行动。至少只要德国在建设一支庞大的、极具威胁的海军，英国就应该这么做。

换言之，1907 年已不再有任何外交空间，事态已经演变成谁会在危机中让步，而且一旦条件得不到满足，战争就几乎不可避免。7 年后，世界大战爆发了。

如果让克劳分析当今的局势，他可能会得出与 1907 年报告类似的判断。我大致介绍一下他的解读，因为他的解读很接近太平洋两岸广泛持有的观点。不过他与我的观点大相径庭。美国和中国与其说是民族国家，倒不如说是具有大陆色彩的文化统一体。基于经济政治成就以及人民蓬勃的能量和自信，两国在历史上都曾被推向极高的国际地位，都曾认为自己具有普世性——中国和美国政府都经常认为本国政策与人类整体利益完全一致。克劳可能会警告说，当这样两个实体在世界舞台上相遇时，很可能出现严重紧张局势。

无论中国的意图如何，克劳学派会认为中国的成功“崛起”与美国在太平洋乃至全世界的地位无法相容。任何形式的合作都只不过是让中国有积累实力的空间，最终必将酿成危机。因此，本书第十八章所述的中国人的辩论以及中国是否停止“韬光养晦”的问题，对克劳式分析都不重要。克劳派认为，中国终有一天会这么做，所以美国现在就要行动，权当事情已经发生。

美国人的辩论对克劳的均势理论增添了意识形态挑战。新保守主义者及其他激进分子认为，民主体制是互信关系的前提；非民主社会在本质上是危险的，倾向于使用武力。因此，美国必须发挥最大影响（文雅的说法）或压力，在没有民主的地方缔造更加多元的体制，尤其是在能够威胁美国安全的国家。这些理论认为，与非民主社会打交道，政权更迭是美国外交政策的最终目标。与中国和平相处不是一个战略问题，而是改变中国治理方式的问题。

把国际事务解读为不可避免的战略优势争夺，这种分析方式不仅限于西方的战略家，中国的“必胜主义者”运用的几乎是同样的推论。主要差异在于他们的看法属于崛起国家的看法，而克劳代表的是大英帝国，要捍卫国家现有的遗产。本书第十八章中讨论的刘明福大校的《中国梦》就是这一流派的例子。刘明福认为，不管中国怎样致力于“和平崛起”，中美关系的冲突是先天决定的。中美关系将是“马拉松大赛”和“世纪对决”。[8] 而且，这一竞争基本上就是零和博弈，不是全胜，就是惨败：“21 世纪的中国，如果不能成为世界第一，不能成为头号强国，就必然是一个落伍的国家，(是)一个被淘汰的国家。”[9]

无论是美国版的《克劳备忘录》，还是中国必胜主义倾向较浓的分析，都没有得到各自政府的首肯，但它们说出了许多当前思潮的潜台词。如果这些假设被任何一方付诸实施，中国和美国极易陷入前言中提到的那种不断升级的紧张状态。中国将竭尽所能将美国推离中国边界，限制美国海军的活动范围，降低美国在国际外交中的分量。美国将努力把中国的诸多邻国组织起来，抗衡中国的主导地位。双方将强调意识形态分歧。相互交往将更为复杂，因为双方对威慑和先发制人概念的理解是不同的。美国更注重使用压倒性军事力量，中国则更注重制造决定性心理影响。一方或另一方迟早会误判形势。

一旦这种模式被固化，就越来越难以打破。相互竞争的阵营通过自我定义形成自我。克劳描述的状况（以及中国必胜主义者和美国新保守主义者支持的政策）本质是呈现出的一种自动性。模式一旦创立，联盟一经形成，即难以挣脱自我强加的要求，尤其无法摆脱内部的假设。

读过《克劳备忘录》的人不可能没注意到，相比得出的结论，其引用的相互敌对史例相对琐碎：争夺南部非洲殖民地而引发的事件、涉及公务员行为争端。加深敌对的并不是任何一方做了什么，而是可能会做什么。事件变成了一种象征符号，而符号又自行发展壮大。所有问题都无法解决，因为相互对抗的联盟体系已无任何调整余地。

只要美国政策能防止这种局面，就绝对不能让它在美中关系中出现。当然，如果中国的政策坚持按照《克劳备忘录》的规则行事，美国必将予以抵制。这将是一个不幸的结局。

我用这么长的篇幅来描述这一可能的演变，是想表明我知道合作性美中关系面临一些现实障碍。美中关系对全球稳定与和平至关重要，两国之间的冷战会扼杀太平洋两岸一代人取得的进展。在核扩散、环境、能源安全、气候变化等全球性问题亟须全球合作的时候，两国之间的分歧会蔓延至每个地区的内部政治。

不同历史时期之间的比较从本质上而言是不精确的，甚至最精确的类比也不意味着当代人一定会重复前人的错误。毕竟，结局对所有人都是灾难，不管是胜利者还是失败者。必须小心翼翼，否则双方都有可能把自己推入自我实现的预言。这不是一项容易的任务。因为，像《克劳备忘录》表明的那样，单纯的保证阻挡不住深层的动态。如果一个国家决心取得主导地位，难道它就不会保证它要追求和平吗？要培养真诚的战略互信和合作，需要共同做出严肃的努力，包括最高领导人的持续关注。

中美关系不必也不应成为零和博弈。“一战”之前欧洲领导人面临的挑战是，一方的收益意味着另一方的损失，激烈的公众舆论不容许妥协。中美关系却不是这样。重要的国际问题在本质上是全球性的。达成共识可能非常困难，但在这些问题上挑起对抗是自寻失败。

两个主角的内部演变与“一战”之前的形势也无法类比。预测中国的崛起时，人们认为，过去几十年它的突飞猛进将无限期地延续下去，而且美国注定会相对停滞。但中国领导人最关注的莫过于维持国家团结，它渗透在经常提及的社会和谐目标中。中国的沿海地区处于发达社会水平，而内陆还有一些世界上最落后的地区，因此实现社会和谐尤为困难。

中国国家领导人向人民列出了一长串需要完成的任务，其中包括打击腐败，胡锦涛称之为“空前严峻的任务”，他在政治生涯的不同阶段都曾参与这种斗争[10]。任务清单中还包括“西部大开发”，提高内陆贫困省份的发展水平，胡锦涛曾经在其中三个省（自治区）工作过。随着中国逐渐变成城市化社会，重大任务还包括在领导人和农民之间建立更多联系渠道，培育村级民主选举，提高政治透明程度。如本书第十八章所述，戴秉国 2010 年 12 月在其文章中勾勒出了中国国内的挑战：

> 按联合国人均一天 1 美元的生活标准，中国今天还有 1.5 亿人生活在贫困线以下。即使按人均收入 1 200 元的贫困标准，中国还有 4 000 多万人未脱贫。目前还有 1 000 万人没有用上电，每年还要解决 2 400 万人的就业问题。中国人口多、底子薄，城乡和地区发展不平衡，产业结构不合理，生产力不发达状况没有根本改变。[11]

在领导人的描述中，中国国内的挑战远比一句“中国崛起不可阻挡”复杂得多。

尽管邓小平的改革令人惊羡，但中国最初几十年壮观的增长，部分是因为运气不错。中国有大量年轻而不熟练的劳动力，他们在毛泽东时代与西方经济“不正常地”隔绝开来；西方经济体整体上富裕、乐观，有较高的信贷杠杆，有现金购买中国制造的商品。上述两者之间有相当融洽的关系。而现在中国的劳动力正在老化，也更为熟练（导致一些基础制造业岗位流向越南、孟加拉国等低工资国家），西方正在进入紧缩时期，形势远比以前复杂。

从人口统计学上看，任务更趋严峻。由于生活水平和人均寿命不断提高，再加上独生子女政策，中国拥有世界上老龄化最快的人口。中国的工作年龄人口预计到 2015 年达到顶峰。[12] 从那时起，中国 15~64 岁的公民将不断减少，而需要抚养的老年人口数量则会越来越庞大。人口变化将非常明显：到 2030 年，20~29 岁的农村劳动力数量预计将降至现有水平的一半。[13] 到 2050 年，中国一半人口在 45 岁以上，1/4 人口（约相当于美国当前的人口数量）在 65 岁以上。[14]

一个面对如此庞大国内任务的国家不太可能轻易（更别说自动）投身于战略对抗或追求世界主导地位。大规模杀伤性武器的存在，再加上最终后果无法预知的现代军事技术，决定了今天与“一战”之前的时期明显不同。发动“一战”的领导人不知道自己手中武器的后果，而当代领导人对他们所能释放的毁灭性潜力心知肚明。

美国与中国之间的决定性竞争更可能是经济竞争、社会竞争，而不是军事竞争。如果两国当前经济增长、财政健康、基础设施支出和教育设施方面的趋势持续下去，中美发展步伐的差距会继续扩大，第三方也会越来越倾向于认为中国的相对影响力强于美国的相对影响力，尤其是在亚太地区。但美国有能力通过自己的努力阻止或扭转这种趋势。

美国有责任维持自己的竞争力和世界角色。美国这么做应是出于传统理念，而不是为了与中国比赛。提高竞争力主要是美国的事情，我们不应让中国代劳。中国为了实现它心目中的国家命运，将继续发展经济，在亚洲及以外的地区寻求广泛利益。这不是支配“一战”之前对抗的那种局面，而是表明中国和美国既合作又竞争，在许多方面共同发展。

在这种广泛互动中，人权问题将占有一席之地。美国若要表里如一，就必须坚持对人类尊严基本准则和民众参与政府管理的承诺。由于现代技术的特性，这些准则不会局限于国境之内。但是经验已经表明，试图通过对抗强加于人可能弄巧成拙，尤其是对中国这样一个拥有自己历史宏图的国家。许多届美国政府，包括奥巴马政府头两年任期内，既追求长期道义目标，也能具体情况具体对待，适应国家安全的要求，两者呈现出了充分的平衡。前几章讨论过的这一基本途径依然有效。如何实现必要的平衡，是双方新一代领导人的共同挑战。

问题最终归结为中国和美国实际上要求对方做什么。美国公开把亚洲组织起来遏制中国，或者建立民主国家集团发动意识形态进攻，这些举动均不可能成功，因为中国是多数邻国不可或缺的贸易伙伴。同理，中国试图把美国排除在亚洲经济和安全事务之外，也会遭遇几乎所有其他亚洲国家的抵制，因为它们害怕单一国家主导该地区可能带来的后果。

中美关系的恰当标签应是“共同进化”，而不是“伙伴关系”。这意味着两国都注重国内必须做的事情，在可能的领域开展合作，调整关系，减少冲突。任何一方都不完全赞同对方的目标，也不假定利益完全一致，但双方都努力寻找和发展相互补充的利益。[15]

为了两国人民，为了全球福祉，美国和中国应该做此尝试。任何一方都很庞大，不可能任由对方支配。因此，在战争或冷战式冲突中，双方都没有能力确保获胜。它们需要自问这些在《克劳备忘录》时期显然没有正式提出的问题：冲突将把我们带向哪里？当年也许正是由于各方缺乏远见才把均衡变成一种机械程序，而没有考虑到万一稍有不慎，庞大的机器失去控制迎头相撞会把世界变成什么样子。如果把国际体系带入第一次世界大战的领导人知道"一战"结束时世界的模样，难道他们不会望而却步吗？

走向太平洋共同体？

这样的共同进化必须处理好三个层面的关系。第一个层面涉及大国正常交往中出现的问题——30 年前形成的磋商机制被证明大体能解决这一问题。通过磋商，双方都很专业地维护了共同利益，如贸易关系和具体问题的外交合作。当危机出现时，一般都通过讨论来解决。

第二个层面是尝试把对常态性危机的讨论提升为更全面的框架，消除紧张状态背后的原因。在东北亚整体概念中处理朝鲜问题是一个很好的例子。如果谈判各方无能为力，朝鲜得以保持核能力，那么事态就到了危急关头，整个东北亚和中东地区的核武器扩散将成为可能。在共同认可的东北亚和平秩序之下，继续采取措施处理朝鲜核扩散问题的时候是不是到了呢？

更为重要的远见卓识是把世界推向第三个层面，一战浩劫前各国领导人从未达到的层面。

认为中美注定迎头相撞的观点是，太平洋两岸的两国像两个相互竞争的集团一样对待对方。但这对双方来说都是一条通向灾难的道路。

在当今世界形势下，战略紧张的一个方面是中国人担心美国企图遏制中国；同样，美国人担心中国试图把美国赶出亚洲。太平洋共同体概念能够缓解双方的担心。美国、中国和其他国家都属于这个地区，都参与这个地区的和平发展，这将使美国和中国成为共同事业的组成部分。共同目标以及对共同目标的阐释将在一定程度上取代战略焦虑。日本、印尼、越南、印度和澳大利亚等其他主要国家因而也将能够参与这一体系的建设。这将被视为一个各国联合的体系，而不是一个划分为“中国”集团与“美国”集团的两极体系。只有有关国家的领导人高度重视，尤其是坚信这一体系，努力构建这一体系才有意义。

对“二战”后重建世界秩序的这代人来说，其最伟大的成就之一就是提出了大西洋共同体的概念。能否有一个类似的概念，可以消除或者说至少缓和美中两国之间可能会出现的紧张态势？这就反映出一个事实，即美国在亚洲具有强大的影响力，而许多亚洲国家也需要美国。与此相呼应的是，中国也同样渴望在全球发挥作用。

共同的区域政治概念也在很大程度上回答了中国对美国执行对华遏制政策的担心。了解人们所说的“遏制”是什么意思，这一点十分重要。印度、日本、越南、俄罗斯等拥有大量资源的国家与中国接壤或相邻，它们所代表的现实不是美国政策造成的。中国有史以来一直与它们相处。国务卿希拉里·克林顿拒绝遏制中国的主张，就是拒绝由美国在反华基础上牵头建立一个战略集团。而在建立太平洋共同体的过程中，中美彼此之间以及和其他参加国将拥有建设性关系，而不是敌对集团的成员。

亚洲的未来将在很大程度上取决于中国和美国的远见，以及两国在多大程度上认同对方的地区历史角色。美国自建国以来笃信自己的理想具有普世价值，声称自己有义务传播这些理想。这一信念常常成为美国的驱动力。中国行为的依据是其独特性，它通过文化渗透而非传教狂热来扩大影响。

对这两个代表不同版本例外主义的社会来说，合作之路必定复杂。一时的感觉并不重要，重要的是培养一种无论形势如何变化，仍能持续的行为模式的能力。太平洋两边的领导人有义务建立共同协商、相互尊重的传统，这样对他们的继任者来说，共同建设世界秩序将成为并行不悖的国家抱负。

当中美两国40年前第一次恢复关系时，当时领导人的最大贡献是愿意超越眼前的问题而放眼未来。他们在某种程度上是幸运的，因为长期相互孤立意味着他们之间没有短期的日常问题。这使一代人之前的领导人能够不惧压力、谋划未来，为一个当时难以想象但没有中美合作便无法实现的世界打下基础。

为了理解和平的本质，我自从半个世纪前攻读研究生时，就研究国际秩序的建构和运作。基于这些研究，我知道，即便对于双方最有善意、最高瞻远瞩的领导人来说，文化、历史和战略认知上的差异也将形成严峻的挑战。另一方面，如果历史只是机械地重复过去，那么以往的任何转变都不可能发生。每个伟大成就在成为现实之前都是一种远见。在这种意义上，它产生于勇于担当，而不是听天由命。

哲学家伊曼纽尔·康德在其著作《论永久和平》中指出，永久和平最终将以两种方式中的一种降临这个世界：或者由于人类的洞察力，或者因为在巨大的冲突和灾难面前，除了永久和平人类别无他择。我们现在正处于这样的关头。

当年周恩来总理和我就宣布我秘密访华的公报达成一致时曾说："这将震撼世界。"40年后，倘若美国和中国能够同心协力建设世界，而不是震撼世界，那将是何等大的成就啊！

中文注释

前言

1. 约翰 · W · 加弗，“1962 年中国对印战争中的决策”，载于江忆恩和陆伯彬编，《中国外交政策研究的新方向》(斯坦福：斯坦福大学出版社，2006 年)，第 116 页，转引自孙晓、陈志斌著，《喜马拉雅山的雪：中印战争实录》(太原：北岳文艺出版社，1991 年)，第 95 页；王宏纬著，《喜马拉雅山情结：中印关系研究》(北京：中国藏学出版社，1998 年)，第 228~230 页。

2. “华夏”和“中华”是对中国的另外两种常用称谓，没有确切的英文含义，但都有类似于“伟大中央文明”的含义。

第一章　中国的独特性

1. 司马迁，《史记》第一篇，赫伯特 · J · 艾伦译。《大不列颠及爱尔兰皇家亚洲协会会刊》(伦敦：皇家亚洲协会，1894 年)，第 278~280 页 (第一篇：《五帝本纪》)。

2. 古伯察，《中华帝国纪行》(伦敦：朗曼、布朗、格林与朗曼斯出版社，1855 年)，引自舒尔曼、夏伟编，《中华帝国：末代王朝的衰落和近代中国的开端，18~19 世纪》节录（纽约：Vintage 出版社，1967 年)，第 31 页。

3. 罗贯中著，莫斯 · 罗伯茨译，《三国演义》(北京：外文出版社，1995 年)，第 1 页。

4. 毛泽东以此例说明为什么中国甚至能经受住一次核战争。罗斯 · 特里尔，《毛泽东传》(斯坦福：斯坦福大学出版社，2000 年)，第 268 页。

5. 费正清、谷梅，《中国新史》，第 2 版（剑桥：贝尔纳普出版社，2006 年)，第 93 页。

6. 牟复礼，《中华帝国：公元 900~1800 年》(剑桥：哈佛大学出版社，1999 年)，第 614~615 页。

7. 同上，第 615 页。

8. 托马斯·梅多斯，《中国政府和中国人——漫谈札记》(伦敦：W·H·艾伦出版社，1847 年)，《中华帝国》节录，第 150 页。

9. 白鲁恂，"研究中国现实的社会科学理论"，《中国季刊》，第 132 期（1992 年），第 1162 页。

10. 在北京的美国使者料想他在华盛顿的同事一准会反对中国统辖四海的表述文字，于是请当地的一位英国专家提供了另一个翻译版本外加对文本的注释。新译文解释说，这一刺耳的措辞——字面意思是"抚慰控制天下"——乃惯常用语，且致林肯的信函（按中国朝廷的标准衡量）措辞尤为谦恭，显示了一片诚意。"外交事务文件集：总统对第 38 届国会首次会议的致辞"，第 2 卷（华盛顿：美国政府印刷局，1864 年），第 33 号文件（"伯林盖姆先生致苏厄德先生函"，北京，1863 年 1 月 29 日），第 846~848 页。

11. 一位迷恋中国（或许过于迷恋）的西方学者对这些成就有出色论述。参阅李约瑟编写的多卷本《中国科学技术史》(剑桥：剑桥大学出版社，1954 年)。

12. 费正清、谷梅，《中国新史》，第 89 页。

13. 安格斯·麦迪森，《世界经济千年统计》(巴黎：经济合作与发展组织，2006 年)，附录B，第 261~263 页。必须看到，直到产业革命前，国内生产总值都紧密地与人口数量挂钩，因此中国和印度的国内生产总值超过西方，部分是因为其人口庞大。我要感谢迈克尔·塞姆巴莱斯特提请我注意这些数字。

14. 杜赫德，《中华帝国及中华鞑靼地理、历史、编年纪、政治及博物》(海牙：舒利尔出版社，1736 年)，《中华帝国》节录，舒尔曼、夏伟编译，第 71 页。

15. 魁奈，《中国的专制主义》，《中华帝国》节录，舒尔曼、夏伟编，第 115 页。

16. 关于中国古典文献对孔子政治生涯的论述，参阅金安平著，《真实的孔子：一个思想家和政治家的一生》(纽约：斯克布里纳出版社，2007 年)。

17. 史华慈，《古代中国的思想世界》(剑桥：贝尔纳普出版社，1985 年)，第 63~66 页。

18. 孔子言论，苏慧廉译，《论语》(纽约：多弗出版社，1995 年)，第 107 页。

19. 马克·曼考尔，"试论满清藩属体系"，费正清编，《中国的世界秩序》(剑桥：哈佛大学出版社，1968 年)，第 63~65 页；马克·曼考尔，《位于中心的中国：300

年外交政策》（纽约：自由出版社，1984 年），第 22 页。

20. 罗斯 · 特里尔，《新中华帝国》（纽约：基础书籍出版社，2003 年），第 46 页。

21. 费正清、谷梅，《中国新史》，第 28、68~69 页。

22. 坂野正高，《中国与西方，1858~1861：总理衙门的设立》（剑桥：哈佛大学出版社，1964 年），第 224~225 页；曼考尔，《位于中心的中国》，第 16~17 页。

23. 坂野正高，《中国与西方》，第 224~228 页；史景迁，《追寻现代中国》（纽约：诺顿出版社，1999 年），第 197 页。

24. 赖德懋，"中国与蛮夷"，约瑟夫 · 巴恩斯编，《东方的帝国》（纽约：双日出版社，1934 年），第 22 页。

25. 杨联陞，"从历史看中国的世界秩序"，费正清编，《中国的世界秩序》，第 33 页。

26. G · V · 梅利霍夫，"明朝对女真族政策（1402~1413）"一文节录，摘自《中国与四邻：从古代到中世纪》（莫斯科：进步出版社，1981 年），S · L · 蒂科文斯基编，第 209 页。

27. 余英时，《汉代贸易与扩张：汉胡经济关系结构研究》（伯克利：加州大学出版社，1967 年），第 37 页。

28. 徐中约，《中国进入国际社会：外交时期（1858~1880）》（剑桥：哈佛大学出版社，1960 年），第 9 页。

29. 中国因而将蒙古（"内蒙"以及在中国历史上不同时期的"外蒙"）和满洲收为己有。两地分别是建立了元、清二朝的外族征服者的发祥地。

30. 有关这些主题的深入探讨及围棋的详细规则，参阅来永庆，"以中国围棋剖析'势'的战略概念"（宾夕法尼亚州卡莱尔：美国陆军战争学院战略研究所，2004 年）；来永庆和加里 · 汉比，"东方遭遇西方：一古老棋艺给美国—亚洲战略关系带来的启示"，《韩国国防分析杂志》，第 14 辑，第 1 期（2002 年春）。

31. 有一种观点认为，《孙子兵法》乃出自战国时期（距今同样遥远）的一位作者之手。为了让自己的思想更具正统性，他把成书的时间向前推至孙子时代。以上观点分别载于《孙子兵法》（牛津：牛津大学出版社，1971 年），前言，第 1~12 页，塞缪尔 · 格里菲思译；另见"作为历史和理论的《孙子兵法》"，载于《战略逻辑与政治理性：纪念迈克尔 · 汉德尔论文集》（伦敦：弗兰克卡斯出版社，2003 年）。

32. 闵福德，《孙子兵法》（纽约：维京出版社，2002 年），第 3 页。

33. 同上，第 87~88 页。

34. 同上，第 14~16 页。

35. 同上，第 23 页。

36. 同上，第 6 页。

37. 在汉语里，“势”一词的发音大致相当于英文里以“sh”音念“sir”。中文一词分别由含“培育”和“力量”意思的两个部首组成。

38. 苏德恺，“军事圣典 :《孙子兵法》”，狄百瑞和卜爱莲编，《中国传统研究资料集》，第 1 卷，《从先秦到 1600 年》（纽约 : 哥伦比亚大学出版社，1999 年），第 2 版，第 215 页。中国学者林语堂把“势”解释为从美学和哲学的角度看待某一局势的“未来走向……恰如风、雨、洪水或战争对未来的影响，是强还是弱，很快止息还是无限期地继续下去，是赢还是输，走向如何，力度多大”。林语堂，《生活的艺术》（纽约 : 哈珀出版社，1937 年），第 442 页。

39. 李约瑟、叶山，《中国科学技术史》，第 5 卷，第 6 节 :“军事技术 : 导弹与围攻（剑桥 : 剑桥大学出版社，1994 年），第 33~35、67~79 页。

40. 来永庆、汉比，“东方遭遇西方”，第 275 页。

41. 黑格尔，《历史哲学》，霍尔丹、西蒙译，引自史景迁著，《追寻现代中国》，第 135~136 页。

第二章　叩头问题和鸦片战争

1. 关于清朝几位杰出皇帝在位时期在“亚洲内部”的扩张，濮德培在所著的《中国西进 : 清朝对欧亚大陆中部的征服》一书中有详细的论述。（剑桥 : 贝尔纳普出版社，2005 年）。

2. J · L · 克莱默–宾编，《出使中国 : 马嘎尔尼勋爵觐见乾隆皇帝私人日记，1793~1794》（伦敦 : 朗曼、布朗、格林与朗曼斯出版社，1962 年），序言，第 7~9 页（引自《大清会典》）。

3. “马嘎尔尼勋爵受命于亨利 · 邓达斯”（1792 年 9 月 8 日），载于郑培凯、李文玺和史景迁编，《追寻现代中国 : 文件汇编》（纽约 : 诺顿出版社，1999 年），第 93~96 页。

4. 同上，第 95 页。

5. 马嘎尔尼日记，载于《出使中国》，第 87~88 页。

6. 同上，第 84~85 页。

7. 阿兰 · 佩雷菲特，《停滞的帝国》（纽约 : 诺普夫书局，1992 年），第 508 页。

8. 马嘎尔尼日记，载于《出使中国》，第 105 页。

9. 同上，第 90 页。

10. 同上，第 123 页。

11. 同上。

12. 见本书第一章“中国的独特性”。

13. 马嘎尔尼日记，载于《出使中国》，第 137 页。

14. 乾隆皇帝给乔治三世的首道敕令（1793 年 9 月），载于郑培凯、李文玺和史景迁编，《追寻现代中国：文件汇编》，第 109 页。

15. 乾隆皇帝给乔治三世的第二道敕令（1793 年 9 月），载于郑培凯、李文玺和史景迁编，《追寻现代中国：文件汇编》，第 109 页。

16. 马嘎尔尼日记，载于《出使中国》，第 170 页。

17. 安格斯·麦迪森，《世界经济千年统计》（巴黎：经济合作与发展组织，2006 年），附件B，第 261 页，表B–18：“世界国内生产总值：20 国与区域总值，公元元年~1998 年”。

18. 史景迁，《追寻现代中国》（纽约：诺顿出版社，1999 年），第 149~150 页；阿兰·佩雷菲特，《停滞的帝国》，第 509~511 页。蒲德华和梁兢冰，《中国的马基雅维利：中国三千年治国方略》（纽约：法勒、施特劳斯和吉鲁出版社，1976 年），第 280 页。

19. 彼得·沃德·费伊，《鸦片战争：1840~1842》（查珀尔希尔：北卡罗来纳大学出版社，1975 年），第 68 页。

20. 阿兰·佩雷菲特，《停滞的帝国》，第 xxii 页。

21. “林则徐对维多利亚女王的忠告，1839 年”，载于邓嗣禹、费正清编，《中国对西方的反应：文献通考，1839~1923》（剑桥：哈佛大学出版社，1979 年），第 26 页。

22. 同上，第 26~27 页。

23. 同上，第 25~26 页。

24. “巴麦尊勋爵致函中国皇帝的使节”（伦敦，1840 年 2 月 20 日），载于马士著，《中华帝国对外关系史》再版，第 1 卷，《冲突时期：1834~1860》，第 2 部（伦敦：朗曼、布朗、格林与朗曼斯出版社，1910 年），第 621~624 页。

25. 同上，第 625 页。

26. 给皇帝的奏折，舒尔曼、夏伟编，《中华帝国：末代王朝的衰落和近代中国的开端，18~19 世纪》（纽约：Vintage 出版社，1967 年）节录，第 146~147 页。

27. 巴克斯、濮兰德,《出使清廷历史年编及回忆》(波士顿：霍顿·米夫林出版社，1914 年)，第 396 页。

28. 蒋廷黻,《中国近代史》(香港：Lita 出版社，1955 年)，转引自舒尔曼、夏伟编,《中华帝国》节录，第 139 页。

29. 同上，第 139~140 页。

30. 莫里斯·科利斯,《外交泥沼：19 世纪 30 年代广东的鸦片纠纷及此后的英中战争》(纽约：新方向出版社，1946 年)，第 297 页。

31. 邓嗣禹、费正清编,《中国对西方的反应》，第 27~29 页。

32. 徐中约,《近代中国的崛起》，第 6 版（牛津：牛津大学出版社，2000 年），第 187~188 页。

33. 史景迁,《追寻现代中国》，第 158 页。

34. 费正清,《中国沿海地区的贸易与外交：对外开埠，1842~1854》(斯坦福：斯坦福大学出版社，1969 年)，第 109~112 页。

35. “耆英治夷方法，1844 年”，译自邓嗣禹、费正清编,《中国对西方的反应》，第 38~39 页。

36. 同上，第 38 页。一并参阅徐中约著,《近代中国的崛起》，第 208~209 页。多年后，英国人占领了广州一官员的府邸后，发现了该奏折的副本。1858 年耆英与英国代表谈判期间，因该奏折对外曝光颜面尽失，径自不辞而别。耆英因未经授权擅自逃离官方谈判获死罪。照顾到他的皇族身份，他被赐予一条绫带自缢。

37. 梅多斯,《中国政府和中国人——漫谈札记》，转引自舒尔曼、夏伟编,《中华帝国》，第 148~149 页。

38. 马士,《中华帝国对外关系史》，第 1 卷，第 2 部，第 632~636 页。

39. 同上，第 1 部，第 309~310 页，乾隆皇帝给乔治三世国王的第二道敕令。载于郑培凯、李文玺和史景迁编,《追寻现代中国：文件汇编》，第 109 页。

第三章　由盛转衰

1. “魏源论海防政策,1842 年”，载于邓嗣禹、费正清编,《中国对西方的反应》(剑桥：哈佛大学出版社，1979 年)，第 30 页。

2. 同上，第 31~34 页。

3. 同上，第 34 页。

4. 最早的一批条约里列入了最惠国待遇条款。这究竟是清朝政府一项连贯的战略，还是它在操作层面上的疏忽，对此众说不一。一位学者指出，在某些方面，清朝政府此后与诸列强谈判的回旋余地因此受到了限制，因为任何一个西方大国均可确知，给予其竞争国的任何好处，它也有一份。另一方面，其实际效果是任何一个殖民国家无法获取压倒性的经济地位。同一时期中国众多邻国的经历与此形成鲜明对比。参阅徐中约著，《近代中国的崛起》，第6版（牛津：牛津大学出版社，2000年），第190~192页。

5. “魏源论海防政策”，载于邓嗣禹、费正清编，《中国对西方的反应》，第34页。

6. 恭亲王（奕䜣），“1861年新外交政策”，载于邓嗣禹、费正清编，《中国对西方的反应》，第48页。

7. 马嘎尔尼日记，载于J·L·克莱默–宾编，《出使中国：马嘎尔尼觐见乾隆皇帝私人日记，1793~1794》（伦敦：朗曼斯–格林出版社，1962年），第191、239页。

8. 费正清、谷梅，《中国新史》，第2版（剑桥：贝尔纳普出版社，2006年），第216页，关于太平天国起义及其富有魅力的领导人洪秀全的一生，参阅史景迁著，《上帝的中国之子》（纽约：诺顿出版社，1996年）。

9. 徐中约，《近代中国的崛起》，第209页。

10. 同上，第209~211页。

11. 布鲁斯·埃勒曼，《1795~1989之近现代中国战争》（纽约：劳特利奇出版社，2001年），第48~50页；徐中约，《近代中国的崛起》，第212~215页。

12. 芮玛丽，《中国保守主义的最后抵抗：同治维新，1862~1874》，第2版（斯坦福：斯坦福大学出版社，1962年），第233~236页。

13. 徐中约，《近代中国的崛起》，第215~218页。

14. 115年后，邓小平对失去符拉迪沃斯托克（以及福特总统在该城市与苏共总书记勃列日涅夫举行的首脑会谈）做了刻意的评论。他告诉我，中国人和苏联人对该城市的不同称呼反映了各自的意图。中文名字为“海参崴”，而俄文名字的意思是“统治东方”。邓小平又补充说：“我觉得除了字面上的意思外，再没有其他意思。”

15. “1861年1月的新外交政策”，载于邓嗣禹、费正清编，《中国对西方的反应》，第48页。

16. 同上。

17. 同上。

18. 同上。

19. 克里斯托弗·A·福特，《帝国思维：中国历史和近代外交关系》（列克星敦：

肯塔基大学出版社，2010 年），第 142~143 页。

20. 我要感谢我的同事芮效俭大使提请我注意该文字细节。

21. 此处对李鸿章的叙述参考了解威廉撰写的“李鸿章”一文中讲述的事件，载于恒慕义编，《清代名人传略》（华盛顿：美国政府印刷局，1943 年），第 464~471 页，濮兰德，《李鸿章》（纽约：亨利·霍尔特出版社，1917 年），以及埃德加·桑德森编，《世界历史六千年》；第 7 卷，外国政治家（费城：杜蒙特出版社，1900 年），第 425~444 页。

22. 解威廉，“李鸿章”，载于恒慕义编，《清代名人传略》，第 466 页。

23. “曾国藩书信节选，1862 年”，由邓嗣禹、费正清翻译并引用到他们所编的《中国对西方的反应》一书中，第 62 页。

24. 李鸿章，“产业化的问题”，引自舒尔曼、夏伟编，《中华帝国：末代王朝的衰落和近代中国的开端：18~19 世纪》（纽约：Vintage 出版社，1967 年），第 238 页。

25. 邓嗣禹、费正清编，《中国对西方的反应》，第 87 页。

26. “敦促学习西方火器的致总理衙门信函”，同上出处，第 70~72 页。

27. “李鸿章对西学的支持”，同上出处，第 75 页。

28. 同上。

29. 同上。

30. 芮玛丽，《中国保守主义的最后抵抗》，第 222 页。

31. 陈志让，《中国与西方：社会和文化，1815~1937》（布卢明顿：印第安纳大学出版社，1979 年），第 429 页。

32. 根据 14 世纪“君权神授的君主正统传位记载”（20 世纪 30 年代，日本文部省宣传局将其广为散发），“日本乃一神国，来自上天的祖先为其奠基，太阳女神让其后裔千秋万代统御日本。只有我国是如此，其他国家绝无类似情形，所以它才被称为神国。”《无情战争：太平洋战争的种族与实力》（纽约：名人堂出版社，1986 年），第 222 页。

33. 肯尼思·派尔，《日本的崛起》（纽约：公共事务出版社，2007 年），第 37~38 页。

34. 卡雷尔·范沃尔夫伦，《日本强大之谜：一个不成其为国家的国度里的人民和政治》（伦敦：麦克米伦出版社，1989 年），第 13 页。

35. 关于一个以日本为中心的进贡秩序的传统概念，参阅迈克尔·奥斯林，《与帝国主义谈判：不平等条约与日本外交文化》（剑桥：哈佛大学出版社，2004 年），第 14 页；马里厄斯 · 詹森，《近代日本的形成》（剑桥：贝尔纳普出版社，2000 年），第 69 页。

36. 詹森，《近代日本的形成》，第 87 页。

37. 陈志让，《中国与西方》，第 431 页。

38. Masakazu Iwata，《大久保利通：日本的俾斯麦》（伯克利：加州大学出版社，1964 年），援引王芸生著，《六十年来中国与日本》（天津：《大公报》，1932~1934 年）。

39. 1874 年危机的导因是琉球群岛的一艘船在台湾东南海域触礁沉没，船员被台湾一原住民杀害。日本提出条件苛刻的赔偿要求后，北京最初的答复是，它无力管辖没有汉化的原住部族。从传统的中国观点看，这一说法有一定的道理。北京没有管辖"夷人"的职责。从近代国际法律和政治角度看，这几乎肯定是一次错误的判断，因为它意味着中国对台湾不具有完全的管辖权。日本随后发兵伐台，而清政府完全无力抵抗。日本于是迫使中国支付赔偿。当时的一位观察家称这次赔偿"是一次决定了中国命运的交易，因为它让全世界看到，此地有一个富饶的帝国，它愿意赔偿，但不愿打仗 [《维多利亚时代在华的一位英国人》，第 2 卷（伦敦：威廉 · 布莱克伍德父子出版社，1900 年），第 256 页]，这次危机对中国伤害尤其大，因为此前中日两国均称，琉球群岛是自己的属地。危机后，琉球群岛落入日本势力范围。参阅徐中约，《近代中国的崛起》，第 315~317 页。

40. 邓嗣禹、费正清编，《中国对西方的反应》，第 71 页。

41. 濮兰德，《李鸿章》，第 160 页。

42. 同上，第 160~161。

43. "1896 年中俄密约案文"，载于邓嗣禹、费正清编，《中国对西方的反应》，第 131 页。

44. 濮兰德，《李鸿章》，第 306 页。

45. 关于这些事件以及清廷内部的辩论，参阅徐中约著，《近代中国的崛起》，第 390~398 页。

46. 辛丑赔款与此前的赔偿截然不同，外国列强要么放弃大部赔款，要么将赔款改用于中国境内的慈善事业。美国将一部分赔款用于创办位于北京的清华大学。

47. 斯科特 · A · 布尔曼，《耗时游戏：围棋——诠释毛泽东的革命战略》（纽约：牛津大学出版社，1969 年），该书极其详尽地讲述了这些战略。

48. 史景迁，《追寻现代中国》（纽约：诺顿出版社，1999 年），第 485 页。

第四章　毛泽东的革命

1. 关于毛泽东对秦始皇的看法，从下列文章中可见一斑："在北戴河会议上的讲话：1958 年 8 月 19 日"，载于马若德、齐慕实和尤金 · 吴编，《毛主席的秘密讲话——从"百花运动"到"大跃进"》（剑桥：哈佛大学出版社，1989 年），第 405 页；"第一次郑州会议上的讲话：1958 年 11 月 10 日"，同前出处，第 476 页；蒂姆 · 亚当斯，"目击强秦"，《观察家报》，2007 年 8 月 19 日。

2. 安德烈 · 马尔罗，《反回忆录》，特伦斯 · 基尔马丁译（纽约：亨利 · 霍尔特出版公司），1967 年，第 373~374 页。

3. "1958 年 1 月 28 日在最高国务会议上的讲话摘要"，载于斯图尔特 · 施拉姆编，《未经修饰的毛泽东——谈话和书信集：1956~1971》（哈蒙斯沃思：企鹅出版公司，1975 年），第 92~93 页。

4."论人民民主专政：纪念中国共产党二十八周年，1949 年 6 月 30 日"，载于《毛泽东选集》，第 4 卷（北京：外文出版社，1969 年），第 412 页。

5. "工作方法六十条草案——中共中央办公厅 1958 年 2 月 19 日印发"，载于陈志让编，《毛泽东著作：选集与书目》（伦敦：牛津大学出版社，1970 年），第 63 页。

6. 同上，第 66 页。

7. "中国人民站起来了：1949 年 9 月"，载于齐慕实编，《毛泽东和中国革命：文献简史》（纽约：帕尔格雷夫出版社，2002 年），第 126 页。

8. 傅泰乐，"政权不安全和国际合作：试论中国在领土争端中的妥协"，载于《国际安全季刊》2005 年秋季号，第 56~57 页；"喜马拉雅地区的竞争：印度和中国"，载于《经济学人》，2010 年 8 月 21 日，第 17~20 页。

9. 章百家，"周恩来——中国外交的制定者和创始人"，载于迈克尔 · H · 杭特、牛军编，《中国共产党外交关系史（20 世纪 20 年代到 60 年代）：人物和视角》（华盛顿：威尔逊国际学者中心亚洲部，1992 年），第 77 页。

10. 查尔斯 · 希尔，《大战略——文学、治国策略和世界秩序》（纽黑文：耶鲁大学出版社，2010 年），第 2 页。

11. "谈话备忘录：1971 年 7 月 10 日中午 12：10~晚 6：00 于北京"，载于史蒂文 · E · 菲利普斯编，《美国外交关系（1969~1976）》，第 17 卷，《中国：1969~1972》（华盛顿：美国政府印刷局，2006 年），第 404 页。1971 年 7 月我在北京第一次见到周恩来，在一次会见中，周恩来背诵了这两句诗词。

12. 约翰 · W · 加弗，“1962 年中国对印战争中的决策”，载于江忆恩、陆伯彬编，《中国外交政策研究的新方向》（斯坦福：斯坦福大学出版社，2006 年），第 107 页。

13. “正确处理人民内部矛盾——1957 年 2 月 27 日”，载于《毛泽东选集》，第 5 卷（北京：外文出版社，1977 年），第 417 页。

14. 埃德加 · 斯诺，《漫长的革命》（纽约：兰登书屋，1972 年），第 217 页。

15. 林彪，《人民战争胜利万岁！》（北京：外文出版社，1967 年），第 38 页。1965 年 9 月 3 日首次刊登于《人民日报》。

16. 杨奎松、夏亚峰，“在革命与缓和间摇摆——毛泽东对美国心态和政策上的变化，1969~1976”，载于《外交史》，第 34 卷，第 2 期，2010 年 4 月。

17. 陈兼、戴维 · L · 威尔逊编，“天下大乱——北京，中苏边境冲突和转向中美和解，1968~1969”，《冷战国际史研究项目公报》，第 11 辑（华盛顿：威尔逊国际学者中心，1998 年冬季号），第 161 页。

18. 迈克尔 · 奥克森伯格，“政治领袖”，载于迪克 · 威尔逊编，《在历史天平上的毛泽东》（剑桥：剑桥大学出版社，1978 年），第 90 页。

19. 斯图尔特 · 施拉姆，《毛泽东思想》（剑桥：剑桥大学出版社，1989 年），第 23 页。

20. “中国革命和中国共产党——1939 年 12 月”，载于《毛泽东选集》，第 2 卷，第 306 页。

21. “谈话备忘录：1972 年 2 月 21 日下午 2：50~3：55 于北京”，《美国外交关系》，第 17 卷，第 678 页。

22. “愚公移山”，载于《毛泽东选集》，第 3 卷，第 272 页。

第五章　三角外交和朝鲜战争

1. “斯大林和毛泽东的谈话：莫斯科，1949 年 12 月 16 日”，载于俄罗斯联邦总统档案馆（APRF），全宗 45，目录 1，案卷 329，第 9~17 页，丹尼 · 罗扎斯译自《冷战国际史研究项目：虚拟档案馆》，威尔逊国际学者中心。

2. 斯特罗布 · 塔尔博特编译，《最后的遗言——赫鲁晓夫回忆录》（波士顿：利特尔–布朗出版社，1974 年），第 240 页。

3. “斯大林和毛泽东的谈话”，www.cwihp.org。

4. 同上。

5. 同上。

6. 同上。

7. 见第六章“中国与两个超级大国的对抗”。

8. “第二部附件D——中国：中国的军事形势和军事援助建议”，《对华白皮书：1949年8月》，第2卷（斯坦福：斯坦福大学出版社，1967年），第814页。

9. “转送函：1949年7月30日”，《对华白皮书：1949年8月》，第1卷（斯坦福：斯坦福大学出版社），1967年，第xvi页。

10. 迪安·艾奇逊，“亚洲危机——对美国政策的审视”，载于《国务院简报》，1950年1月23日刊，第113页。

11. 谢尔盖·N·冈察洛夫、约翰·W·路易斯和薛理泰，《不确定的伙伴：斯大林、毛泽东与朝鲜战争》（斯坦福：斯坦福大学出版社，1993年），第98页。

12. 艾奇逊，“亚洲危机——对美国政策的审视”，第115页。

13. 同上。

14. 同上，第118页。

15. 时过40年，“二战”后中苏谈判结果造成的积怨依然难平。1989年，邓小平要老布什总统“看看地图，看苏联把外蒙古从中国分裂出去弄成了什么样子。我们是什么样的战略处境？50岁以上的中国人都记得中国的形状像枫叶。现在你看看地图，北面的一大块给切走了”。乔治·H·W·布什和布伦特·斯考克罗夫特，《改变了的世界》（纽约：诺普夫书局，1998年），第95~96页。要理解邓小平所说的中国的战略处境，必须考虑到从中苏分裂开始到整个冷战期间，苏联一直在蒙古驻有重兵。

16. 冈察洛夫、路易斯和薛理泰，《不确定的伙伴》，第103页。

17. 斯图尔特·施拉姆，《毛泽东思想》（剑桥：剑桥大学出版社，1989年），第153页。

18. “斯大林和毛泽东的谈话”，www.cwihp.org。

19. 苏联军队原已越过了三八线以南，但听从了华盛顿的呼吁，回到了北面，把朝鲜半岛大约平分为两半。

20. 陈兼，《中国通向朝鲜战争之路：中美冲突的形成》（纽约：哥伦比亚大学出版社，1994年），第87~88页（引用了作者和师哲的谈话）。

21. 凯瑟琳·威瑟斯比，“我们应该担心吗？斯大林与美国作战的危险”，载于《冷战国际史研究项目工作报告》，第39号（华盛顿：威尔逊国际学者中心，2002年7月），第9~11页。

22. “麦克阿瑟矢言保卫日本”,《纽约时报》(1949 年 3 月 2 日),《纽约时报》历史档案。

23. 艾奇逊,“亚洲危机——对美国政策的审视”,第 116 页。

24. 同上。

25. 威瑟斯比,“我们应该担心吗？”,第 11 页。

26. 冈察洛夫、路易斯和薛理泰,《不确定的伙伴》,第 144 页。

27. 同上。

28. 同上,第 145 页。

29. 陈兼,《中国通向朝鲜战争之路》,第 112 页。

30. 沈志华,《毛泽东、斯大林与朝鲜战争》(广州 : 广东人民出版社,2003 年)。英译本即将出版,尼尔 · 西尔弗译。

31. 同上。

32. 同上。

33. 杨奎松对沈志华一书的介绍,引自杨奎松,“斯大林为什么支持朝鲜战争——读沈志华著《毛泽东、斯大林与朝鲜战争》”,载于《20 世纪》,2004 年 2 月刊。

34. 杜鲁门,“总统关于朝鲜局势的讲话 : 1950 年 6 月 27 日”,《美国总统公开文件》,第 173 号 (华盛顿 : 美国政府印刷局,1965 年),第 492 页。

35. 宫力,“50 年代的台湾海峡紧张局势及中国采取的对策”,载于陆伯彬、姜长斌编,《重新审视冷战 : 中美外交,1954~1973》(剑桥 : 哈佛大学出版社,2001 年),第 144 页。

36. 联合国大会决议 376 (V),《朝鲜独立的问题》(1950 年 10 月 7 日)。

37. 迈克尔 · S · 格尔森在《中苏边境冲突 : 威慑、升级与 1969 年核战争的威胁》(弗吉尼亚州亚历山德里亚 : 海军分析中心,2010 年) 一书中就乌苏里江冲突中对这些原则的适用进行了精彩的分析。

38. 关于毛泽东打仗的目的,见张曙光著,《毛泽东的军事浪漫主义 : 中国和朝鲜战争 (1950~1953 年)》(劳伦斯 : 堪萨斯大学出版社,1995 年),第 101~107 页、123~125 页、132~133 页 ; 还见陈兼,《毛泽东的中国与冷战》(查珀尔希尔 : 北卡罗来纳大学出版社,2001 年),第 91~96 页。

39. 陈兼,《中国通向朝鲜战争之路》,第 137 页。

40. 沈志华,《毛泽东、斯大林与朝鲜战争》,第 7 章。

41. 同上。

42. 陈兼,《中国通向朝鲜战争之路》,第 143 页。

43. 同上,第 143~144 页

44. 同上,第 144 页。

45. 冈察洛夫、路易斯和薛理泰,《不确定的伙伴》,第 164~167 页。

46. 陈兼,《中国通向朝鲜战争之路》,第 149~150 页。

47. 同上,第 150 页。

48. 同上,第 164 页。

49. "第 64 号文件:周恩来和印度大使K · M · 潘尼迦的谈话,1950 年 10 月 3 日",载于冈察洛夫、路易斯和薛理泰,《不确定的伙伴》,第 276 页。

50. 同上,第 278 页。

51. 同上。尼赫鲁总理不仅给美国和英国的代表写信,也给周恩来写了信,讨论限制朝鲜冲突的可能性。

52. "斯大林(由什特科夫转)给金日成的信:1950 年 10 月 8 日",俄罗斯总统档案馆,全宗 45,目录 1,案卷 347,第 65~67 页(转述了据说是斯大林给毛泽东的电报内容),引自《冷战国际史研究项目:虚拟档案馆》(威尔逊国际学者中心),www.cwihp.org。

53. 冈察洛夫、路易斯和薛理泰,《不确定的伙伴》,第 177 页。

54. 同上。

55. 同上。

56. 沈志华,"毛泽东 1950 年 10 月 2 日给斯大林关于中国参加朝鲜战争的电文中俄双方不同的版本:一个中国学者的解答",载于《冷战国际史研究项目公报》第 8/9 辑(威尔逊国际学者中心,1996 年冬季号),第 240 页。

57. 冈察洛夫、路易斯和薛理泰,《不确定的伙伴》,第 200~201 页,引自《人民日报》1990 年 10 月 16 日洪学智和胡奇才的文章"哀思无限悼徐帅";及引自姚旭,《从鸭绿江到板门店》(北京:人民出版社,1985 年)。

58. 冈察洛夫、路易斯和薛理泰,《不确定的伙伴》,第 195~196 页。

第六章　中国与两个超级大国的对抗

1. "助理国务卿迪安 · 腊斯克 1951 年 5 月 18 日在华美协进社的讲话",被弗雷德里克 · 昂达尔所编《美国外交关系:1951 年》一书第 7 卷,《朝鲜和中国:第二部分》(华盛顿特区:美国政府印刷局,1983 年),第 1671~1672 页,"编者的话"转引。

2. 由于方言的发音和音译方法的不同，金门的英文拼法有“Quemoy”、“Jinmen”、“Kinmen”或“Ch’in-men”，马祖的英文拼法有“Matsu”和“Mazu”。

3. 当时西方媒体对厦门和福州的称呼为“Amoy”和“Foochow。

4. 艾森豪威尔，“向国会提交的年度国情咨文：1953 年 2 月 2 日”，《美国总统公开文件》第 6 号（华盛顿：美国政府印刷局，1960 年），第 17 页。

5. 约翰 · 路易斯 · 加迪斯，《冷战新史》（纽约：企鹅出版公司，2005 年），第 131 页。

6. 苏葆立，“美国对三次台海‘危机’的管理”，载于迈克尔 · D · 斯温、张沱生和丹尼利 · F · S · 科恩编，《中美危机管理：案例研究与分析》（华盛顿：卡内基国际和平基金会，2006 年），第 254 页。

7. 同上，第 255 页。

8. “原子弹吓不倒中国人民：1955 年 1 月 28 日”（这是毛泽东在芬兰首任驻华大使孙士教于北京递交国书时谈话的要点），载于《毛泽东选集》，第 5 卷（北京：外文出版社，1977 年），第 152~153 页。

9. “保卫台湾的联合决议：1955 年 2 月 7 日”，载于《国务院简报》，第 32 卷，第 815 号（华盛顿：美国政府印刷局，1955 年），第 213 页。

10. “编者的话”，约翰 · P · 格伦农编，《美国外交关系》，第 19 卷，《国家安全政策：1955~1957》（华盛顿：美国政府印刷局，1990 年），第 61 页。

11. 苏葆立，“美国对三次台海‘危机’的管理”，第 258 页。

12. 斯特罗布 · 塔尔博特编译，《最后的遗言——赫鲁晓夫回忆录》（波士顿：利特尔–布朗出版社，1974 年），第 263 页。

13. “赫鲁晓夫与毛泽东谈话备忘录，1959 年 10 月 2 日于北京”，载于《冷战国际史研究项目公报》第 12/13 辑（华盛顿：威尔逊国际学者中心，2001 年秋/冬季号），第 264 页。

14. 张戎、哈利代，《毛泽东：鲜为人知的故事》（纽约：兰登书屋，2005 年），第 389~390 页。

15. 章百家、贾庆国，“对抗中的方向盘、缓冲器和测试仪：从中国的角度看中美大使级会谈”，载于陆伯彬、姜长斌编，《重新审视冷战：中美外交，1954~1973》（剑桥：哈佛大学出版社，2001 年），第 185 页。

16. 史蒂文 · 戈尔茨坦，“聋子的对话：1955~1970 年中美大使级会谈”，载于陆伯彬、姜长斌编，《重新审视冷战》，第 200 页；夏亚峰，《与敌人谈判：冷战时期中美对话，1949~1972》（布卢明顿：印第安纳大学出版社，2006 年），采用中美双方的资料令人信服地描述了中美会谈的那一段历史。

17.“腊斯克对众议院关于共产党中国政策小组的讲话”，取自 ProQuest 历史报刊数码数据库（1851~2007），《纽约时报》（1966 年 4 月 17 日）。

18. 同上。

19. 塔尔博特编译，《赫鲁晓夫回忆录》，第 249 页。

20. 吕德良，《中苏分裂：共产世界的冷战》（普林斯顿：普林斯顿大学出版社，2008 年），第 38 页。

21. 十月革命指 1917 年 11 月布尔什维克夺取政权。

22. 斯图尔特 · 施拉姆，《毛泽东的思想》（剑桥：剑桥大学出版社，1989 年），第 113 页。

23. 同上，第 149 页。

24. 吕德良所著《中苏分裂》第 50 页引用了作者对 1956 年中文“内部参考消息”的研究及吴冷西（前新华社社长）所著《十年论战，1956~1966：中苏关系回忆录》（北京：中央文献出版社，1999 年）的内容。

25. 同上，第 62~63 页。

26. 塔尔博特编译，《赫鲁晓夫回忆录》，第 255 页。

27. 同上。

28. 同上，第 260 页。

29.“豪赌：赫鲁晓夫谈毛泽东、肯尼迪和古巴导弹危机”，载于《生活》杂志，1970 年 12 月 18 日，第 25 页。

30.“赫鲁晓夫和毛泽东的第一次谈话，1958 年 7 月 31 日”，载于《冷战国际史研究项目：虚拟档案馆》，威尔逊国际学者中心，www.cwihp.org。

31. 同上。

32. 同上。

33. 威廉 · 陶伯曼，《赫鲁晓夫全传》（纽约：诺顿出版社，2003 年），第 392 页。

34.“赫鲁晓夫和毛泽东的谈话，1959 年 10 月 3 日”，存于俄罗斯总统档案馆，全宗 52，目录 1，案卷 99，第 1~33 页，弗拉季斯拉夫 · 祖波克译，《冷战国际史研究项目：虚拟档案馆》，威尔逊国际学者中心，www.cwihp.org。

35. 同上。

36. 吕德良，《中苏分裂》，第 101 页；吴冷西，“炮击金门的决策内幕”，载于

《传记文学》1994年第1期，译文见李小兵、陈兼和戴维·L·威尔逊编，“毛泽东对1958年台海危机的处理：中方的回忆和文件”，载于《冷战国际史研究项目公报》，第6/7辑（华盛顿：威尔逊国际学者中心，1995年冬季号），第213~214页。

37. 吴冷西，“炮击金门的决策内幕”，第208页。

38. 同上，第209~210页。

39. 宫力，“50年代的台湾海峡紧张局势及中国采取的对策”，载于陆伯彬和姜长斌编，《重新审视冷战》，第157~158页；陈兼，《毛泽东的中国与冷战》（查珀尔希尔：北卡罗来纳大学出版社，2001年），第184页。

40. 陈兼，《毛泽东的中国与冷战》，第184~185页。

41. “国务卿的讲话：1958年9月4日”，载于哈丽亚特·达希尔·施韦尔编，《美国外交关系（1958~1960）》，第19卷，《中国》（华盛顿：美国政府印刷局，1966年），第135页。

42. “驻苏大使馆给国务院的电报，莫斯科，1958年9月7日晚9时”，《美国外交关系》，第19卷，第151页。

43. 艾森豪威尔，“就台湾局势给苏联部长会议主席尼基塔·赫鲁晓夫的信：1958年9月13日”，《美国总统公开文件》第263号（华盛顿：美国政府印刷局，1960年），第702页。

44. 安德烈·葛罗米柯，《回忆录》（纽约：双日出版社，1990年），第251~252页。

45. 吕德良，《中苏分裂》，第102页。

46. 同上，第102~103页。

47. “驻苏大使馆给国务院的电报，1958年9月19日晚8时”，载于《美国外交关系》第19卷，第236页。

48. “赫鲁晓夫和毛泽东的谈话，1959年10月3日”。

49. 夏亚峰，《与敌人谈判》，第98~99页。

50. 1958年9月30日，第二次沿岸岛屿危机爆发6周后，杜勒斯召开记者招待会，对在金门和马祖驻扎大量国民党军队提出质疑，并指出美国“不担负保卫沿岸岛屿的法律责任”。蒋介石在第二天做出回应，说杜勒斯的话是“单方面谈话”，台北“没有义务遵守”。同时，台北继续在沿岸岛屿加强保卫力量。宫力，“50年代台湾海峡紧张局势及中国采取的对策”，第163页。

51. “谈话备忘录：1972年2月24日下午5：15~晚8：05于北京”，载于史蒂文·E·菲利普斯编，《美国外交关系（1969~1976）》，第17卷，《中国：1969~1972》

（华盛顿：美国政府印刷局，2006 年），第 766 页。

52. 塔尔博特编译，《赫鲁晓夫回忆录》，第 265 页。

第七章　危机四起的十年

1. 弗雷德里克 · 泰维斯，"新政府的建立和巩固：1949~1957"。见马若德编，《中国政治：毛泽东时代和邓小平时代》，第 2 版（剑桥：剑桥大学出版社，1997 年），第 74 页。

2. 史景迁，《追寻现代中国》（纽约：诺顿出版社，1999 年），第 541~542 页。

3. 吕德良，《中苏分裂：共产主义世界的冷战》（普林斯顿：普林斯顿大学出版社，2008 年），第 76 页。

4. 同上，第 84 页。

5. 详细内容以及毛泽东的外交政策与国内政策之间的联系，见陈兼著，《毛泽东的中国与冷战》（查珀尔希尔：北卡罗来纳大学出版社，2001 年），第 6~15 页。

6. 内维尔 · 迈克斯维尔，《印度的对华战争》（纽约花园城：安可出版社，1972 年），第 37 页。

7. 约翰 · 加弗，"1962 年中国对印战争中的决策"，载于江忆恩、陆伯彬编，《中国外交政策研究的新方向》（斯坦福：斯坦福大学出版社，2006 年），第 106 页。

8. 同上，第 107 页。

9. 同上。

10. 同上，第 108 页。

11. 同上，第 109 页。

12. 同上，第 110 页。

13. 同上，第 115 页。

14. 同上，第 120~121 页。

15. "全世界工人团结起来，反对我们共同的敌人，1962 年 12 月 15 日"（北京：外文出版社，1962 年），《人民日报》社论复制件。

16. 同上。

17.《真理报》，1964 年 4 月 5 日，引自海曼 · 雷，《中苏在印度问题上的冲突》（新德里：阿比纳夫出版社，1986 年），第 106 页。

18. 费正清、谷梅，《中国新史》，大字本第 2 版（剑桥：贝克纳普出版社，2006 年），第 392 页。

19. 马若德、迈克尔 · 舍纳尔斯,《毛泽东的最后一次革命》(剑桥 : 贝克纳普出版社，2006 年)，第 87~91 页。

20. 马克 · 盖恩，“中国震荡”,《外交》，第 45 卷，第 2 期，1967 年 1 月，第 247、252 页。

21.《人民日报》(北京),1967 年 1 月 31 日，第 6 版，引自夏道泰与康斯坦丝 · 约翰逊，“邓小平领导下中国法律的发展”(华盛顿 : 国会图书馆远东法律部，1984 年)，第 9 页。

22. 石文安,《人民的敌人》(纽约 : 诺普夫书局，1987 年)，第 101~103 页 ; 马若德和舍纳尔斯,《毛泽东的最后一次革命》，第 118~120 页。

23. 马若德和舍纳尔斯,《毛泽东的最后一次革命》，第 224~227 页。

24. 同上，第 222~223 页。

25. 见第十四章“里根和正常化的开始”。

26. 见夏亚峰主持，“第 11 次外交圆桌评估会议”，第 43 期(胡鞍钢，“毛泽东与文革”，2010 年 10 月 6 日)，第 27~33 页，见 http://www.h-net.org/-diplo/roundtables/PDF/Roundtable-XI-43.pdf。

27. 约翰 · 肯尼迪，“一个民主党人对外交政策的看法”,《外交》，第 36 卷，第 1 期(1957 年 10 月)，第 50 页。

28. 吴冷西，“炮击金门的决策内幕”，见李小兵、陈兼、威尔逊编，“毛泽东对 1958 年台海危机的处理”,《CWIHP 简报 6、7 号》，第 208 页。

29. 夏亚峰,《与敌人谈判 : 冷战时期中美对话，1949~1972》(布卢明顿 : 印第安纳大学出版社，2006 年)，第 109~114 页、234 页 ; 诺姆 · 柯查维,《长期冲突 : 肯尼迪年代的对华政策》(康涅狄格州韦斯特波特 : 普雷格出版社，2002 年)，第 101~114 页。

30. 林登 · 约翰逊，“在美国校友理事会上的讲话 : 美国的亚洲政策(1966 年 7 月 12 日)”,《美国总统公开文件》(华盛顿 : 美国政府印刷局，1967 年)，第 325 期，第 2 卷，第 719~720 页。

31. 夏亚峰,《与敌人谈判》，第 117~131 页。

32. “共产党中国,1960 年 12 月 6 日,”《国家情报评估》第 13~60 号，第 2~3 页。

33. 李捷，“20 世纪 60 年代中国国内形势的改变”，见陆伯彬、姜长斌编,《重新审视冷战 : 中美外交，1954~1973》(剑桥 : 哈佛大学出版社，2001 年)，第 302 页。

34. 同上，第 304 页。

35. 同上，第 185、305 页。

第八章 走向和解

1. 理查德·尼克松，“越战之后的亚洲”，《外交》，第 46 辑，第 1 期（1967 年 10 月号），第 121 页。

2. 同上，第 123 页。

3. 埃德加·斯诺，“采访毛泽东”，《新共和》，第 152 卷，第 9 期，总第 2623 期（1965 年 2 月 27 日），第 21~22 页。

4. 中方的支持程度可见最近解密的中越领导人谈话记录。奥德·阿恩·韦斯塔、陈兼、斯泰因·滕内松、阮武同、詹姆斯·赫什伯格编著的“中外领导人就印度支那战争的 77 次会谈，1964~1977”中，载有数次关键谈话的记录并附有编者评语。见“冷战国际史工作文件系列”，第 22 号工作文件（华盛顿：威尔逊国际学者中心，1998 年 5 月）。中华人民共和国在河内抗法、抗美战争中的作用，可见翟强的分析，《中国与越南的战争：1950~1975》（查珀尔希尔：北卡罗来纳大学出版社，2000 年）。

5. 章百家，“中国在朝鲜战争与越南战争中的作用，”见迈克尔·斯温、张沱生、丹尼尔·科恩编，《中美危机管理：案例研究与分析》（华盛顿：卡内基国际和平基金会，2006 年），第 201 页。

6. 斯诺，“采访毛泽东”，第 22 页。

7. 同上，第 23 页。

8. 刘亚伟，“毛泽东与美国：误解分析”，见李洪山、洪朝晖编，《美中关系的形象、看法与形成》（拉汉姆：美国大学出版社，1998 年），第 202 页。

9. 林登·约翰逊，“在霍普金斯大学的讲话：不以征服带来和平（1965 年 4 月 7 日）”，《美国总统公开文件》第 172 号（华盛顿：美国政府印刷局，1966 年），第 395 页。

10. “腊斯克在国会众议院就美国对共产党中国政策的讲话稿”，《纽约时报》（1966 年 4 月 17 日），可从“ProQuest 历史报刊”（1851~2007）中查询。

11. 刘亚伟，“毛泽东与美国”，第 203 页。

12. 陈兼、威尔逊编，“天下大乱：北京、中苏边界冲突与走向中美和解的道路（1968~1969 年）”，《冷战国际史简报》第 11 期（华盛顿：威尔逊国际学者中心，1998 年冬季号），第 161 页。

13. 同上，第 158 页。

14. 同上。

15. 据唐纳德·扎戈里亚于 1968 年发表的一篇高瞻远瞩的文章所称，一部分有影响的中国领导人，包括邓小平和刘少奇，都赞成与莫斯科进行有条件的和解。跟许多观察家的分析相比，扎戈里亚的结论相当超前。他说，中国出于战略必要，最终定会跟美国和解。见唐纳德·扎戈里亚，“北京的战略辩论”，载于邹谠编，《危机中的中国》第二卷（芝加哥：芝加哥大学出版社，1968 年）。

16. 陈兼、威尔逊编，“天下大乱”，第 161 页。

17. 理查德·尼克松，“1969 年 1 月 20 日就职演说”，《美国历届总统公开文献》第 1 号（华盛顿：美国政府印刷局，1971 年），第 3 页。

18. 基辛格，《白宫岁月》，（波士顿：利特尔–布朗出版社，1979 年），第 168 页。

19. 陈兼，《毛泽东的中国与冷战》（查珀尔希尔：北卡罗来纳大学出版社，2001 年），第 245~246 页。

20. 陈兼、威尔逊编，“天下大乱”，第 166 页。

21. 同上，第 167 页。

22. 同上，第 170 页。

23. 同上，第 168 页。

24. 熊向晖，“开启中美关系的前奏曲”，《中共党史资料》第 42 号，（1992 年 6 月），第 81 页。引自威廉·布尔编，“有关尼克松访华中秘密美中外交的新资料”，《国家安全档案电子材料》第 145 号（2004 年 12 月 21 日），http://www.gwu.edu/~nsarchiv/NSAEBB/NSAEBB145/index.htm。

25. 同上。

26. 陈兼、威尔逊编“天下大乱”，第 170 页。

27. 同上，第 171 页。

28. 同上。

29. 关于介绍这一事件的最新学术资料，见迈克尔·格尔森，《中苏边境冲突：威慑、升级与 1969 年核战争的威胁》（弗吉尼亚州亚历山德里亚：海军分析中心，2010 年），第 23~24 页。

30. 基辛格，《白宫岁月》，第 182 页。

31. “高级评估小组会议记录，题目：美国就当今中苏分歧的政策”（NSSM 63），第 134~135 页。亦可参见格尔森，《中苏边境冲突》，第 37~38 页。

32. 埃利奥特·理查森，“尼克松政府的外交政策：1969 年 9 月 5 日对美国政治学协会的讲话》,《国务院简报》第61号，总第1567期（1969年9月22日），第260页。

33. 格尔森,《中苏边境冲突》，第49~52页。

34. “中国驻华沙大使馆随员景志成：南斯拉夫的一场服装表演”，《尼克松的中国游戏》，pbs.org，1999年9月。http://www.pbs.org/wgbh/amex/china/filmmore/reference/interview/zhicheng01.html。

35. 同上。

36. “罗杰斯国务卿致尼克松总统的备忘录，1970年3月10日”。史蒂文·菲利普斯编,《美国外交关系（1969~1976）》，第17卷,《中国：1969~1972》（华盛顿：美国政府印刷局，2006年），第188~191页。

37. 杨奎松、夏亚峰,“在革命与缓和间摇摆：毛泽东对美国心态和政策上的变化，1969~1976”,《外交史》，第34卷，第2期（2010年4月）。

38. 埃德加·斯诺，“与毛泽东的谈话,”《生活》，第70卷，第16期（1971年4月30日），第47页。

39. 同上，第48页。

40. 同上，第46页。

41. 同上，第48页。

42. 同上，第47页。

43. 同上，第48页。

44. 同上。

45. 同上。

46. 傅正源（音）,《专制传统与中国政治》（纽约：剑桥大学出版社，1993年），第188页；罗斯·特里尔,《白骨精毛夫人》（斯坦福：斯坦福大学出版社，1999年），第344页。

47.《牛津简明英汉词典》第二版（香港：牛津大学出版社，1999年），第474页。我谨向研究助理斯凯勒·斯考滕的语言分析致以谢意。

48. “编者按”,《美国外交关系》，第17卷，第239~240页。

49. “表B”,《美国外交关系》，第17卷，第250页。

50. 同上。

51. 斯诺，“与毛泽东的谈话”，第47页。

52. 表A,《美国外交关系》，第17卷，第249页。

53. “国家安全事务助理基辛格致尼克松的备忘录：1971 年 1 月 12 日”,《美国外交关系》，第 17 卷，第 254 页。

54. 杨奎松、夏亚峰，“在革命与缓和间摇摆”，第 401~402 页。

55. 基辛格,《白宫岁月》，第 710 页。

56. “中华人民共和国总理周恩来致尼克松总统的信函：1971 年 4 月 21 日于北京”,《美国外交关系》，第 17 卷，第 301 页。

57. 同上。

58. 基辛格,《白宫岁月》，第 720 页。

59. “美国政府致中华人民共和国政府的信函：1971 年 5 月 10 日于华盛顿”,《美国外交关系》，第 17 卷，第 318 页。

60. “中华人民共和国总理周恩来致尼克松总统的信函：1971 年 5 月 29 日于北京”,《美国外交关系》，第 17 卷，第 332 页。

第九章　恢复关系：与毛泽东和周恩来结识之初

1. “给意大利记者奥丽亚娜·法拉奇的答复：1980 年 4 月 21 日和 23 日”。见中共中央马恩列斯编译局译,《邓小平文选（1975~1982）》，第 2 卷（北京：外文出版社，1984 年），第 326~327 页。

2. “会谈备忘录：1971 年 7 月 9 日下午 4：35~晚 11：20 于北京”，史蒂文·菲利普斯编，“中国：1969~1972”,《美国外交关系（1969~1976）》，第 17 卷（华盛顿：美国政府印刷局，2006 年），第 363 页。

3. “会谈备忘录：1971 年 10 月 21 日上午 10：30~下午 1：45 于北京”,《美国外交关系》，第 17 卷，第 504 页。上述谈话的美方原始记录中将“周”用当时流行的韦氏音标拼为Chou。为避免在本书中出现拼法不一致的现象，中方参加会谈人员的名字以及所引的中方用词一律用汉语拼音。

4. “会谈备忘录：1973 年 2 月 17~18 日晚 11：30~早 1：20 于北京”，戴维·尼克尔斯编,《美国外交关系（1969~1976）》，第 18 卷，“中国：1973~1976”（华盛顿：美国政府印刷局，2007 年），第 124 页。

5. “会谈备忘录：1971 年 7 月 9 日下午 4：35~晚 11：20 于北京”,《美国外交关系》，第 17 卷，第 367 页。

6. 同上，第 390 页。

7. “会谈备忘录：1971 年 7 月 10 日中午 12：10~晚 6：00 于北京”,《美国外交关系》，第 17 卷，第 400 页。

8. 我于 1971 年 7 月访华后不久，周恩来就去了河内，向北越领导人介绍中国的新外交姿态。据说此行并不顺利。后来周恩来与越南南方“临时革命政府”河内前线上的影子外交部长、强硬派阮氏萍女士的会谈也不顺利。见陈兼，“中国、越南和中美和解”，载于奥德 · 阿恩 · 韦斯塔、索菲 · 奎因–贾奇编，《第三次印度支那战争：中国、越南和柬埔寨之间的冲突（1972~1979）》（伦敦：劳特利奇出版社，2006 年），第 53~54 页；翟强，《中国与越南的战争：1950~1975》（查珀尔希尔：北卡罗来纳大学出版社，2000 年），第 196~197 页。

9. “会谈备忘录：1971 年 7 月 9 日下午 4：35~晚 11：20 于北京”，《美国外交关系》，第 17 卷，第 367~368 页。

10. 同上，第 367 页。

11. 同上。

12. 同上，第 369 页。

13. “会谈备忘录：1972 年 2 月 28 日上午 8：30~9：30 于上海”，《美国外交关系》，第 17 卷，第 823 页。

14. 这次午餐讨论会的部分记录见《美国外交关系》，第 17 卷，第 416 页。

15. 自那以后，福建成为海峡两岸经金门、马祖建立贸易和旅游联系的中心。

16. “会谈备忘录：1971 年 7 月 10 日中午 12：10~晚 6：00 于北京”，《美国外交关系》，第 17 卷，第 403~404 页。

17. 陈兼，《毛泽东的中国与冷战》（查珀尔希尔：北卡罗来纳大学出版社，2001 年），第 267 页。

18. “会谈备忘录：1971 年 7 月 10 日中午 12：10~晚 6：00 于北京”，《美国外交关系》，第 17 卷，第 430~431 页。

19. 玛格丽特 · 麦克米伦，《尼克松和毛泽东：改变世界的一周》（纽约：兰登书屋，2007 年），第 22 页。

20. “会谈备忘录：1972 年 2 月 21 日下午 2：50~3：55 于北京”，《美国外交关系》，第 17 卷，第 681 页。

21. 同上，第 678~679 页。

22. 同上，第 681 页。

23. 同上，第 680 页。

24. 同上，第 681~682 页。

25. 爱德华 · 希思，1970~1974 年任英国首相。此后，希思在 1974~1975 年间访问了北京，会晤了毛泽东。

26. 戴高乐，法国抵抗运动领导人，1959~1969 年任法国总统。法国在 1964 年承认了中华人民共和国。

27. “会谈备忘录：1972 年 2 月 21 日下午 2：50~3：55 于北京”，《美国外交关系》，第 17 卷，第 679~680 页。

28. 同上，第 684 页。

29. 同上，第 683 页。

30. 同上。

31. “尼克松总统和驻台湾‘大使’马卫康的谈话：1971 年 6 月 30 日中午 12：18~晚 12：35 于华盛顿”，《美国外交关系》，第 17 卷，第 349 页。

32. 同上，第 351~352 页。

33. “会谈备忘录：1972 年 2 月 21 日下午 5：58~晚 6：55 于北京”，《美国外交关系》，第 17 卷，第 688 页。

34. 同上，第 689 页。

35. “会谈备忘录：1972 年 2 月 22 日下午 2：10~晚 6：00 于北京”，《美国外交关系》，第 17 卷，第 700 页。

36. “会谈备忘录：1972 年 2 月 24 日下午 5：15~晚 8：05 于北京”，《美国外交关系》，第 17 卷，第 770 页。

37. “会谈备忘录：1972 年 2 月 14 日下午 4：09~晚 6：19 于华盛顿”，《美国外交关系》，第 17 卷，第 666 页。

38. 高文谦，《周恩来》，第 151~153 页、第 194~200 页。

39. 见杨奎松、夏亚峰，“在革命与缓和间摇摆：毛泽东对美国心态和政策上的变化（1969~1976）”，《外交史》，第 34 卷，第 2 号（2010 年 4 月号），第 407 页。

40. “与中华人民共和国领导人讨论之后的联合声明：1972 年 2 月 27 日于上海”，《美国外交关系》，第 17 卷，第 812~816 页。

41. 同上，第 814 页。

42. “会谈备忘录：1972 年 2 月 22 日下午 2：10~晚 6：00 于北京”，《美国外交关系》，第 17 卷，第 697 页。

43. “与中华人民共和国领导人讨论之后的联合声明：1972 年 2 月 27 日于上海”，《美国外交关系》，第 17 卷，第 815 页。

44. 中共中央，“1972 年 3 月 7 日关于《中美联合公报》的说明”，载于杨奎松、夏亚峰译，“在革命和缓和间摇摆”，第 395 页。

第十章　准联盟：与毛泽东的谈话

1. “会谈备忘录：1973 年 2 月 17 日晚 11：30~18 日早 1：20 于北京”，戴维 · 尼克尔斯编，《中国：1973~1976》，《美国外交关系（1969~1976）》，第 18 卷（华盛顿：美国政府印刷局，2007 年），第 124 页。

2. 同上，第 124~125 页。

3. 同上，第 381 页。

4. 同上，第 387~388 页。

5. 乔治 · 凯南在 1946 年发自莫斯科的“长文电报”及其 1947 年在《外交》上名义上未署名的《苏联行为解析》一文中称，苏联为意识形态所驱使，对美国和西方必持敌视态度，以苏联为首的共产主义如不遇坚决回应，将往各地延伸。虽然凯南推断苏联的压力“可以通过在一系列不断转变的地缘和政治点上以灵活警惕的反击予以围堵”，他的围堵论主要并非军事学说；它也相当侧重使用外交压力及非共产主义世界内部的政治和社会改革力量作为对付苏联扩张的壁垒。

6. “会谈备忘录：1973 年 11 月 12 日下午 5：40~晚 8：25 于北京”，《美国外交关系》，第 18 卷，第 385 页。

7. 同上，第 389 页。

8. 也门人民民主共和国，当时是与莫斯科同一阵线的独立的国家。

9. “总统国家安全事务助理（基辛格）致尼克松总统备忘录：1971 年 11 月于华盛顿”，史蒂芬 · 菲利普斯所编《中国：1969~1972》，《美国外交关系（1969~1976）》，第 17 卷（华盛顿：美国政府印刷局，2006 年），第 548 页。

10. “会谈备忘录：1973 年 11 月 12 日下午 5：40~晚 8：25 于北京”，《美国外交关系》，第 18 卷，第 391 页。

11. “会谈备忘录：1973 年 2 月 17 日晚 11：30~18 日早 1：20 于北京”，《美国外交关系》，第 18 卷，第 125 页。

12. “会谈备忘录：1973 年 11 月 12 日下午 5：40~晚 8：25 于北京”，《美国外交关系》，第 18 卷，第 131 页。据有些人记述，毛泽东的一条线国家中包括中国。这个词当时没有翻译，也未载入美方谈话记录。但因中国的东邻和西邻均被提及，这起码意味着中国亦涵盖在内。

13. 杨奎松、夏亚峰，“在革命与缓和间摇摆：毛泽东的心理转变与对美政策（1969~1976）”，《外交历史》，第 34 卷，第 2 册（2010 年 4 月），第 408 页。

14. “会谈备忘录：1975 年 10 月 21 日下午 6：25~晚 8：05 于北京”，《美国外交关系》，第 18 卷，第 794 页。

15. 杨奎松、夏亚峰，“在革命与缓和间摇摆”，第 413 页。

16. 同上，第 414 页。

17. “会谈备忘录：1973 年 2 月 15 日下午 5：57~晚 9：30 于北京”，《美国外交关系》，第 18 卷，第 38 页。

18. 同上，第 32 页。

19. “会谈备忘录：1973 年 2 月 17 日晚 11：30~18 日早 1：20 于北京”，《美国外交关系》，第 18 卷，第 137 页。

20. 参见第十三章“‘摸老虎屁股’：对越作战”及基辛格《动乱年代》（波士顿：利特尔–布朗出版社，1982 年），第 16~18 页，第 339~367 页。

21. 结果证明中国的分析长期而言不如往常准确，因为如今一般均承认，1975 年签署的《赫尔辛基协定》是削弱苏联对东欧控制的主要因素。

第十一章 毛泽东时代的结束

1. 罗德里克·麦克法夸尔，“毛泽东的交班与毛泽东主义的结束（1969~1982）”，罗德里克·麦克法夸尔编著《中国政治：毛泽东时代与邓小平时代》第 2 版（剑桥：剑桥大学出版社，1997 年），第 278~281 页，第 299~301 页。为在“纯洁”的年青一代中寻找接班人，毛泽东把先前只在省一级“左派”组织中崭露头角的 37 岁的王洪文提拔为共产党的第三把手。他的蹿红让许多观察家大惑不解。与江青一伙的王洪文从未在政治上独立立足，也从未获得与其正式职位相应的权威。1976 年他与“四人帮”其他党羽一起被打倒。

2. 除此处外，这一比较在沈大伟编著《邓小平：一位中国政治家的画像》（牛津：克拉伦登出版社，2006 年）的“绪论：邓小平盖棺论定”和白鲁恂所撰“简介邓小平与中国的政治文化”一文第 1~2 页、14 页中均有阐述。

3. “会谈备忘录：1973 年 11 月 14 日上午 7：35~8：25 于北京”，戴维·尼克尔斯编《中国：1973~1976》，《美国外交关系（1969~1976）》，第 18 卷（华盛顿：美国政府印刷局，2007 年），第 430 页。

4. “国家安全委员会幕僚理查德·所罗门致国务卿基辛格备忘录：1974 年 1 月

25日于华盛顿”,《美国外交关系》, 第18卷, 第455页。

5. 杨奎松, 夏亚峰, “在革命与缓和间摇摆：毛泽东的心理转变与对美政策（1969~1976）”,《外交历史》, 第34辑, 第2册（2010年4月）, 第414页。此次会议记录尚未公之于世。此处引文来自熟悉乔冠华外长关于这次政治局会议纪要的资深外交官王幼平尚未出版的回忆录。

6. 周恩来“政府工作报告（1975年1月13日）”,《北京周报》, 1975年第4期（1975年1月24日）, 第21~23页。

7. 同上, 第23页。

8. “中华人民共和国代表团团长邓小平在联合国大会特别会议上的发言（1974年4月10日）”（北京：外文出版社, 1974年）。

9. 同上, 第5页。

10. 同上, 第6页。

11. 同上, 第8页。

12. “会谈备忘录：1975年10月21日下午6：25~晚8：05于北京”,《美国外交关系》, 第18卷, 第788~789页。

13. 同上, 第788页。

14. 同上, 第789页。

15. 同上, 第793页。

16. 同上。1940年, 英国在法国战役之后撤回其远征军。

17. 同上, 第794页。

18. 同上。

19. 同上, 第791页。

20. 同上, 第792页。

21. 同上。

22. 同上, 第790页。

23. 同上, 第791页。

24. 同上。

25. “会谈备忘录：1975年10月25日上午9：30于北京”,《美国外交关系》, 第18卷, 第832页。

26. 同上。

27. “政策规划司司长（洛德）草拟的文件（未标明日期, 于华盛顿）”,《美国外交关系》，第 18 卷，第 831 页。

28“会谈备忘录：1975 年 12 月 2 日，下午 4：10~6：00 于北京”，《美国外交关系》，第 18 卷，第 858 页。

29. 同上，第 859 页。

30. 黄是内战时期毛泽东在延安的同事；曾任将军，时任中国驻美国联络处主任。

31. 王海容和唐闻生。

32. 外交部长乔冠华。

33.“会谈备忘录：1975 年 12 月 2 日下午 4：10~6：00 于北京”，《美国外交关系》，第 18 卷，第 859 页。

34. 同上，第 867 页。

35. 有些张贴内容严厉批判秦始皇与武则天的暴虐，暗喻毛泽东和江青。

36. 基辛格，《振兴年代》（纽约：西蒙与舒斯特出版社，1999 年），第 897 页。

第十二章　“不倒翁”邓小平

1. 理查德 · 埃文斯，《邓小平与现代中国的缔造》（纽约：维京出版社，1993 年），第 186~187 页。

2.“军队要整顿（1975 年 1 月 25 日）”译文，中共中央马恩列斯著作编译局译，《邓小平文选（1975~1982）》，第 2 卷（北京：外文出版社，1984 年），第 11~13 页；及“当前钢铁工业必须解决的几个问题（1975 年 5 月 29 日）”，第 18~22 页。

3.“全党讲大局，把国民经济搞上去：1975 年 3 月 5 日”，同上，第 14~17 页。

4.“科研工作要走在前面：1975 年 9 月 26 日”，http://web.peopledaily.com.cn/english/dengxp/vol2/text/b1080.html

5.“军队要整顿（1975 年 1 月 25 日）”，《邓小平文选》，第 2 卷，第 13 页。

6.“各方面都要整顿（1975 年 9 月 27 日、10 月 4 日）”，同上，第 47 页。

7. 转载邓小平所致“悼词”，《中国季刊》，第 65 期（1976 年 3 月），第 423 页。

8.“‘两个凡是’不符合马克思主义（1977 年 5 月 24 日）”，《邓小平文选》，第 2 卷，第 51 页，该文脚注 1（引述 1977 年 2 月 19 日提出这一原则的社论）。另参见罗德里克 · 麦克法夸尔，“毛泽东的交班与毛泽东主义的结束（1969~1982）”，罗德里克 · 麦克法夸尔编著《中国政治：毛泽东时代与邓小平时代》第 2 版（剑桥：剑桥大学出版社，1997 年），第 312~313 页。

9. 罗德里克 · 麦克法夸尔，“毛泽东的交班与毛泽东主义的结束（1969~1982）”，罗德里克·麦克法夸尔编著《中国政治：毛泽东时代与邓小平时代》第2版（剑桥：剑桥大学出版社，1997年），第312页。

10.“在全军政治工作会议上的讲话（1978年6月2日）”,《邓小平文选》，第2卷，第132页。

11. “‘两个凡是’不符合马克思主义（1977年5月24日）”，同上，第51页。

12. “尊重知识，尊重人才（1977年5月24日）”，同上，第53页。

13. 斯坦利·卡诺，“我们对中国的下一步棋”,《纽约时报》（1977年8月14日）；史景迁,《寻找现代中国》（纽约：诺顿出版社，1999年），第632页。

14. 白鲁恂，“简介邓小平与中国的政治文化”，沈大伟编著《邓小平：一位中国政治家的画像》（牛津：克拉伦登出版社，2006年）。

15. “解放思想，实事求是，团结一致向前看（1978年12月13日）”,《邓小平文选》，第2卷，第152页。

16. 同上，第154页。

17. 同上。

18. “坚持四项基本原则（1979年3月30日）”,《邓小平文选》，第2卷，第181页。

19. 同上，第181页。

20. 同上，第182~183页。

21. 邓小平担任国务院副总理兼中国人民政治协商会议主席之职至1983年。1981~1989年他任中央军委主席和中央顾问委员会主席。

22. 理查德·埃文斯,《邓小平与现代中国的缔造》，第256页。

第十三章　“摸老虎屁股”：对越作战

1. “摸老虎屁股”是中国的一句俗话，因毛泽东使用而家喻户晓，意思是做大胆或危险的事情。华国锋在1979年4月在北京会见我时用了这句话。

2. “文化大革命”期间，当时的国防部长林彪废除了所有军衔，命令全军学习《毛主席语录》（“红宝书”），接受意识形态教育，要求人民解放军超越普通军队的使命，发挥社会和意识形态的作用。爱德华·欧陶德在《第三次印度支那战争中中国的军事策略》（纽约：劳特利奇出版社，2007年）中对这一切在对越战争中给人民解放军带来的后果做了深刻的描述。

3. “周恩来、康生和范文同的谈话：1968年4月29日于北京”，载于奥德·阿恩·韦斯塔、陈兼等编“中外领导人就印度支那战争的77次会谈，1964~1977”，“冷战国际史工作文件系列”，第22号文件（华盛顿：威尔逊国际史研究项目，1998年5月），第127~128页。

4. 我一直认为，周恩来主动迫使在毛泽东心目中意识形态正确的红色高棉做出妥协，而且后来事实证明妥协是没有必要的，这是导致周恩来失势的原因之一。又见基辛格，《动乱年代》（波士顿：利特尔–布朗出版社，1982年），第368页。

5. 罗伯特·罗斯，《印度支那的症结：中国的越南政策（1975~1979）》（纽约：哥伦比亚大学出版社，1988年），第74页，引用新华社的新闻稿（1975年8月15日），译文源自美国对外广播新闻处每日报道（1975年8月18日）A7版。

6. 同上。

7. 同上，第98页，引用新华社新闻稿（1976年3月15日），译文源自美国对外广播新闻处每日报道（1976年3月16日）A13版。

8. 1978年4月，阿富汗总统被暗杀，政府被推翻；1978年12月，苏联和阿富汗新政府缔结《苏联和阿富汗友好、睦邻合作条约》；1979年2月19日，美国驻阿富汗大使被暗杀。

9. 塞勒斯·万斯，《困难的抉择——美国对外政策关键的危急年代》（纽约：西蒙与舒斯特出版公司，1983年），第79页。

10. 兹比格纽·布热津斯基，《实力与原则：国家安全事务助理的回忆录（1977~1981）》（纽约：法勒，施特劳斯和吉鲁出版社，1985年），附件1第2页所载“卡特总统对布热津斯基出访中国的指示（1978年5月17日）”。

11. 五项原则是：申明一个中国的政策；承诺美国不支持台湾独立；假使日本在台湾部署军队美国将予以阻止；支持北京和台北之间达成的任何和平解决方案；承诺维持正常化。见第九章“恢复关系：与毛泽东和周恩来结识之初”。

12. “会谈备忘录：总统与中华人民共和国副总理邓小平会谈摘要，1979年1月29日下午3：35~4：59”，卡特总统图书馆，供查阅资料——中国，第270号资料，第10~11页。

13. “布热津斯基博士与黄华外交部长会谈摘要：1978年5月21日于北京”，卡特总统图书馆，供查阅资料——中国，第232号资料，第3页。

14. 同上，第6~7页。

15. 同上。萨达特从1970年起任埃及总统直至他1981年遭到刺杀。

16. 同上，第4页。

17. 同上，第10~11页。

18. “会谈备忘录：与邓小平副总理的会谈，1978 年 5 月 21 日于北京”，卡特总统图书馆，供查阅资料——中国，第 232-e 号资料，第 16 页。

19. 同上，第 5~6 页。

20. “布热津斯基博士与华国锋主席会谈摘要：1978 年 5 月 22 日于北京”，卡特总统图书馆，供查阅资料——中国，第 233c 号资料，第 4~5 页。

21. “会谈备忘录：总统与柴泽民大使会谈摘要，1978 年 9 月 19 日于华盛顿”，卡特总统图书馆，供查阅资料——中国，第 250b 号资料，第 3 页。

22. “会谈备忘录：与邓小平副总理的会谈，1978 年 5 月 21 日于北京”，卡特总统图书馆，供查阅资料——中国，第 232-e 号资料，第 6 页。

23. 近几年来，中国领导人和政策分析家提出“和平崛起”一词来描述中国在现有国际制度框架内争取大国地位的外交政策诉求。学者巴里 · 布赞在一篇卓有创见的文章里把中国和西方的研究糅合在一起，提出中国的“和平崛起”始于 20 世纪 70 年代末 80 年代初。当时邓小平推动中国的国内发展和外交政策日益与“非革命”的世界接轨，寻求与西方的共同利益。邓小平的出访突出证实了这种接轨。见巴里 · 布赞，“国际社会中的中国——中国能够‘和平崛起’吗？”，载于《中国国际政治期刊》，2010 年第 3 期，第 12~13 页。

24. “与邓小平的一席谈”，《时代》杂志，1979 年 2 月 5 日，http://www.time.com/time/magazine/article/0, 9171, 946204, 00.html。

25. “中国和日本一笑泯恩仇”，《时代》杂志，1978 年 11 月 6 日，http://www.time.com/time/magazine/article/0, 9171, 948275-1, 00.html。

26. 亨利 · 卡姆，“邓小平开始东南亚之行以对抗苏联日益加强的影响”，《纽约时报》（1978 年 11 月 6 日头版）。

27. 亨利 · 卡姆，“邓小平告诉泰国人莫斯科–河内条约危害世界和平”，《纽约时报》（1978 年 11 月 9 日 A9 版）。

28. “在武昌、深圳、珠海、上海等地的谈话要点（1992 年 1 月 18 日~2 月 21 日），中共中央马恩列斯著作编译局译，《邓小平文选》，第 3 卷（北京：外文出版社，1994 年），第 366 页。

29. 李光耀，《从第三世界到第一世界：新加坡的故事（1965~2000）》（纽约：哈珀–柯林斯出版社，2000 年），第 597 页。

30. 同上，第 598~599 页。

31. 福克斯 · 巴特菲尔德，“竞争对手尽释前嫌　共同欢迎邓小平”，《纽约时报》

（1979 年 1 月 30 日头版）。

32. 约瑟夫 · 莱尔威尔德，“‘宇航员’邓小平在休斯敦看到全新的世界”，《纽约时报》（1979 年 2 月 3 日头版）。

33. 福克斯 · 巴特菲尔德，“邓小平重申中国可能对越出手”，《纽约时报》（1979 年 2 月 1 日 A16 版）。

34. 约瑟夫 · 莱尔威尔德，“‘宇航员’邓小平在休斯敦看到全新的世界”，《纽约时报》（1979 年 2 月 3 日头版）。

35. 两次世界大战间隔 22 年。自第二次世界大战结束以来已经过了不止 22 年，所以中国领导人担心历史的节奏在推动事态的发展。10 年前毛泽东会见澳大利亚共产党领导人希尔时也谈到同样的问题。另见第八章“走向和解”；及陈兼、戴维 · L · 威尔逊编，“天下大乱：北京、中苏边境冲突和转向中美和解（1968~1969）”，《冷战国际史研究项目公报》第 11 辑（华盛顿：威尔逊国际学者中心，1998 年冬），第 161 页。

36. “会谈备忘录：总统与中国副总理邓小平第一次会谈摘要，1979 年 1 月 29 日于华盛顿”，卡特总统图书馆，供查阅资料——中国，第 268 号资料，第 8~9 页。

37. “会谈备忘录：与邓小平副总理的会谈摘要，1978 年 5 月 21 日于北京”，卡特总统图书馆，供查阅资料——中国，第 232-e 号资料，第 14 页。

38. “会谈备忘录：总统与中华人民共和国副总理邓小平的会谈摘要，1979 年 1 月 29 日下午 3：35~4：59 于华盛顿”，卡特总统图书馆，供查阅资料——中国，第 270 号资料，第 10~11 页。

39. “会谈备忘录：卡特与邓小平关于越南的会谈摘要，1979 年 1 月 29 日下午 5：00~5：40 于华盛顿”，卡特总统图书馆，布热津斯基集，中国，1978 年 12 月 19 日~1979 年 10 月 3 日，第 007 号资料，第 2 页。

40. 罗伯特 · 罗斯，《印度支那的症结》，第 229 页。

41. “会谈备忘录：卡特与邓小平关于越南的会谈摘要，1979 年 1 月 29 日下午 5：00~5：40 于华盛顿”，卡特总统图书馆，布热津斯基集，中国，1978 年 12 月 19 日~1979 年 10 月 3 日，第 007 号资料，第 2 页。

42. 同上，第 5 页。

43. 布热津斯基，《实力与原则》，第 410 页。

44. “总统关于同邓小平谈话的报告：1979 年 1 月 30 日”，卡特总统图书馆，布热津斯基集，中国，1978 年 12 月 19 日~1979 年 10 月 3 日，第 009 号资料，第 1 页。

45. 亨利 · 斯科特—斯托克斯，“邓小平批评美国对伊朗不够坚定”，《纽约时报》（1979 年 2 月 8 日 A12 版）。

46. 较低的数字出自布鲁斯 · 艾尔曼，《现代中国战争（1795~1989）》（纽约：劳特利奇出版社，2001 年），第 285 页；较高的数字是爱德华 · 欧陶德的估计，见《第三次印度支那战争中中国的军事策略》，第 3 章，第 45~55 页。

47. 爱德华 · 欧陶德，《第三次印度支那战争中中国的军事策略》，第 45 页。

48. 邓小平在 1979 年 1 月 30 日对卡特说的话，引于布热津斯基，《实力与原则》，第 409~410 页。

49. “莫斯科声明全文”，《纽约时报》（1979 年 2 月 19 日）；克莱格 · R · 惠特尼，“援引安全条约：莫斯科说要履行条约规定——未作直接威胁”，《纽约时报》（1979 年 2 月 19 日头版）。

50. 爱德华 · 柯万，“布卢门撒尔发出警告”，《纽约时报》（1979 年 2 月 28 日头版）。

51. 同上。

52. 布鲁斯 · 艾尔曼和为数不多的几个其他学者不同意这种普遍意见，并强调这一冲突反苏的方面。他的《现代中国战争》一书第 284~297 页的内容就阐述了这一观点。

53. “会谈备忘录：总统与中华人民共和国副总理邓小平第一次会谈摘要，1979 年 1 月 29 日于华盛顿”，卡特总统图书馆，供查阅资料——中国，第 268 号资料，第 8 页。

54. “备忘录：总统关于同邓小平谈话的报告，1979 年 1 月 30 日”，卡特总统图书馆，布热津斯基集，中国，1978 年 12 月 19 日~1979 年 10 月 3 日，第 009 号资料，第 2 页。

55. “与邓小平副总理会谈备忘录：1980 年 1 月 8 日于北京”，卡特总统图书馆，国家安全事务助理布热津斯基，远东，69 号箱，布朗之行会谈备忘录，1980 年 1 月，16 号文件。

56. “与邓小平副总理会谈备忘录：1980 年 1 月 8 日于北京”，卡特总统图书馆，国家安全事务助理布热津斯基，远东，69 号箱，布朗之行会谈备忘录，1980 年 1 月，15 号文件。

57. “卡特总统对布热津斯基出访中国的指示”，布热津斯基，《实力与原则》，附件 1，第 4 页。

58. 据一种估计，1986年越南在“该国北部部署了70万作战部队”。卡尔·D·杰克逊，“印度支那1982~1985：和平让位于战争”，载于所罗门等编《苏联在远东的军事集结》，引用于艾尔曼《现代中国战争》第206页。

59. “会谈备忘录：副总统与中华人民共和国副总理邓小平会谈摘要，1979年8月28日上午9：30~中午12：00于北京”，卡特总统图书馆，供查阅资料——中国，第279号资料，第9页。

60. “会谈备忘录：卡特总统与中华人民共和国总理华国锋会谈摘要，1980年7月10日于东京”，卡特总统图书馆，国家安全事务助理布热津斯基，38号箱，“总统会谈备忘录，80.7”。

61. 陈兼，《中国通向朝鲜战争之路》（纽约：哥伦比亚大学出版社，1994年），第149页。

62. “会谈备忘录：布热津斯基博士与中华人民共和国副总理耿飚的会谈摘要，1980年5月29日于华盛顿”，卡特总统图书馆，国家安全事务助理布热津斯基，远东，70号箱，“耿飚来访，80.5.23~31”，第5号文件夹。

63. 李光耀，《从第三世界到第一世界》，第603页。

第十四章　里根和正常化的开始

1. 乔治·H·W·布什，布伦特·斯考克罗夫特，《改变了的世界》（纽约：诺普夫书局，1998年），第93~94页。

2.《对台湾关系法》，公法第96~98，§3.1。

3. “美国和中华人民共和国两国政府联合公报（1982年8月17日）”，引自容安澜，《悬崖勒马：美国对台湾政策与美中关系》（华盛顿：亨利·L·史汀生中心，2003年），第243页。

4. 唐耐心，《海峡对谈：美台关系和与中国的危机》（剑桥：哈佛大学出版社，2009年），第151页。

5. 同上。

6. 同上，第148~150页。

7. 约翰·路易斯·加迪斯，《冷战新史》（纽约：企鹅出版公司，2005年），第213~214页，注43。

8. 胡耀邦，“全面开创社会主义现代化建设的新局面——在中国共产党第十二次全国代表大会上的报告：1982年9月1日”，《北京周报》（1982年9月13日），第29版。

9. 同上，第 30~31 页。

10. 同上。

11. 同上。

12. 查尔斯 · 希尔，“中国外交政策的转移：美国和苏联”（1984 年 4 月 21 日），里根总统图书馆，90946（国家安全委员会亚洲事务司）。

13. 中央情报局情报处，“中国—苏联：三角关系中的策划”（1985 年 12 月 20 日），里根总统图书馆，007–R。

14. 附录“里根总统致尼克松前总统的备忘录”，“里根总统关于尼克松前总统访华的备忘录（1982 年 9 月 25 日）”，威廉 · P · 克拉克致总统备忘录，威廉 · 克拉克档案，第 002 号。

15. 乔治 · P · 舒尔茨，《动乱与胜利：我任国务卿的那些年》（纽约：查尔斯 · 斯克里布纳父子出版社，1993 年），第 382 页。

16. “罗纳德 · 里根 1984 年 4 月 30 日在上海复旦大学的演讲”，《美国总统公开文件》，第 1 卷（华盛顿：美国政府印刷局，1986 年），第 603~608 页；“1984 年 4 月 27 日在北京对中国共产党领导人的谈话”，《美国总统公开文件》第 1 卷，第 579~584 页。

17. 唐纳德 · 扎戈里亚，“中国静悄悄的革命”，《外交》，1984 年 4 月刊，第 881 页。

18. 史景迁，《追寻现代中国》（纽约：诺顿出版社，1999 年），第 654~655 页。

19. 纪思道，“中国前共产党领导人胡耀邦逝世，终年 73 岁”，《纽约时报》（1989 年 4 月 16 日），http://www.nytimes.com/1989/04/16/obituaries。

20. 克里斯多夫 · 马尔什，《空前的改革》（纽约：列克星敦出版社，2005 年），第 41 页。

第十五章　美国的窘境

1. 史景迁指出，1989 年是几个饱含政治含义的周年的汇集点：“它是法国大革命 200 周年、中国五四运动 70 周年、中华人民共和国诞生 40 周年以及与美国恢复外交关系 10 周年。”史景迁，《追寻现代中国》（纽约：诺顿出版社，1999 年），第 696 页。

2. 黎安友，“平装版前言：天安门文件集——一位编辑的思考”，张良、黎安友和佩里 · 林克编，《天安门文件集》（纽约：公共事务出版社，2001 年），第 8 页。

3. 理查德 · 鲍姆，《埋葬毛泽东：邓小平时代的中国政治》(普林斯顿：普林斯顿大学出版社，1994 年)，第 254 页。

4. 黎安友，“这批文件及其重大意义”，引自《天安门文件集》序言，第4页。

5. 试图施加附加条件的一个例子是克林顿将给予中国最惠国待遇同中国改变其人权记录挂钩。详见本书第十七章“又一次和解：江泽民时期”。

6. 戴维·M·兰普顿，《同床异梦：处理1989~2000之美中关系》（伯克利：加州大学出版社，2001年），第305页。

7. 老布什、斯考克罗夫特，《改变的世界》（纽约：诺普夫书局，1998年），第89~90页。

8. 同上，第97~98页。

9. 国会和白宫均担心，在美国公开参加抗议活动的留学生返回中国时会受到惩罚。总统表示，对要求延长签证的申请将予以照顾。与此同时，国会争取不经申请即可延长签证。

10. 老布什、斯考克罗夫特，《改变的世界》（纽约：诺普夫书局，1998年），第100页。

11. 同上，第101页。

12. 同上。第102页。

13. 同上。

14. 戴维·M·兰普顿，《同床异梦》（伯克利：加州大学出版社，2001年），第302页。

15. 老布什、斯考克罗夫特，《改变的世界》（纽约：诺普夫书局，1998年），第105~106页。中国外长钱其琛在其回忆录里不同意这一说法，坚称这架飞机始终很安全。钱其琛，《外交十记》（纽约：哈珀·柯林斯出版社，2005年），第133页。

16. 老布什、斯考克罗夫特，《改变的世界》（纽约：诺普夫书局，1998年），第106页。

17. 同上。

18. 钱其琛，《外交十记》（纽约：哈珀·柯林斯出版社，2005年），第134页。

19. 老布什、斯考克罗夫特，《改变的世界》（纽约：诺普夫书局，1998年），第109页。

20. 同上，第107页。

21. 同上。

22. 同上，第107~108页。

23. 同上，第107~109页。

24. 同上，第 110 页。

25. 邓小平说得很明白，他打算很快退休。1992 年，他的确这样做了。不过他仍被视为一位具有影响力的政策决策者。

26. 和平共处五项原则是 1954 年印度和中国谈判达成的，其内容是信奉不同意识形态的国家共存并互不干涉。

27. 1989 年 10 月尼克松对北京进行私人访问时，邓小平表达了同样的意思 ：“请转告布什总统，让我们结束过去。美国应该带一个头，只有美国才能带头，因为美国强，中国弱，且受到伤害的是中国。如果你们想让中国乞求你们，中国做不到。即使拖上 100 年，中国人也不会求你们结束（对中国的）制裁……无论中国领导人是谁，在这个问题上犯错误肯定要下台，因为中国人民不会饶恕他。”兰普顿在《同床异梦》一书中引用，第 29 页。

28. 白宫有些人认为，邀请方励之与他批评的中国领导人同台出席美国总统举办的宴会是不必要的挑衅行为。他们指责美国驻华大使馆未能事先提醒他们即将发生的争执。而美国驻华大使洛德当初把方励之列入宴会客人名单时，实际上曾说明方励之是一位直言不讳的持不同政见者，邀请他可能会激怒中国政府，但仍应向他发出邀请。

29. 美国驻华大使馆发给华盛顿美国国务院的函电，SITREP No.49，6 月 12 日，当地时间 1989 年 6 月 11 日。杰弗里 · T · 理查森、迈克尔 · L · 埃文斯编，《天安门 1989 ：解密历史》，国家安全档案电子版简报第 16 号，1999 年 6 月 1 号，第 26 号文件。

30. 老布什、斯考克罗夫特，《改变的世界》（纽约 ：诺普夫书局，1988 年），第 99 页。

31. 美国驻华使馆电报，“中国和美国——持久接触”，1989 年 6 月 11 日，机密，载于《美国天安门文件集 ：新文件透露美国对 1989 年中国政治危机的看法》，迈克尔 · L · 埃文斯编，国家安全档案电子版简报（2001 年 6 月 4 日），第 11 号文件。

32. 老布什、斯考克罗夫特，《改变的世界》（纽约 ：诺普夫书局，1988 年），第 101~102 页。

33. 钱其琛，《外交十记》，第 140 页。

34. 老布什、斯考克罗夫特，《改变的世界》（纽约 ：诺普夫书局，1988 年），第 174 页。

35. 同上，第 176~177 页。

36. 最终方励之及其夫人搭乘一架美国军用运输机离开中国去英国，之后在美国安家。方励之成为亚利桑那大学的物理教授。

37. 理查德·埃文斯，《邓小平和现代中国的形成》（伦敦：哈米什·汉密尔顿出版社，1993 年），第 304 页（援引《争鸣》杂志，香港，1990 年 5 月 1 日）。

38. “邓小平新政策的‘指导方针’”，FBIS-CHI-91-215。一并参阅“中华人民共和国军事力量：根据国防授权法案 2000 财政年度向国会提交的报告”（2007），美国国防部国防部长办公室，7，http://www.defense.gov/pubs/pdfs/070523-china-military-powerfinal.pdf。

第十六章　什么样的改革？邓小平南方视察

1. 鲍瑞嘉，《邓小平时代的中国政治》（普林斯顿：普林斯顿大学出版社，1994 年），第 334 页。

2. “在武昌、深圳、珠海、上海等地的谈话要点：1992 年 1 月 18 日至 2 月 21 日”，中共中央马恩列斯著作编译局译，《邓小平文选》，第 3 卷（北京：外文出版社，1994 年），第 359 页。

3. 同上，第 360 页。

4. 同上，第 361 页。

5. 同上，第 362~363 页。

6. 同上，第 364~365 页。

7. 同上，第 366 页。

8. 戴维·M·兰普顿，《同床异梦：处理 1989~2000 之美中关系》（伯克利：加州大学出版社，2001 年），第 11 页。

9. “在武昌、深圳、珠海、上海等地的谈话要点（1992 年 1 月 18 日至 2 月 21 日）”，《邓小平文选》，第 3 卷，第 370 页。

10. 同上，第 369 页。

第十七章　又一次和解：江泽民时期

1. 戴维·M·兰普顿，《同床异梦：处理 1989~2000 之美中关系》（伯克利：加州大学出版社，2001 年），第 293、308 页。

2. 国务院情报研究局，“中国：危机之后”，1989 年 7 月 27 日，第 17 页。出自杰弗里·T·理查森、迈克尔·L·埃文斯编，《天安门 1989：解密历史》，国家安全档案电子简报第16号，1999年6月1日，第36号文件。

3. 斯蒂芬·穆夫森，“中国的经济‘老板’：朱镕基担任总理”，《华盛顿邮报》（1998年3月5日A1版）。

4. 1992年9月14日声明，引自A·M·罗森塔尔，“在我脑海中：我们重蹈覆辙”，《纽约时报》，1993年4月9日；关于中国与西方对这一声明的不同解读，请参见兰普顿《同床异梦》第32页。

5. “迎接一个更广阔世界的挑战：克林顿总统在联合国大会上的讲话，1993年9月27日于纽约”，《国务院快讯4》，第39号，1993年9月27日。

6. 苏葆立，《天安门之后：1989~2000年美中关系的政治学》（华盛顿特区：布鲁金斯学会，2003年），第161页。

7. 邓小平曾于1989年12月发表讲话，要求中国“坚持社会主义，防止和平演变”。毛泽东也多次警告防止“和平演变”。参见“毛泽东与杜勒斯的和平演变战略：薄一波回忆录的启示”，《冷战国际史项目简报6/7》（华盛顿特区：威尔逊国际学者中心，1996/1997年冬），第228页。

8. 考虑到这个事实，“最惠国”从那时起便改称“永久正常贸易关系”，虽然“最惠国”这个标签依然使用。

9. “从遏制到扩展：安东尼·雷克在华盛顿约翰·霍普金斯大学尼采高级国际研究院的讲话，1993年9月21日”，《国务院快讯4》，第39号，1993年9月27日。

10. 苏葆立，《天安门之后》，第165页。

11. 威廉·J·克林顿，“有关中国最惠国贸易地位的讲话”，1993年5月28日，《美国总统公共文件》第1册（华盛顿：美国政府印刷局，1994年），第770~771页。

12. 同上，第770~772页。

13. 雷克，“从遏制到扩展”。

14. 苏葆立，《天安门之后》，第168~171页。

15. 沃伦·克里斯托弗，《一生的机遇》（纽约：斯克莱布诺出版社，2001年），第237页。

16. 同上。

17. 同上，第238页。

18. 同上，第238~239页。

19. “中国大陆和台湾和平统一的设想：1983年6月26日”，《邓小平文选》，第3卷，第40~42页。

20. 约翰 · W · 加弗，《变脸：中国、美国与台湾的民主化》（西雅图：华盛顿大学出版社，1997 年），第 15 页；詹姆斯 · 卡曼，“李登辉：有国之人”，《康奈尔大学杂志》，1995 年 6 月号，见 http://www.news.cornell。

21. 戴维 · M · 兰普顿，《同床异梦》，第 101 页。

22. 威廉 · J · 克林顿，“与江泽民主席在西雅图讨论后的讲话及与记者交流情况：1993 年 11 月 19 日”，《美国总统公共文件》（华盛顿：美国政府印刷局，1994 年），第 2022~2025 页。

23. 加弗，《变脸》，第 92~97 页；苏葆立，“美国对三次台海危机的处理”，迈克 · 史文、张沱生、丹尼利 · F · S · 科恩编，《中美危机管理：案例研究与分析》（华盛顿：卡内基国际和平基金会，2006 年），第 278 页。

24. 马德琳 · 奥尔布赖特，《国务卿女士》（纽约：海皮伦出版社，2003 年），第 546 页。

25. 罗伯特 · 劳伦斯 · 库恩，《他改变了中国：江泽民传》（纽约：皇冠出版社，2004 年），第 2 页。

26. 奥尔布赖特，《国务卿女士》，第 531 页。

27. 克里斯托弗 · 马什，《史无前例的改革》（纽约：列克星敦出版社，2005 年），第 72 页。

28. 巴里 · 诺顿，《中国经济：转型与增长》（剑桥：麻省理工学院出版社，2007 年），第 142~143 页。

29. 迈克尔 · P · 理卡兹，《总统与中央王国：中国、美国与行政部门领导人》（纽约：列克星敦出版社，2000 年），第 12 页。

30. 戴维 · M · 兰普顿，《同床异梦》，附录 A，第 379~380 页。

31. 朱镕基，“在 21 世纪中国经济发展高级研讨会上的讲话及答问”，1997 年 9 月 22 日，《朱镕基答记者问》（牛津：牛津大学出版社，2011 年），第 5 章。

第十八章　新千年

1. 理查德 · 丹尼尔 · 尤因，“胡锦涛：一位中国总书记的成长”，《中国季刊》，第 173 期，2003 年 3 月，第 19 页。

2. 同上，第 21~22 页。

3. “小康”这个有 2 500 年历史的儒家用语现已成为广泛使用的正式政策术语，表明人民达到中等富裕，有相当数量的可支配收入。“孔子与党的路线”，《经济学人》，

2003 年 5 月 22 日；“孔子卷土重来”，《经济学人》，2007 年 5 月 17 日。

4. 乔治 · W · 布什，“与温家宝总理会谈后的讲话及与记者交流的情况：2003 年 12 月 9 日”，《美国总统公共文件》（华盛顿：美国政府印刷局，2006 年），第 1701 页。

5. 戴维 · 巴博扎，“中国领导人即席回答公司高管的问题”，《纽约时报》（2010 年 9 月 22 日）。

6. 崔常发、徐明善编，《高层讲坛》（北京：红旗出版社，2007 年），第 165~182 页。转引自增田雅之，“中国寻求新的外交政策领域：‘和谐世界’的理论与实践”，饭田雅史编，《中国的转变：崛起大国的全球战略》（东京：NIDS 联合研究系列，2009 年），第 62 页。

7. 温家宝，“关于社会主义初级阶段的历史任务和我国对外政策的几个问题”，新华社，2007 年 2 月 26 日。引自增田雅之，“中国寻求新的外交政策领域：‘和谐世界’的理论与实践”，第 62~63 页。

8. 沈大伟，“应对矛盾的中国”，《华盛顿季刊》，第 34 期，2011 年冬季刊，第 8 页。

9. 郑必坚，“中国和平崛起，迈向大国地位”，《外交》，第 84 期，2005 年 9/10 月号，第 22 页。

10. “努力建设持久和平、共同繁荣的和谐世界”，胡锦涛在联合国首脑会议上的讲话，2005 年 9 月 15 日于纽约。

11. 数字“8”在中国数字占卦术中被认为是吉祥数字，在中国某些方言中，“8”与“发”同音。

12. 内森 · 加德尔斯，“奥运后权力转移：后美国世界中中央帝国的回归，”《新观点季刊》，第 25 期，2008 年秋季号，第 7~8 页。

13. “第十一次驻外使节会议召开，胡锦涛温家宝讲话”，中华人民共和国中央人民政府网站，http://www.gov.cn/ldhd/2009-07/20/content_1370171.html。

14. 王小东，“该由西方正视中国‘不高兴’了”，出自宋晓军、王小东、黄纪苏、宋强、刘仰，《中国不高兴：大时代、大目标及我们的内忧外患》（南京：江苏人民出版社，2009 年），第 39 页。

15. 宋晓军，“美国不是纸老虎，是‘老黄瓜刷绿漆’”，出自宋晓军、王小东等著，《中国不高兴》，第 85 页。

16. 中国的经典用语，指冲突后回复和平，但没想到又引发了对抗。

17. 宋晓军，“美国不是纸老虎”，《中国不高兴》，第 86 页。

18. 同上，第 92 页。

19. 同上。

20. 刘明福，《中国梦：后美国时代的大国思维与战略定位》（北京：中国友谊出版公司，2010 年）。

21. 同上，第 69~73 页，第 103~117 页。

22. 同上，第 124 页。

23. 同上，第 256~262 页。

24. 有些分析认为尽管本书表达的情绪是真实的，可能在中国军界非常常见，但也有部分营利动机：煽动性的书在任何国家都销路很好，而且《中国不高兴》和《中国梦》等民族主义书籍都是由民营出版文化公司出版的。参见菲利浦 · 桑德斯，"中国梦会变成美国的噩梦吗？"《中国简报》，第 10 期（华盛顿：詹姆斯顿基金会，2010 年 4 月 1 日），第 10~11 页。

25. 戴秉国，"坚持走和平发展道路"，中华人民共和国外交部，2010 年 12 月 6 日。

26. 同上。

27. 同上。

28. 同上。

29. 同上。

30. 同上。

31. 同上。

32. "胡锦涛在纪念改革开放 30 周年大会上的讲话"，2008 年 12 月 18 日，参见 http://www.bjreview.com.cn/Key_Document_Translation/2009-04/27/content_194200.htm。

33. 戴秉国，"坚持走和平发展道路"。

34. 同上。

后记　克劳备忘录：历史会重演吗？

1. 艾尔 · 克劳对这个问题涉及的双方都很了解。他生于莱比锡，父亲是英国外交官，母亲是德国人，他年仅 17 岁时便移居英国。他的妻子拥有德国血统。即使是英国皇室忠诚的公务人员，克劳在文化和家庭方面仍与欧洲大陆保持着一定联系。迈克尔 · L · 多克里尔、布莱恩 · J · C · 麦克尔彻，《外交与世界大国：1890~1951 年英国外交政策研究》（剑桥：剑桥大学出版社，1996 年），第 27 页。

2. 艾尔 · 克劳，《关于英国与德法关系现状的备忘录》，外交部，1907 年 1 月 1 日，出自 G · P · 古奇、哈罗德 · 坦珀利编，《英国关于战争起源的文件（第 3 卷）：对协约的考验》(伦敦：皇家文书局，1928 年)，第 406 页。

3. 同上，第 417 页。

4. 同上，第 416 页。

5. 同上，第 417 页。

6. 同上，第 407 页。

7. 同上。

8. 菲利浦 · 桑德斯，“中国梦会变成美国的噩梦吗？”《中国简报》第 10 期，第 7 号，华盛顿：詹姆斯顿基金会，2010 年 4 月 1 日，第 10 页(引用刘明福在《环球时报》上的文章)。

9. 刘明福，《中国梦：后美国时代的大国思维与战略定位》(北京：中国友谊出版公司，2010 年)，第 24 页；克里斯 · 巴克利，“中国解放军军官敦促挑战美国优势地位”，路透社，2010 年 2 月 28 日，见 http://www.reuters.com/article/2010/03/01/us-china-usa-military-exclusiveidUSTRE6200P620100301。

10. 理查德 · 丹尼尔 · 尤因，“胡锦涛：一位中国总书记的成长”，《中国季刊》第 173 号，2003 年 3 月，第 29~31 页。

11. 戴秉国，“坚持走和平发展道路”，中华人民共和国外交部，2010 年 12 月 6 日。

12. 埃德勒 · 哈尤汀，《中国的人口变化：未来的形态》(斯坦福：斯坦福长寿研究中心，2008 年 10 月 24 日)，第 7 页。

13. 伊桑 · 德温，“日本综合征”，《外交政策》，2010 年 9 月 30 日，见 http://www.foreignpolicy.com/articles/2010/09/30/the_japan_syndrome。

14. 哈尤汀，《中国的人口变化》，第 3 页。

15. 参见乔舒亚 · 库珀 · 拉莫，“胡锦涛的访问：寻找推进美中关系的途径”，《时代》，2010 年 4 月 8 日。拉莫采用了生物学领域的共同进化概念，用来解释美中关系框架。

英文注释

Prologue

1. John W. Garver, "China's Decision for War with India in 1962," in Alastair Iaian Johnston and Robert S. Ross, eds., *New Directions in the Study of China's Foreign Policy* (Stanford: Stanford University Press, 2006), 116, citing Sun Shao and Chen Zibin, *Ximalaya shan de xue: Zhong Yin zhanzheng shilu* [*Snows of the Himalaya Mountains: The True Record of the China-India War*] (Taiyuan: Bei Yue Wenyi Chubanshe, 1991), 95; Wang Hongwei, *Ximalaya shan qingjie: Zhong Yin guanxi yanjiu* [*The Himalayas Sentiment: A Study of China-India Relations*] (Beijing: Zhongguo Zangxue Chubanshe, 1998), 228–30.

2. *Huaxia* and *Zhonghua*, other common appellations for China, have no precise English meaning, but carry similar connotations of a great and central civilization.

Chapter1: The Singularity of China

1. "Ssuma Ch'ien's Historical Records-Introductory Chapter," trans. Herbert J. Allen, *The Journal of the Royal Asiatic Society of Great Britain and Ireland* (London: Royal Asiatic Society, 1894), 278–80 ("Chapter I: Original Records of the Five Gods").

2. Abbé Régis-Evariste Huc, *The Chinese Empire* (London: Longman, Brown, Green & Longmans, 1855), as excerpted in Franz Schurmann and Orville Schell, eds., *Imperial China: The Decline of the Last Dynasty and the Origins of Modern China, The*

18th and 19th Centuries (New York: Vintage, 1967), 31.

3. Luo Guanzhong, *The Romance of the Three Kingdoms*, trans. Moss Roberts (Beijing: Foreign Languages Press, 1995), 1.

4. Mao used this example to demonstrate why China would survive even a nuclear war. Ross Terrill, *Mao: A Biography* (Stanford: Stanford University Press, 2000), 268.

5. John King Fairbank and Merle Goldman, *China: A New History*, 2nd enlarged ed. (Cambridge: Belknap Press, 2006), 93.

6. F. W. Mote, *Imperial China: 900–1800* (Cambridge: Harvard University Press, 1999), 614–15.

7. Ibid., 615.

8. Thomas Meadows, *Desultory Notes on the Government and People of China* (London: W. H. Allen & Co., 1847), as excerpted in Schurmann and Schell, eds., *Imperial China*, 150.

9. Lucian Pye, "Social Science Theories in Search of Chinese Realities," *China Quarterly* 132 (1992): 1162.

10. Anticipating that his colleagues in Washington would object to this proclamation of Chinese universal jurisdiction, the American envoy in Beijing obtained an alternate translation and textual exegesis from a local British expert. The latter explained that the offending expression—literally "to soothe and bridle the world"—was a standard formulation, and that the letter to Lincoln was in fact a (by the Chinese court's standards) particularly modest document whose phrasing indicated genuine goodwill. *Papers Relating to Foreign Affairs Accompanying the Annual Message of the President to the First Session of the Thirty-eighth Congress*, vol. 2 (Washington, D.C.: U.S. Government Printing Office, 1864), Document No. 33 ("Mr. Burlingame to Mr. Seward, Peking, January 29, 1863"), 846–48.

11. For a brilliant account of these achievements by a Western scholar deeply (and perhaps excessively) enchanted by China, see Joseph Needham's encyclopedic multivolume *Science and Civilisation in China* (Cambridge: Cambridge University Press, 1954).

12. Fairbank and Goldman, *China*, 89.

13. Angus Maddison, *The World Economy: A Millennial Perspective* (Paris:

Organisation for Economic Co-operation and Development, 2006), Appendix B, 261–63. It must be allowed that until the Industrial Revolution, total GDP was tied more closely to population size; thus China and India outstripped the West in part by virtue of their larger populations. I would like to thank Michael Cembalest for bringing these figures to my attention.

14. Jean-Baptiste Du Halde, *Description géographique, historique, chronologique, politique, et physique de l'empire de la Chine et de la Tartarie chinoise* (La Haye: H. Scheurleer, 1736), as translated and excerpted in Schurmann and Schell, eds., *Imperial China*, 71.

15. François Quesnay, *Le despotisme de la Chine*, as translated and excerpted in Schurmann and Schell, eds., *Imperial China*, 115.

16. For an exploration of Confucius's political career synthesizing classical Chinese accounts, see Annping Chin, *The Authentic Confucius: A Life of Thought and Politics* (New York: Scribner, 2007).

17. See Benjamin I. Schwartz, *The World of Thought in Ancient China* (Cambridge: Belknap Press, 1985), 63–66.

18. Confucius, *The Analects*, trans. William Edward Soothill (New York: Dover, 1995), 107.

19. See Mark Mancall, "The Ch'ing Tribute System: An Interpretive Essay," in John King Fairbank, ed., *The Chinese World Order* (Cambridge: Harvard University Press, 1968), 63–65; Mark Mancall, *China at the Center: 300 Years of Foreign Policy* (New York: Free Press, 1984), 22.

20. Ross Terrill, *The New Chinese Empire* (New York: Basic Books, 2003), 46.

21. Fairbank and Goldman, *China*, 28, 68–69.

22. Masataka Banno, *China and the West, 1858–1861: The Origins of the Tsungli Yamen* (Cambridge: Harvard University Press, 1964), 224–25; Mancall, *China at the Center*, 16–17.

23. Banno, *China and the West,* 224–28; Jonathan Spence, *The Search for Modern China* (New York: W. W. Norton, 1999), 197.

24. Owen Lattimore, "China and the Barbarians," in Joseph Barnes, ed., *Empire in the East* (New York: Doubleday, 1934), 22.

25. Lien-sheng Yang, "Historical Notes on the Chinese World Order," in Fairbank, ed., *The Chinese World Order*, 33.

26. As excerpted in G. V. Melikhov, "Ming Policy Toward the Nüzhen (1402–1413)," in S. L. Tikhvinsky, ed., *China and Her Neighbors: From Ancient Times to the Middle Ages* (Moscow: Progress Publishers, 1981), 209.

27. Ying-shih Yü, *Trade and Expansion in Han China: A Study in the Structure of Sino-Barbarian Economic Relations* (Berkeley: University of California Press, 1967), 37.

28. Immanuel C. Y. Hsü, *China's Entrance into the Family of Nations: The Diplomatic Phase, 1858–1880* (Cambridge: Harvard University Press, 1960), 9.

29. Thus the extension of Chinese sovereignty over Mongolia (both "Inner" and, at various points of Chinese history, "Outer") and Manchuria, the respective founts of the foreign conquerors that founded the Yuan and Qing Dynasties.

30. For enlightening discussions of these themes, and a fuller explanation of the rules of *wei qi*, see David Lai, "Learning from the Stones: A Go Approach to Mastering China's Strategic Concept, Shi" (Carlisle, Pa.: United States Army War College Strategic Studies Institute, 2004); and David Lai and Gary W. Hamby, "East Meets West: An Ancient Game Sheds New Light on U.S.-Asian Strategic Relations," *Korean Journal of Defense Analysis* 14, no. 1 (Spring 2002).

31. A convincing case has been made that *The Art of War is the work of a later* (though still ancient) author during the Warring States period, and that he sought to imbue his ideas with greater legitimacy by backdating them to the era of Confucius. These arguments are summarized in Sun Tzu, *The Art of War*, trans. Samuel B. Griffith (Oxford: Oxford University Press, 1971), Introduction, 1–12; and Andrew Meyer and Andrew Wilson, "*Sunzi Bingfa* as History and Theory," in Bradford A. Lee and Karl F. Walling, eds., *Strategic Logic and Political Rationality: Essays in Honor of Michael Handel* (London: Frank Cass, 2003).

32. Sun Tzu, *The Art of War, trans*. John Minford (New York: Viking, 2002), 3.

33. Ibid., 87–88.

34. Ibid., 14–16.

35. Ibid., 23.

36. Ibid., 6.

37. In Mandarin Chinese, "*shi*" is pronounced roughly the same as "sir" with a "sh." The Chinese character combines the elements of "cultivate" and "strength."

38. Kidder Smith, "The Military Texts: The *Sunzi*," in Wm. Theodore de Bary and Irene Bloom, eds., *Sources of Chinese Tradition*, vol. 1, *From Earliest Times to 1600*, 2nd ed. (New York: Columbia University Press, 1999), 215. The Chinese author Lin Yutang explained *shi* as an aesthetic and philosophic notion of what a situation "is going to become . . . the way the wind, rain, flood or battle looks for the future, whether increasing or decreasing in force, stopping soon or continuing indefinitely, gaining or losing, in what direction [and] with what force." Lin Yutang, *The Importance of Living* (New York: Harper, 1937), 442.

39. See Joseph Needham and Robin D. S. Yates, *Science and Civilisation in China*, vol. 5, part 6: "Military Technology: Missiles and Sieges" (Cambridge: Cambridge University Press, 1994), 33–35, 67–79.

40. See Lai and Hamby, "East Meets West," 275.

41. Georg Wilhelm Friedrich Hegel, *The Philosophy of History*, trans. E. S. Haldane and Frances Simon, as quoted in Spence, *The Search for Modern China*, 135–36.

Chapter 2: The Kowtow Question and the Opium War

1. The story of Qing expansion in "inner Asia" under a series of exceptionally able Emperors is related in rich detail in Peter Perdue, China Marches West: *The Qing Conquest of Central Eurasia* (Cambridge: Belknap Press, 2005).

2. See J. L. Cranmer-Byng, ed., *An Embassy to China: Being the journal kept by Lord Macartney during his embassy to the Emperor Ch'ien-lung, 1793–1794* (London: Longmans, Green, 1962), Introduction, 7–9 (citing the *Collected Statutes* of the Qing dynasty).

3. "Lord Macartney's Commission from Henry Dundas" (September 8, 1792), in Pei-kai Cheng, Michael Lestz, and Jonathan Spence, eds., *The Search for Modern China: A Documentary Collection* (New York: W. W. Norton, 1999),93–96.

4. Ibid., 95.

5. Macartney's Journal, in An *Embassy to China*, 87–88.

6. Ibid., 84–85.

7. Alain Peyrefitte, *The Immobile Empire* (New York: Alfred A. Knopf, 1992), 508.

8. Macartney's Journal, in An *Embassy to China*, 105.

9. Ibid., 90.

10. Ibid., 123.

11. Ibid.

12. See Chapter 1, "The Singularity of China".

13. Macartney's Journal, in *An Embassy to China*, 137.

14. Qianlong's First Edict to King George III (September 1793), in Cheng, Lestz, and Spence, eds., *The Search for Modern China: A Documentary Collection*, 104–6.

15. Qianlong's Second Edict to King George III (September 1793), in Cheng, Lestz, and Spence, eds., *The Search for Modern China: A Documentary Collection*, 109.

16. Macartney's Journal, in *An Embassy to China*, 170.

17. *Angus Maddison, The World Economy: A Millennial Perspective (Paris: Organisation for Economic Cooperation and Development, 2006), Appendix B, 261, Table B–18 , 'World GDP , 20 Countries and Regional Totals, 0–1998 A.D."*

18. See Jonathan Spence, *The Search for Modern China* (New York: W. W. Norton, 1999), 149–50; Peyrefitte, *The Immobile Empire*, 509–11; Dennis Bloodworth and Ching Ping Bloodworth, *The Chinese Machiavelli: 3000 Years of Chinese Statecraft* (New York: Farrar, Straus & Giroux, 1976), 280.

19. Peter Ward Fay, *The Opium War, 1840–1842* (Chapel Hill: University of North Carolina Press, 1975), 68.

20. Peyrefitte, *The Immobile Empire*, xxii.

21. "Lin Tse-hsü's Moral Advice to Queen Victoria, 1839," in Ssu-yü Teng and John K. Fairbank, eds., *China's Response to the West: A Documentary Survey, 1839–1923* (Cambridge: Harvard University Press, 1979), 26.

22. Ibid., 26–27.

23. Ibid., 25–26.

24. "Lord Palmerston to the Minister of the Emperor of China" (London, February 20, 1840), as reprinted in Hosea Ballou Morse, *The International Relations of the*

Chinese Empire, vol. 1, The Period of Conflict, 1834–1860, part 2 (London: Longmans, Green, 1910), 621–24.

25. Ibid., 625.

26. Memorial to the Emperor, as translated and excerpted in Franz Schurmann and Orville Schell, eds., *Imperial China: The Decline of the Last Dynasty and the Origins of Modern China, the 18th and 19th Centuries* (New York: Vintage, 1967), 146–47.

27. E. Backhouse and J. O. P. Bland, *Annals and Memoirs of the Court of Peking* (Boston: Houghton Mifflin, 1914), 396.

28. Tsiang Ting-fu, *Chung-kuo chin tai shih* [*China's Modern History*] (Hong Kong: Li-ta Publishers, 1955), as translated and excerpted in Schurmann and Schell, eds., *Imperial China*, 139.

29. Ibid., 139–40.

30. Maurice Collis, *Foreign Mud: Being an Account of the Opium Imbroglio at Canton in the 1830s and the Anglo-Chinese War That Followed* (New York: New Directions, 1946), 297.

31. See Teng and Fairbank, eds., *China's Response to the West*, 27–29.

32. Immanuel C. Y. Hsü, *The Rise of Modern China*, 6th ed. (Oxford: Oxford University Press, 2000), 187–88.

33. Spence, *The Search for Modern China*, 158.

34. John King Fairbank, *Trade and Diplomacy on the China Coast: The Opening of the Treaty Ports, 1842–1854* (Stanford: Stanford University Press, 1969), 109–12.

35. "Ch'i-ying's Method for Handling the Barbarians, 1844," as translated in Teng and Fairbank, eds., *China's Response to the West*, 38–39.

36. Ibid., 38. See also Hsü, *The Rise of Modern China*, 208–9. A copy of this memorial was discovered years later in the British capture of an official residence in Guangzhou. Disgraced by its revelation during an 1858 negotiation with British representatives, Qiying fled. For fleeing an official negotiation without authorization, Qiying was sentenced to death. Deference to his elite stature was made, and he was "permitted" to perform the deed himself with a silken bowstring.

37. Meadows, *Desultory Notes on the Government and People of China*, in Schurmann and Schell, eds., Imperial China, 148–49.

38. See Morse, *The International Relations of the Chinese Empire*, vol. 1, part 2, 632–36.

39. See ibid., part 1, 309–10; Qianlong's Second Edict to King George III, in Cheng, Lestz, and Spence, *The Search for Modern China: A Documentary Collection*, 109.

Chapter 3: From Preeminence to Decline

1. "Wei Yuan's Statement of a Policy for Maritime Defense, 1842," in Ssu-yü Teng and John K. Fairbank, eds., *China's Response to the West: A Documentary Survey, 1839–1923* (Cambridge: Harvard University Press, 1979), 30.

2. Ibid., 31–34.

3. Ibid., 34.

4. Opinion differs as to whether the inclusion of Most Favored Nation clauses in these initial treaties represented a concerted Chinese strategy or a tactical oversight. One scholar notes that in some respects it curtailed the Qing court's scope of maneuver in subsequent negotiations with the foreign powers, since any Western power could be sure it would gain the benefits afforded to its rivals. On the other hand, the practical effect was to prevent any one colonizer from attaining a dominant economic position—a contrast to the experience of many neighboring countries during this period. See Immanuel C. Y. Hsü, *The Rise of Modern China, 6th ed.* (Oxford: Oxford University Press, 2000), 190–92.

5. "Wei Yuan's Statement of a Policy for Maritime Defense," in Teng and Fairbank, eds., *China's Response to the West*, 34.

6. Prince Gong (Yixin), "The New Foreign Policy of January 1861," in Teng and Fairbank, eds., *China's Response to the West*, 48.

7. Macartney's Journal, in J. L. Cranmer- Byng, ed., An *Embassy to China: Being the journal kept by Lord Macartney during his embassy to the Emperor Ch'ien-lung, 1793–1794* (London: Longmans, Green, 1962), 191, 239.

8. John King Fairbank and Merle Goldman, *China: A New History*, 2nd enlarged ed. (Cambridge: Belknap Press, 2006), 216. For an account of the Taiping Rebellion and the career of its charismatic leader Hong Xiuquan, see Jonathan Spence, *God's Chinese Son* (New York: W. W. Norton 1996).

9. Hsü, *The Rise of Modern China*, 209.

10. Ibid., 209–11.

11. Bruce Elleman, *Modern Chinese Warfare, 1795–1989* (New York: Routledge, 2001), 48–50; Hsü, *The Rise of Modern China*, 212–15.

12. Mary C. Wright, *The Last Stand of Chinese Conservatism: The T'ung-Chih Restoration, 1862–1874*, 2nd ed. (Stanford: Stanford University Press, 1962), 233–36.

13. Hsü, *The Rise of Modern China*, 215–18.

14. Commenting acidly on the loss of Vladivostok 115 years later (and on President Ford's summit with Soviet General Secretary Leonid Brezhnev in that city), Deng Xiaoping told me that the different names given to the city by the Chinese and the Russians reflected their respective purposes: the Chinese name translated roughly as "Sea Slug," while the Russian name meant "Rule of the East." "I don't think it has any other meaning except what it means at face value," he added.

15. "The New Foreign Policy of January 1861," in Teng and Fairbank, eds., *China's Response to the West*, 48. For consistency within the present volume, the spelling of "Nian" has been changed in this passage from "Nien," the spelling more common at the time of the quoted book's publication. The underlying Chinese word is the same.

16. Ibid.

17. Ibid.

18. Ibid.

19. Christopher A. Ford, *The Mind of Empire: China's History and Modern Foreign Relations* (Lexington: University of Kentucky Press, 2010), 142–43.

20. I am indebted to my associate, Ambassador J. Stapleton Roy, for bringing this linguistic point to my attention.

21. This account of Li's career draws on events related in William J. Hail, "Li Hung-Chang," in Arthur W. Hummel, ed., *Eminent Chinese of the Ch'ing Period* (Washington, D.C.: U.S. Government Printing Office, 1943), 464–71; J. O. P. Bland, *Li Hung-chang* (New York: Henry Holt, 1917); and Edgar Sanderson, ed., *Six Thousand Years of World History*, vol. 7, *Foreign Statesmen* (Philadelphia: E. R. DuMont, 1900), 425–44.

22. Hail, "Li Hung-Chang," in Hummel, ed., *Eminent Chinese of the Ch'ing*

Period, 466.

23. "Excerpts from Tseng's Letters, 1862," as translated and excerpted in Teng and Fairbank, eds., *China's Response to the West*, 62.

24. Li Hung-chang, "Problems of Industrialization," in Franz Schurmann and Orville Schell, *Imperial China: The Decline of the Last Dynasty and the Origins of Modern China, the 18th and 19th Centuries* (New York: Vintage, 1967), 238.

25. Teng and Fairbank, eds., *China's Response to the West*, 87.

26. "Letter to Tsungli Yamen Urging Study of Western Arms," in ibid., 70–72.

27. "Li Hung-chang's Support of Western Studies," in ibid., 75.

28. Ibid.

29. Ibid.

30. As cited in Wright, *The Last Stand of Chinese Conservatism*, 222.

31. As cited in Jerome Ch'en, *China and the West: Society and Culture, 1815–1937* (Bloomington: Indiana University Press, 1979), 429.

32. According to the fourteenth-century "Records of the Legitimate Succession of the Divine Sovereigns" (a work later widely distributed in the 1930s by the Thought Bureau of Japan's Ministry of Education): "Japan is the divine country. The heavenly ancestor it was who first laid its foundations, and the Sun Goddess left her descendants to reign over it forever and ever. This is true only of our country, and nothing similar may be found in foreign lands. That is why it is called the divine country." John W. Dower, *War Without Mercy: Race and Power in the Pacific War* (New York: Pantheon, 1986), 222.

33. See Kenneth B. Pyle, *Japan Rising* (New York: PublicAffairs, 2007), 37–38.

34. See Karel van Wolferen, *The Enigma of Japanese Power: People and Politics in a Stateless Nation* (London: Macmillan, 1989), 13.

35. On the classical conception of a Japancentered tributary order, see Michael R. Auslin, *Negotiating with Imperialism: The Unequal Treaties and the Culture of Japanese Diplomacy* (Cambridge: Harvard University Press, 2004), 14; and Marius B. Jansen, *The Making of Modern Japan* (Cambridge: Belknap Press, 2000), 69.

36. Jansen, *The Making of Modern Japan*, 87.

37. Cited in Ch'en, *China and the West*, 431.

38. Masakazu Iwata, *Okubo Toshimichi: The Bismarck of Japan* (Berkeley:

University of California Press, 1964), citing Wang Yusheng, *China and Japan in the Last Sixty Years* (Tientsin: Ta Kung Pao, 1932–34).

39. The occasion of the 1874 crisis was a shipwreck of a Ryukyu Islands crew on the far southeast coast of Taiwan, and the murder of the sailors by a Taiwanese tribe. When Japan demanded a harsh indemnity, Beijing initially responded that it had no jurisdiction over un-Sinicized tribes. In the traditional Chinese view, this had a certain logic: "barbarians" were not Beijing's responsibility. Seen in modern international legal and political terms, it was almost certainly a miscalculation, since it signaled that China did not exert full authority over Taiwan. Japan responded with a punitive expedition against the island, which Qing authorities proved powerless to stop. Tokyo then prevailed on Beijing to pay an indemnity, which one contemporary observer called "a transaction which really sealed the fate of China, in advertising to the world that here was a rich Empire which was ready to pay, but not ready to fight." (Alexander Michie, *An Englishman in China During the Victorian Era*, vol. 2 [London: William Blackwood & Sons, 1900], 256.) What made the crisis additionally damaging to China was that until that point, both Beijing and Tokyo had laid claim to the Ryukyu Islands as a tribute state; after the crisis, the islands fell under Japan's sway. See Hsü, *The Rise of Modern China*, 315–17.

40. Teng and Fairbank, eds., *China's Response to the West*, 71.

41. As quoted in Bland, *Li Hung-chang*, 160.

42. Ibid., 160–61.

43. "Text of the Sino-Russian Secret Treaty of 1896," in Teng and Fairbank, eds., *China's Response to the West*, 131.

44. Bland, *Li Hung-chang*, 306.

45. For an account of these events and of the Chinese court's internal deliberations, see Hsü, *The Rise of Modern China*, 390–98.

46. In contrast with earlier indemnities, most of the Boxer indemnity was later renounced or redirected by the foreign powers to charitable enterprises within China. The United States directed a portion of its indemnity to the construction of Tsinghua University in Beijing.

47. These strategies are recounted in compelling detail in Scott A. Boorman, *The Protracted Game: A Wei-ch'I Interpretation of Maoist Revolutionary Strategy* (New

York: Oxford University Press, 1969).

48. Jonathan Spence, *The Search for Modern China* (New York: W. W. Norton, 1999), 485.

Chapter 4: Mao's Continuous Revolution

1. For Mao on Qin Shihuang, see, for example, "Talks at the Beidaihe Conference: August 19, 1958," in Roderick MacFarquhar, Timothy Cheek, and Eugene Wu, eds., *The Secret Speeches of Chairman Mao: From the Hundred Flowers to the Great Leap Forward* (Cambridge: Harvard University Press, 1989), 405; "Talks at the First Zhengzhou Conference: November 10, 1958," in MacFarquhar, Cheek, and Wu, eds., *The Secret Speeches of Chairman Mao*, 476; Tim Adams, "Behold the Mighty Qin," *The Observer* (August 19, 2007).

2. André Malraux, *Anti-Memoirs*, trans. Terence Kilmartin (New York: Henry Holt, 1967), 373–74.

3. "Speech at the Supreme State Conference: Excerpts, 28 January 1958," in Stuart Schram, ed., Mao *Tse-tung Unrehearsed: Talks and Letters: 1956–71* (Harmondsworth: Penguin, 1975), 92–93.

4. "On the People's Democratic Dictatorship: In Commemoration of the Twenty-eighth Anniversary of the Communist Party of China: June 30, 1949," *Selected Works of Mao Tse-tung*, vol. 4 (Peking: Foreign Languages Press, 1969), 412.

5. "Sixty Points on Working Methods—A Draft Resolution from the Office of the Centre of the CPC: 19.2.1958," in Jerome Ch'en, ed., *Mao Papers: Anthology and Bibliography* (London: Oxford University Press, 1970), 63.

6. Ibid., 66.

7. "The Chinese People Have Stood Up: September 1949," in Timothy Cheek, ed., *Mao Zedong and China's Revolutions: A Brief History with Documents* (New York: Palgrave, 2002), 126.

8. See M. Taylor Fravel, "Regime Insecurity and International Cooperation: Explaining China's Compromises in Territorial Disputes," *International Security* 30, no. 2 (Fall 2005): 56–57; "A Himalayan Rivalry: India and China," *The Economist* 396, no. 8696 (August 21, 2010), 17–20.

9. Zhang Baijia, "Zhou Enlai—The Shaper and Founder of China's Diplomacy," in Michael H. Hunt and Niu Jun, eds., *Toward a History of Chinese Communist Foreign Relations, 1920s–1960s: Personalities and Interpretive Approaches* (Washington, D.C.: Woodrow Wilson International Center for Scholars, Asia Program, 1992), 77.

10. Charles Hill, *Grand Strategies: Literature, Statecraft, and World Order* (New Haven: Yale University Press, 2010), 2.

11. "Memorandum of Conversation: Beijing, July 10, 1971, 12:10–6 p.m.," in Steven E. Phillips, ed., *Foreign Relations of the United States (FRUS), 1969–1976*, vol. 17, China 1969–1972, (Washington, D.C.: U.S. Government Printing Office, 2006), 404. Zhou Enlai recited these lines during one of our first meetings in Beijing in July 1971.

12. John W. Garver, "China's Decision for War with India in 1962," in Alastair Iain Johnston and Robert S. Ross, eds., *New Directions in the Study of China's Foreign Policy* (Stanford: Stanford University Press, 2006), 107.

13. "On the Correct Handling of Contradictions Among the People: February 27, 1957," *Selected Works of Mao Tse-tung*, vol. 5 (Peking: Foreign Languages Press, 1977), 417.

14. Edgar Snow, *The Long Revolution* (New York: Random House, 1972), 217.

15. Lin Piao [Lin Biao], *Long Live the Victory of People's War!* (Peking: Foreign Languages Press, 1967), 38 (originally published September 3, 1965, in the *Renmin Ribao* [People's Daily]).

16. Kuisong Yang and Yafeng Xia, "Vacillating Between Revolution and Détente: Mao's Changing Psyche and Policy Toward the United States, 1969–1976," *Diplomatic History* 34, no. 2 (April 2010).

17. Chen Jian and David L. Wilson, eds., "All Under the Heaven Is Great Chaos: Beijing, the Sino-Soviet Border Clashes, and the Turn Toward Sino-American Rapprochement, 1968–69," *Cold War International History Project Bulletin* 11 (Washington, D.C.: Woodrow Wilson International Center for Scholars, Winter 1998), 161.

18. Michel Oksenberg, "The Political Leader," in Dick Wilson, ed., *Mao Tse-tung in the Scales of History* (Cambridge: Cambridge University Press, 1978), 90.

19. Stuart Schram, *The Thought of Mao Tse-Tung* (Cambridge: Cambridge University Press, 1989), 23.

20. "The Chinese Revolution and the Chinese Communist Party: December 1939," *Selected Works of Mao Tse-tung*, vol. 2, 306.

21. "Memorandum of Conversation: Beijing, Feb. 21, 1972, 2:50–3:55 pm.," *FRUS* 17, 678.

22. "The Foolish Old Man Who Removed the Mountains," *Selected Works of Mao Tse-tung*, vol. 3, 272.

Chapter 5: Triangular Diplomacy and the Korean War

1. "Conversation Between I. V. Stalin and Mao Zedong: Moscow, December 16, 1949," Archive of the President of the Russian Federation (APRF), fond 45, opis 1, delo 329, listy 9–17, trans. Danny Rozas, from *Cold War International History Project: Virtual Archive*, Woodrow Wilson International Center for Scholars, accessed at www. cwihp .org.

2. Strobe Talbott, trans. and ed., *Khrushchev Remembers: The Last Testament* (Boston: Little, Brown, 1974), 240.

3. "Conversation Between I. V. Stalin and Mao Zedong," www.cwihp.org.

4. Ibid.

5. Ibid.

6. Ibid.

7. See Chapter 6, "China Confronts Both Superpowers".

8. "Appendix D to Part II—China: The Military Situation in China and Proposed Military Aid," in *The China White Paper: August 1949*, vol. 2 (Stanford: Stanford University Press, 1967), 814.

9. "Letter of Transmittal: Washington, July 30, 1949," in *The China White Paper: August 1949*, vol. 1 (Stanford: Stanford University Press, 1967), xvi.

10. Dean Acheson, "Crisis in Asia—An Examination of U.S. Policy," *Department of State Bulletin* (January 23, 1950), 113.

11. Sergei N. Goncharov, John W. Lewis, and Xue Litai, *Uncertain Partners: Stalin, Mao, and the Korean War* (Stanford: Stanford University Press, 1993), 98.

12. Acheson, "Crisis in Asia—An Examination of U.S. Policy," 115.

13. Ibid.

14. Ibid., 118.

15. The results of postwar Sino-Soviet negotiations still rankled four decades later. In 1989, Deng Xiaoping urged President George H. W. Bush to "look at the map to see what happened after the Soviet Union severed Outer Mongolia from China. What kind of strategic situation did we find ourselves in? Those over fifty in China remember that the shape of China was like a maple leaf. Now, if you look at a map, you see a huge chunk of the north cut away." George H. W. Bush and Brent Scowcroft, *A World Transformed* (New York: Alfred A. Knopf, 1998), 95–96. Deng's reference to China's strategic situation must be understood also in light of the significant Soviet military presence in Mongolia, which began during the Sino-Soviet split and lasted throughout the Cold War.

16. Goncharov, Lewis, and Xue, *Uncertain Partners*, 103.

17. Stuart Schram, *The Thought of Mao Tse-Tung* (Cambridge: Cambridge University Press, 1989), 153.

18. "Conversation Between I. V. Stalin and Mao Zedong," at www.cwihp.org.

19. Soviet forces had initially advanced further south, past the 38th parallel, but heeded a call from Washington to return north and divide the peninsula roughly halfway.

20. Chen Jian, *China's Road to the Korean War: The Making of the Sino-American Confrontation* (New York: Columbia University Press, 1994), 87–88 (citing author interview with Shi Zhe).

21. Kathryn Weathersby, "'Should We Fear This?': Stalin and the Danger of War with America," Cold War International History Project Working Paper Series, working paper no. 39 (Washington, D.C.: Woodrow Wilson International Center for Scholars, July 2002), 9–11.

22. "M'Arthur Pledges Defense of Japan," *New York Times* (March 2, 1949), from *New York Times* Historical Archives.

23. Acheson, "Crisis in Asia—An Examination of U.S. Policy," 116.

24. Ibid.

25. Weathersby, "'Should We Fear This?' " 11.

26. Goncharov, Lewis, and Xue, *Uncertain Partners*, 144.

27. Ibid.

28. Ibid., 145.

29. Chen, *China's Road to the Korean War*, 112.

30. Shen Zhihua, *Mao Zedong, Stalin, and the Korean War*, trans. Neil Silver (forthcoming), Chapter 6 (originally published in Chinese as *Mao Zedong, Sidalin yu Chaoxian zhanzheng* [Guangzhou: Guangdong Renmin Chubanshe, 2003]).

31. Ibid.

32. Ibid.

33. Yang Kuisong, Introduction to ibid. (as adapted from Yang Kuisong, "Sidalin Weishenma zhichi Chaoxian zhanzheng—du Shen Zhihua zhu '*Mao Zedong, Sidalin yu Chaoxian zhanzheng*'" ["Why Did Stalin Support the Korean War—On Reading Shen Zhihua's 'Mao Zedong, Stalin and the Korean War'"], *Ershiyi Shiji* [*Twentieth Century*], February 2004).

34. Harry S. Truman, "Statement by the President on the Situation in Korea, June 27, 1950," no. 173, *Public Papers of the Presidents of the United States* (Washington, D.C.: U.S. Government Printing Office, 1965), 492.

35. Gong Li, "Tension Across the Taiwan Strait in the 1950s: Chinese Strategy and Tactics," in Robert S. Ross and Jiang Changbin, eds., *Re-examining the Cold War: U.S.-China Diplomacy, 1954–1973* (Cambridge: Harvard University Press, 2001), 144.

36. United Nations General Assembly Resolution 376(V), "The Problem of the Independence of Korea" (October 7, 1950).

37. For a fascinating discussion of these principles as applied to the Ussuri River clashes, see Michael S. Gerson, *The Sino-Soviet Border Conflict: Deterrence, Escalation, and the Threat of Nuclear War in 1969* (Alexandria, Va.: Center for Naval Analyses, 2010).

38. On Mao's war aims, see for example Shu Guang Zhang, *Mao's Military Romanticism: China and the Korean War, 1950–1953* (Lawrence: University Press of Kansas, 1995), 101–7, 123–25, 132–33; and Chen Jian, *Mao's China and the Cold War* (Chapel Hill: University of North Carolina Press, 2001), 91–96.

39. Chen, *China's Road to the Korean War*, 137.

40. Shen, *Mao Zedong, Stalin, and the Korean War*, Chapter 7.

41. Ibid.

42. Chen, *China's Road to the Korean War*, 143.

43. Ibid., 143–44.

44. Ibid., 144.

45. Goncharov, Lewis, and Xue, *Uncertain Partners*, 164–67.

46. Chen, *China's Road to the Korean War,* 149–50.

47. Ibid., 150.

48. Ibid., 164.

49. "Doc. 64: Zhou Enlai Talk with Indian Ambassador K. M. Panikkar, Oct. 3, 1950," in Goncharov, Lewis, and Xue, *Uncertain Partners*, 276.

50. Ibid., 278.

51. Ibid. Prime Minister Jawaharlal Nehru had written to Zhou, as well as to U.S. and British representatives, regarding prospects for limiting the Korean conflict.

52. "Letter from Fyn Si [Stalin] to Kim Il Sung (via Shtykov): October 8, 1950," APRF, fond 45, opis 1, delo 347, listy 65–67 (relaying text asserted to be Stalin's cable to Mao), from *Cold War International History Project: Virtual Archive*, Woodrow Wilson International Center for Scholars, accessed at www.cwihp.org.

53. Goncharov, Lewis, and Xue, *Uncertain Partners*, 177.

54. Ibid.

55. Ibid.

56. See Shen Zhihua, "The Discrepancy Between the Russian and Chinese Versions of Mao's 2 October 1950 Message to Stalin on Chinese Entry into the Korean War: A Chinese Scholar's Reply," *Cold War International History Project Bulletin* 8/9 (Washington, D.C.: Woodrow Wilson International Center for Scholars, Winter 1996), 240.

57. Goncharov, Lewis, and Xue, *Uncertain Partners*, 200–201, citing Hong Xuezhi and Hu Qicai, "Mourn Marshal Xu with Boundless Grief," *People's Daily* (October 16, 1990), and Yao Xu, *Cong Yalujiang dao Banmendian* [*From the Yalu River to Panmunjom*] (Beijing: People's Press, 1985).

58. Goncharov, Lewis, and Xue, *Uncertain Partners*, 195–96.

Chapter 6: China Confronts Both Superpowers

1. "Assistant Secretary Dean Rusk addresses China Institute in America, May 18, 1951," as reproduced in "Editorial Note," Fredrick Aandahl, ed., *Foreign Relations of the United States (FRUS), 1951*, vol. 7, Korea and China: Part 2 (Washington, D.C.: U.S. Government Printing Office, 1983), 1671–72.

2. Due to differences in dialect and methods of transliteration, Quemoy is elsewhere known as "Jinmen," "Kinmen," or "Ch'in-men." Matsu is also known as "Mazu."

3. Xiamen was then known in the Western press as "Amoy"; Fuzhou was "Foochow."

4. Dwight D. Eisenhower, "Annual Message to the Congress on the State of the Union: February 2, 1953," no. 6, *Public Papers of the Presidents of the United States* (Washington, D.C.: U.S. Government Printing Office, 1960), 17.

5. John Lewis Gaddis, *The Cold War: A New History* (New York: Penguin, 2005), 131.

6. Robert L. Suettinger, "U.S. 'Management' of Three Taiwan Strait 'Crises,' " in Michael D. Swaine and Zhang Tuosheng with Danielle F. S. Cohen, eds., *Managing Sino-American Crises: Case Studies and Analysis* (Washington, D.C.: Carnegie Endowment for International Peace, 2006), 254.

7. Ibid., 255.

8. "The Chinese People Cannot Be Cowed by the Atom Bomb: January 28th, 1955 (Main points of conversation with Ambassador Carl-Johan [Cay] Sundstrom, the first Finnish envoy to China, upon presentation of his credentials in Beijing)," *Mao Tse-tung: Selected Works*, vol. 5 (Peking: Foreign Languages Press, 1977), 152–53.

9. "Text of the Joint Resolution on the Defense of Formosa: February 7, 1955," *Department of State Bulletin*, vol. 32, no. 815 (Washington, D.C.: U.S. Government Printing Office, 1955), 213.

10. "Editorial Note," in John P. Glennon, ed., *Foreign Relations of the United States (FRUS)*, vol. 19, *National Security Policy, 1955–1957* (Washington, D.C.: U.S. Government Printing Office, 1990), 61.

11. Suettinger, "U.S. 'Management' of Three Taiwan Strait 'Crises,' " 258.

12. Strobe Talbott, trans. and ed., *Khrushchev Remembers: The Last Testament* (Boston: Little, Brown, 1974), 263.

13. "Memorandum of Conversation of N. S. Khrushchev with Mao Zedong, Beijing: 2 October 1959," *Cold War International History Project Bulletin* 12/13 (Washington, D.C.: Woodrow Wilson International Center for Scholars, Fall/ Winter 2001), 264.

14. Jung Chang and Jon Halliday, *Mao: The Unknown Story* (New York: Random House, 2005), 389–90.

15. Zhang Baijia and Jia Qingguo, "Steering Wheel, Shock Absorber, and Diplomatic Probe in Confrontation: Sino-American Ambassadorial Talks Seen from the Chinese Perspective," in Robert S. Ross and Jiang Changbin, eds., *Re-examining the Cold War: U.S.-China Diplomacy, 1954–1973* (Cambridge: Harvard University Press, 2001), 185.

16. Steven Goldstein, "Dialogue of the Deaf? The Sino-American Ambassadorial-Level Talks, 1955–1970," in Ross and Jiang, eds., *Re-examining the Cold War*, 200. For a compelling history of the talks making use of both Chinese and American sources, see Yafeng Xia, *Negotiating with the Enemy: U.S.-China Talks During the Cold War, 1949–1972* (Bloomington: Indiana University Press, 2006).

17. "Text of Rusk's Statement to House Panel on U.S. Policy Toward Communist China," *New York Times* (April 17, 1966), accessed at ProQuest Historical Newspapers (1851–2007).

18. Ibid.

19. Talbott, trans. and ed., *Khrushchev Remembers*, 249.

20. Lorenz M. Lüthi, *The Sino-Soviet Split: Cold War in the Communist World* (Princeton: Princeton University Press, 2008), 38.

21. The October Revolution refers to the Bolshevik seizure of power in October 1917.

22. Stuart Schram, *The Thought of Mao Tse-Tung* (Cambridge: Cambridge University Press, 1989), 113.

23. Ibid., 149.

24. Lüthi, *The Sino-Soviet Split*, 50, citing author examination of 1956 Chinese "Internal Reference Reports" and Wu Lengxi, *Shinian lunzhan, 1956–1966: ZhongSu guanxi huiyilu* [*Ten Years of Debate, 1956–1966: Recollections of Sino-Soviet Relations*]

(Beijing: Zhongyang wenxian, 1999), (memoirs of the former head of China's official Xinhua news agency).

25. Ibid., 62–63.

26. Talbott, trans. and ed., *Khrushchev Remembers*, 255.

27. Ibid.

28. Ibid., 260.

29. "Playing for High Stakes: Khrushchev speaks out on Mao, Kennedy, Nixon and the Cuban Missile Crisis," *LIFE* 69, no. 25 (December 18, 1970), 25.

30. "First conversation between N. S. Khrushchev and Mao Zedong: 7/31/1958," *Cold War International History Project: Virtual Archive*, Woodrow Wilson International Center for Scholars, accessed at www.cwihp .org.

31. Ibid.

32. Ibid.

33. William Taubman, *Khrushchev: The Man and His Era* (New York: W. W. Norton, 2003), 392.

34. "Discussion Between N. S. Khrushchev and Mao Zedong: October 03, 1959," Archive of the President of the Russian Federation (APRF), fond 52, opis 1, delo 499, listy 1–33, trans. Vladislav M. Zubok, *Cold War International History Project: Virtual Archive*, Woodrow Wilson International Center for Scholars, accessed at www.cwihp.org.

35. Ibid.

36. Lüthi, The Sino-Soviet Split, 101; Wu Lengxi, "Inside Story of the Decision Making During the Shelling of Jinmen" (*Zhuanji wenxue* [*Biographical Literature*], Beijing, no. 1, 1994), as translated and reproduced in Li Xiaobing, Chen Jian, and David L. Wilson, eds., "Mao Zedong's Handling of the Taiwan Straits Crisis of 1958: Chinese Recollections and Documents," *Cold War International History Project Bulletin* 6/7 (Washington, D.C.: Woodrow Wilson International Center for Scholars, Winter 1995), 213–14.

37. Wu, "Inside Story of the Decision Making During the Shelling of Jinmen," 208.

38. Ibid., 209–10.

39. Gong Li, "Tension Across the Taiwan Strait in the 1950s: Chinese Strategy and

Tactics," in Ross and Jiang, eds., *Re-examining the Cold War*, 157–58; Chen Jian, *Mao's China and the Cold War* (Chapel Hill: University of North Carolina Press, 2001), 184.

40. Chen, Mao's *China and the Cold War*, 184–85.

41. "Statement by the Secretary of State, September 4, 1958," in Harriet Dashiell Schwar, ed., *Foreign Relations of the United States (FRUS), 1958–1960*, vol. 19, China (Washington, D.C.: U.S. Government Printing Office, 1996), 135.

42. "Telegram from the Embassy in the Soviet Union to the Department of State, Moscow, September 7, 1958, 9 p.m.," *FRUS* 19, 151.

43. Dwight D. Eisenhower, "Letter to Nikita Khrushchev, Chairman, Council of Ministers, U.S.S.R., on the Formosa Situation: September 13, 1958," no. 263, *Public Papers of the Presidents of the United States* (Washington, D.C.: U.S. Government Printing Office, 1960), 702.

44. Andrei Gromyko, *Memoirs* (New York: Doubleday, 1990), 251–52.

45. Lüthi, *The Sino-Soviet Split*, 102.

46. Ibid., 102–3.

47. "Telegram from the Embassy in the Soviet Union to the Department of State, September 19, 1958, 8 p.m.," FRUS 19, 236.

48. "Discussion Between N. S. Khrushchev and Mao Zedong: October 03, 1959."

49. Xia, *Negotiating with the Enemy*, 98–99.

50. On September 30, 1958, six weeks into the second offshore islands crisis, Dulles gave a press conference in which he questioned the utility of stationing so many Nationalist troops on Quemoy and Matsu, and noted that the United States bore "no legal responsibility to defend the coastal islands." Chiang Kai-shek responded the next day by dismissing Dulles's remarks as a "unilateral statement" that Taipei "had no obligation to abide by," and Taipei continued to defend and fortify the islands. Li, "Tension Across the Taiwan Strait in the 1950s: Chinese Strategy and Tactics," 163.

51. "Memorandum of Conversation, Beijing, February 24, 1972, 5:15–8:05 p.m.," in Steven E. Phillips, ed., *Foreign Relations of the United States (FRUS), 1969–1976*, vol. 17, China 1969–1972 (Washington, D.C.: U.S. Government Printing Office, 2006), 766.

52. Talbott, trans. and ed., *Khrushchev Remembers*, 265.

Chapter 7: A Decade of Crises

1. Frederick C. Teiwes, "The Establishment and Consolidation of the New Regime, 1949–1957," in Roderick MacFarquhar, ed., *The Politics of China: The*

2. Jonathan Spence, *The Search for Modern China* (New York: W. W. Norton, 1999), 541–42.

3. Lorenz M. Lüthi, *The Sino-Soviet Split: Cold War in the Communist World* (Princeton: Princeton University Press, 2008), 76.

4. Ibid., 84.

5. For an elaboration of this point, and of the links between Mao's foreign and domestic policies, see Chen Jian, *Mao's China and the Cold War* (Chapel Hill: University of North Carolina Press, 2001), 6–15.

6. Neville Maxwell, *India's China War* (Garden City, NY: Anchor, 1972), 37.

7. John W. Garver, "China's Decision for War with India in 1962," in Alastair Iain Johnston and Robert S. Ross, eds., *New Directions in the Study of China's Foreign Policy* (Stanford: Stanford University Press, 2006), 106.

8. Ibid., 107.

9. Ibid.

10. Ibid., 108.

11. Ibid., 109.

12. Ibid., 110.

13. Ibid., 115.

14. Ibid., 120–21.

15. "Workers of All Countries Unite, Oppose Our Common Enemy: December 15, 1962" (Peking: Foreign Languages Press, 1962) (reprint of editorial from Renmin Ribao [*People's Daily*]).

16. Ibid.

17. Pravda, April 5, 1964, as quoted in Hemen Ray, *Sino-Soviet Conflict over India: An Analysis of the Causes of Conflict Between Moscow and Beijing over India Since 1949* (New Delhi: Abhinav Publications, 1986), 106.

18. John King Fairbank and Merle Goldman, *China: A New History*, 2nd enlarged

edition (Cambridge: Belknap Press, 2006), 392.

19. Roderick MacFarquhar and Michael Schoenals, *Mao's Last Revolution* (Cambridge: Belknap Press, 2006), 87–91.

20. Mark Gayn, "China Convulsed," *Foreign Affairs* 45, issue 2 (January 1967): 247, 252.

21. *Renmin Ribao* [*People's Daily*] (Beijing), January 31, 1967, at 6, as cited in Tao-tai Hsia and Constance A. Johnson, "Legal Developments in China Under Deng's Leadership" (Washington, D.C.: Library of Congress, Far Eastern Law Division, 1984), 9.

22. Anne F. Thurston, *Enemies of the People* (New York: Alfred A. Knopf, 1987), 101–3; MacFarquhar and Schoenals, *Mao's Last Revolution*, 118–20.

23. MacFarquhar and Schoenals, *Mao's Last Revolution*, 224–27.

24. Ibid., 222–23.

25. See Chapter 14, "Reagan and the Advent of Normalcy".

26. See Yafeng Xia, moderator, *H-Diplo Roundtable Review* 11, no. 43 (Hu Angang, *Mao Zedong yu wenge* [*Mao Zedong and the Cultural Revolution*]) (October 6, 2010), 27–33, accessed at http://www.h-net.org/~diplo/ roundtables/PDF/Roundtable-XI-43. pdf.

27. John F. Kennedy, "A Democrat Looks at Foreign Policy," *Foreign Affairs* 36, no. 1 (October 1957): 50.

28. Wu Lengxi, "Inside Story of the Decision Making During the Shelling of Jinmen," in Li, Chen, and Wilson, eds., "Mao Zedong's Handling of the Taiwan Straits Crisis of 1958," *CWIHP Bulletin* 6/7, 208.

29. Yafeng Xia, *Negotiating with the Enemy: U.S.-China Talks During the Cold War, 1949–1972* (Bloomington: Indiana University Press, 2006), 109–14, 234; Noam Kochavi, *A Conflict Perpetuated: China Policy During the Kennedy Years* (Westport, Conn.: Praeger, 2002), 101–14.

30. Lyndon B. Johnson, "Remarks to the American Alumni Council: United States Asian Policy: July 12, 1966," no. 325, *Public Papers of the Presidents of the United States* (Washington, D.C.: U.S. Government Printing Office, 1967), book 2, 719–20.

31. Xia, *Negotiating with the Enemy*, 117–31.

32. “Communist China: 6 December 1960,” *National Intelligence Estimate*, no. 13–60, 2–3.

33. Li Jie, “Changes in China’s Domestic Situation in the 1960s and Sino-U.S. Relations,” in Robert S. Ross and Jiang Changbin, eds., *Re-examining the Cold War: US-China Diplomacy, 1954–1973* (Cambridge: Harvard University Press, 2001), 302.

34. Ibid., 304.

35. Ibid., 185, 305.

Chapter 8: The Road to Reconciliation

1. Richard M. Nixon, “Asia After Viet Nam,” *Foreign Affairs* 46, no. 1 (October 1967): 121.

2. Ibid., 123.

3. Edgar Snow, “Interview with Mao,” *The New Republic* 152, no. 9, issue 2623 (February 27, 1965): 21–22.

4. The extent of Chinese support is shown in the records of recently declassified conversations between Chinese and Vietnamese leaders. For a compilation of key conversations with editorial commentary, see Odd Arne Westad, Chen Jian, Stein Tønnesson, Nguyen Vu Tung, and James G. Hershberg, eds., “77 Conversations Between Chinese and Foreign Leaders on the Wars in Indochina, 1964–1977,” Cold War International History Project Working Paper Series, working paper no. 22 (Washington, D.C.: Woodrow Wilson International Center for Scholars, May 1998). For an analysis of the People’s Republic’s involvement in Hanoi’s wars with France and the United States, see Qiang Zhai, *China and the Vietnam Wars, 1950–1975* (Chapel Hill: University of North Carolina Press, 2000).

5. Zhang Baijia, “China’s Role in the Korean and Vietnam Wars,” in Michael D. Swaine and Zhang Tuosheng with Danielle F. S. Cohen, eds., *Managing Sino-American Crises: Case Studies and Analysis* (Washington, D.C.: Carnegie Endowment for International Peace, 2006), 201.

6. Snow, “Interview with Mao,” 22.

7. Ibid., 23.

8. Yawei Liu, “Mao Zedong and the United States: A Story of Misperceptions,” in

Hongshan Li and Zhaohui Hong, eds., *Image, Perception, and the Making of U.S.-China Relations* (Lanham: University Press of America, 1998), 202.

9. Lyndon B. Johnson, "Address at Johns Hopkins University: Peace Without Conquest: April 7, 1965," no. 172, *Public Papers of the Presidents of the United States* (Washington, D.C.: U.S. Government Printing Office, 1966), 395.

10. "Text of Rusk's Statement to House Panel on U.S. Policy Toward Communist China," *New York Times* (April 17, 1966), accessed at ProQuest Historical Newspapers (1851–2007).

11. Liu, "Mao Zedong and the United States," 203.

12. Chen Jian and David L. Wilson, eds., "All Under the Heaven Is Great Chaos: Beijing, the Sino-Soviet Border Clashes, and the Turn Toward Sino-American Rapprochement, 1968–69," *Cold War International History Project Bulletin* 11 (Washington, D.C.: Woodrow Wilson International Center for Scholars, Winter 1998), 161.

13. Ibid., 158.

14. Ibid.

15. As described by Donald Zagoria in a farsighted article in 1968, an influential cross-section of the Chinese leadership, including Deng Xiaoping and Liu Shaoqi, favored a conditional reconciliation with Moscow. In a conclusion that outpaced the analysis of many observers, Zagoria suggested that strategic necessities would ultimately drive China toward reconciliation with the United States. Donald S. Zagoria, "The Strategic Debate in Peking," in Tang Tsou, ed., *China in Crisis*, vol. 2 (Chicago: University of Chicago Press, 1968).

16. Chen and Wilson, eds., "All Under the Heaven Is Great Chaos," 161.

17. Richard Nixon, "Inaugural Address: January 20, 1969," no. 1, *Public Papers of the Presidents of the United States* (Washington, D.C.: U.S. Government Printing Office, 1971), 3.

18. See Henry Kissinger, *White House Years* (Boston: Little, Brown, 1979), 168.

19. Chen Jian, *Mao's China and the Cold War* (Chapel Hill: University of North Carolina Press, 2001), 245–46.

20. Chen and Wilson, eds., "All Under the Heaven Is Great Chaos," 166.

21. Ibid., 167.

22. Ibid., 170.

23. Ibid., 168.

24. Xiong Xianghui, "The Prelude to the Opening of Sino-American Relations," *Zhonggong dangshi ziliao* [CCP History Materials], no. 42 (June 1992), 81, as excerpted in William Burr, ed., "New Documentary Reveals Secret U.S., Chinese Diplomacy Behind Nixon's Trip," National Security Archive Electronic Briefing Book, no. 145 (December 21, 2004), http://www.gwu .edu/~nsarchiv/NSAEBB/NSAEBB145/ index.htm.

25. Ibid.

26. Chen and Wilson, eds., "All Under the Heaven Is Great Chaos," 170.

27. Ibid., 171.

28. Ibid.

29. For an account of the incident synthesizing recent scholarship, see Michael S. Gerson, *The Sino-Soviet Border Conflict: Deterrence, Escalation, and the Threat of Nuclear War in 1969* (Alexandria, Va.: Center for Naval Analyses, 2010), 23–24.

30. See Kissinger, *White House Years*, 182.

31. "Minutes of the Senior Review Group Meeting, Subject: U.S. Policy on Current Sino-Soviet Differences (NSSM 63)," 134–35. See also Gerson, *The Sino-Soviet Border Conflict*, 37–38.

32. Elliot L. Richardson, "The Foreign Policy of the Nixon Administration: Address to the American Political Science Association, September 5, 1969," *Department of State Bulletin* 61, no. 1567 (September 22, 1969), 260.

33. Gerson, *The Sino-Soviet Border Conflict*, 49–52.

34. "Jing Zhicheng, Attaché, Chinese Embassy, Warsaw on: The Fashion Show in Yugoslavia," *Nixon's China Game*, pbs.org, September 1999, accessed at http://www.pbs.org/wgbh/amex/ china/filmmore/reference/interview/ zhicheng01.html.

35. Ibid.

36. "Memorandum from Secretary of State Rogers to President Nixon, March 10, 1970," in Steven E. Phillips, ed., *Foreign Relations of the United States (FRUS), 1969–1976*, vol. 17, China 1969–1972 (Washington, D.C.: U.S. Government Printing Office 2006). 188–91.

37. See Kuisong Yang and Yafeng Xia, "Vacillating Between Revolution and

Détente: Mao's Changing Psyche and Policy Toward the United States, 1969–1976," *Diplomatic History* 34, no. 2 (April 2010).

38. Edgar Snow, "A Conversation with Mao Tse-Tung," *LIFE* 70, no. 16 (April 30, 1971), 47.

39. Ibid., 48.

40. Ibid., 46.

41. Ibid., 48.

42. Ibid., 47.

43. Ibid., 48.

44. Ibid.

45. Ibid.

46. See Zhengyuan Fu, *Autocratic Tradition and Chinese Politics* (New York: Cambridge University Press, 1993), 188; and Ross Terrill, *Madame Mao: The White-Boned Demon* (Stanford: Stanford University Press, 1999), 344.

47. *Oxford Concise English-Chinese/Chinese- English Dictionary*, 2nd ed. (Hong Kong: Oxford University Press, 1999), 474. I am indebted to my research assistant, Schuyler Schouten, for the linguistic analysis.

48. "Editorial Note," *FRUS* 17, 239–40.

49. "Tab B.," *FRUS* 17, 250.

50. Ibid.

51. Snow, "A Conversation with Mao Tse-Tung," 47.

52. "Tab A.," *FRUS* 17, 249.

53. "Memorandum from the President's Assistant for National Security Affairs (Kissinger) to President Nixon, Washington, January 12, 1971," FRUS 17, 254.

54. Yang and Xia, "Vacillating Between Revolution and Détente," 401–2.

55. See Kissinger, *White House Years*, 710.

56. "Message from the Premier of the People's Republic of China Chou En-lai to President Nixon, Beijing, April 21, 1971," *FRUS* 17, 301.

57. Ibid.

58. See Kissinger, *White House Years*, 720.

59. "Message from the Government of the United States to the Government of the

People's Republic of China, Washington, May 10, 1971," *FRUS* 17, 318.

60. "Message from the Premier of the People's Republic of China Chou En-lai to President Nixon, Beijing, May 29, 1971," *FRUS* 17, 332.

Chapter 9: Resumption of Relations: First Encounters with Mao and Zhou

1. "Answers to the Italian Journalist Oriana Fallaci: April 21 and 23, 1980," in *Selected Works of Deng Xiaoping (1975–1982)*, vol. 2, trans. The Bureau for the Compilation and Translation of Works of Marx, Engels, Lenin and Stalin Under the Central Committee of the Communist Party of China (Beijing: Foreign Languages Press, 1984), 326–27.

2. "Memorandum of Conversation: Beijing, July 9, 1971, 4:35–11:20 p.m.," in Steven E. Phillips, ed., *Foreign Relations of the United States (FRUS), 1969–1976*, vol. 17, *China 1969–1972* (Washington, D.C.: U.S. Government Printing Office, 2006), 363.

3. "Memorandum of Conversation: Beijing, October 21, 1971, 10:30 a.m.–1:45 p.m.," FRUS 17, 504. The original American records of these conversations list the name "Zhou" using the then-prevalent Wade-Giles transliteration "Chou." To avoid frequent shifts in spelling between the present volume's main text and the quoted conversations, in passages excerpted from American transcripts the names of Chinese interlocutors, as well as Chinese-language words originally spoken by Chinese parties, have been rendered using pinyin spellings.

4. "Memorandum of Conversation: Beijing, February 17–18, 1973, 11:30 p.m.–1:20 a.m.," in David P. Nickles, ed., *Foreign Relations of the United States (FRUS), 1969–1976*, vol. 18, China 1973–1976 (Washington, D.C.: U.S. Government Printing Office, 2007), 124.

5. "Memorandum of Conversation: Beijing, July 9, 1971, 4:35–11:20 p.m.," *FRUS* 17, 367.

6. Ibid., 390.

7. "Memorandum of Conversation: Beijing, July 10, 1971, 12:10–6:00 p.m.," *FRUS* 17, 400.

8. Shortly after my July 1971 visit, Zhou flew to Hanoi to brief North Vietnamese leaders on China's new diplomatic posture. By most accounts, these talks did not

proceed smoothly; nor did Zhou's subsequent discussions with Madame Nguyen Thi Binh, the implacable shadow foreign minister of the Hanoi front "Provisional Revolutionary Government" of South Vietnam. See Chen Jian, "China, Vietnam and Sino-American Rapprochement," in Odd Arne Westad and Sophie Quinn-Judge, eds., *The Third Indochina War: Conflict Between China, Vietnam and Cambodia, 1972–1979* (London: Routledge, 2006), 53–54; and Qiang Zhai, China and the Vietnam Wars, 1950–1975 (Chapel Hill: University of North Carolina Press, 2000), 196–97.

9. "Memorandum of Conversation: Beijing, July 9, 1971, 4:35–11:20 p.m.," *FRUS* 17, 367–68.

10. Ibid., 367.

11. Ibid.

12. Ibid., 369.

13. "Memorandum of Conversation: Shanghai, February 28, 1972, 8:30–9:30 a.m.," *FRUS* 17, 823.

14. A partial record of this luncheon discussion is available in *FRUS* 17, 416.

15. In the years since, Fujian has become a center of cross-Strait trade and tourism links, including via Quemoy and Matsu.

16. "Memorandum of Conversation: Beijing, July 10, 1971, 12:10–6:00 p.m.," *FRUS* 17, 403–4.

17. Chen Jian, *Mao's China and the Cold War* (Chapel Hill: University of North Carolina Press, 2001), 267.

18. "Memorandum of Conversation: Beijing, July 10, 1971, 12:10–6:00 p.m.," *FRUS* 17, 430–31.

19. Margaret MacMillan, *Nixon and Mao: The Week That Changed the World* (New York: Random House, 2007), 22.

20. "Memorandum of Conversation: Beijing, February 21, 1972, 2:50–3:55 p.m.," *FRUS* 17, 681.

21. Ibid., 678–79.

22. Ibid., 681.

23. Ibid., 680.

24. Ibid., 681–82.

25. Edward (Ted) Heath, British Prime Minister from 1970 to 1974. Heath would later visit Beijing and meet with Mao in 1974 and 1975.

26. Charles de Gaulle, French resistance leader and President from 1959 to 1969. Paris had recognized the People's Republic of China in 1964.

27. "Memorandum of Conversation: Beijing, February 21, 1972, 2:50–3:55 p.m.," *FRUS* 17, 679–80.

28. Ibid., 684.

29. Ibid., 683.

30. Ibid.

31. "Conversation Between President Nixon and the Ambassador to the Republic of China (McConaughy): Washington, June 30, 1971, 12:18–12:35 p.m.," *FRUS* 17, 349.

32. Ibid., 351–52.

33. "Memorandum of Conversation: Beijing, February 21, 1972, 5:58–6:55 p.m.," *FRUS* 17, 688.

34. Ibid., 689.

35. "Memorandum of Conversation: Beijing, February 22, 1972, 2:10–6:00 p.m.," FRUS 17, 700.

36. "Memorandum of Conversation: Beijing, February 24, 1972, 5:15–8:05 p.m.," *FRUS* 17, 770.

37. "Memorandum of Conversation: Washington, February 14, 1972, 4:09–6:19 p.m.," *FRUS* 17, 666.

38. See, for example, Gao Wenqian, *Zhou Enlai*, 151–53, 194–200.

39. See Kuisong Yang and Yafeng Xia, "Vacillating Between Revolution and Détente: Mao's Changing Psyche and Policy Toward the United States, 1969–1976," *Diplomatic History* 34, no. 2 (April 2010): 407.

40. "Joint Statement Following Discussions with Leaders of the People's Republic of China: Shanghai, February 27, 1972," *FRUS* 17, 812–16.

41. Ibid., 814.

42. "Memorandum of Conversation: Beijing, February 22, 1972, 2:10–6:00 p.m.," *FRUS* 17, 697.

43. "Joint Statement Following Discussions with Leaders of the People's Republic

of China: Shanghai, February 27, 1972," *FRUS* 17, 815.

44. CCP Central Committee, "Notice on the Joint Sino-American Communiqué, March 7, 1972," as translated and quoted in Yang and Xia, "Vacillating Between Revolution and Détente," 395.

Chapter 10: The Quasi-Alliance: Conversations with Mao

1. "Memorandum of Conversation: Beijing, February 17–18, 1973, 11:30 p.m.–1:20 a.m.," in David P. Nickles, ed., *Foreign Relations of the United States (FRUS), 1969–1976*, vol. 18, China 1973–1976 (Washington, D.C.: U.S. Government Printing Office, 2007), 124.

2. Ibid., 124–25.

3. Ibid., 381.

4. Ibid., 387–88.

5. George Kennan's 1946 "Long Telegram" from Moscow and his nominally anonymous 1947 *Foreign Affairs* article, "The Sources of Soviet Conduct," argued that the Soviet Union was driven by ideology to implacable hostility to the United States and the West, and that Soviet-led Communism would expand wherever not met by a resolute response. Though Kennan posited that Soviet pressure could be "contained by the adroit and vigilant application of counter-force at a series of constantly shifting geographical and political points," his theory of containment was not primarily a military doctrine; it placed significant weight on the use of diplomatic pressure and the power of internal political and social reform in the non-Communist world as a bulwark against Soviet expansion.

6. "Memorandum of Conversation: Beijing, November 12, 1973, 5:40–8:25 p.m.," *FRUS* 18, 385.

7. Ibid., 389.

8. The People's Democratic Republic of Yemen, then a separate state aligned with Moscow.

9. "Memorandum from the President's Assistant for National Security Affairs (Kissinger) to President Nixon: Washington, November 1971," in Steven E. *Phillips, Foreign Relations of the United States (FRUS)*, 1969–1976, vol. 17, China 1969–1972

(Washington, D.C.: U.S. Government Printing Office, 2006), 548.

10. "Memorandum of Conversation: Beijing, November 12, 1973, 5:40–8:25 p.m.," *FRUS* 18, 391.

11. "Memorandum of Conversation: Beijing, February 17–18, 1973, 11:30 p.m.–1:20 a.m.," *FRUS* 18, 125.

12. "Memorandum of Conversation: Beijing, November 12, 1973, 5:40–8:25 p.m.," *FRUS* 18, 131. According to some accounts, Mao's list of the countries in the horizontal line included China. The word was not translated and did not appear in the American transcript of the conversation. China's inclusion was at least implied by the presence of countries to China's east and west.

13. Kuisong Yang and Yafeng Xia, "Vacillating Between Revolution and Détente: Mao's Changing Psyche and Policy Toward the United States, 1969–1976," *Diplomatic History* 34, no. 2 (April 2010): 408.

14. "Memorandum of Conversation: Beijing, October 21, 1975, 6:25–8:05 p.m.," *FRUS* 18, 794.

15. Yang and Xia, "Vacillating Between Revolution and Détente," 413.

16. Ibid., 414.

17. "Memorandum of Conversation: Beijing, February 15, 1973, 5:57–9:30 p.m.," *FRUS* 18, 38.

18. Ibid., 32.

19. "Memorandum of Conversation: Beijing, February 17–18, 1973, 11:30 p.m.–1:20 a.m.," *FRUS* 18, 137.

20. See Chapter 13, " 'Touching the Tiger's Buttocks': The Third Vietnam War," and Henry Kissinger, *Years of Upheaval* (Boston: Little, Brown, 1982), 16–18, 339–67.

21. The Chinese analysis proved less accurate than usual for the long term, since the Helsinki Accords, signed in 1975, are now generally recognized as having been a major element in weakening Soviet control of Eastern Europe.

Chapter 11: The End of the Mao Era

1. Roderick MacFarquhar, "The Succession to Mao and the End of Maoism, 1969–1982," in Roderick MacFarquhar, ed., *The Politics of China: The Eras of Mao*

and Deng, 2nd ed. (Cambridge: Cambridge University Press, 1997), 278–81, 299–301. In quest of finding a successor among China's "pure" young generation, Mao elevated the thirty-seven-year-old Wang Hongwen, previously distinguished only as a provincial-level leftist organizer, to the third-ranking position in the Communist Party hierarchy. His meteoric rise baffled many observers. Closely aligned with Jiang Qing, Wang never achieved an independent political identity or authority commensurate with his formal position. He fell with the rest of the Gang of Four in October 1976.

2. This comparison is elaborated, among other places, in David Shambaugh, "Introduction: Assessing Deng Xiaoping's Legacy" and Lucian W. Pye, "An Introductory Profile: Deng Xiaoping and China's Political Culture," in David Shambaugh, ed., *Deng Xiaoping: Portrait of a Chinese Statesman* (Oxford: Clarendon Press, 2006), 1–2, 14.

3. "Memorandum of Conversation: Beijing, November 14, 1973, 7:35–8:25 a.m.," in David P. Nickles, ed., *Foreign Relations of the United States (FRUS), 1969–1976*, vol. 18, China 1973–1976 (Washington, D.C.: U.S. Government Printing Office, 2007), 430.

4. "Memorandum from Richard H. Solomon of the National Security Council Staff to Secretary of State Kissinger, Washington, January 25, 1974," *FRUS* 18, 455.

5. Kuisong Yang and Yafeng Xia, "Vacillating Between Revolution and Détente: Mao's Changing Psyche and Policy Toward the United States, 1969–1976," *Diplomatic History* 34, no. 2 (April 2010): 414. The proceedings of this meeting have not been published. The quotation draws on an unpublished memoir by the senior Chinese diplomat Wang Youping, who was privy to Foreign Minister Qiao Guanhua's summary of the Politburo meeting.

6. Chou Enlai, "Report on the Work of the Government: January 13, 1975," *Peking Review* 4 (January 24, 1975), 21–23.

7. Ibid, 23.

8. "Speech by Chairman of the Delegation of the People's Republic of China, Teng Hsiao-Ping, at the Special Session of the U.N. General Assembly: April 10, 1974" (Peking: Foreign Languages Press, 1974).

9. Ibid., 5.

10. Ibid., 6.

11. Ibid., 8.

12. "Memorandum of Conversation: Beijing, October 21, 1975, 6:25–8:05 p.m.," *FRUS* 18, 788–89.

13. Ibid., 788.

14. Ibid., 789.

15. Ibid., 793.

16. Ibid. In 1940, Britain withdrew its expeditionary force after the Battle of France.

17. Ibid., 794.

18. Ibid.

19. Ibid., 791.

20. Ibid., 792.

21. Ibid.

22. Ibid., 790.

23. Ibid., 791.

24. Ibid.

25. "Memorandum of Conversation: Beijing, October 25, 1975, 9:30 a.m.," *FRUS* 18, 832.

26. Ibid.

27. "Paper Prepared by the Director of Policy Planning Staff (Lord), Washington, undated," *FRUS* 18, 831.

28. "Memorandum of Conversation: Beijing, December 2, 1975, 4:10–6:00 p.m.," FRUS 18, 858.

29. Ibid., 859.

30. A companion of Mao's in Yan'an during the civil war; a former general, now ambassador in Washington.

31. Wang Hairong and Nancy Tang.

32. Qiao Guanhua, Foreign Minister.

33. "Memorandum of Conversation: Beijing, December 2, 1975, 4:10–6:00 p.m.," FRUS 18, 859.

34. Ibid., 867.

35. Some of the texts leveled harsh criticism against the excesses of Qin Shihuang and the Tang Dynasty Empress Wu Zetian, rhetorical stand-ins for Mao and Jiang Qing respectively.

36. See Henry Kissinger, *Years of Renewal* (New York: Simon & Schuster, 1999), 897.

Chapter 12: The Indestructible Deng

1. Richard Evans, *Deng Xiaoping and the Making of Modern China* (New York: Viking, 1993), 186–87.

2. See, for example, "The Army Needs to Be Consolidated: January 25, 1975," *Selected Works of Deng Xiaoping: 1975–1982*, vol. 2, trans. The Bureau for the Compilation and Translation of Works of Marx, Engels, Lenin and Stalin Under the Central Committee of the Communist Party of China (Beijing: Foreign Languages Press, 1984), 11–13; and "Some Problems Outstanding in the Iron and Steel Industry: May 29, 1975," in ibid., 18–22.

3. "The Whole Party Should Take the Overall Interest into Account and Push the Economy Forward: March 5, 1975," in ibid., 14–17.

4. "Priority Should Be Given to Scientific Research: September 26, 1975," http://web.peopledaily.com.cn/english/dengxp/ vol2/text/b1080.html.

5. "The Army Needs to Be Consolidated: January 25, 1975," in *Selected Works of Deng Xiaoping*, 13.

6. "Things Must Be Put in Order in All Fields: September 27 and October 4, 1975," in ibid., 47.

7. Deng Xiaoping, "Memorial Speech," as reproduced in *China Quarterly* 65 (March 1976): 423.

8. "The 'Two Whatevers' Do Not Accord with Marxism: May 24, 1977," in *Selected Works of Deng Xiaoping*, vol. 2, 51, note 1 (quoting February 1977 editorial advancing the principle); see also Roderick MacFarquhar, "The Succession to Mao and the End of Maoism, 1969–1982," in Roderick MacFarquhar, ed., *The Politics of China: The Eras of Mao and Deng*, 2nd ed. (Cambridge: Cambridge University Press, 1997), 312–13.

9. MacFarquhar, "The Succession to Mao and the End of Maoism, 1969–1982," in MacFarquhar, ed., *The Politics of China*, 312.

10. "Speech at the All-Army Conference on Political Work: June 2, 1978," in *Selected Works of Deng Xiaoping*, vol. 2, 132.

11. "The 'Two Whatevers' Do Not Accord with Marxism: May 24, 1977," in ibid., 51.

12. "Respect Knowledge, Respect Trained Personnel: May 24, 1977," in ibid., 53.

13. Stanley Karnow, "Our Next Move on China," *New York Times* (August 14, 1977); Jonathan Spence, *The Search for Modern China* (New York: W. W. Norton, 1999), 632.

14. See Lucian W. Pye, "An Introductory Profile: Deng Xiaoping and China's Political Culture," in David Shambaugh, ed., *Deng Xiaoping: Portrait of a Chinese Statesman* (Oxford: Clarendon Press, 2006).

15. "Emancipate the Mind, Seek Truth from Facts and Unite As One in Looking into the Future: December 13, 1978," in *Selected Works of Deng Xiaoping*, vol. 2, 152.

16. Ibid., 154.

17. Ibid.

18. "Uphold the Four Cardinal Principles: March 30, 1979," in *Selected Works of Deng Xiaoping*, vol. 2, 181.

19. Ibid., 181.

20. Ibid., 182–83.

21. Until 1983, Deng was Vice Premier and Chairman of the Chinese People's Political Consultative Congress. From 1981 to 1989, he was Chairman of the Central Military Commission and Chairman of the Advisory Commission.

22. Evans, Deng *Xiaoping and the Making of Modern China*, 256.

Chapter 13: "Touching the Tiger's Buttocks" : The Third Vietnam War

1. "Touch the tiger's buttocks" is a Chinese idiom popularized by Mao, meaning to do something daring or dangerous. The occasion of this remark was my meeting with Hua Guofeng in Beijing in April 1979.

2. During the Cultural Revolution, then Defense Minister Lin Biao abolished all ranks and insignia and ordered extensive ideological training for Chinese troops using the "Little Red Book" of Mao's aphorisms. The PLA was called on to play social and

ideological roles far outside the mission of an ordinary military. A penetrating account of the toll these developments took on the PLA during the conflict with Vietnam may be found in Edward O'Dowd, *Chinese Military Strategy in the Third Indochina War* (New York: Routledge, 2007).

3. "Zhou Enlai, Kang Sheng, and Pham Van Dong: Beijing, 29 April 1968," in Odd Arne Westad, Chen Jian, Stein Tønnesson, Nguyen Vu Tung, and James G. Hershberg, eds., "77 Conversations Between Chinese and Foreign Leaders on the Wars in Indochina, 1964–1977," Cold War International History Project Working Paper Series, working paper no. 22 (Washington, D.C.: Woodrow Wilson International History Project, May 1998), 127–28. (Brackets in original.)

4. I have always believed that having been willing to force the-to Mao-ideologically correct Khmer Rouge into a compromise, unnecessarily as it turned out, contributed to Zhou's fall. See also Kissinger, *Years of Upheaval* (Boston: Little, Brown, 1982), 368.

5. Robert S. Ross, *The Indochina Tangle: China's Vietnam Policy, 1975–1979* (New York: Columbia University Press, 1988), 74, quoting Xinhua news report (August 15, 1975), as translated in Foreign Broadcast Information Service (FBIS) Daily Report, People's Republic of China (August 18, 1975), A7.

6. Ibid.

7. Ibid., 98, quoting Xinhua news report (March 15, 1976), as translated in FBIS Daily Report, People's Republic of China (March 16, 1976), A13.

8. In April 1978, the Afghan President was assassinated and his government was replaced; on December 5, 1978, the Soviet Union and the new government of Afghanistan entered into a Treaty of Friendship, Good-Neighborliness and Cooperation; and on February 19, 1979, the U.S. ambassador to Afghanistan was assassinated.

9. Cyrus Vance, *Hard Choices: Critical Years in America's Foreign Policy* (New York: Simon & Schuster, 1983), 79.

10. "President Carter's Instructions to Zbigniew Brzezinski for His Mission to China, May 17, 1978," in Zbigniew Brzezinski, *Power and Principle: Memoirs of the National Security Adviser, 1977–1981* (New York: Farrar, Straus & Giroux, 1985), Annex I, 2.

11. The five principles were: affirmation of a one China policy; a commitment

not to offer American support to Taiwan independence movements; American discouragement of a hypothetical Japanese deployment into Taiwan; support for any peaceful resolution between Beijing and Taipei; and a commitment to continued normalization. See Chapter 9, "Resumption of Relations: First Encounters with Mao and Zhou," page 271.

12. "Memorandum of Conversation, Summary of the President's Meeting with the People's Republic of China Vice Premier Deng Xiaoping: Washington, January, 29th 1979, 3:35–4:59 p.m.," Jimmy Carter Presidential Library (JCPL), Vertical File—China, item no. 270, 10–11.

13. "Summary of Dr. Brzezinski's Meeting with Foreign Minister Huang Hua: Beijing, May 21st, 1978," JCPL, Vertical File—China, item no. 232, 3.

14. Ibid., 6–7.

15. Ibid. Sadat served as President of Egypt from 1970 until his assassination in 1981. The "bold action" referred to included Sadat's expulsion of over twenty thousand Soviet military advisors from Egypt in 1972, the launching of the October 1973 War, and the subsequent entry into a peace process with Israel.

16. Ibid., 4.

17. Ibid., 10–11.

18. "Memorandum of Conversation, Meeting with Vice Premier Teng Hsiao P'ing: Beijing, May 21st, 1978," JCPL, Vertical File—China, item no. 232-e, 16.

19. Ibid., 5–6.

20. "Summary of Dr. Brzezinski's Meeting with Chairman Hua Kuo-feng: Beijing, May 22nd, 1978," JCPL, Vertical File-China, item no. 233c, 4–5.

21. "Memorandum of Conversation, Summary of the President's Meeting with Ambassador Ch'ai Tse-min: Washington, September 19, 1978," JCPL, Vertical File—China, item no. 250b, 3.

22. "Memorandum of Conversation, Meeting with Vice Premier Teng Hsiao P'ing: Beijing, May 21st 1978," JCPL, Vertical File—China, item no. 232-e, 6.

23. In recent years, Chinese leaders and policy analysts have introduced the phrase "peaceful rise" to describe China's foreign policy aspiration to achieve major-power status within the framework of the existing international system. In a thoughtful article

synthesizing both Chinese and Western scholarship on the concept, the scholar Barry Buzan raises the prospect that China's "peaceful rise" began in the late 1970s and early 1980s, as Deng increasingly aligned China's domestic development and foreign policy to the nonrevolutionary world and sought out common interests with the West. Deng's trips abroad offered dramatic proof of this realignment. See Barry Buzan, "China in International Society: Is 'Peaceful Rise' Possible?" *The Chinese Journal of International Politics* 3 (2010): 12–13.

24. "An Interview with Teng Hsiao P'ing," *Time* (February 5, 1979), http://www.time.com/time/magazine/ article/0,9171,946204,00.html.

25. "China and Japan Hug and Make Up," *Time* (November 6, 1978), http://www.time.com/time/magazine/ article/0,9171,948275-1,00.html.

26. Henry Kamm, "Teng Begins Southeast Asian Tour to Counter Rising Soviet Influence," *New York Times* (November 6, 1978), A1.

27. Henry Kamm, "Teng Tells the Thais Moscow-Hanoi Treaty Perils World's Peace," *New York Times* (November 9, 1978), A9.

28. "Excerpts from Talks Given in Wuchang, Shenzhen, Zhuhai and Shanghai: January 18–February 21, 1992," in *Selected Works of Deng Xiaoping*, vol. 3, trans., The Bureau for the Compilation and Translation of Works of Marx, Engels, Lenin and Stalin Under the Central Committee of the Communist Party of China (Beijing: Foreign Languages Press, 1994), 366.

29. Lee Kuan Yew, *From Third World to First: The Singapore Story—1965–2000* (New York: HarperCollins, 2000), 597.

30. Ibid., 598–99.

31. Fox Butterfield, "Differences Fade as Rivals Mingle to Honor Teng," *New York Times* (January 30, 1979), A1.

32. Joseph Lelyveld, "'Astronaut' Teng Gets New View of World in Houston," *New York Times* (February 3, 1979), A1.

33. Fox Butterfield, "Teng Again Says Chinese May Move Against Vietnam," *New York Times* (February 1, 1979), A16.

34. Joseph Lelyveld, "'Astronaut' Teng Gets New View of World in Houston," A1. For consistency with the main text of the present volume, the quoted passage's original

spelling "Teng Hsiao-p'ing" has been rendered as "Deng Xiaoping."

35. Twenty-two years represented the interval between the two world wars. Since more than twenty-two years had elapsed since the end of the Second World War, Chinese leaders were nervous that a certain historical rhythm was moving events. Mao had made the same point to the Australian Communist leader E. F. Hill a decade earlier. See also Chapter 8, "The Road to Reconciliation," page 207; and Chen Jian and David L. Wilson, eds., "All Under the Heaven Is Great Chaos: Beijing, the Sino-Soviet Border Clashes, and the Turn Toward Sino-American Rapprochement, 1968–69," *Cold War International History Project Bulletin* 11 (Washington, D.C.: Woodrow Wilson International Center for Scholars, Winter 1998), 161.

36. "Memorandum of Conversation, Summary of the President's First Meeting with PRC Vice Premier Deng Xiaoping: Washington, January 29th, 1979," JCPL, Vertical File—China, item no. 268, 8–9.

37. "Memorandum of Conversation, Meeting with Vice Premier Teng Hsiao P'ing: Beijing, May 21st, 1978," JCPL, Vertical File—China, item no. 232-e, 14.

38. "Memorandum of Conversation, Summary of the President's Meeting with the People's Republic of China Vice Premier Deng Xiaoping: Washington, January 29th, 1979, 3:35–4:59 p.m.," JCPL, Vertical File-China, item no. 270, 10–11.

39. "Memorandum of Conversation, Carter–Deng, Subject: Vietnam: Washington, January 29th, 1979, 5:00 p.m.–5:40 p.m.," JCPL, Brzezinski Collection, China [PRC] 12/19/78–10/3/79, item no. 007, 2.

40. Ross, *The Indochina Tangle*, 229.

41. "Memorandum of Conversation, Carter–Deng, Washington, January 29th, 1979, 5:00 p.m.–5:40 p.m.," JCPL, Brzezinski Collection, China [PRC] 12/19/78–10/3/79, item no. 007, 2.

42. Ibid., 5.

43. Brzezinski, Power and Principle, 410.

44. "President Reporting on His Conversations with Deng: January 30th, 1979," JCPL, Brzezinski Collection, China [PRC] 12/19/78–10/3/79, item no. 009, 1.

45. Henry Scott-Stokes, "Teng Criticizes the U.S. for a Lack of Firmness in Iran," *New York Times* (February 8, 1979), A12.

46. The lower figure appears in Bruce Elleman, *Modern Chinese Warfare, 1795–1989* (New York: Routledge, 2001), 285. The higher figure is the estimate of Edward O'Dowd in *Chinese Military Strategy in the Third Indochina War*, 3, 45–55.

47. O'Dowd, *Chinese Military Strategy in the Third Indochina War*, 45.

48. Deng Xiaoping to Jimmy Carter on January 30, 1979, as quoted in Brzezinski, *Power and Principle*, 409–10.

49. "Text of Declaration by Moscow," *New York Times* (February 19, 1979); Craig R. Whitney, "Security Pact Cited: Moscow Says It Will Honor Terms of Treaty—No Direct Threat Made," *New York Times* (February 19, 1979), A1.

50. Edward Cowan, "Blumenthal Delivers Warning," *New York Times* (February 28, 1979), A1.

51. Ibid.

52. One of the few scholars to challenge this conventional wisdom—and to emphasize the conflict's anti-Soviet dimension—is Bruce Elleman, in his *Modern Chinese Warfare*, 284–97.

53. "Memorandum of Conversation, Summary of the President's First Meeting with PRC Vice Premier Deng Xiaoping: Washington, January 29th, 1979," JCPL, Vertical File-China, item no. 268, 8.

54. "Memorandum, President Reporting on His Conversations with Deng: January 30th, 1979," JCPL, Brzezinski Collection, China [PRC] 12/19/ 78–10/3/79, item no. 009, 2.

55. "Memorandum of Conversation with Vice Premier Deng Xiaoping: Beijing, January 8th, 1980," JCPL, NSA Brzez. Matl. Far East, Box No. 69, Brown (Harold) Trip Memcons, 1/80, File, 16.

56. "Memorandum of Conversation with Vice Premier Deng Xiaoping: Beijing, January 8th, 1980," JCPL, NSA Brzez. Matl. Far East, Box No. 69, Brown (Harold) Trip Memcons, 1/80, File, 15.

57. "President Carter's Instructions to Zbigniew Brzezinski for His Mission to China, May 17, 1978," in Brzezinski, *Power and Principle*, Annex I, 4.

58. By one estimate, as of 1986 Vietnam stationed "700,000 combat troops in the northern portion of the country." Karl D. Jackson, "Indochina, 1982–1985: Peace Yields

to War," in Solomon and Kosaka, eds., The Soviet Far East *Military Buildup*, as cited in Elleman, Modern Chinese Warfare, 206.

59. "Memorandum of Conversation, Summary of the Vice President's Meeting with People's Republic of China Vice Premier Deng Xiaoping: Beijing, August 28th, 1979, 9:30 a.m.– 12:00 noon," JCPL, Vertical File-China, item no. 279, 9.

60. "Memorandum of Conversation Between President Carter and Premier Hua Guofeng of the People's Republic of China: Tokyo, July 10th, 1980," JCPL, NSA Brzez. Matl. Subj. File, Box No. 38, "Memcons: President, 7/80."

62. As quoted in Chen Jian, *China's Road to the Korean War* (New York: Columbia University Press, 1994), 149.

62. "Memorandum of Conversation, Summary of Dr. Brzezinski's Conversation with Vice Premier Geng Biao of the People's Republic of China: Washington, May 29th, 1980," JCPL, NSA Brzez. Matl. Far East, Box No. 70, "Geng Biao Visit, 5/23–31/80," Folder, 5.

63. Lee, From *Third World to First*, 603.

Chapter 14: Reagan and the Advent of Normalcy

1. George H. W. Bush and Brent Scowcroft, *A World Transformed* (New York: Alfred A. Knopf, 1998), 93–94.

2. Taiwan Relations Act, Public Law 96-8, § 3.1.

3. Joint Communiqué Issued by the Governments of the United States and the People's Republic of China (August 17, 1982), as printed in Alan D. Romberg, *Rein In at the Brink of the Precipice: American Policy Toward Taiwan and U.S.-PRC Relations* (Washington, D.C.: Henry L. Stimson Center, 2003), 243.

4. Nancy Bernkopf Tucker, *Strait Talk: United States–Taiwan Relations and the Crisis with China* (Cambridge: Harvard University Press, 2009), 151.

5. Ibid.

6. Ibid., 148–50.

7. John Lewis Gaddis, *The Cold War: A New History* (New York: Penguin, 2005), 213–14, note 43.

8. Hu Yaobang, "Create a New Situation in All Fields of Socialist Modernization—

Report to the 12th National Congress of the Communist Party of China: September 1, 1982," *Beijing Review 37* (September 13, 1982): 29.

9. Ibid., 30–31.

10. Ibid.

11. Ibid.

12. Charles Hill, "Shifts in China's Foreign Policy: The US and USSR" (April 21, 1984), Ronald Reagan Presidential Library (hereafter RRPL), 90946 (Asian Affairs Directorate, NSC).

13. Directorate of Intelligence, Central Intelligence Agency, "China-USSR: Maneuvering in the Triangle" (December 20, 1985), RRPL, 007-R.

14. "Memorandum to President Reagan from Former President Nixon," as appended to Memorandum for the President from William P. Clark, re: Former President Nixon's Trip to China (September 25, 1982), RRPL, William Clark Files, 002.

15. George P. Shultz, *Turmoil and Triumph: My Years as Secretary of State* (New York: Charles Scribner's Sons, 1993), 382.

16. Ronald Reagan, "Remarks at Fudan University in Shanghai, April 30, 1984," *Public Papers of the Presidents of the United States* (Washington, D.C.: U.S. Government Printing Office, 1986), book 1, 603–8; "Remarks to Chinese Community Leaders in Beijing, April 27, 1984," *Public Papers of the Presidents of the United States*, book 1, 579–84.

17. Donald Zagoria, "China's Quiet Revolution," *Foreign Affairs* 62, no. 4 (April 1984): 881.

18. Jonathan Spence, *The Search for Modern China* (New York: W. W. Norton, 1999), 654–55.

19. Nicholas Kristof, "Hu Yaobang, Ex- Party Chief in China, Dies at 73," *New York Times* (April 16, 1989), http://www .nytimes.com/1989/04/16/obituaries/ hu-yaobang-ex-party-chief-in-chinadies-at-73.html?pagewanted=1.

20. Christopher Marsh, *Unparalleled Reforms* (New York: Lexington, 2005), 41.

Chapter 15: Tiananmen

1. Jonathan Spence notes that 1989 represented a convergence of several politically

charged anniversaries: it was "the two hundredth anniversary of the French Revolution, the seventieth anniversary of the May Fourth movement, the fortieth birthday of the People's Republic itself, and the passage of ten years since formal diplomatic relations with the United States had been reinstituted." Spence, *The Search for Modern China* (New York: W. W. Norton, 1999), 696.

2. Andrew J. Nathan, "Preface to the Paperback Edition: The Tiananmen Papers—An Editor's Reflections," in Zhang Liang, Andrew Nathan, and Perry Link, eds., *The Tiananmen Papers* (New York: Public Affairs, 2001), viii.

3. Richard Baum, *Burying Mao: Chinese Politics in the Age of Deng Xiaoping* (Princeton: Princeton University Press, 1994), 254.

4. Nathan, Introduction to *The Tiananmen Papers*, "The Documents and Their Significance," lv.

5. An example of one such attempt to implement conditionality was the Clinton administration's policy of conditioning China's Most Favored Nation trade status on changes in its human rights record, to be discussed more fully in Chapter 17, "A Roller Coaster Ride Toward Another Reconciliation: The Jiang Zemin Era."

6. David M. Lampton, Same Bed, *Different Dreams: Managing U.S.-China Relations, 1989–2000* (Berkeley: University of California Press, 2001), 305.

7. George H. W. Bush and Brent Scowcroft, *A World Transformed* (New York: Alfred A. Knopf, 1998), 89–90.

8. Ibid., 97–98.

9. Congress and the White House shared a concern that visiting students who had publicly protested in the United States would be subject to punishment on their return to China. The President had signaled that applications for visa extensions would be treated favorably, while Congress sought to grant the extensions without requiring an application.

10. Bush and Scowcroft, *A World Transformed*, 100.

11. Ibid., 101.

12. Ibid., 102.

13. Ibid.

14. Lampton, *Same Bed, Different Dreams*, 302.

15. Bush and Scowcroft, *A World Transformed*, 105–6. Chinese Foreign Minister Qian Qichen disputes this account in his memoirs, averring that the plane was never in any danger. Qian Qichen, *Ten Episodes in China's Diplomacy* (New York: HarperCollins, 2005), 133.

16. Bush and Scowcroft, *A World Transformed*, 106.

17. Ibid.

18. Qian, Ten Episodes in *China's Diplomacy*, 134.

19. Bush and Scowcroft, *A World Transformed*, 109.

20. Ibid., 107.

21. Ibid.

22. Ibid., 107–8.

23. Ibid., 107–9.

24. Ibid., 110.

25. Deng had made clear that he intended to retire very shortly. He did, in fact, do so in 1992, though he continued to be regarded as an influential arbiter of policy.

26. The five principles of peaceful coexistence were negotiated by India and China in 1954. They concerned coexistence and mutual noninterference between countries with different ideological orientations.

27. Deng made a similar point to Richard Nixon during the latter's October 1989 private visit to Beijing: "Please tell President Bush let's end the past, the United States ought to take the initiative, and only the United States can take the initiative. The United States is able to take the initiative. . . . China is unable to initiate. This is because the stronger is America, the weaker is China, the injured is China. If you want China to beg, it cannot be done. If it drags on a hundred years, the Chinese people can't beg [you] to end sanctions [against China]. . . . Whatever Chinese leader makes a mistake in this respect would surely fall, the Chinese people will not forgive him." As quoted in Lampton, *Same Bed, Different Dreams*, 29.

28. Some in the White House maintained that it was unnecessarily provocative to invite Fang Lizhi to attend a presidential banquet with the same Chinese authorities he was criticizing. They blamed the American Embassy in Beijing for failing to forewarn them of the impending controversy. In including Fang on the list of potential invitees,

the American ambassador in Beijing, Winston Lord, had in fact flagged him as an outspoken dissident whose inclusion might provoke Chinese government consternation, but who nonetheless merited an invitation.

29. "Cable, From: U.S. Embassy Beijing, To: Department of State, Wash DC, SITREP No. 49, June 12, 0500 Local (June 11, 1989)," in Jeffrey T. Richardson and Michael L. Evans, eds., *Tiananmen Square, 1989: The Declassified History*, National Security Archive Electronic Briefing Book no. 16 (June 1, 1999), Document 26.

30. Bush and Scowcroft, *A World Transformed*, 99.

31. U.S. Embassy Beijing Cable, "China and the U.S.—A Protracted Engagement," July 11, 1989, SECRET, in Michael L. Evans, ed., *The U.S. Tiananmen Papers: New Documents Reveal U.S. Perceptions of 1989 Chinese Political Crisis*, National Security Archive Electronic Briefing Book (June 4, 2001), Document 11.

32. Bush and Scowcroft, *A World Transformed*, 101–2.

33. Qian, *Ten Episodes in China's Diplomacy*, 140.

34. Bush and Scowcroft, *A World Transformed*, 174.

35. Ibid., 176–77.

36. Fang and his wife would ultimately depart China for the U.K. on an American military transport plane. They subsequently relocated to the United States, where Fang became a professor of physics at the University of Arizona.

37. Richard Evans, *Deng Xiaoping and the Making of Modern China* (London: Hamish Hamilton, 1993), 304 (quoting *Zheng Ming*, Hong Kong, May 1, 1990).

38. "Deng Initiates New Policy 'Guiding Principle,' " FBIS-CHI-91-215; see also United States Department of Defense, Office of the Secretary of Defense, "Military Power of the People's Republic of China: A Report to Congress Pursuant to the National Defense Authorization Act Fiscal Year 2000" (2007), 7, http://www.defense.gov/ pubs/ pdfs/070523-china-military-powerfinal. pdf.

Chapter 16: What Kind of Reform? Deng's Southern Tour

1. Richard Baum, *Burying Mao: Chinese Politics in the Age of Deng Xiaoping* (Princeton: Princeton University Press, 1994), 334.

2. "Excerpts from Talks Given in Wuchang, Shenzhen, Zhuhai and Shanghai:

January 18–February 21, 1992," *Selected Works of Deng Xiaoping*, vol. 3, trans., The Bureau for the Compilation and Translation of Works of Marx, Engels, Lenin and Stalin Under the Central Committee of the Communist Party of China (Beijing: Foreign Languages Press, 1994), 359.

3. Ibid., 360.

4. Ibid., 361.

5. Ibid., 362–63.

6. Ibid, 364–65.

7. Ibid., 366.

8. David M. Lampton, *Same Bed, Different Dreams: Managing U.S.-China Relations, 1989–2000* (Berkeley: University of California Press, 2001), xi.

9. "Excerpts from Talks Given in Wuchang, Shenzhen, Zhuhai and Shanghai: January 18—February 21, 1992," *Selected Works of Deng Xiaoping*, vol. 3, 370.

10. Ibid., 369.

Chapter 17: A Roller Coaster Ride Toward Another Reconciliation: The Jiang Zemin Era

1. See David M. Lampton, *Same Bed, Different Dreams: Managing U.S.-China Relations, 1989–2000* (Berkeley: University of California Press, 2001), 293, 308.

2. State Department Bureau of Intelligence and Research, "China: Aftermath of the Crisis" (July 27, 1989), 17, in Jeffrey T. Richardson and Michael L. Evans, eds., "Tiananmen Square, 1989: The Declassified History," National Security Archive Electronic Briefing Book no. 16 (June 1, 1999), Document 36.

3. Steven Mufson, "China's Economic 'Boss': Zhu Rongji to Take Over as Premier," *Washington Post* (March 5, 1998), A1.

4. September 14, 1992, statement, as quoted in A. M. Rosenthal, "On My Mind: Here We Go Again," *New York Times* (April 9, 1993); on divergent Chinese and Western interpretations of this statement, see also Lampton, *Same Bed, Different Dreams*, 32.

5. "Confronting the Challenges of a Broader World," President Clinton Address to the United Nations General Assembly, New York City, September 27, 1993, from *Department of State Dispatch 4*, no. 39 (September 27, 1993).

6. Robert Suettinger, *Beyond Tiananmen: The Politics of U.S.-China Relations, 1989–2000* (Washington, D.C.: The Brookings Institution, 2003), 161.

7. Deng Xiaoping had given a speech in November 1989 calling on China to "Adhere to Socialism and Prevent Peaceful Evolution toward Capitalism." Mao had warned repeatedly against "peaceful evolution" as well. See "Mao Zedong and Dulles's 'Peaceful Evolution' Strategy: Revelations from Bo Yibo's Memoirs," *Cold War International History Project Bulletin 6/7* (Washington, D.C.: Woodrow Wilson International Center for Scholars, Winter 1996/1997), 228.

8. Reflecting this fact, "Most Favored Nation" has since been technically renamed "Permanent Normal Trade Relations," although the "MFN" label remains in use.

9. Anthony Lake, "From Containment to Enlargement," address at the Nitze School of Advanced International Studies, Johns Hopkins University, Washington, D.C., September 21, 1993, from *Department of State Dispatch* 4, no. 39 (September 27, 1993).

10. Suettinger, *Beyond Tiananmen*, 165.

11. William J. Clinton, "Statement on Most-Favored-Nation Trade Status for China" (May 28, 1993), *Public Papers of the Presidents of the United States* (Washington, D.C.: U.S. Government Printing Office, 1994), book 1, 770–71.

12. Ibid., 770–72.

13. Lake, "From Containment to Enlargement."

14. Suettinger, *Beyond Tiananmen*, 168–71.

15. Warren Christopher, *Chances of a Lifetime* (New York: Scribner, 2001), 237.

16. Ibid.

17. Ibid., 238.

18. Ibid., 238–39.

19. See, for example, Deng Xiaoping, "An Idea for the Peaceful Reunification of the Chinese Mainland and Taiwan: June 26, 1983," *Selected Works of Deng Xiaoping*, vol. 3, 40–42.

20. John W. Garver, *Face Off: China, the United States, and Taiwan's Democratization* (Seattle: University of Washington Press, 1997), 15; James Carman, "Lee Teng-Hui: A Man of the Country," *Cornell Magazine* (June 1995), accessed at http://www.news.cornell .edu/campus/Lee/Cornell_Magazine_ Profile.html.

21. Lampton, *Same Bed, Different Dreams*, 101.

22. William J. Clinton, "Remarks and an Exchange with Reporters Following Discussions with President Jiang Zemin of China in Seattle: November 19, 1993," *Public Papers of the Presidents of the United States* (Washington, D.C.: U.S. Government Printing Office, 1994), 2022–25.

23. Garver, *Face Off*, 92–97; Robert Suettinger, "U.S. 'Management' of Three Taiwan Strait 'Crises,' " in Michael D. Swaine and Zhang Tuosheng with Danielle F. S. Cohen, eds., *Managing Sino-American Crises: Case Studies and Analysis* (Washington, D.C.: Carnegie Endowment for International Peace, 2006), 278.

24. Madeleine Albright, *Madam Secretary* (New York: Hyperion, 2003), 546.

25. Robert Lawrence Kuhn, *The Man Who Changed China: The Life and Legacy of Jiang Zemin* (New York: Crown Publishers, 2004), 2.

26. Albright, *Madam Secretary*, 531.

27. Christopher Marsh, *Unparalleled Reforms* (New York: Lexington, 2005), 72.

28. Barry Naughton, *The Chinese Economy: Transitions and Growth* (Cambridge: MIT Press, 2007), 142–43.

29. Michael P. Riccards, *The Presidency and the Middle Kingdom: China, the United States, and Executive Leadership* (New York: Lexington Books, 2000), 12.

30. Lampton, *Same Bed, Different Dreams*, Appendix A, 379–80.

31. Zhu Rongji, "Speech and Q&A at the Advanced Seminar on China's Economic Development in the Twentyfirst Century" (September 22, 1997), in *Zhu Rongji's Answers to Journalists' Questions* (Oxford: Oxford University Press, 2011) (forthcoming), Chapter 5.

Chapter 18: The New Millennium

1. Richard Daniel Ewing, "Hu Jintao: The Making of a Chinese General Secretary," *China Quarterly 173* (March 2003): 19.

2. Ibid., 21–22.

3. *Xiaokang*, now a widely used official policy term, is a 2,500-year-old Confucian phrase suggesting a moderately well-off population with a modest amount of disposable income. See "Confucius and the Party Line," *The Economist* (May 22, 2003); "Confucius Makes a Comeback," *The Economist* (May 17, 2007).

4. George W. Bush, "Remarks Following Discussions with Premier Wen Jiabao and an Exchange with Reporters: December 9, 2003," *Public Papers of the Presidents of the United States* (Washington, D.C.: U.S. Government Printing Office, 2006), 1701.

5. David Barboza, "Chinese Leader Fields Executives' Questions," *New York Times* (September 22, 2010).

6. Cui Changfa and Xu Mingshan, eds., *Gaoceng Jiangtan* [Top-leaders' Rostrums] (Beijing: Hongqi Chubanshe, 2007), 165–82, as cited in Masuda Masayuki, "China's Search for a New Foreign Policy Frontier: Concept and Practice of 'Harmonious World,' " 62, in Masafumi Iida, ed., *China's Shift: Global Strategy of the Rising Power* (Tokyo: NIDS Joint Research Series, 2009).

7. Wen Jiabao, "A Number of Issues Regarding the Historic Tasks in the Initial Stage of Socialism and China's Foreign Policy," *Xinhua* (February 26, 2007), as cited in Masuda, "China's Search for a New Foreign Policy Frontier: Concept and Practice of 'Harmonious World,' " 62–63.

8. David Shambaugh, "Coping with a Conflicted China," *The Washington Quarterly* 34, no. 1 (Winter 2011): 8.

9. Zheng Bijian, "China's 'Peaceful Rise' to Great-Power Status," *Foreign Affairs* 84, no. 5 (September/October 2005): 22.

10. Hu Jintao, "Build Towards a Harmonious World of Lasting Peace and Common Prosperity," speech at the United Nations Summit (New York, September 15, 2005).

11. The number eight is regarded as auspicious in Chinese numerology. It is a near homonym for the word "to prosper" in some Chinese dialects.

12. Nathan Gardels, "Post-Olympic Powershift: The Return of the Middle Kingdom in a Post-American World," *New Perspectives Quarterly* 25, no. 4 (Fall 2008): 7–8.

13. "Di shi yi ci zhuwaishi jie huiyi zhao kai, Hu Jintao, Wen Jiabao jianghua" ["Hu Jintao and Wen Jiabao speak at the 11th meeting of overseas envoys"], website of the Central People's Government of the People's Republic of China, accessed at http://www.gov.cn/ ldhd/2009-07/20/content_1370171.html.

14. Wang Xiaodong, "Gai you xifang zhengshi zhongguo 'bu gaoxing' le" ["It is now up to the West to face squarely that China is unhappy"], in Song Xiaojun, Wang Xiaodong, Huang Jisu, Song Qiang, and Liu Yang, *Zhongguo bu gaoxing: da shidai,*

da mubiao ji women de neiyou waihuan [*China Is Unhappy: The Great Era, the Grand Goal, and Our Internal Anxieties and External Challenges*] (Nanjing: Jiangsu Renmin Chubanshe, 2009), 39.

15. Song Xiaojun, "Meiguo bu shi zhilaohu, shi 'lao huanggua shua lü qi'" ["America is not a paper tiger, it's an 'old cucumber painted green' "] in Song, Wang, et al., *Zhongguo bu gaoxing*, 85.

16. A classical Chinese expression signifying a postconflict return to peace with no expectation of recommencing hostilities.

17. Song, "Meiguo bu shi zhilaohu," 86.

18. Ibid., 92.

19. Ibid.

20. Liu Mingfu, *Zhongguo meng: hou meiguo shidai de daguo siwei yu zhanlüe dingwei* [*China Dream: Great Power Thinking and Strategic Posture in the Post-American Era*] (Beijing: Zhongguo Youyi Chuban Gongsi, 2010).

21. Ibid., 69–73, 103–17.

22. Ibid., 124.

23. Ibid., 256–62.

24. Some analyses posit that while the sentiments expressed in these books are real and may be common in much of the Chinese military establishment, they partly reflect a profit motive: provocative books sell well in any country, and nationalist tracts such as *China Is Unhappy and China Dream* are published by private publishing companies. See Phillip C. Saunders, "Will *China's Dream* Turn into America's Nightmare?" *China Brief* 10, no. 7 (Washington, D.C.: Jamestown Foundation, April 1, 2010): 10–11.

25. Dai Bingguo, "Persisting with Taking the Path of Peaceful Development" (Beijing: Ministry of Foreign Affairs of the People's Republic of China, December 6, 2010).

26. Ibid.

27. Ibid.

28. Ibid.

29. Ibid.

30. Ibid.

31. Ibid.

32. Hu Jintao, "Speech at the Meeting Marking the 30th Anniversary of Reform and Opening Up" (December 18, 2008), accessed at http://www. bjreview.com.cn/Key_ Document_ Translation/2009-04/27/content_194200. htm.

33. Dai, "Persisting with Taking the Path of Peaceful Development."

34. Ibid.

Epilogue: Does History Repeat Itself?

The Crowe Memorandum

1. Crowe knew the issue from both sides. Born in Leipzig to a British diplomat father and a German mother, he had moved to England only at the age of seventeen. His wife was of German origin, and even as a loyal servant of the Crown, Crowe retained a cultural and familial connection to the European continent. Michael L. Dockrill and Brian J. C. McKercher, *Diplomacy and World Power: Studies in British Foreign Policy, 1890–1951* (Cambridge: Cambridge University Press, 1996), 27.

2. Eyre Crowe, "Memorandum on the Present State of British Relations with France and Germany" (Foreign Office, January 1, 1907), in G. P. Gooch and Harold Temperley, eds., *British Documents on the Origins of the War, vol. 3: The Testing of the Entente* (London: H.M. Stationery Office, 1928), 406.

3. Ibid., 417.

4. Ibid., 416.

5. Ibid., 417.

6. Ibid., 407.

7. Ibid.

8. Phillip C. Saunders, "Will China's Dream Turn into America's Nightmare?" China Brief 10, no. 7 (Washington, D.C.: Jamestown Foundation, April 1, 2010): 10 (quoting Liu Mingfu *Global Times* article).

9. Liu Mingfu, *Zhongguo meng: hou meiguo shidai de daguo siwei yu zhanlüe dingwei* [*China Dream: Great Power Thinking and Strategic Posture in the Post-American Era*] (Beijing: Zhongguo Youyi Chuban Gongsi, 2010), 24; Chris Buckley, "China PLA Officer Urges Challenging U.S. Dominance," Reuters, February 28, 2010, accessed at http:// www.reuters.com/article/2010/03/01/ us-china-usa-military-

exclusiveidUSTRE6200P620100301.

10. Richard Daniel Ewing, "Hu Jintao: The Making of a Chinese General Secretary," *China Quarterly* 173 (March 2003): 29–31.

11. Dai Bingguo, "Persisting with Taking the Path of Peaceful Development" (Beijing: Ministry of Foreign Affairs of the People's Republic of China, December 6, 2010).

12. Adele Hayutin, "China's Demographic Shifts: The Shape of Things to Come" (Stanford: Stanford Center on Longevity, October 24, 2008), 7.

13. Ethan Devine, "The Japan Syndrome," *Foreign Policy* (September 30, 2010), accessed at http://www.foreignpolicy .com/articles/2010/09/30/the_japan_ syndrome.

14. Hayutin, "China's Demographic Shifts," 3.

15. See Joshua Cooper Ramo, "Hu's Visit: Finding a Way Forward on U.S.-China Relations," *Time* (April 8, 2010). Ramo adopts the concept of co-evolution from the field of biology as an interpretive framework for U.S.-China relations.

致谢

本书简体中文版得以顺利问世，要感谢所有参与翻译、编辑、印制以及营销推广的社内外的工作人员。本书的翻译由长期从事外交和联合国翻译工作的胡利平、林华、杨韵琴和朱敬文四位译者担纲完成，特别要感谢胡利平认真细致的统稿和校译工作。

感谢国家创新与发展战略研究会会长郑必坚、常务副秘书长王博永、中国现代国际关系研究院美国所所长袁鹏、中央党校国际战略研究所副所长刘建飞、中国社会科学院荣誉学部委员陶文钊、作家郑欣力，以及中信集团有限公司直属机关党委常务副书记、企业文化部主任杨林，中信集团有限公司办公厅副主任张慧敏为本书提供的专业建议和大力支持。

感谢本书的网络战略合作伙伴新浪网的大力支持，特别向新浪文化读书频道、新闻中心、博客频道的相关工作人员表示诚挚的感谢。

感谢社内为本书的出版提供过无私帮助的同事，包括肖新明、龚援、许洋、陈非、祁明、谭敏、尹楠、黄锫坚、仲伟志、黄一琨、董正、方虹、刘文伯、王京、朱良州、郭鹏、龚臣、马涛、刘赵军。

在本书出版过程中，还有很多同人给予过我们巨大的帮助与鼓励，在此一并表示感谢！由于本书涉及诸多历史知识与专业词汇，翻译不当与疏漏之处，欢迎读者朋友指正，并登录中信出版社官方微博与我们交流。